大学生心理健康

DAXUESHENG XINLI JIANKANG

主　审◎田　艺
主　编◎严　玲
副主编◎田文明
参　编（以姓氏笔画为序）
龙美莉　武汉工程大学邮电与信息工程学院
田文明　武汉工程大学邮电与信息工程学院
严　玲　武汉工程大学邮电与信息工程学院
李　霞　武汉传媒学院
李承亮　武汉工程大学邮电与信息工程学院
杨　霞　武汉工程大学邮电与信息工程学院
胡　旷　武汉工程大学邮电与信息工程学院
徐　章　武汉工程大学邮电与信息工程学院
徐梓蒙　中国地质大学

中国·武汉

内 容 简 介

本书共十一章,内容包括大学生心理健康绪论、心理咨询与心理困惑、自我意识、学习心理、人际交往、恋爱及性、情绪挫折、心理危机、健康人格、网络管理、择业求职与心理健康。

本书从新生的入学适应到毕业生的就业指导,从人际交往到恋爱心理,从表层体会到深层体验,基本涵盖了大学生学习、生活、情感、心灵等各方面的内容,帮助学生边探索边总结,边学习边成长。

本书适用于非心理学专业的大学生使用。

图书在版编目(CIP)数据

大学生心理健康/严玲主编. —武汉:华中科技大学出版社,2019.8(2024.1重印)
ISBN 978-7-5680-5588-8

Ⅰ.①大… Ⅱ.①严… Ⅲ.①大学生-心理健康-健康教育 Ⅳ.①G444

中国版本图书馆 CIP 数据核字(2019)第 181569 号

大学生心理健康 严 玲 主编
Daxuesheng Xinli Jiankang

策划编辑:余 雯 杨 帆
责任编辑:余 琼
封面设计:原色设计
责任校对:阮 敏
责任监印:周治超

出版发行:华中科技大学出版社(中国·武汉)　　电话:(027)81321913
　　　　　武汉市东湖新技术开发区华工科技园　　邮编:430223
录　　排:华中科技大学惠友文印中心
印　　刷:武汉市籍缘印刷厂
开　　本:787mm×1092mm　1/16
印　　张:19.5
字　　数:488 千字
版　　次:2024 年 1 月第 1 版第 8 次印刷
定　　价:58.00 元(含活动手册)

本书若有印装质量问题,请向出版社营销中心调换
全国免费服务热线:400-6679-118　竭诚为您服务
版权所有　侵权必究

前言

为以应用技术型人才为培养目标的大学生编写一本既能反映心理健康教育界的现代理念，又能将培养心理健康素养作为大学生心理健康教育课程的基本目标的心理健康教育教程，是当前高等院校心理健康教育持续发展、提升大学生心理健康素养的现实需要。在长期开展大学生心理健康教育的过程中，我们一直在对相关问题进行思考和探索。本书的编者长期从事大学生心理咨询、大学生心理健康课程的讲授、大学生心理健康教育的体验分享和大学生日常生活事务管理等工作，近几年都开展了以培养大学生心理健康素养为根本目标的心理健康教育的工作实践。基于实践，我们推出这本理论与实践相结合、讲授与体验相结合的教材。

本书在编写的过程中力求体现如下两个原则：第一个原则，理论要有，但要深入浅出，够用实用。考虑到本书的读者是非心理学专业的大学生，在理论构建与内容取舍上，要以够用为主导，突出心理案例的现实引导作用。力求做到理论浅显易懂，案例翔实丰富，大学生通过积极主动学习，理解现实生活中的心理现象，掌握简单、有效的保持心理健康的途径，感受健康成长的快乐。第二个原则，在服务定位思想指导下，立足生活，侧重学习过程和心理体验。本书从新生的入学适应到毕业生的就业指导，从人际交往到恋爱心理，从表层体会到深层体验，基本涵盖了大学生学习、生活、情感、心灵等各方面的内容，帮助学生边探索边总结，边学习边成长。本书案例大部分来自教师工作中所接触到的大学生实际案例，具有一定代表性，对指导学生提升素养，增强个人身心素质具有普遍的指导意义。

本书由来自武汉工程大学邮电与信息工程学院的田艺任主审，负责全书的内容审核；由严玲（武汉工程大学邮电与信息工程学院）任主编，负责全书的内容结构设计，并指导各章节的写作和统稿工作；由吅文明（武汉工程大学邮电与信息工程学院）任副主编，负责全书的审校工作。各章的编写者如下：第一章和第五章：胡旷（武汉工程大学邮电与信息工程学院）；第二章：徐章（武汉工程大学邮电与信息工程学院）；第三章、第八章和第九章：严玲；第四章：龙美莉（武汉工程大学邮电与信息工程学院）；第六章：李霞（武汉传媒学院）；第七章：李承亮（武汉工程大学邮电与信息工程学院）；第十章：杨霞（武汉工程大学邮电与信息工程学院）；第十一章：严玲、徐梓蒙（中国地质大学）。

本书的编写参考了大量相关资料，在此一并表示感谢。因为个人阅历、能力水平有限，本教材难免有不甚妥当之处，敬请各位专家和读者批评指正。

编　者

目录
Contents

第一章	大学生心理健康绪论	1
第一节	心理与心理健康	1
第二节	大学生心理发展的特点	2
第三节	掌握大学生心理健康的标准	4
第四节	了解影响大学生心理健康的主要因素	6
第二章	心理咨询与心理困惑	9
第一节	概述	9
第二节	大学生心理咨询	11
第三节	大学生常见的心理困惑	14
第四节	大学生常见的心理疾病	17
第三章	自我意识与心理健康	34
第一节	自我意识面面观	34
第二节	大学生的自我意识	39
第三节	大学生常见的自我意识偏差	50
第四章	学习心理与心理健康	63
第一节	学习是什么	63
第二节	大学学习的特点	70
第三节	大学生学习能力的培养及潜能开发	73
第四节	大学生常见的学习心理障碍及自我调适	85

第五章　人际交往与心理健康　99

- 第一节　人际交往概述　99
- 第二节　人际交往的原则　105
- 第三节　大学生人际交往的心理特点和一般问题　109
- 第四节　大学生人际关系的优化　113

第六章　恋爱及性与心理健康　123

- 第一节　大学生的恋爱心理　123
- 第二节　大学生恋爱的心理特点和一般问题　127
- 第三节　大学生的性心理　135
- 第四节　大学生常见恋爱与性心理问题及调适　140
- 第五节　大学生恋爱教育与性健康教育　150

第七章　情绪挫折与心理健康　155

- 第一节　情绪和挫折概述　155
- 第二节　大学生挫折的产生与特点　158
- 第三节　压力与压力管理　161

第八章　心理危机与心理健康　167

- 第一节　危机也是生机　167
- 第二节　如何进行危机管理　174
- 第三节　沉重的危机　182

第九章　健康人格与心理健康　187

- 第一节　人格概述　187
- 第二节　大学生人格　199
- 第三节　如何形成健全的人格　206

第十章　网络管理与心理健康　　217

第一节　大学生和网络　　217

第二节　网络对大学生行为和心理的影响　　221

第三节　大学生网络心理障碍　　225

第四节　大学生网络成瘾　　228

第五节　构建良好的网络心理　　233

第十一章　择业求职与心理健康　　236

第一节　认识自己　　236

第二节　认识专业和职业　　248

第三节　规划自己的职业生涯　　257

主要参考文献　　265

第一章　大学生心理健康绪论

【本章要点】　通过本章的学习,要求学生认识心理活动的特点和实质,了解大学生心理发展的特点及影响大学生心理健康的主要因素,掌握大学生心理健康的标准。

第一节　心理与心理健康

一、心理是脑的机能

心理是指生物对客观物质世界的主观反应,心理现象包括心理过程和人格。人的心理活动都有一个发生、发展、消失的过程。人们在活动的时候,通常用各种感官认识外部世界事物,通过头脑的活动思考着事物的因果关系,并伴随着喜、怒、哀、乐等情感体验,由此折射出的一系列心理现象的整个过程就是心理过程。心理过程按性质可分为三个方面,即认识过程、情感过程和意志过程,简称知、情、意。

心灵是地球上最美的"花朵"。心理是脑的机能,脑是心理活动的器官。没有脑的心理,或者说没有脑的思维是不存在的。正常发育的大脑为心理的发展提供了物质基础。人的大脑是最为复杂的物质,是物质发展的最高产物。人脑受到损伤,就不能进行正常的心理活动;脑的某一部分受到损害,与之相应的某种心理活动就受到阻碍。

人的心理是心理发展的最高阶段,因为人的大脑是最为复杂的物质,是神经系统发展的最高产物。从心理现象产生和发展的过程来看,也说明了心理是神经系统特别是大脑活动的结果,因此,神经系统,特别是大脑,是从事心理活动的器官。

二、心理是客观现实的主观反应

客观现实是心理的源泉和内容。心理,即大脑对客观现实的反应,不是镜子式的反应,而是主观能动的反应。脱离了人类社会,即使有了人的大脑,人的心理也不能自发产生。通过心理活动,不仅能认识到事物的外部现象,还能认识到事物的本质和事物之间的内在联系,并用这种认识来指导人类实践活动,改造客观世界。

心理是大脑活动的结果,是一种主观印象,而不是产品。它可以是事物的形象,也可以是概念或者体验,但不是物质。这种映象本身虽然是看不见、摸不着的,但支配人的行为活动,又通过行为活动表现出来,因此可以通过观察和分析人的行为活动间接地研究人的心理。

综上可知,心理的实质在于,心理是人脑对客观现实的主观反应,它既受客观现实的制约,又受人主观的影响,是自然和社会相结合的产物,其特点在于反应的主观性和能动性。

第二节 大学生心理发展的特点

一、当代大学生心理的一般特点

1. 大学生心理发展的水平

当代大学生主要处于青年中期,心理发展趋于成熟而又未真正完全成熟。大学生一般年龄在十八岁至二十二岁,心理发展已基本接近成熟,但如果更全面地仔细分析其心理发展,则可发现他们心理发展某些方面远未成熟。大学生已达到公民法定年龄,但从他们对社会问题的认识方面来说,他们可能只能是"准小学生"。大学生不像中学生那样,受到老师及家长太多的约束,他们是比较自由和开放的。处于走向社会的过渡期,他们往往不易深刻了解社会的规则以及他人的想法,会以为别人对待一切事物都应该和自己设想的一样,因而所想所做的容易与学校及社会的要求不一致。所以从心理发展来说,大学生也只是处在迅速走向成熟而又未真正完全成熟的阶段。

2. 大学生心理特点的两面性

大学生的主要心理特点具有两面性,即积极面和消极面。大学生心理发展正处于迅速走向成熟的阶段,成熟的方面表现出积极的特点,如:情绪强烈但善于控制,情感丰富,热情;精力充沛,朝气蓬勃,具有勇往直前的气魄,对生活充满美好的希望;抽象思维、发散性思维高度发展,善于独立思考,求知欲强,创新意识强;自我意识有新的发展,对自己各方面的认识大大提高,主动性增强,自尊心特别强;人际关系进一步扩大,与他人交往能力提高;富有理想,积极向上,向往真理等。

大学生心理发展未完全成熟的特点,决定了其心理发展的消极特点。如:滥用充沛的精力,蛮干;对情绪、情感缺乏控制时,易成为情感的奴隶;自我意识强,情绪体验深,在外界的不良影响下,易沉湎于低级情绪;在客观条件未具备时,急于谋求需要的满足,易导致失败;在缺乏正确理想指导时,求知欲与敏感性易导致错误的、自以为是的"新知识"或"新思潮"。

3. 大学生的内心矛盾

大学生心理发展过程中,存在明显的两面性,而且其各方面的发展也很不平衡,往往易引起各种冲突与矛盾。主要的内心矛盾:锁闭性所导致的孤独感与强烈交往需要的矛盾;独立性与依赖性的矛盾;强烈求知欲与识别力低的矛盾;情绪与理智之间的矛盾;愿望、幻想与当前现实的矛盾;强烈的性意识与正确处理异性关系之间的矛盾等。

这些矛盾是大学生心理发展过程中正常的矛盾,但怎样化阻力为动力,正确解决内心矛盾,使心理发展更加趋于成熟,也给我们高等教育工作者提出了更高的要求。

大学生正处于人生的青年期,已经度过了"疾风怒涛"的青春叛逆期,步入相对平稳的阶段,虽然已经脱离了未成年人群体,但尚不能履行成年人的责任和义务。

大学生一般特征如下。

(1) 生理发育和心理发展达到成熟水平。
(2) 进入成年社会,承担社会义务。
(3) 生活空间扩大。
(4) 普遍开始恋爱。

从发展心理学方面讲,大学生心理发展的特征表现在:
(1) 智力发展存有内在矛盾。
(2) 自我意识开始成熟,自我控制能力增强。
(3) 人格趋向成熟和完善,职业、自我意识逐步确立。
(4) 需要复杂,情感丰富而不稳定。
(5) 人生观和价值观逐渐成熟。
(6) 爱情需要与性意识进一步发展。

总之,大学生处于刚刚跨入成年人行列但并未真正成熟的特殊阶段,其心理上虽然一般不再有过大的起伏变化,但在逐步走向成熟的过程中会经历许多的磨砺和考验,学会积极适应社会变化、正确面对挫折是十分重要的。

二、大学生学习与创新心理特点分析

当代大学生在学习与生活中,需要不断适应的问题包括学习与创造、人际交流、情感、独立的人格与生活等。在各个方面上,当代大学生也具有不同的心理发展特点,只有了解把握住了这些特点,并加以正确引导,才能使大学生健康成长。下面就学习与创新的问题分析大学生心理特点。

学习是大学生的主要任务,在改革开放新的形势下,在科技迅猛发展的信息时代里,教师单纯灌输知识已远远不能适应现在的要求。大学生不仅要善于理解书本知识,而且应该善于运用知识和创造知识;不仅要能够在教师的指导下进行学习和创造,而且离开了教师的教导、离开了学校,也要善于学习和创造。

大学生的学习可从学习动机、学习行为和学习方法三个方面进行分析。当代大学生由于受社会经济发展的影响,学习动机也在发生变化,高级的学习动机逐渐减少,而追求个人价值的实现及追求较高的物质生活的动机占有很大的比例,值得注意的是,有一部分大学生不明确自己的学习动机,这样导致了学习积极性不高、目的性不强、学习动力不大。指导大学生树立正确的学习动机也是当务之急。

由于现在大学生自由支配的时间不断增多,需要自己计划和安排学习,但一大部分大学生自制能力及自我约束力较低,学习主动性和积极性都较低,时间不能有效地利用,只是忙于应付老师的考试,而不去主动地获取其他许多重要的知识。所以应使大学生懂得珍惜时间,懂得主动学习,也是教育工作者需要加强的方面。

大学的学习不同于中学,它需要一定的学习方法,需要抽象思维与逻辑思维的结合,需要理解、归纳、记忆,需要理论联系实际,在这方面,大部分同学能找到适合自己的学习方法,但也需要高校教师在这方面加强指导。

第三节　掌握大学生心理健康的标准

可以说,迄今为止关于心理健康还没有一个统一的概念。但大学生心理健康的标准一般有四个:一是经验标准,即当事人按照自己的主观感受来判断自己的心理健康,研究者凭借自己的经验对当事人的心理健康进行判定;二是社会适应标准,以社会中大多数人的常态为参照标准,观察当事人是否适应常态而进行心理是否健康的判断;三是统计学标准,依据对大量正常心理特征的测量取得一个常模,把当事人的心理与常模进行比较判断;四是自身行为标准,每个人以往生活中形成的稳定的行为模式为正常标准。事实上,心理健康与否其界限是相对的,企图找到绝对标准是非常困难的,大学生心理健康标准的掌握也同样存在这样的问题。那么如何掌握标准?我们认为应把握好标准的相对性、整体协调性和发展性。我们在研究大学生整体心理健康时,应将目光投向发展的健康观。

正确理解大学生心理健康的标准应重视以下几个方面:一是标准的相对性。事实上大学生心理健康与不健康并无明显界限,如将正常比作白色,将不正常比作黑色,那么在白色与黑色之间存在着一个巨大的缓冲区域——灰色区,大多数人都散落在这一区域内。这也说明,对学生群体而言,在人生的发展过程中面临心理问题是正常的,不必大惊小怪,应积极加以矫正。与此同时,个体灰色区域也是存在的,大学生应提高自我保健意识,及时进行自我调整。人的心理健康是一个发展性的问题,许多发展性问题是可以自行解决的。二是整体协调性。把握心理健康的标准,应以心理活动为本考察其内外关系的整体协调性。从心理过程来看,健康的人的心理活动是一个完整、统一的协调体,这种整体协调性保证了个体在反映客观世界的过程中高度准确性和有效性。事实表明,认识是健康心理结构的起点,意志行为是人格面貌的归宿,情感是认识与意志之间的中介因素。从心理结构来看,一旦不能符合规律地进行协调运作时,可能产生一系列的心理困扰或问题。从个性角度来看,每个人都有自己长期形成的稳定的个性心理。一个人的个性在没有明显的剧烈的外部因素影响是不会轻易发生变化的,否则说明其心理健康状况发生了变化。从个体与群体的关系来看,每个个人在其现实性上划分成不同的群体,不同群体间的心理健康标准是有差异的。三是发展性。事实上,不健康的心理可能是人在心理发展中不可避免会遇到的问题,其症状可能也会随着发展而自行消失。

根据大学生的心理特征、大学生特定的社会角色的要求以及心理健康学的基本理论,大学生心理健康的标准可以概括为以下八条:

1. 能保持对学习有浓厚的兴趣和求知欲望

学习是大学生活的主要内容,心理健康的学生都会珍惜学习机会,求知欲望强烈。能克服学习中的困难,学习成绩稳定;能够保持一定的学习效率,并从学习中体验到满足与快乐。

2. 能协调和控制情绪,保持良好的心境

积极乐观的情绪和良好的心境是心理健康的重要标志。心理健康的大学生心胸开阔,从容乐观,热爱生活,乐于进取。虽然也有悲、忧、哀、愁等消极体验,但积极情绪总是多于消极情绪。具有理智感、责任感、幽默感,善于调节和控制自己的情绪,急而不躁,喜而不狂,忧而不绝,胜而不骄,败而不馁,持续稳定地保持愉快、满意、开朗的心境。无论是处于顺境还是逆境,都能随遇而安,积极寻找乐趣,发掘生活的光明面。

3. 意志健全,能经受住各种挫折和磨炼

心理健康的大学生,学习生活有明确的目标和追求,敢想、敢说、敢干,勇于开拓进取,有主见,有恒心,专心致志,遇到外界干扰和诱惑不为所动。经常的盲目性和懒散状态,都是意志不健全的表现。

4. 人际关系和谐,乐于交往

人际关系状况最能体现和反映人的心理健康状况。心理健康的大学生热爱生活,乐于交友,善于与人相处,既能容人之短,也能容人之长,能正确处理互助和竞争的关系,能与他人同心协力合作共事,乐于助人,有较强的同情心和道德责任感,因而能被他人和集体所容纳和认同。相反,疑心重重、妒贤嫉能、尖酸刻薄、自私自利、孤芳自赏、与集体格格不入,均属于不健康心理。

5. 正确的自我意识

正确的自我意识是心理健康的重要条件。心理健康的大学生都能以客观的态度去认识、评价自己和周围的世界,既不自视清高、妄自尊大,也不自轻自贱、妄自菲薄。行动上自律,评价上自省,心态上自控,情感上自悦。在理想自我与现实自我之间有良好的基本满意的态度,存在着一种健康有益的差距。他们善于从客观环境中吸取有价值的信息以充实自己、完善自己,并恰当地进行自我评价和自我调节,有效地控制自己的行为。

案例分析

神田三郎的悲剧

日本的松下公司招聘一批推销人员,考试方式是笔试和面试相结合,竞争异常激烈。经过一个星期的筛选工作,松下公司从几百人中选择了十名优胜者。松下幸之助亲自看了这些入选者的名字,令他感到意外的是,面试时给他留下深刻印象的神田三郎并不在其中。于是,松下幸之助马上吩咐下属去复查考试分数的统计情况。

经过复查,下属发现神田三郎的综合成绩相当不错,在几百人中名列第二。因计算机问题,把分数和名称排错了,才使神田三郎的成绩没有进入前十名。松下幸之助听了,立即让下属改正错误,尽快给神田三郎发录取通知书。

第二天,负责这件事情的下属向松下幸之助报告了一个令人吃惊的消息:由于没有接到松下公司的录取通知书,神田三郎竟然跳楼自杀,当录取通知书送到的时候,他已经死了。这位下属还自言自语地说:"太可惜了,这位有才华的年轻人,我们没有录取他。"

松下幸之助听了,摇摇头说:"不!幸亏我们公司没有录取他,一个没有勇气面对失败的人是成不了大事的人!"

6. 适度的行为反应

适度的行为反应是指个体对外界环境和事物的反应既不过敏,亦不迟钝。在人生命发展

的不同年龄阶段都有相应的心理行为表现,从而形成不同年龄阶段独特的心理行为模式。心理健康的大学生有正常的行为反应,在认识、情感、言行、举止等方面都符合他所处的年龄段的要求,他们充满青春活力,朝气蓬勃,勤学好问,能创造性地处理问题。过于老成、过于幼稚、过于依赖都是心理不健康的表现。

7. 完整统一的人格品质

人格指人的整体精神面貌。人格完整指人格构成要素的气质、能力、性格和理想、信念、人生观等各方面平衡发展,有一定的连贯性和稳定性。心理健康的学生所思、所说、所做是协同一致的,具有积极进取的人生观,把自己的需要、愿望、目标和行为统一起来,无双重人格,不为私欲背弃信念和良心,不搞阳奉阴违、口是心非。

8. 积极的社会适应力

心理健康的大学生,能和社会保持良好的接触,对社会现状有较清晰的认识,思想、信念、目标和行为能跟上时代发展的步伐,与社会要求相符合,为社会所接纳。一旦发现自己的愿望、需要与社会的希望和需要发生矛盾和冲突时,能迅速调整自己对现实的期望和态度,以谋求与社会的协调一致,而不是逃避现实,或与之背道而驰。

第四节 了解影响大学生心理健康的主要因素

一、大学生心理健康影响因素

高校大学生是一个特殊群体,是一个高知识层、未成熟的青年群体,与青春期前期相比,他们虽然更能接受较为复杂的情感和事件,却常因大学时代各种充满冲突的成长任务而困惑和挣扎。2001年5月一项对全国114万名大学生的调查表明,17%的学生存在不同程度的心理障碍或心理异常表现。为什么会出现这些心理问题呢?实践表明,心理问题来自环境的影响,包括心理环境、生活环境和社会环境。

(一)心理环境(如归因方式)

国外早期研究就有许多涉及心理健康与归因方式的,如 Peterson 等指出,由于低自尊与抑郁高度相关,与一般人相比,情绪低落或抑郁的人倾向于将消极事件的结果归结于内在的、个人的和必然的原因,而将积极事件归结于外在的、特殊的原因。日本研究者对日本研究生的调查发现,采用消极的归因方式归因的人更容易感到压抑,产生无助感。也有学者对天才学生的归因方式研究显示,天才学生更倾向于将失败归因于学习努力不够(积极归因方式)而不是不够聪明,这样的归因方式也会带到生活中的其他方面。

(二)生活环境

1996年春节前,广州市连续发生了两宗入室抢劫杀人案,凶手都是广州市的青少年。一宗杀人案的凶手为21岁的黄某和19岁的谢某,虽然杀人作案时凶暴残忍,但他们内心都是十分空虚、懦弱的,他们都有一个共同的心理特征是胸无大志、缺乏自信、自暴自弃。这些不健康的人格心理在很大程度上都是不良的家庭教育造就的。他们想通过杀人劫财来达到引起别人重视的目的,这显然是一种病态的人格心理,而这种人格心理正是家里的错误教育方式造成的。"从小到大,我的路都是家里帮我铺好的,他们就叫我干这一行我就要干这一行,根本没想过我喜不喜欢,很多时候我都是违心去干的。"他们的家长都认为,只要给足了孩子物质上的需求就可以解决一切问题,而忽略了与孩子精神上的沟通交流,导致他们对金钱的认识有错误,对生命漠视。所以说,生活环境、家庭环境对学生心理的影响是存在的,甚至成了变态心理产生的直接原因。

(三)社会环境

大学是一个小社会,据中国调查网数据显示,88.2%的被调查者认为大学已经是半个社会,大学的社会化能使大学生将来更能适应社会。也有学生不能够接受大学的社会化。在大学中,社团已经成为不可缺少的交流平台,也是最类似于社会的团体和与社会非常接近的部分。

社团作为锻炼学生各种能力的平台,很多学生确实通过参加集体活动获得了锻炼,从而使自己的各方面能力得到提高,获得成长,为他们走出校门走向社会奠定了基础。但也有不少学生后悔当初参加了太多的学生组织,有的学生因为参加了太多学生组织而引起心理负担加重,经常处于抑郁状态。不能适应社团行事方式,不能理解社会化现实的学生更是在社团活动中感觉到压抑。社会对人才的要求要越来越高,有些学生不能够适应突然增加的压力,对毕业感到恐惧,对社会有恐惧感,于是会产生封闭倾向。

二、大学生心理问题解决方法

大学生应该有意识地放慢生活节奏,沉着、冷静地处理各种纷繁复杂的事情,即使做错了事,也不要责备自己,这有利于人的心理平衡,同时也有助于舒缓人的精神压力。

(一)合理宣泄

合理宣泄的方法:①投入地哭一次,忘了自己:哭痛快了,心里就会倍感轻松。②告诉父母或好友"我今天很难过",并将详情说出来,心里会痛快很多。③活动一下身体的一些大关节和肌肉。宣泄时不要伤害自己的身体,运动时,动作速度要均匀缓慢,只要感到关节放开,肌肉松弛就行了。

(二)学会幽默

培养幽默感是解决心理问题的好方法,当一个人有幽默感时,可以逃脱愤怒的情绪,笑看自己的怒气,有时有些事情是又好气又好笑,不妨多想着好笑的一面摆脱怒气。

(三)学会转移

当你发现自己陷入烦恼情绪而难以自拔时,应当马上转移自己的注意力,凝神于其他事物。进行一次剧烈的运动,听一段轻松愉快的乐曲,都可帮你开阔心胸。移位思考是解决忧郁心境的好方法。当遭遇精神创伤之后,外出旅游,接触大自然美景,可使心胸开阔,心旷神怡,忘却烦恼。

(四)学会回避

当你觉得即将出现不愉快的场面时,不妨加以回避。你可以找一个僻静的地方安静一下,平定自己的情绪,考虑解决问题的方法。这样做能帮你缓和紧张的局面。

心理学包括三大部分:知、情、意。真正改变自己的认知结构,才能在情绪上有所改善。只有这样,才会进一步在行为表现中有所进步。

【习题或思考】

1. 大学生心理发展的特点是什么?
2. 大学生心理健康的标准是什么?
3. 你的心理健康吗?学习了这节课,你希望在哪些方面有所改进?
4. 影响大学生心理健康的因素有哪些?就你自身的成长而言有什么感触?
5. 案例分析:一大学优秀毕业生应聘某大公司。在公布考试结果时,他名落孙山。得知消息后,他深感绝望,割腕自杀,由于抢救及时,脱离了生命危险,随后不久传来他被录用的喜讯。原来此人考试成绩处于前列,只是当时统计出了差错。就在他把喜讯告知家人、朋友,准备庆祝时,又有消息传来,他被公司解聘了。

试分析:你认为公司解聘他的理由是什么?你若是公司的负责人,你会录用他吗?为什么?

第二章 心理咨询与心理困惑

【本章要点】 通过本章的学习,要求学生了解心理咨询的基本概念和功能、心理咨询的内容与类型,建立正确的心理咨询观念以及自助求助的意识;了解常见的大学生心理困惑,了解心理疾病,懂得哪些状态可以通过自我调整或心理咨询进行解决,哪些心理疾病需要到专业医疗机构诊治。

第一节 概 述

一、心理咨询的概念

所谓心理咨询,是指心理咨询者通过语言、文字等媒介,给来访者以心理方面的帮助、启发和指导的过程。正确理解"心理咨询"的含义,要抓住其以下要素:心理咨询的主体——咨询者;客体——来访者;媒介——语言、文字等;对象——来访者的心理;载体——帮助、启发、指导的过程。按照有关辞书的解释,所谓"咨"通常解释为商议事情;所谓"询"一般为请教、求计。"咨询"可以理解为征求意见,寻求解决问题的办法。心理学中通常把需要解决问题并前来寻求帮助者称为来访者、求助者,将给来访者提供帮助的咨询专家称为咨询者。来访者就自身存在的心理不适或心理障碍,通过语言或文字等交流媒介,向咨询者诉说、询问甚至讨论,并在咨询者的帮助下,找出引起心理问题的原因,分析问题的症结,进而寻求摆脱困境解决问题的办法和对策,从而达到来访者逐渐恢复心理平衡、提高对环境的适应能力、恢复身心健康的目的。简言之,心理咨询是咨询者运用心理学的理论和方法,对来访者施加影响,使来访者的心理和人格向着科学、健康的方向转化和发展。

知识拓展

心理咨询与思想政治教育

谈到心理咨询的教育功能,很容易联想到思想政治教育的功能。其实,心理咨询与思想政治教育之间既有区别,又有联系,既不能混为一谈,也不能相互替代。

心理咨询与思想政治教育的区别在于:首先两者的学科基础不同。思想政治教育是以马列主义、毛泽东思想和中国特色社会主义理论体系为学科基础的;心理咨询是以心理学等学科为理论基础的。其次,两者的途径及功能不同。思想政治教育,主要是通过政治教育(政治理论课)、思想教育、道德教育及心理健康培育帮助学生树立正确的世界观、人生观、价值观、伦理观。其基本途径是课堂理论教学和日常性思想工作。侧重点在于学生的思想政治觉悟和道德品质层面。心理咨询主要是通过咨询者对来访者(求助者)的帮助,使求助者的思维认识、情感态度发生积极变化,从而帮助其解决在学习、生活、工作、人际关系、疾病等方面出现的心理问题,进而促使其更好地适应生活、学习、工作环境,保持良好的心理状态。侧重点在于学生的心理层面。

心理咨询与思想政治教育的联系在于:首先,两者存在着高度的一致性,即都是从不同方面来培养学生精神层面的内涵。其次,两者是相互作用的:一方面,具有健康心理的人能更自觉地接受思想政治教育,并将正确的思想、信仰内化为自己的品德和素质,外化为自己的行为;另一方面,一个人如果心理不健康,往往会通过错误思想、不良品行表现出来,甚至会做违法乱纪的事情。最后,两者是相互依存的,一般说来,人的精神结构中思想层面虽然属于较高的层次,但是其基础却是心理层面。

心理咨询有狭义和广义之分。狭义的心理咨询是指对患有一定程度心理障碍的人进行咨询、治疗,通常也可称之为障碍性心理咨询。狭义的心理咨询主要由神经科医生、医学心理学工作者等担任咨询人员。广义的心理咨询不仅涉及狭义心理咨询的内容,更偏重于心理保健、情绪调节,对人们在学习、工作、生活等方面遇到的心理问题提供帮助,并指导来访者认识自我、发展自我,属于发展性心理咨询。广义的心理咨询主要由心理学工作者、社会工作者、教育工作者担任咨询人员。必须指出,尽管在实际工作中有时很难将狭义的心理咨询与广义的心理咨询完全区分清楚,尤其是介于两者的中间地带、交叉地带要区分清楚则更困难。但在理论上进行这种区分是非常必要的,因为,这有助于科学地把握心理咨询概念,防止出现互不承认、相互轻视,甚至排斥的现象。在现实生活中,这两方面的咨询都是非常必要的。

二、心理咨询的功能

心理咨询与一般的人与人之间的交谈、劝慰、开导、帮助等不同,这是一项专业性、科学性、逻辑性均很强的工作。该项工作过程中要运用很多专业技术性原理。正因为如此,心理咨询具有其独特的功能。归纳起来,主要有以下四项:

第一,教育功能。存在心理问题的人,一般都是因为个人正确认识问题、科学解决问题的功能欠缺;或者因为个人为人处世的经验不足,缺乏正确认识自己、评价自己的能力,缺乏正确认识同事、同学的能力;或者因为个人缺乏必要的科学知识,无法面对或适应他所处的社会环境、自然环境,从而产生了个人心理方面的障碍。咨询者往往要运用逻辑的语言、亲和的态度,帮助来访者掌握科学的世界观、人生观、价值观,引导来访者逐步正确认识环境、社会、他人,正确认识自己,并在此基础上处理好个人与环境、他人、社会的关系。这个过程,充分体现了心理咨询的教育功能。

第二,保健功能。有些人由于学习、工作方面的压力,产生了心理或情绪方面的纠结,急需寻找能够耐心倾听其诉说,甚至宣泄的人。但是,又不想让周围的朋友、同学、亲友知晓,因而不愿向熟人倾诉。这时,与他没有亲缘关系,更没有利益联系、利害冲突的心理咨询师就是其倾诉的最佳对象。咨询者从其职业要求出发,不仅能够耐心倾听,而且还会运用专业的知识和技能,帮助来访者分析问题,进行心理疏导,进而为来访者排忧解难。这就是心理咨询的保健功能。

第三,治疗功能。有些人由于生活、工作压力大,精神负担重,往往产生了思绪混乱、思路堵塞、生活无序的状况。而咨询师处于旁观者的角色,他可以运用科学的思维、冷静的头脑、开阔的视野、职业的姿态认真耐心地倾听来访者的陈述,给他们宣泄情绪的机会,并在此基础上,帮助其辨明自己的问题的性质、关键,商讨解决问题的对策,进而纾解求助者紧绷的情绪,平和纠结的心态,理顺混乱的思绪,回归正常的生活,从而达到心理咨询的治疗效果。

第四,发展功能。人的心理问题有各种不同的类型、不同的性质,其中有许多并没有达到心理疾病的程度,尤其是大学生中的一些人。他们可能是在纷繁复杂的社会生活中、在新的环境里引发了一些不适应。此时他们可以通过心理学有关课程的学习,辅导员、班主任的帮助,心理咨询师的引导,提高认识、增强自信心、发展和完善自己的人格,在处理好所遇到的各种问题的过程中,使自己得到成长。这就是心理咨询的发展功能。

当然,犹如世界上没有包治百病的良药一样,心理咨询也不是万能的。心理咨询作用的大小、功能发挥的程度,不仅取决于咨询师的学术水平、职业道德,也取决于来访者的个人努力、意愿、配合程度,尤其是当事人要有坚定的信心和付出主动的努力。

第二节 大学生心理咨询

一、大学生心理咨询的意义

大学生心理咨询的对象是在校大学生。从大学生这一群体来看,总体上他们的心智还不太成熟,人生观、价值观尚未最终确立;同时,当今社会又处于改革、发展时期,社会上一些消极因素在随时随地影响着大学生,因此,他们中的部分人极容易产生心理上的不适应乃至波动。故而,开展大学生的心理咨询意义重大:可以帮助他们消除心理困惑,解除有碍其正常生活、学习、工作所遇到的疑虑;可以帮助他们正确处理人际关系,更好地适应环境;可以帮助他们提高自身的心理素质,增强个人的发展能力;可以与高校思想政治教育结合,提高他们的思想道德水平。

二、大学生心理咨询的内容

大学生心理咨询属于心理咨询范围之内,无非是来访者专指大学生这一特定群体人员而已。首先,大学生心理咨询内容范围的确定既不能脱离心理咨询的内容范围,又必须考虑特定的来访者人群——大学生的特殊性。因此,该范围的确定既是客观的,又是主观的。说它是客观的,是因为其内容也是由心理咨询的对象、任务、功能等方面所确定的;说它是主观的,是因为一切客观或多或少要受到人们主观因素的影响,人们对客观存在的不同观察、认识可能会带来不同的主观评价。其次,咨询者职业道德、业务水平的差异,也一定程度上制约或影响着人们对内容的理解和把握。因此,必须准确理解并掌握大学生心理咨询的主要内容、范围,从而更有效地开展大学生心理咨询。

大学生心理咨询内容主要包括以下几方面:

(1) 心理疾病咨询:是指咨询者从心理咨询的专业角度出发,帮助有心理疾病的来访者探究病源、分析问题、研究对策,从而消除危机、解除疑虑,最终使来访者恢复心理健康的过程。

(2) 情绪障碍咨询:是指咨询者从心理咨询的专业角度出发,帮助来访者对由于学习、工作、人际关系、两性关系、个性、情绪等方面的适应不良而出现的烦恼、忧虑、困惑等进行分析、研究、疏导,从而逐步消除上述不适现象的过程。

(3) 心理发展咨询:是指咨询者从心理咨询的专业角度出发,帮助来访者提高心理素质,挖掘自身潜力,从而逐步提高其自我认识能力和社会适应能力,最终增强自身发展能力的过程。

三、大学生心理咨询的特点

大学生心理咨询的特点,应该从咨询对象的特点和咨询内容的特点两个方面来研究。

(一) 咨询对象的特点

咨询对象的特点必须从内、外两个方面来把握,具体来讲,就是要将大学生的身心状况与他们所处的社会背景,即内、外两个方面结合起来分析、考察:首先,当代大学生从年龄方面看,正处在青年期,身心发展迅速,性发育成熟,产生了性欲望,但往往处于生理成熟与心理成熟发展不平衡状态;其次,大学生自我意识发展迅速,但往往又处在分化、矛盾阶段,内心矛盾冲突较多,情感波动较大;再次,就现阶段看,大学生仍有较高的社会地位、良好的智力因素,但繁重的学习任务和集体生活的方式,使大多数人依然产生了较严重的不适应;最后,大学生无一例外地处在一个开放、多元价值观的社会背景下,社会影响越来越大并很容易左右他们的思想。明确咨询对象的这些特点,以便把握对象的共性,并在共性与个性中深刻地理解每一个个性。

(二) 大学生心理咨询内容的特点

大学生这一群体的特殊性,也就决定了其咨询内容的特点。

(1) 内容广泛性:是指大学生心理咨询内容涉及他们的学习、社团活动、师生关系、同学关系、家庭关系以及友谊、爱情等方方面面。

(2) 人员众多性:当代大学生中独生子女比重很大,不同地区、不同家庭的经济情况差异,使得这一群体中出现心理健康状况欠佳的比率高于其他人群。如天津市某高校体育卫生验收资料表明,在该市5万名大学生中,存在着不同程度心理疾病的大学生占总数的16%以上。

(3) 程度轻微性:虽然大学生中心理健康欠佳、心理调适不良的人数较多,但其中大多数的问题程度普遍较轻,完全可以通过外界宣传、有关课程的学习,辅导员、班主任的工作,心理咨询活动以及自身的调节而得到解脱、调整。

(4) 问题综合性:一方面,有些大学生虽然从表面上看仅有某一个心理问题,但经研究以后,会发现其后面往往存在一连串的背景因素(尤以个性为主)。另一方面,有些大学生所存在的某一方面适应不良,往往会波及其他方面。如有的人仅仅因为人际关系不良就会影响到他的学习、社交、睡眠、情绪以及对生活的态度,甚至发展到神经衰弱、社交恐惧症、焦虑症等。当然这样的大学生很可能存在自身个性上的缺陷,因此,这就决定了在对其进行心理咨询时,要找到事物之间的联系,抓住主要矛盾,把握问题核心,防止头痛医头、治标不治本的后果出现。

(5)目标长远性:从普遍意义上讲,大学生心理咨询的重点应该是发展性心理咨询。即着眼于帮助广大青年学生首先充分认识自己的个性和自身的潜力,进而减少乃至消除影响自我实现、个性发展的心理疾病。当然,这是一个相对漫长的过程,要防止一蹴而就、急于求成的急躁情绪。

四、大学生心理咨询的类型

心理咨询的类型有多种,而且有不同的划分方法。

(一)按照咨询对象划分

1. 团体心理咨询

团体心理咨询也可称为小组心理咨询。团体心理咨询是指咨询者将若干个有相似心理问题的来访者集中在一起,并就他们共同涉及的心理问题进行咨询的过程。这种咨询方式的优点:首先是咨询者能在一定的时间内直接面对、帮助较多的来访者,一般将人数控制在10人左右。其次,在团体咨询的过程中,来访者之间可以相互交流并产生积极的互动效应,促进每个成员的心理调适。团体咨询最大的缺点是无法深入解决个体层次的问题。

2. 个别心理咨询

个别心理咨询是指通过来访者与咨询者一对一、面对面的交流,并给予来访者直接的支持、辅导和帮助的过程。个别心理咨询的优点:首先是保密性强,便于建立咨询者与来访者之间的信任关系,使来访者有安全感。其次是便于深入沟通,针对性强,咨询者能更好、更全面地了解、掌握来访者的个体情况。最后,咨询者与来访者在一对一且面对面的咨询过程中,一方面来访者可以充分详细地倾诉;另一方面,双方也可以进行充分的讨论、分析、磋商。

因此,个体心理咨询的效果更好,是心理咨询的主要方式。

(二)按照咨询操作方式划分

1. 直接心理咨询

直接心理咨询是指咨询者针对来访者就其本人所遇到的个性发展、社会适应、人际关系及家庭沟通等方面的心理问题进行咨询的过程。通过咨询,使来访者能正确认识、清晰了解自己的心理问题和困惑所在,并在此基础上学会和掌握应对问题的技能。

2. 间接心理咨询

间接心理咨询是指来访者为其好友或者其他人的心理问题向咨询者进行咨询,并将经咨询后的结果即有关人员心理问题的性质及解决的途径,再转告有关人员,从而间接地给予帮助的过程。由于这种方式是通过其他人转告,因此,咨询效果可能会受到一定的影响。

（三）按照咨询途径划分

1. 电话心理咨询

电话心理咨询是指将电话作为咨询者与来访者之间的交流工具，并对来访者的心理问题给予解答、启发、帮助和提出解决问题建议的过程。电话心理咨询避免面对面的"尴尬"，使来访者更加轻松，更容易敞开自己的心扉。当今电话普及率很高，所以电话心理咨询必然受到大学生们的欢迎。

2. 网络心理咨询

网络心理咨询是指将网络作为咨询者与来访者之间的交流工具，并对来访者的心理问题给予解答、启发、帮助和提出解决问题建议的过程。随着网络的普及、网络技术的提高，不仅网络心理咨询的形式逐渐增加，而且还发展到视频心理咨询和在线文字交流心理咨询。网络心理咨询方便、安全，并有身临其境的体验，已成为心理咨询的一个新发展方向。

3. 专栏心理咨询

专栏心理咨询是指咨询机构在有关报纸、杂志上开设专栏对来访者所提的问题给予回答的过程。这种方法对普及心理健康知识有着积极意义，但由于所含信息量少，无法针对个人特殊问题进行解答，因此在实践中运用的并不多。

4. 书信心理咨询

书信心理咨询是指求助者（来访者）与咨询者通过书信进行交流的咨询方式。这种方式主要适用于那些不方便或不愿意与咨询者见面的求助者。但其局限性较大、信息量小、交流质量受到文字表达能力和理解能力的制约，如果双方有一方的表达不准确或对另一方意思的理解有误，则会引起不良后果。因此，在大学生心理咨询中，书信心理咨询主要用来回答一些知识性问题或建立初步的咨询关系而已。

第三节　大学生常见的心理困惑

一、大学生心理困惑的含义及原因

在《现代汉语词典》中，"困惑"一词被解释为"感觉疑难，不知道该怎么办"。大学生的心理困惑是指他们在大学生活中对于发生在自己周围的各种关系、现象、事情，不知如何应对，从而产生的心理认识方面的迟疑、不知所以的现象。

每一个人在其一生里无一例外地会遇到心理困惑。大学生涯不过区区几载，在漫长的人生旅程中仅占据短短的一小段，存在心理困惑是必然的。究其原因，每个大学生可能会千差万别，但就这个"群体"而言心理困惑的原因主要在于：首先，随着国内外环境的不断变化，特别是以互联网为代表的信息传播技术的突飞猛进，新的问题、新的矛盾层出不穷，对大学生的心理状态产生了巨大冲击，大学生易出现心理困惑；其次，大学生正处于生理和心理的发展期，其内心世界极易发生变化，相当一部分大学生存在着不同程度的心理困惑；再次，这一群体中的许多人,科学的世界观、人生观、价值观尚未最终确立,对客观世界的认识还不成熟,甚至于还很幼稚;最后,这一群体的某些人由于在进入大学之前一直处于应试教育中,为考取一个好大学而"两耳不闻窗外事",与社会存在一定程度的脱节现象。

二、大学生心理困惑的主要表现

归纳起来,大学生常见的心理困惑有以下几种表现。

第一,人际关系该如何处理?

人际关系障碍是大学生主要心理困惑之一。特别是那些性格内向、孤僻或者具有攻击性、反抗性的学生,由于这种性格上的不合群,容易被同学或其他社会成员误解、排斥和冷落,久而久之,就会产生精神压力与心理困惑。通常他们在心理上会产生以下的困惑:物质生活无限丰富,精神生活怎么那样贫乏呢?人际交往越来越频繁,人与人之间的感情怎么越来越淡薄呢?人们表面上那样亲亲热热,内心怎么都冷若冰霜呢?都市越来越繁华热闹,人的心灵怎么会越来越寂寞冷淡呢?

第二,我怎么不会学习了?

相当一部分大学生在历经中学阶段的拼搏和竞争而进入大学后,总想轻松一下,但又不甘落伍,也不能落伍,所以,始终被一种日复一日的紧张感和竞争压力感困扰着;有的大学生对所学专业不感兴趣,对所学内容提不起兴致,又没有掌握有效的学习方法,因此总是硬着头皮用不合适的方法学习自己不喜欢的内容,内心十分矛盾和痛苦;还有些大学生由于平时学习不认真,知识掌握不全面,一到考试时,就出现焦虑和不安等心理状态,甚至害怕考试、逃避考试。因此,在大学校园中,常常会听到大学生如此抱怨:"我从早到晚刻苦用功,却成绩平平,有些人天天忙于各种活动中,为什么成绩却比我好呢?""我为什么一拿起书就想睡觉呢?""我为什么总不能集中注意力呢?""我现在学的这些知识有用吗?"

第三,孤独、空虚、压抑何时休?

一些性格内向、不善言辞、不好交际的大学生,经常感觉自己很孤独,找不到朋友,或因个人需求得不到满足而感到空虚压抑。这些大学生往往发出这样的感慨:"学习那么紧张,我怎么还是感到生活空虚无聊,内心十分寂寞呢?""还是过去活得充实,活得有意思!"

第四,校园生活为什么对我来说是那么陌生呢?

不少新入学的大学生往往用欣喜的目光打量着眼前的一切:青春靓丽的同学,花园式的校园,高大的教学楼,现代化的图书馆,五彩缤纷的海报……他们开始编织大学生活的七彩梦。但是入学不久,这个梦破灭了,激动的心情没有了,学习的劲头低落了,奋斗的目标也消失了,甚至连玩都觉得没意思了,天天置身其中的校园仿佛离自己越来越远。他们觉得自己成为校园中一个纯粹的局外人!

第五,我的青春情感在哪里?

有些人在进入大学之前就听说,大学生活之所以是丰富多彩的,很大程度上在于大学生情感生活是丰富多彩的。进入大学以后发现并非完全如此,甚至与想象中的美好格格不入,他们所遇到的是学业压力造成的紧张和焦虑,人际冲突带来的烦恼和敌意,性成熟和性文化引发的躁动和不安,恋情萌动的兴奋,单恋或失恋的痛苦,失去友谊的落寞……凡此种种,使这些大学生必然陷入情感困惑之中,甚至引发心理危机。

第六，我为什么而活着？

在社会转型时期，各种社会状况日新月异，社会现象变化多端，有些大学生面对新的生活内容，感到无所适从、不知所措，甚至因此陷于焦虑与无奈的状态之中，产生了"生活是这样的吗？"的困惑。有些大学生对人生价值不明确，往往觉得生活没有意义，处于对什么都不感兴趣、对什么都无所谓、对什么都没感觉的麻木状态。他们常常扪心自问：我一生的奋斗到底是为了什么？我现在的生活该是怎样的？我将来的生命应该怎么度过？似乎生活在一片混沌之中。

第七，社会究竟是什么？

有些大学生，一方面看到了我国物质文明、精神文明全面协调发展、不断进步的一面，同时看到了市场经济下消极的一面，但也无法回避；他们既十分渴望成功，又担忧"毕业即失业"；他们内心深处有着太多的期盼、太多的梦想，有着跃跃欲试的急迫心理，但是他们又觉得知识和能力有所欠缺，心有余而力不足。上述一切不时困扰着他们，加之有些大学生心理素质较差，心理承受力较弱，一旦在现实生活中遇到挫折，就有可能产生困惑。

三、如何应对大学生的心理困惑

在漫漫人生旅途中，能够找到自己的最佳位置，善于把握个人的成长节奏，不畏惧前进道路上的激流险滩，抓住人生的幸福与快乐，笑对遇到的痛苦与挫折，用一种从容不迫、无所畏惧的态度在生活的大海中扬帆远航、乘风破浪，使自己在应对心理困惑的过程中不断成熟，这是大多数人追求的境界。这种境界只有在不断应对各种困惑的前提下方可实现。

一般来说，大学生应对困惑的策略可以分为消极和积极两种类型。

（一）避免消极应对

消极应对，是指个体面临困惑时为防止自己体验到不愿接受的情感而采取逃避或退缩的策略。采取逃避策略的人通常是以身体或心理上离开特定的环境来消除困惑。例如：因为害怕听到有关身体健康的坏消息而逃避医生。逃避意味着不能或不敢面对现实。一个人经常对困惑采取消极应对方式，久而久之会对自己的自尊和自信心产生伤害，甚至会干扰其有效地处理问题。

消极应对方式的主要表现：①外在行为防御：使身体离开某个具体环境，或者用安眠药、酒精、麻醉剂及其他药物来减缓刺激的后果。②内在心理防御："否认"和"压抑"。在心理学家弗洛伊德的人格理论中，"否认"和"压抑"有一个特别的名称——防御机制。"否认"指忽视一切带来困惑的事物或者对带来困惑的事物采取视而不见的态度。"压抑"是指将某一带来困惑的事件推到无意识的深层，使自己意识不到它的存在。这样的防御机制实际上是拒绝接受客观现实。因此，尽管"否认"机制在特定情况下是有帮助的，但它最终会导致"自我击败"。极度的"否认"会阻碍健康的应对，减缓对紧急情况的适应和恢复过程。"压抑"会导致人在内心中积聚更多的困惑，非但不能消除痛苦，反而会给未来的人生留下更多的隐患。"否认"或"压抑"对现实扭曲得越多，应对结果越可能消极或不幸。

（二）开展积极应对

积极应对,亦称斗争性应对,是指通过有目的地集中、组织和安排各种应对资源来减轻困惑,消除引起困惑的不良事件。这里讲的应对资源,既包括个体资源,也包括社会资源,还包括物质资源。个体应对资源包括个人的自知、自尊、自信、自谦、信念、价值观、意志力等;社会资源是指密切的人际关系及其扩展,即通常所说的社会支持,它起着一种屏障作用,能够有效地防止个体受到困惑的消极影响;物质资源包括个体具有的健康、充足的体力,以及一切有形资源,如住房和金钱等。

积极应对方式的主要表现:①在行为上:首先,它表现为敢于面对客观现实,正视问题,获取各种信息,认真分析问题,然后寻求和选择应付问题的策略。其次,积极主动地改变产生困惑的行为方式和调整需求水平,一个人的需求应与其拥有的资源匹配,凡超出个人能力的行为很可能会引起压力。再次,及时采取自我暴露或宣泄的办法。自我暴露是指能够与他人交流思想和感情;宣泄指释放或澄清情感,将压抑的情感释放,这样就可以直接面对它们。自我封闭的人往往比较痛苦,因为他们的行为使自己远离社会支持,主观动机上想用"大坝"止住情感的巨大"洪流",当情感最终冲破"大坝"时就会无法控制。②在心理上:首先,认知重组是一种十分常见的积极应对策略,其重要性在于能够改变个体对某个事件和情境评价,从而消除或减少困惑。形象地讲,认知重组犹如一种感知过滤镜,通过它使许多情境都改变了原有的色彩,变消极为积极。其次,构成心理要素的信心、毅力和智慧等也是成功应对困惑的重要因素。实践证明,凡是对自己的能力有较大信心的人往往体验到较少的压力。③在策略上:大学生要有效地应对困惑,不仅要扩展应对资源,还要根据一定的方式组织或分配应对资源,从而构建一个科学、正确的应对策略系统。因为大学生在实际生活中所感受到的困惑事件,往往是以系统形式存在的,单凭任何一种单一的应对策略或应对资源,往往无法有效解决问题,必须集中与调配多种应对资源和应对策略,才能有效地消除或者减少人生困惑。

总之,大学生面临的人生困惑是复杂和多样的,正确的应对态度应该是毫不畏惧地面对它们,冷静细致地观察它们,深刻全面地了解它们,满怀信心地运用人生智慧去解决它们。所有的大学生们都应该知道:人生困惑无法避免,也不可怕,关键在于你是否有勇气去面对、去探索、去解决。人生道路上的幸福、顺畅与成功无一不是在解决某一个或多个人生困惑之后获得的。所有的大学生还应该认识到:对大学生群体而言,生理成长已达高峰,今后的成长更主要、更重要的是心理的成长,是心理素质不断加强的过程。所有大学生还必须明白:认知能力,特别是思维能力与想象能力,也可以通过对各种困惑的解析、对各种困惑的探索得到锻炼与加强。所有大学生还必须了解:从情感、意志、性格等非智力素质上看,情感体验及控制能力、良好的意志品质及完善的性格,可以通过体验困惑与战胜困惑的实践得到进一步的发展。

第四节 大学生常见的心理疾病

人们在日常生活中出现过心情不好、情绪低落甚至压抑的感觉,这是极其正常的,至于更严重的心理不适及异常,则出现较少,在大学生这一群体中也是如此。在大学生中人人或多或少地存在过心理困惑,但有心理问题的人数大概占20%。因此,我们必须引导广大的大学生像爱护自己身体健康那样来维护自己的心理健康,尤其不要忽视已经存在的心理疾病。

一、心理疾病概述

(一)心理疾病的含义

心理疾病也称为心理障碍、心理异常、精神障碍等,是指某人没有能力按照社会认为的方式行事,导致某行为后果造成了对本人甚至社会的不适应。这种没有"能力"的原因可能是某些器官受到了器质性损害,如大脑受到创伤、损害;也可能是某些器官受到功能性损害,如存在认知缺陷或认知歪曲等;也可能是上述两种原因兼而有之。世界上任何事物都有正反二重性,人的心理活动也不例外。心理健康与否或心理正常与否的界限是相对而言的,并无可以定量区别的绝对分界线。不过,为了心理治疗和学术研究,国内外有关专家曾为精神及心理疾病拟定了一些诊断标准。例如,美国精神医学学会编制的《精神及心理疾病诊断与统计手册》中就对一些心理问题的诊断做了明确的规定,当然这些标准和规定并不一定适合每个人的具体情况。尤其值得注意的是,千万不要随意给任何一个有心理问题的人贴上患有某种精神或心理疾病的"标签",因为一旦给人贴上了这种"标签",不仅会牢牢地"粘"在他的身上,再想除去就十分困难,而且还会对这个人起到一种自我暗示的作用,即哪怕这个人本来并没有心理疾病,由于"标签"的作用,反而使他越来越像一个心理疾病的患者。

(二)心理疾病的判断标准

判断一个人是否患有心理疾病的标准概括起来主要有以下三条。

1. 反常行为

反常行为通常表现为质量上的或者是数量上的反常。质量上的反常行为主要是指该行为违反了社会文化、道德规范,甚至出现了让大多数常人觉得稀奇古怪的行为;数量上的反常行为是指偏离了统计学上的平均值,不是高于就是低于平均值。例如,一个人一天洗3~5次手是正常的,可是假如有人一天洗30次手,则是极不正常的。这里必须明确,不是所有的有反常行为的人就一定是有心理疾病,也不是一切有数量上的反常行为的人就一定是有心理疾病。如一名医生在为病人检查的过程中一天也洗了30次手,绝不能因此说他患了心理疾病。

2. 适应不良

适应不良,通常是指一个人的行为严重影响了自己的社会活动、学业、工作或者生活。必须强调的是,并非一切适应不良行为就一定是一种心理疾病的症状,这也要根据具体情况而定。

3. 主观感受不良

主观感受不良,通常是指一个人的焦虑、悲伤、烦恼等主观感觉,而且这些主观感觉的持续时间及严重程度明显高于大部分常人。

当然,要给心理疾病制定一个绝对的标准是困难的。上述三条标准也仅仅是判断一个人是否患心理疾病的有力佐证。

二、心理困惑不等于心理疾病

心理困惑与心理疾病,虽然存在某些方面的联系,但是,毕竟有着严格的区分。

(一)两者的含义不同

什么是心理困惑,什么是心理疾病,前面已经做了论述,并给出了各自的定义。具体来看,假如某个人感觉很烦,很郁闷,浑身不对劲,感觉难过甚至痛苦,对此,不仅大多数人能理解他的这些感受,而且许多人也曾经或正在体验着,这对大多数人来讲体验到这些感受是再正常不过的事情,也是无法避免的,这就是心理困惑。人生在世经历过的不如意比比皆是:有的付出了却没有得到回报,有的做了很大努力却没有结果,有的献出了真爱却没有被接纳,有的一片热心却被误解。客观地看,一帆风顺、万事如意只是人们的一种美好愿望,在真实的世界不存在。因此,任何人在经受过挫折、失败、拒绝、伤害过后,往往会变得彷徨、犹豫、胆怯、害怕、恐惧、悲伤、痛苦,甚至无所适从,这只是我们常说的心理困惑,与临床上的心理疾病完全不是一回事,不用紧张。

(二)产生的原因不同

首先,产生心理困惑的主要原因是个人在面对不同的生活环境、工作环境的变化,以及处于自身不同的发展阶段时,所产生的一些心理上不适应,并非每个人都患上了心理疾病。其次,心理疾病的产生受多个方面因素的影响,如个人性格、外部环境的刺激、遗传、个人的心理因素、过往经历等。

(三)采取的措施不同

第一,诊断心理疾病需要符合特定的、临床上的各种标准和条件要求,并且要依据病程标准、严重程度标准以及排除标准(排除生理因素以及其他心理疾病)。因此,心理疾病的诊断需要具有丰富临床经验的专业人员才能做出较为科学而准确的判断。所以诊断心理疾病是运用临床心理专业知识、技能,综合各方面的情况而进行的专业评估过程。

第二,在临床上做出心理疾病的诊断,还需要了解个案的全面情况,必要时还需经过一段时间的观察,如果情况复杂,更需要多名有经验的专业人员会商会诊。因此,诊断心理疾病绝不是想当然的"好像就是那么回事",切不可仅仅根据个别症状就错将心理困惑诊断为心理疾病。

第三,心理症状标准虽然是诊断心理疾病时不可或缺的非常重要的指标,但在使用症状标准时也必须参照规范、标准化的标准,切不可盲目相信来自非正常渠道的信息。专业领域常用的参考依据:一是美国精神医学协会出版的《精神障碍诊断与统计手册》(DSM-5);二是《中国精神障碍诊断与分类标准》(CCMD-3)。

(四)举例论证

不乱给自己贴标签

最近,张三在同学论及抑郁症和强迫症的症状时感觉跟自己有点像,于是,在图书馆借了一本心理健康相关的书籍,边看边仔细琢磨,恍惚间他总觉得自己目前的情况很符合这两种心理疾病的症状。为了弄清楚这是不是自己一时的错觉,接下来的日子他找了更多的书籍、搜索了更多的网页。一番信息轮番轰炸下来,像是在他的心里点燃了一颗定时炸弹:天呐,我有抑郁症、强迫症啦!或许内心深处他对自己下的这个结论还存有很大的疑惑,不断地靠理智说服自己,没事,应该不是这样的。但是某天他心情低落了,什么都不想干,就马上联想到抑郁症的所有相关症状;外出时他前后检查了三遍房门是否锁好,强迫症这个词立即从脑海中蹦了出来。于是他原本平静的生活再也平静不下来了,"我怎么就得抑郁症、强迫症了呢?我要怎么做才能拯救自己呢?"这些问题不断困惑着张三,让他感到无比疲惫。

这个例子充分说明张三同学是典型的自己给自己"乱贴标签"。表面上看张三对自己很负责,很关心自己,不断地了解自己,希望帮助自己,而实际上他是在用一知半解、半懂不懂的"知识""谋害"自己而不自知。

正确的态度是必须认识到我们每个人都可能有某些心理疾病的一些症状,或轻或重,但这并不等于患有心理疾病。可以问问身边那些我们认为快乐健康的同学和朋友,问问他们是否在看到那些诊断标准的时候,也曾有过类似的感觉。毫无疑问,绝大多数人会给出肯定的答案。所以关键的问题不是有没有某些症状,而在于有了某些症状之后的态度。如果因这些症状就将自己定义为某某疾病患者,这等于自食了有毒的苹果,毒性迟早会发作出来,也许将来有一天我们不得不接受真正患上某种心理疾病的事实。之所以如此,是因为心理暗示在起作用。

下面请看两个心理暗示会给人造成影响的心理学实验。

实验之一:

这个实验是由哈佛大学心理系终身教授艾伦·朗格设计的。普通的视力表是上大下小,于是被测者心理暗示都觉得是越往下就会越看不见。朗格教授将视力表倒过来,变成上小下大,这样字母从上往下不是逐渐变小,而是逐渐变大。被测者便获得这样一个心理暗示:越往下,应该看得清楚。实验结果惊人:被测者的视力水平有了大幅提高,在普通视力表中看不清的字母现在也能看清楚了。

实验之二:

这个实验是以一死囚犯为样本,实验者对他说:"我们执行死刑的方式是将你放血致死。"这位犯人表示同意。实验在手术室里进行,犯人在一个小间里的床上躺着,一只手伸到隔壁的一个房间里。他听到隔壁的护士与医生在忙碌着,准备对他放血。护士问医生:"放血瓶准备5个够吗?"医生回答:"不够,这个人块头大,要准备7个。"护士在死囚手臂上用刀尖点一下,算是开始放血,并在他手臂上方用一根细管子放热水,水顺着手臂一滴一滴地滴进瓶子里。犯人只觉得自己的血在一滴一滴地流出。滴了3瓶,死囚已经休克;滴了5瓶,死囚已经死亡。但实际上他一滴血也没有流。

这两个实验分别说明了积极暗示和消极暗示的力量。死囚并没有真的被放血,但他接受的心理暗示是自己会因为失血过多而死,念头最终杀死了他。因此,在自己身上发现某些症状,千万不要乱给自己"贴标签",否则那小小的"标签"可能最后会伤害到自己。

与症状相伴成长

> 纳什在读研究生时,便发表了著名的博弈均衡理论,该理论在经济、军事等领域产生了深远的影响。就在纳什蜚声国际的时候,却患了严重的精神分裂症。纳什一直都不能认识到自己心理疾病的存在,"真实"地生活在他的妄想世界里,坚持不懈地与妄想的"敌人"做斗争。虽然他的妻子与友人帮助他接受了各种治疗,但效果不明显。十几年过去了,直到有一天纳什发现在自己的世界里,好友的女儿怎么永远是个小女孩,一直就没长大呢?方才知道这些都是自己大脑想象出来的,并非真实存在。虽然他经过治疗,妄想的症状还没有消失,但是已经接受了自己存在有妄想的事实,并且能分辨哪些是妄想,哪些是现实,在妄想中他再见到好友的女儿时,微笑地与小女孩招手打招呼。而真实的生活依然继续进行。虽然纳什一直有症状,但这并不影响其获奖,备受人们敬仰。

这个故事是电影《美丽心灵》里讲述的关于20世纪伟大数学家小约翰·福布斯·纳什的人物传记片。这个故事告诉我们,有心理症状并不可怕,可怕的是,忘记了除症状以外,自己绝大部分功能都是健康的这一基本事实,认为自己的生命自此只剩下了与症状或疾病做斗争,那么生活就失去了本应拥有的意义、快乐与幸福。如果某一时期,发现自己有一些心理症状,哪怕被确诊患有某种心理疾病,也千万不要被这些吓倒,应该向纳什学习,学习他与症状相伴成长,学习他接纳症状或疾病是自己生活的一部分,并以轻松的态度面对它们。这就是说,在自我调节或接受专业治疗的同时,别忘了继续创造幸福快乐的生活,也许最终也能像纳什那样,虽患有心理疾病,但仍然能够成功,依然能够成就自己的人生!

三、大学生常见的心理疾病

客观的现实生活往往不如人们所想象的那样美好,常常会发生这样或那样的令人不愉快的事情,大学生也毫无例外,如学习或生活中的挫折、与他人发生的纠纷、生活中的不如意等,都会在心理上出现一些不良反应,或造成一定的心理困惑,甚至引起心理疾病。

大学生常见的心理疾病主要有以下几种:

(一)神经症

神经症,亦称神经官能症,是由心理因素造成的,是一些心理疾病的总称。神经症根据不同症状有多种类型,主要有癔症、恐怖症、强迫症、抑郁症、焦虑症、疑病症、神经衰弱等。下面主要介绍大学生中常见的神经症,即神经衰弱、抑郁症、焦虑症、强迫症。

1. 神经衰弱

神经衰弱是一种大学生常见的心理疾病。患有神经衰弱的同学除了少数人因此不能坚持学习而休学或退学外,还有相当多的人依然能坚持正常学习,当然其学习效率和成绩会受到不同程度的影响。据调查,精神衰弱在大学生中的发生率在 8.5% 左右,男女生之间无差异。

精神衰弱是由持续存在的精神因素而引起的焦虑、紧张的心理反应。一般来说,大脑皮层的精神细胞具有较高的耐受性,在紧张的工作和学习过程中产生疲劳后,经过适当的休息和放松便可得到恢复。任何人每天的活动包括精神活动都依赖于能量,当能量消耗到一定水平时,就会感到疲劳。在疲劳的情况下,精神、躯体方面的工作效率就会降低,工作主动性就会下降。疲劳本身不是什么问题,任何人经过一天的劳累之后,都会产生疲劳现象,但是经过必要的休息以后就可以克服疲劳。精神衰弱患者由于精神长期紧张,再加上有睡眠障碍,其能量得不到及时恢复,疲劳不能消除,精神和躯体的活动会受到影响,便会出现神经衰弱的一些症状。近来的研究表明,单纯的劳累本身并不会引起神经衰弱,而那些因种种原因引起的神经活动过度紧张,如不良的情绪反应等,才是神经衰弱的主要致病原因。

通常,致使大学生患有神经衰弱的一些常见致病因素主要有:①遭遇某些负性生活事件,如亲人病重或死亡,与家人关系不和谐,与同学、老师关系紧张,失恋,学业上的失败等。由这些负性事件所引起的忧虑、愤怒、怨恨、委屈及悲伤等情绪体验,导致了大脑皮层的神经活动失调,进而发生神经衰弱。②生活及学习安排不当,杂乱无章,当计划或规定必须完成的学习任务难以完成时,就产生了恐慌和压迫感;或者遇到学习、生活环境的突然改变而出现的适应困难等,也可能造成大脑神经活动的过度紧张而产生神经衰弱。③学习及脑力劳动时间过长,缺乏必要而有质量的休息和睡眠;或者对自己的学习及工作不满意,但又一时无法改变现状,由此所产生的较大的情绪波动也容易导致神经衰弱。④身体患有某些慢性疾病如长期失眠,以及其他可能导致机体功能削弱的各种生理因素,也能助长神经衰弱的发生。⑤个性及体型也与神经衰弱的发生有关:所谓个性原因是指这些患者病前的性格往往偏于情绪不稳、敏感多疑、易激动、急躁、自制力差、心胸狭隘、胆怯等。所谓体型原因是指神经衰弱者大都属于身体瘦长和肌肉不结实的无力体型。必须指出的是,一般意义上讲的神经衰弱除少数是由某种过强的精神刺激引起的外,大多数则是由上述多种原因共同作用所致。

神经衰弱的症状复杂,表现也多种多样,但其主要表现有如下几点:①易于疲劳和衰弱;②情绪改变;③兴奋与易激怒;④紧张性疼痛;⑤睡眠障碍。而且必须至少同时具有上述症状或表现中的两项,且症状持续达 3 个月及以上,才考虑患神经衰弱的可能。

对神经衰弱的主要防治措施有以下几点:①合理安排学习、生活与休息、娱乐,养成良好的生活习惯,注意劳逸结合,在紧张的学习间隙要有短暂的休息和放松,尤其是要学会积极性休息,如做课间操及参与文体活动等。②心理治疗。心理治疗在神经衰弱患者的康复中起着重要作用。其基本过程是帮助患者充分认识该病的发生原因及变化规律,真正消除患者的思想顾虑,纠正其对疾病的错误认识和错误态度,在帮助其树立战胜疾病信心的基础上,积极主动地配合医生进行治疗。神经衰弱患者的心理治疗一般分为集体心理治疗和个别心理治疗两种。集体心理治疗主要是采取集中多个患者,为他们举办讲座或以分小组讨论、座谈等方式进行;个别心理治疗是由心理医生与某个患者一对一地共同分析发病原因和症状特点,认识此病的本质,消除其心理上的疑虑和担忧。③药物治疗。主要对病情较重的患者及其病情需要时使用,常用的有抗焦虑药物、镇静催眠药及相关中药等。④其他疗法。主要有体力活动疗法,因为体力活动能增强体质;进行适当的、有计划的、循序渐进的体育活动,因为体育活动会使人精神愉快,并能提高大脑皮层的张力,当然在开始时要注意活动量不宜过大、过多,要逐渐增加,并坚持每天有规律地进行;针刺及其他物理疗法,如针灸、电针、耳针及电兴奋等,都有一定疗效。此外,祖国传统的气功及太极拳等,对神经衰弱的防治和恢复也有很好的效果。

案例分析

某女,20岁,大学一年级学生。

据本人讲,近几个月来由于头痛,功课落下很多,总想把它补上,自己想方设法地要多学一点,可怎么也看不进去,越看书反而越头痛,并感到耳根及后脑勺麻木,有时会有一阵莫名其妙的紧张感。学习赶不上已成为该学生最痛苦的事。她非常希望能在较短的时间内查明病情,恢复以往的学习能力,否则,只有休学。她对自己性格的自我评定是"自卑,偏于内向"。经了解,该同学是在农村上的中学,能考上重点大学很是不易。到大学后,先是一个月的军训,她倒还没感觉有何不适。自从军训结束进入学习阶段后,便开始感到了很大的压力,尤其是当了班干部之后,她认为要比其他同学学得更好才行。但她由于学习时注意力不能集中,学习效率下降,学习成绩并不理想。有一天睡觉起床后,感到两耳闷塞,头后枕部麻木,肌肉发紧、不适。自那以后开始失眠,看书时间稍长即感到头脑发胀、头痛,想学却学不进去,变得越来越焦虑,并怀疑自己的大脑有问题。自我感觉听力不好,到医院去看五官科,但经医生检查未发现异常。有一天因睡眠不好,服用了3片安眠药后,睡眠情况有好转,但睡醒后感到昏昏沉沉,依旧学不进去。常常有一种强迫自己去学习或睡眠的想法,甚至产生过绝望和自杀的念头。

医生根据上述情况,考虑她患神经衰弱的可能性较大,对其采用认知心理疗法,以正确、合理的认知代替不正确和不合理的认知,改变其一些看待问题的错误方法。医生向她提出如下建议:①要学会自我放松,有张有弛,并教她掌握一些自我放松的方法;②要敢于面对现实,承认自己的不足;③制订切实可行的学习和生活计划,合理安排时间;④学习中遇到问题要多请教他人,不要以为自己是学生干部而怕丢面子;⑤要提高战胜困难的信心,不要轻易使用安眠药,争取自然入睡。两周后,当该同学第二次来访时,对过去的问题有了较明确的认识,承认自己在学习上的差距,并说当她能面对这一现实之后,学习的信心明显增强了,休学问题也不考虑了。此时,医生进一步指出:能承认自己存在的不足,并想要坚持学下去,这说明你的认知方法已经有了改变,神经紧张状态也就能随之减轻。如果自己的学习基础确实较差,要切合个人的实际把学习成绩目标定低些。最后,医生还建议该女生改变早晨睡醒后不愿立刻起床、晚上又在毫无睡意的情况下提前上床的不良习惯,并适当进行一些体育锻炼,把自己的学习、生活安排得更有条理。第三次来访时,该女生告知:睡眠基本恢复正常,学习状况已明显改善,自信心显著增强,身心状态都比较好。

2. 抑郁症

抑郁症的特征是患者存在明显的情绪、动机、生理及认知问题;自我评价过低;生活方向模模糊糊;行为缺乏动力;大部分时间窝在家中,不愿与人交往;动作与言语都比较迟钝。抑郁症患者对自己的生活很消极,对现在和将来很悲观;他们常常思维迟钝,甚至混乱,无法正常接收信息和正确解决问题;想改变自己的状态但又感到无能为力或无助。其中的小部分严重患者

(绝不是全部)甚至会出现自杀的念头和行为。

案例分析

某生,女,失恋快一年了,但对前男友一直无法忘怀。失恋后,她再也感觉不到快乐和幸福,相反痛苦、伤心、自责、懊悔成了她全部的情绪体验,其精神状态也越来越糟糕,什么都不想做,对什么都提不起精神,就连以前很喜欢的唱歌、跳舞、逛街也觉得没有意思;她再也无法集中精力完成基本的学习任务,整天窝在宿舍里,要么上网、要么发呆、要么就躺在床上睡觉,饿了也不想吃东西,总是说没有胃口;她特别害怕黑夜,似乎那时只有她一个人清醒着,孤单、寂寞、无助甚至绝望总是随着黑夜一同袭上心头,来势凶猛,无法抵制。每当想起痛苦的一天过去了,漫长的一天又开始了,她就苦恼这无穷无尽的痛苦什么时候才能熬出头,因此又开始想着痛苦地活着是为了什么?活着有什么意义?觉得这样苟且而痛苦地活着,还不如简单痛快地死去!她常常会认为自己是个累赘,如果死了,父母也就不用那么辛辛苦苦地为她操心,大家就都解脱了,但又感觉如果自己真的死了最对不起的还是父母,自己不能太自私,不能不顾及两鬓斑白的父母,她就在这样的矛盾中、痛苦中挣扎着,自己也不知道自己还能撑多久,是否会在哪一天,真的就什么都不顾而决然离去!

抑郁症的诊断需要符合以下条件:①情绪低落;②对几乎所有活动都丧失兴趣;③体重明显地增加或减少,食欲明显地增强或减弱;④坐立不安;⑤疲劳或精力不足;⑥过分的负罪感;⑦注意力和思考能力下降;⑧自我痛苦甚至自我伤害。另外还需要符合近两周内至少持续存在上述症状中的五个,其中一个症状必须是情绪低落的条件。

在现实生活中,要认真对待抑郁症,因为这是21世纪严重的心理疾病之一,是一种常见的情感障碍。据有关资料报道,目前全球约有3.4亿人患有抑郁症,中国约有2600万患者。抑郁症往往被人们所忽视,这是因为抑郁症的症状表现,常被认为仅仅是一时的心情不佳,过一阵子自然会好;或者被认为有些人的性格特点就这样,仅仅是不愿意与人交流而已;又或者被认为有些人只是睡眠障碍,饮食不规律,患有其他疾病罢了。人们常常因这些错误的认知而没有对抑郁症引起足够的重视,从而耽误了治疗的最佳时期。严重的抑郁症不进行及时治疗,很容易导致自杀性倾向。在现实生活中因患抑郁症而自杀的名人不少。正因为抑郁症可能产生严重后果,所以我们需要及早发现抑郁状态,有效调整,防止发展成为抑郁症。如果患上抑郁症,更应采取积极主动的态度并进行及时的、科学的治疗。

案例分析

米尔顿·埃里克森是"策略派"心理治疗的创始人。一次,埃里克森到美国中南部的一个小城讲学,一位同僚要求他顺道看看自己独身的姑母。同僚说:"我的姑母独自居住在一间古老的大屋里,无亲无故。她患有极严重的抑郁症,人又死板,不肯改变生活方式,你看有没有方法令她改变?"

埃里克森到同僚姑母家去探访。发觉这位女士比他同僚形容的更为孤单,一个人关在暗沉沉的百年老屋内,周围找不到一丝生气。埃里克森是位十分文雅的男子,他很有礼貌地对这位同僚的姑母说:"你能让我参观一下你的房子吗?"

同僚的姑母带着埃里克森去看一间又一间的房间,终于在一间房间的窗台上,埃里克森发现了几盆小小的非洲紫罗兰——这屋里唯一有活力的几盆植物。姑母说:"没有事做,就是喜欢打理这几盆小东西,这一盆还开始开花了。"埃里克森说:"好极了!你的花这般美丽,一定会给许多人带来快乐。你能否打听一下,城内什么人家有喜庆的事,结婚生子或生日庆祝什么的,给他们送一盆花去,他们一定高兴得不得了。"

同僚的姑母真的依埃里克森所说,大量种植非洲紫罗兰,城内几乎每个人都受到恩惠。不用说,姑母的生活大有改变,本来不透光的老屋,变得阳光普照,开满彩色鲜艳的小紫花。一度孤独无依的姑母,变成了城中受欢迎的人。在她逝世时,当地报纸头条报道:本市痛失我们的非洲紫罗兰皇后。几乎全城人都去送丧,以报她身前的慷慨。

上述案例告诉我们,表面上看埃里克森没有做多少事,只说了一句话,就治好了同僚多年患有严重抑郁症的姑母,而实际上真正使这位姑母发生改变并治愈抑郁症的不仅是这句话,而是由这句话引起的姑母乐意栽培紫罗兰的行为。抑郁症突出的表现就是"很懒很懒",懒得动、懒得想。事实上他们已无心智,无能量也无法不懒,过去任何可以轻而易举完成的事情,现在都变得很费劲与艰难。埃里克森的高明之处就是在同僚的姑母近乎一潭死水的生活中找到了富有生命力的紫罗兰,并在种植紫罗兰的过程中让姑母重新体验到快乐,找到自己的存在价值。了解了这一点,之后发生的一系列巨大变化就可以理解了。所以,治疗抑郁症,就是要找到属于"自己生命的非洲紫罗兰",然后用心去培养、种植它,从中获得价值体验、快乐体验!

在抑郁症治疗的过程中,如果身边有亲人陪伴、支持,康复得会更快更好。如果病情已发展到一定的严重程度,特别是危及个人生命安全的时候,一定要专业人员介入干预,必要时辅以药物治疗。

3. 焦虑症(也称广泛性焦虑症)

焦虑症是一种常见的神经症。由中学进入大学这一新的环境后,大学生各方面都需要重新开始适应和调整。如果有些同学对自己期望过高、压力过大,凡事患得患失,时间一长,就会产生持续性的焦虑、不安、恐慌,甚至伴有明显的运动性不安以及躯体上的不舒适感。患有焦虑症的人,一般其个人性格也有一定的特点:胆小,做事瞻前顾后、犹豫不决,对新事物、新环境适应能力差,如果遇到强烈的精神刺激,就容易患焦虑症。

案例分析

某大学生,男,自从进入大三之后,就一直提心吊胆地过日子。他经常感到胸口憋闷,慌张,很不安;做事总是心烦意乱,没有耐心;休息时坐卧不宁,喜欢走来走去,捶胸顿足;有时还会肢体发抖、全身颤动。他经常想,进入大三,大学留给自己的时间已经不多了,必须决定是考研还是找工作。如果选择考研,怎么与很早就开始准备的人去竞争?万一没考上怎么办?如果不考研就去找工作,万一工作没找好,以后又后悔没有考研怎么办?平时又没有注意搞好人际关系,组织管理能力也不强,大三了,还没有正式地谈一场恋爱……以现在这样的状态进入社会,一定很难适应,将来的生活一定会比现在更糟糕。他进入大三后,就一直这样纠结着、焦虑着。

焦虑症患者在大部分时间内过度或持续地焦虑和担忧,持续时间超过6个月。诊断焦虑症,还需要符合以下症状:

(1) 个体很难控制焦虑、忧虑情绪。

(2) 焦虑和烦恼一般与以下至少三种症状表现有关:①坐立不安或者紧张、急切;②容易疲劳;③注意力难以集中,大脑一片空白;④易激怒;⑤肌肉紧张;⑥入睡困难。

(3) 焦虑、担忧或身体症状给个体造成明显的痛苦和伤害。

焦虑症患者的焦虑情绪一般由日常生活中的小事引起,虽然他们明知不必如此,但是焦虑情绪一旦产生,就难以控制。

焦虑症一般采用系统脱敏法进行治疗。系统脱敏法是应用"抗条件作用"原理接触患者与焦虑有联系的神经症等行为的过程。系统脱敏法的基本原则是交互抑制,即在引发焦虑的刺激物出现的同时让患者放松,以达到抑制焦虑的效果。在进行系统脱敏训练时,刺激物的出现可以是真实的,也可以是想象的。

采用系统脱敏疗法进行治疗应包括三个步骤:

(1) 建立恐怖或焦虑的等级层次。第一步包含两项内容:①找出一切让患者感到恐怖或焦虑的事件;②将患者报告出的恐怖或焦虑事件按程度等级由小到大的顺序排列。

(2) 放松训练。一般需要进行6~10次练习,每次可训练半小时,每天1~2次,以达到全身肌肉能够迅速进入松弛状态为合格。

(3) 要求患者在放松的情况下,按其恐怖或焦虑等级层次进行脱敏治疗。

系统脱敏治疗焦虑症效果明显。系统脱敏法在中国古代就有运用,据《儒门事亲》记载:王德新的妻子在旅途中,住宿于旅舍的楼上,夜逢盗贼烧房子,因受惊而堕下床来。自此以后,该女子虽没听到声响,但也会受惊昏倒而不省人事。家人平时也只得蹑足而行,不敢贸然弄出声响。逾年不愈。医师戴人诊断后即让二侍女执其两手,按于高椅之上,在面前放一张小桌。戴人说:"娘子,请看这木头!"便猛击桌,女子大惊。戴人说:"我用木头击桌,有何可惊呢?"妇人稍显安定。戴人又击桌,女子受惊已显然减缓。又过了一会儿,戴人连击三五次,并用木杖击门,又暗中令人击背后的窗子。妇人慢慢从惊恐中平定下来。晚上又令人击其卧房门窗,接连数日,从天黑到天亮,两个月后,妇人虽听雷鸣也不惊恐了。

4. 强迫症

强迫症是指患者在主观上感到某种不可抗拒和被迫无奈的观念、情绪、意向或行为存在。患有强迫症的人,明明知道自己的某种行为或观念是不合理的,但就是无法摆脱,因而非常痛苦。这种症状大多是由强烈而持久的精神因素及情绪体验诱发的,往往与患者过去的生活经历、精神创伤或幼年时期的遭遇有一定的联系。患强迫症的大学生多与性格缺陷有关,如:缺乏自信,遇事过分谨慎;常常害怕遭遇不幸;活动能力差,主动性不足等。

案例分析

某大学生小张,男,做事认真仔细,为人谦和顺从,学习成绩一直优秀,备受老师和同学们欣赏。最近半年来小张发现自己学习时难以静下心来,看书、做作业尤其是做数学题的时候大脑中不断冒出问题:"1+1是等于2吗?它怎么就等于2而不是其他呢?""为什么有负数? 数字前面加个减号怎么就是负数呢?"……小张感觉自己没法回答这些疑问,老师、同学的解答也不能使他释怀。小张总被这些问题长时间困扰,甚至已经无法正常学习和休息了。他虽然努力用理智告诉自己"这些问题根本就不重要,不必想那么多,接受它们就可以了,大家都这样"。可是他发现大脑根本就不听自己的使唤,越是让自己不要再去想这些问题,这些问题越会更快地跳出来。有时他用坚强的意志强迫自己将注意力放在书本上,结果还是感觉到强烈的心慌与紧张,甚至会全身发抖、冒冷汗。小张说:"都把自己'逼'吐了,还是没有用。"

强迫症分两种,一种是强迫观念,一种是强迫行为。

强迫观念的症状诊断:①一些想法、冲动、影像重复产生并持续出现,强迫性地闯入意识,并引发个体显著的痛苦情绪;②焦虑或者痛苦情绪是对现实问题的过度焦虑;③个体试图用其他观念或者行动来忽略和压抑这种强迫观念;④个体能够认识到强迫观念是自己思维的产物。

在现实生活中,强迫症患者一般总是表现为不断询问看似简单又无解的问题,如:"天为什么是蓝的""树叶为什么是绿的""人为什么长两只眼睛、两只耳朵和一张嘴";或者"不能让自己背后有人,否则那人一定会狠狠地敲我的脑袋""从高处跳下去、跳下去、跳下去"等,这些想法、影像强行闯入其意识,并持续不断地重复着。

强迫行为的症状诊断:①重复的行为(洗手、检查)或者心理动作(祈祷、默念),是因为个体受到强迫观念或者必须严格按照规则行事的观念驱使。②强迫行为的目的是为了摆脱或者减轻痛苦情绪,阻止一些可怕的事情、情况发生;但强迫行为与他们试图压制或者阻止的事情之间的联系不具有现实性或者明显过度。

如:有人重复洗手,一直洗到脱皮、一块肥皂用完还不肯罢休;有人到晚上临睡前总是一遍又一遍地检查门窗及水龙头是否关好、电源是否切断;出门或回家时反复检查该带的东西是否带全了,检查次数大大超过必要次数;有人自己在专心数数或做某件事情时,一旦被打断,必定从头再来等。

如果个体由于强迫行为每天至少有一小时持续感受到明显的痛苦情绪,或者个体的正常生活功能明显受到了损伤,该个体就可以被诊断为强迫症。

强迫症是神经症的一种,心理治疗首推森田疗法。森田疗法是由日本森田正马博士于1920年创立的,主要用于治疗各种有神经质特点的精神障碍。森田将具有疑病、易焦虑、完美理想主义特征的人格特质称作神经质,并提出了"疾病二神经质偶发事件机会"的学说。森田认为神经质的治疗要点是陶冶神经质素质和破坏精神交互作用。要达到此目的,就必须对症状"接纳客观,为所当为"。森田疗法是基于人本性的一种心理疗法,它强调治疗过程中患者的

"自动性萌动",体悟到对症状采取"顺应自然"的态度时便可放弃症状,这也是森田疗法的理论基础。

森田疗法治疗强迫症一般分为以下四个阶段:①绝对卧床一天。让患者在一个安静的房间卧床,禁止会客、读书、谈话、抽烟、听广播等,除吃饭、洗漱和解大小便外,保证绝对卧床。要求患者任由强迫观念出现,允许尽可能地去想自己的一切,但必须忍受一切痛苦,且不能采取任何措施。同时指出一些认识上的错误,纠正错误观念。②轻作业期一天。让患者从事室内和室外的轻体力劳动,期间不允许患者过多地与别人交谈,禁止看书报、抽烟等活动;夜间卧床若干小时,户外散步若干小时,晚上记日记。要求患者尽量抑制强迫行为,带着强迫观念坚持工作。③重工作期一天。主要在园艺治疗区从事重体力劳动,包括挖地、除草、栽树、清理环境卫生等,并同时做上一期的工作;早晨、傍晚进行强体力锻炼;晚间可看一些一般性读物,也可阅读有关森田疗法理论的读物;要求患者学会将症状置之度外、不予理睬,以积极有益的活动代替强迫行为。④回归社会期一天。可以外出、回家、回单位、参加集会和文娱活动,恢复原来的社会角色,坚持写日记。

(二)精神分裂症

精神分裂症是指以感知障碍、思维障碍、情感障碍、行为脱离现实、精神活动与周围环境不相协调为特征的心理疾病。

案例分析

某大学生小李,男,本来是一个品学兼优的大学生,但最近半年,行为有点诡异:常常半夜起床翻箱倒柜;白天常常独来独往,很少与人交流,生活懒散;学习成绩明显下降。一次在饭堂打饭时突然出手殴打一男同学,理由是那男同学抢了他的女朋友小张。其他同学大感不解,大家都知道那男同学才是小张的真正男友,什么时候变成小李了?几经追问,包括老师的调查了解,小李称最近常常听到那女孩叫他去约会的声音。

不仅如此,同学们还发现小李有明显的言语性幻听,与他交谈时,明显地感觉到他有点语无伦次,答非所问;有时还莫名其妙地发笑;小李还向人诉说他常常觉得有人跟踪他、控制他、想害死他,称有人用先进的仪器监视着他的一举一动;他还觉得周围的人都知道他的秘密,个个在含沙射影地议论他。这一切都说明小李存在明显的被害妄想、关系妄想、被跟踪感、被洞悉感、被控制感,情感反应也不协调,是个非常典型的精神分裂症患者。

精神分裂症的显著症状是情绪混乱,思维破裂,在感知、记忆、思维、情绪和人格等方面都有严重障碍。虽然大学生患有精神分裂症的比例很低,但危害性非常大,在高校中因精神病退学和死亡的学生中,精神分裂症患者最多,因此,必须引起高度重视。

1. 精神分裂症的具体表现

(1)感知觉障碍。精神分裂症最突出的感知觉障碍就是幻觉,又以幻听最为常见。精神分裂症的幻听大多是争论性的,即患者总觉得有两种声音在议论自己的好坏;或评论性的,即患者总觉得有声音在对自己的所作所为评头论足。精神分裂症的幻觉体验可能是非常具体、生动的，也可能是朦朦胧胧模糊的，但都会对患者的思维、行动产生明显的影响，使患者在幻觉的支配下做出违背本性、不合常理的举动。

(2) 思维及思维联想障碍。思维及思维联想障碍通常有以下几种具体表现：①妄想。通常是指不合常理、不切实际的幻想，其荒谬性是显而易见的。一般来说，在疾病的初期，患者对自己的某些明显不合常理的想法还持信将疑的态度，但随着疾病的进展，患者就会将妄想与病态的信念融为一体。②被动体验。通常是指患者丧失了自我支配感，总感到自己的躯体运动、思维活动、情感活动都好像是受他人控制的，有一种被强加的被动体验。③思维联想障碍。通常是指患者在与他人的交谈中违背正常的修辞、逻辑法则，往往在言语的流畅性和叙事的完整性方面出现问题。例如，患者在交谈时常常游离于主题之外，尤其在回答问题时说不到点子上，但似乎又沾点边，令听者抓不到要点。病情严重的患者言语支离破碎、毫无逻辑，他人根本无法与其交谈。④思维贫乏。通常是指患者说话时词汇及语量贫乏。在回答问题时话语异常简短，多为"是""否"，很少加以发挥。在每次回答问题时总要延迟很长时间。

(3) 情感障碍。情感障碍通常是指情感迟钝或平淡。情感平淡不仅仅表现为表情呆板、缺乏变化，而且在与别人交谈中很少甚至不使用任何辅助表达思想的肢体动作；讲话语调很单调，缺乏抑扬顿挫；在和人交谈时很少与对方有眼神接触，而是自顾自地茫然无措地凝视前方；不仅自己丧失了幽默感及对幽默的反应，而且别人的诙谐很难引起他会心的微笑；患者对亲人感情冷淡，亲人的伤病痛苦对患者来说似乎毫无关系。

(4) 意志与行为障碍。意志与行为障碍通常有以下两种表现：①意志减退。主要是指患者在完成学业、进行课外活动、维系同学关系等方面都有很大困难；对自己的前途漠不关心、没有任何打算，或者虽有打算，却从不实行；平时活动减少，甚至可以连坐几个小时而没有任何自发活动。②紧张综合征。主要是指患者全身肌张力增高，并具体表现为紧张性木僵和紧张性兴奋两种状态，有时这两者还交替出现，是精神分裂症紧张型的主要表现。

案例分析

小吴，男，一直小心谨慎。有一次寝室有同学丢了东西，大家都表示自己有不在场的证据，小吴也这么说，但他总是担心自己说不清楚，难以让大家释疑，故特别紧张，话语吞吐，脸也红了。他感觉自己的这种表现一定使大家产生了怀疑。不久，小吴发现其他几个室友一起出去吃饭，却没有叫上他；室友经常在一起说话，却很少主动跟他交谈；小吴还发现室友看他的眼神也越来越不对劲，他们好像故意躲着自己、好像总在议论他什么。因此，小吴越来越不安，越来越谨慎，越来越敏感。

有一天，小吴回到宿舍，原本热闹的宿舍突然安静下来，此时小吴终于忍不住了，大声斥责室友："你们凭什么在背后议论我，你们有什么理由怀疑我偷了东西！"室友们愣住了，感觉莫名其妙。后来，在上课、下课、吃饭、回宿舍的路上，小吴总觉得周围人都在朝他看，窃窃私语，指指点点，似乎还有人看了他一眼后就带着鄙视和嘲笑的眼神走开了。小吴开始讨厌别人议论的声音，厌恶别人奇怪的眼神。他害怕听到别人的议论便再也不敢出门了，不得不出门的时候，又总是尽量挨着墙根走,希望别人都别发现他。但他觉得还是躲不掉那些喜欢议论他的人,议论的人越来越多,议论的声音也越来越大,似乎根本不在乎他是否在场,他捂着耳朵,低着头跑走,讨厌的声音依然在耳畔。一天,室友们下课回来发现小吴一个人在自言自语,又好像在跟谁说话一样,仔细一听原来是他在与人争吵,还是非常生气愤怒的样子,"我只想让你们安静,请你们不要再议论我了!"可是宿舍里并没有其他人。

2. 精神分裂症的诊断

精神分裂症患者在一个月里的大部分时间往往会表现出以下两种或两种以上症状:①妄想(常见的有夸大妄想、被害妄想、钟情妄想、被控制感);②幻觉,总是看到、听到、感觉到本不存在的东西;③语无伦次,说话经常跑题或缺乏连贯性;④行为极度紊乱或表现出明显的紧张、僵硬的行为;⑤情绪单调、出现失语症,突然不能说话或意志力缺乏。

妄想和幻觉是在精神分裂症的诊断过程中首先考虑的症状标准,如果患者的妄想内容怪异,或者在其幻觉中包含了一些持续评论其行为或思维的声音,或包含了两种或更多相互对话的声音,则只要凭上述任何一种症状即可确诊为精神分裂症。

3. 精神分裂症的心理治疗

这里必须强调的是,因为精神分裂症属一种严重的精神疾病,其治疗比较困难与艰辛,因此,首先要对患者进行科学的药物治疗,并通过药物治疗这一过程,消除妄想与幻觉、杂乱无章的思维与行为,并在患者恢复了稳定、正常的心理,有清晰的、正确的自我认知能力的情况下,再辅助以心理治疗,从而促进其加快康复速度并提高康复水平。这里还必须强调的是,对于精神分裂症患者,无论是药物治疗还是心理治疗,都必须由专业的医生或心理咨询师进行。精神分裂症患者长期脱离真实环境,许多社会功能退化,因此,心理咨询师在对其进行治疗时,首先要对其进行必要的社交技能、职业技能、生活技能的康复训练。

(三)人格障碍

1. 人格障碍的含义

人格障碍是指某个体具有适应不良性质的、明显偏离正常且根深蒂固的行为方式。通俗地讲,人格障碍就是对正常人格的偏离。正是这种异常的人格,妨碍了患者情感和意志活动,破坏了其行为的目的性和统一性,给人以与众不同的特异感觉,在待人接物方面表现尤为突出。患者的人格在内容上、性质上甚至整个人格方面都出现异常。由于这个原因,不仅患者本人遭受痛苦,还会使他人遭受痛苦,给个人或社会带来不良影响。

在理解人格障碍的含义时必须注意:①不能将人格障碍与人格改变混为一谈。人格改变是获得性的,是指某个人原本其人格是正常的,只是在遭受严重而持久的应激、严重的精神障碍、脑部疾病或损伤之后发生了人格的改变,随着其痊愈和境遇的改善,就可能恢复或部分恢复。人格障碍没有明确的起病时间,一般开始于童年、青少年或成年的早期,并一直持续到成年乃至终生。人格改变的参照物是病前人格;人格障碍主要的评判标准则是社会、心理的一般准则。②人格障碍和人格改变相区别的关键是不正常行为持续的时间。如果一个人原来行为正常,后来在生活的某一阶段因种种原因而引起异常,就可以认为是人格改变,如果其行为从幼年起一直不正常,则说明是人格障碍。③人格障碍可能是精神疾病发生的素质因素之一。在临床上会有某种类型的人格障碍与某种精神疾病有较为密切的关系,如很多精神分裂症患者在病前就有分裂性人格的表现,偏执性人格容易发展成为偏执性精神障碍。人格障碍也可影响精神疾病对治疗的反应。

2. 人格障碍的一般特征

(1) 紊乱不定的心理特点,如偏执怀疑、自我爱恋、被动性等。

(2) 将个人遇到的不幸都归咎于命运和别人的错误,对自己的缺点却无所察觉,纵然发现了也不改正;把对自己不利的社会和外界条件都看作是不应该的。

(3) 以自我为中心,认为自己对别人没有任何责任,对自己不道德的行为没有负罪感;处处以自己的利益为中心,从不设身处地体谅他人。对自己伤害了别人的行为从不后悔,并采取执意偏袒与自我辩护的态度。

(4) 在任何环境里都表现出猜疑、仇视和偏颇的看法,难以改变病态观念。

(5) 一般认识清醒,无智力障碍。

(6) 一般都开始于幼年,一旦形成就难以改变。

3. 人格障碍的类型

(1) 偏执型人格障碍:偏执型人格障碍是指以猜疑和偏执为主要特征的人格障碍。这里所讲的"偏执"通常就是"片面和固执",实际上"固执"只是偏执型人格障碍的特点之一,最突出的特征是敏感多疑。因此,偏执型人格障碍的行为特征常常表现为敏感、多疑、固执己见;对别人无意的、无偏向的,甚至是友好的行为也常常误解为敌意;对别人的侮辱和伤害更是耿耿于怀,哪怕是极小的伤害,也不能宽容;嫉妒心强,总以为周围的人是在利用自己,对自己搞阴谋;对别人获得成就或荣誉妒火中烧,不是寻衅争吵,就是在背后说三道四,经常公开抱怨或指责别人。据调查,偏执型人格障碍患者中男性多于女性,且以外向性格的人居多。偏执型人格障碍的人很容易发展成为偏执型精神病。

(2) 分裂型人格障碍:分裂型人格障碍是一种以奇特观念、外貌和行为,有明显缺陷的人际关系且情感冷淡为主要特征的人格障碍。分裂型人格障碍的主要表现:性格内向、孤僻,好幻想,独来独往;行为古怪、不修边幅、平淡刻板、为人处世不随和、缺乏独立性;言语没有逻辑、主题不明、表达不清;没有进取心,害怕和回避竞争性环境。上述一切都不是由智力障碍及文化程度引起的。

(3) 反社会型人格障碍:反社会型人格障碍主要是一种以行为不符合人们必须共同遵守的道德规范为主要特征的人格障碍。虽然反社会型人格障碍是以行为的反社会性和对别人的冷酷无情为特点,甚至还会经常发生违纪行为,但与一般犯罪是有严格区别的。因此,尽管二者对所犯罪行为均负有完全责任能力,但我们应将反社会型人格障碍患者犯罪和不法分子作案严格区分开来:①一般犯罪者往往有计划和有预谋地实施犯罪,反社会型人格障碍患者则不可能;②一般犯罪者违法目的明确,反社会型人格障碍患者大多受情感冲动所支配,犯罪动机较模糊;③一般犯罪者为逃避罪责故作案手法隐蔽、狡诈,反社会型人格障碍患者往往是害人害己,而且对自己的危害更大;④反社会型人格障碍患者较少造成凶杀或其他严重案件以致被判处极刑;⑤虽然一般犯罪者的人格也可能有缺陷,但一般尚未达到人格障碍程度,而反社会型人格障碍患者则在心理活动的各个方面受到严重的影响,并反映在生活的各个侧面,出现持续和长期的行为障碍。

（4）冲动型人格障碍：冲动型人格障碍也称暴发型人格障碍或攻击性人格障碍，是指一种因受到微小精神刺激而突然暴发出的、非常强烈并难以控制的愤怒情绪，同时还伴有冲动行为的人格障碍。主要特征是情绪不稳定，缺乏对冲动的控制能力，甚至突然有暴力或威胁性行为；容易与他人争执甚至争吵；分析、判断能力差，易被他人挑唆或怂恿。冲动型人格障碍患者这种突然出现的情绪和行为变化与正常人是不一样的，事发后，患者又常常对自己的行为感到后悔懊恼，但又无法阻止、防止再次发生。

（5）表演型人格障碍：表演型人格障碍又称寻求注意型人格障碍或癔症型人格障碍。表演型人格障碍是指以人格的过分感情化、常用夸张的言行来吸引他人注意力为特征的人格障碍。一般说来，表演型人格障碍患者中女性较多。男性患者较少，但其特征与女性患者并无不同。表演型人格障碍患者年龄多在25岁以下。

具有表演型人格障碍的人往往十分关注自己的外表，在行为举止上常带有挑逗性；经常自我表演，自觉不自觉地以过分的做作和夸张的行为去吸引他人注意力，暗示性和依赖性特别强；自我放任，时时以自我为中心，不为他人考虑；情绪外露，喜怒哀乐皆形于色，极端情绪化，易激动、多变且易受暗示；矫揉造作，特别喜欢接受别人的同情和怜悯；思维肤浅，不善于逻辑思维，言谈举止显得天真幼稚。

（6）强迫型人格障碍：强迫型人格障碍是指以极端看重工作效率和工作程序而忽视正常的情感表达和人际交往为特征的人格障碍。患者主要表现为工作狂；注重细节、反复思索、追求完美；希望所有事都能按照既定的程序发展，以保证自己对外界及自身的控制，从而缓解内心因不确定而带来的不安全感；不喜欢变化、对新环境难以适应。因此，无论是领导还是同事一方面觉得该人在工作上是值得信赖的，但另一方面又因其对己对人要求特别苛刻，要求他人严格按照自己的方式行事，喜欢控制他人，故而对其并不欣赏、喜欢；患者又不善于情感表达，所以在现实生活中很难找到知心的朋友。

4. 人格障碍的诊断

（1）个人的特征性和持久的行为模式明显偏离社会文化道德规范，伴随认知（如感知及解释事物的态度和方式）、情感、冲动控制、欲望满足、与人相处的方式等领域中一种以上的偏离。

（2）这种偏离广泛存在，且行为难以矫正，以及在大多情境中出现社会适应不良或功能障碍；存在个人痛苦或对他人的不利影响。

（3）这种偏离是稳定而长期存在的，通常开始于儿童晚期或青春期；偏离的行为不是由其他精神障碍所致，更不是由脑损伤、疾病或功能障碍所致。

5. 人格障碍的心理治疗

人格障碍患者一般不会主动求医，常常是在与环境及社会发生冲突后，自身感到痛苦或出现情绪波动且影响睡眠等方面的症状时，才被迫无奈地到医院就诊。因此，在对人格障碍患者进行心理治疗时，首先要求心理医生通过与患者深入沟通，建立良好的关系，帮助其认识个性缺陷之所在，鼓励其改变自己的行为模式，对其出现的积极变化予以鼓励和强化。其次，心理医生要帮助患者矫正不良习惯，建立良好的行为模式，尽管直接改变患者的行为比较困难，但在找到激发异常行为的场合或因素以后再帮助患者尽可能避免暴露在诱发不良行为的环境之中。例如，强迫型人格具有"完美主义"倾向，可以让其脱离紧张的工作环境，从事紧张程度不高、责任比较小的工作。最后,心理医生要帮助患者避免不成功的暗示,寻找更多的发展正常人格的机会。

【习题或思考】
1. 如何改变不良思维?如何实现发展功能?
2. 如果有心理问题该怎么办?
3. 你身边的同学或你自己有心理困惑吗?通过学习后,你觉得该怎样解决这些困惑?
4. 举一个例子说明、分析一种心理疾病的表现及防治措施。

【课外实践】
请看《美丽心灵》,谈谈如何处理心理疾病。

第三章　自我意识与心理健康

【本章要点】 自我意识与人才的成长和发展有着密切的联系,健全的自我意识在人才成长和发展中起着导向、激励、自控和自我教育调节作用;不完善的或扭曲的自我意识往往成为心理困扰和问题的根源。大学生正处在自我意识确立和发展的时期,通过本章学习,使大学生了解有关自我意识的基本知识,树立真实的自信,有利于自我健康发展。

对任何人来说,自我意识永远是人生的重要课题之一。千百年来人类一直在不断地追问自己:"我是谁?"的确,一个人如果不知道自己是什么样的人,他就会生活在一种不确定的感觉之中,就会充满彷徨和不安。早在古希腊时期"认识你自己"这句刻在神庙柱子上的名言就激励着人们不断探索自我、实现自我、超越自我。然而,并不是每个人都能够做到客观地了解自我,人们常常一味地认定自己是一个什么样的人,却无视于这样的认定是否正确,以致给自己的人生画定了边界,设下了障碍。因此,处于青年时期的大学生,要能积极主动地关注自我,了解自我。同学们不仅仅要从社会中了解自我,更要从自然中以生物体或物质的角度了解自我。大学生自我认识、自我评价、自我控制得如何,个人定位是什么,直接影响着大学生的社会适应能力和心理健康。一个人的自我意识水平与其心理健康状况有着非常密切的关系,个体心理健康的重要的标志之一就是对自我的接受和认可,过强或过弱的自我意识都会给大学生的心理健康带来不良影响。

第一节　自我意识面面观

案例

我是谁

一个大学生在给心理老师的信中提到:"我感到非常孤独,宿舍的同学不喜欢我,我在宿舍外面听着里面大家在热烈地谈论一个问题而当我进入宿舍时谈话经常就中断了,大家的表情都显示出冷淡与不在乎,我不知道自己做错了什么,得不到大家的认同。这使我非常痛苦。我的家境比大多数同学略好些,可这不是我的问题,我一直主动地想与同学好好相处,甚至做了一系列努力但得不到大家的认同。在中学以前,我一直是非常受人欢迎的,我现在变得沉默了,因为不知道该如何做。"

在生活中,那些与我们生活无关紧要的人有时并不会给予我们清晰、明确的反馈,但我们可以从他们的态度与反应中了解自己。这是我们评价自己的一种方式。下面让我们一起来了解什么是自我意识？大学生的自我意识有哪些特点？作为一个大学生如何避免自我意识的偏差？应采用哪些适当的方法来完善自我？

阅读

> 知人者智，自知者明。胜人者有力，自胜者强。
>
> ——老子

一、什么是自我意识

（一）自我意识的定义

自我意识就是主体我对客体我的意识，是人对自己以及与周围世界关系的认识，是人的意识发展的最高阶段。是每个人内在的一张心灵图像，这种"自我心像"也就是一个人对自我的根本认定。自我意识是人对自己身心状态及对自己同客观世界的关系的意识。自我意识不仅是人脑对主体自身的意识与反映，而且人的发展离不开周围环境，特别是人与人之间关系的制约和影响，所以自我意识也反映人与周围现实之间的关系。自我意识是人类特有的反映形式，是人的心理区别于动物心理的一大特征。

（二）自我意识的结构

自我意识是一个具有多维度、多层次的复杂心理系统，从形式上、内容上和自我观念方面对其进行分析。

1. 自我认识、自我体验和自我调控

从形式上看，自我意识表现为认知的、情感的和意志的三种形式，分别称为自我认识、自我体验和自我调控。

自我认识是自我意识的认知成分，指个体对生理自我（如身高、体重）、心理自我（如思维活动、个性特征）和社会自我（如人际关系）的认识。它包括自我感觉、自我观察、自我观念、自我分析和自我评价等层次。其中，自我观念和自我评价是自我认识中最主要的方面，集中反映了个体自我认识乃至自我意识的发展水平，也是自我体验和自我调控的前提。

自我体验是自我意识的情感成分，在自我认识的基础上产生，反映个体对自己所持的态度。它包括自我感受、自爱、自尊、自信、自卑、内疚、自豪感、成就感、自我效能感等层次。其中，自尊是自我体验中最主要的方面。

自我调控是自我意识的意志成分，指个体对自己的行为与心理活动的自我作用过程。它包括自立、自主、自律、自我监督、自我控制和自我教育等层次。其中，自我控制和自我教育是自我调控中最主要的方面。

2. 生理自我、社会自我和心理自我

从内容上看，自我意识可分为生理自我、社会自我和心理自我。所谓生理自我，是指个人对自己的生理属性的意识,包括个体对自己的身体、外貌、体能等方面的意识。所谓社会自我,是指个人对自己的社会属性的意识,包括对自己在各种社会关系中角色、地位、权力、人际距离等方面的意识。所谓心理自我,就是个人对自己心理属性的意识,包括个人对自己的人格特征、心理状态、心理过程及其行为表现等方面的意识。

3. 现实自我、投射自我和理想自我

从自我观念来看,又可分为现实自我、投射自我和理想自我三个维度。现实自我是个体从自己的立场出发对现实的我的看法,也即对实在的我的认识,它是个体对自己现实的观感。

投射自我是个体想象中他人对自己的看法,如想象自己在他人心目中形象,想象他人对自己的评价,以及由此而产生的自我感。但投射自我和现实自我之间往往有距离,当距离加大时个体就会感到自己不为别人所了解。

理想自我是个体从自己的立场出发对将来的我的希望,也即想象中的我。理想自我是个体想要达到的完善的形象,是个人追求的目标。理想自我和现实自我也不一定是一致的,理想自我虽非现实自我,但它对个人的认识、情绪和行为的影响很大,是个人行为的动力和参考系数。

阅读

自我体像与减肥瘦身

自我体像(body image)是指人们对自己身体的心理感受,属于生理自我。一般来说,个体的体像心理状态存在三种类型:一是正常的体像心理;二是体像烦恼,是由个体自我审美观或审美能力偏差而导致自我体像失望所引起的心理烦恼;三是体像障碍,是由于个体想象客观不存在的体貌缺陷而痛苦的一种心理病症。

近年来,由于大量媒体对骨感美的过分渲染、影视明星对减肥的过分追求,越来越多的女性投入了减肥瘦身的时尚浪潮中。但是,青春期学生由于本身认知发展水平的限制,对各类事物的判断能力相对比较薄弱,容易受外部因素的误导,再加上攀比心理作怪,容易对自己的体像产生认识上的偏差,难以接纳自己的体像,从而诱发体像烦恼的产生。

有调查研究发现:女大学生群体实际上存在着体形偏瘦的倾向,但是她们普遍自我感觉具有肥胖的体形,并且都希望自己能够再瘦一些。但是,这些正在瘦身的女大学生中 57.35% 的人采用节食或是调整饮食结构减肥,而采取运动减肥的仅占 30.88%。研究显示,女大学生群体有着明显的瘦身倾向,只是缺乏科学瘦身的认识。

(三) 自我意识的过程

正如人的心理过程由知、情、意组成一样,人的自我意识也由上述三方面构成。这三方面的融合,便形成了完善的自我意识。自我意识系统中,如果有一方面出了状况,其他部分也受其影响。但有时出问题的部分可以被直接或间接地修补。例如,一个人长相平平(较低的生理自我意识),但读书非常用功(增加了才智自我意识),而且随时随地都愿意帮助别人(发展出正面的社会自我意识)。这样,对外貌缺陷的感知促使该个体在其他方面努力进取,从而获得正面补偿。

(1) 自我认知。自我认知是自我意识在认识上的表现。包括对生理自我的认识、对社会自我的认识,对精神自我的认识等。自我观察、自我分析、自我评价、自我反省、自我归因等都是自我认识的基本形式。而自我形象、自我理解、自我概念则是自我认识的必然结果。

(2) 自我体验。自我体验是自我意识在情感方面的表现。包括在对自己容貌的美丑、身体健康与否的认识的基础上产生的愉快与苦恼,在对自己的智力高低、能力大小认识的基础上产生的骄傲和自卑,在对整个自我的认识的基础上产生的自豪和不满,以及在对整个自我的认识的基础上产生的自爱、自尊、自怜、自卑、自信、自嘲、自高自大和骄傲自满等。

(3) 自我调控。自我调控是自我意识在意志和意志行为方面的表现,亦称自我管理。自我调控是指主动地调整自己的心理活动和行为,发起或制止行动,包括心理活动的集中或者转移,心理过程的加速或者减速,积极性的加强或者减弱等。自我计划、自我组织、自我学习、自我监督、自我设计、自我激励、自我教育等是自我调控的主要形式。

自我认识、自我体验、自我调控三者是密切联系在一起的。自我认识是自我体验和自我调控的基础,自我体验是自我认识和自我调控的动力或阻力;自我调控是自我认识得以进行的必要条件,并能控制和改造人的自我体验,自我调控能力大小是自我意识水平高低的标志。三者有机地结合在一起,构成人的自我意识。三者的对立统一是自我意识发展的具体体现和标志。

二、自我意识与心理健康

(一) 导向作用

目标是人才发展的导航机制。一个人要想成就一番事业,就必须从自身的实际出发,制订明确的目标,只有如此才会调动自身的潜能,激发强大的动力。人通过正确的自我认识,确立较为合理的"理想自我"的内容,就为个人将来的发展确定了目标,对个人的认知、情感、意志、行动会产生很大的影响,是个体活动的动力。自我意识健全的个体,在从事一项活动之前,活动的目的和结果就以观念的形式存在于头脑之中了,并依此做出计划,指导自己的活动,从而达到预期的目标。

(二) 自控作用

一个人要获得发展,取得成就,仅有目标是不行的,还必须具备自立、自主、自信、自制的意识,对自己的情感、行动加以调节和控制,自我意识健全的个体,在对自我做出正确认识、合理规划的基础上,能够对自己的注意力、情感、行为等加以控制,以实现自己的目标。在成功的路上,很多人并不缺乏机会和才华,而是缺乏自控的意识和能力,故而与成功失之交臂。自我监控(简称自控)是自我意识发挥能动作用的一个重要方面,它是目标的守护神,是成功的卫士。缺乏自控能力的人,将是一个情绪化的人,是缺乏毅力的人,终将一事无成。

（三）内省和归因作用

自我意识健全的个体，不仅能够确立"理想自我"的内容，为自己将来的发展做出规划，而且能够通过自我监控来实现预期目标。此外，由于主客观条件的制约，"理想自我"的实现常常会遇到各种障碍，致使个体产生不同程度的挫折感。这时，自我意识就会对自己的认识、情感、意志、行为等进行反省，找到受挫的主客观原因，并重新调整认识，形成新的"理想自我"的内容，使其与"现实自我"趋于统一。内省和归因是个体成长中的自我监督和自我教育，每个人要想使自己的天赋和才能得到充分的开发和利用而成为自我实现的人，就需要有积极的自我意识，随时对自我的认识、情感、意志和行为加以反省和审察。

总之，自我意识与个人的成长和发展有着密切的联系，健全的自我意识在个人的发展中起着导向、控制和监督教育的作用，是个人发展的必备要素。大学生正处于自我意识的确立时期，一定要重视自我意识的导向、自控、内省和归因作用，使其真正成为大学生成才的根基，发挥其应有的作用。

阅读

树立自立意识的好方法

每个人都会有依赖思想与行为，不同的人的依赖性质与程度是不同的。如一个忙于事业的人在生活上对自己家人的依赖就和一个小孩在生活上对自己家人的依赖是不同的。因此，那些与自己的年龄不相符的、对自己的未来发展不利的依赖思想与行为是我们必须注意克服的。反省自己的依赖思想和行为可以在日常生活中进行。以下有一些问题，回答得越具体越好，并将你的答案写在纸上。

（1）如果现在学校取消班主任制度，没有班主任的约束了，我该如何安排自己的学习？

（2）如果现在父母因故要离开，我一个人在家一个星期，我会怎么做？

（3）如果星期天我去赚钱，我将如何获得一份工作，我可以赚到多少钱？

（4）如果我在专业学习上遇到了问题，我可以在哪些地方查找相关资料？这些资料该怎么查？需要哪些手续或程序？

（5）如果自己生病了，应该怎么办？

好了，你现在可以将自己的答案和老师、同学一起讨论，哪些回答表现出了你的自立意识与行为，哪些则体现了你的依赖思想。当然，你还可以通过其他方式和其他问题来反省自己的依赖思想与行为，只要你敢于面对自己、剖析自己，就能发现自己虽然很想独立，但确实还有许多依赖思想，自己的自立能力确实还不高。如果发现了自己的问题，就应该树立牢固的自立意识。

当人们已经有了一定的自立意识后，又该怎样培养自己的自立能力呢？首先就是要从承担责任、自己对自己负责做起。当然这些责任的承担也是从生活、学习中的小事开始。有的人不喜欢考试,但不考试又不能检验自己的学习成果。那么,我们能不能在考试之前自己给自己出套考题呢?在考完后看看自我考查与学校的考试结果之间有什么差异,如果这种差异越小,就表明你在学习上的自立能力越高。除了学习上的自立外,你还应该锻炼自己生活上的自立能力,如星期天在家开展"今天我当家"活动,看自己能不能处理好家庭中的琐碎小事,自己在家庭生活上的自立能力如何。当然,更重要的还是要有心理上的自立,因为只有做到心理上的自立才能使你对自己、别人和事物有一个正确而稳定的看法,才能既听人言又不为人言所左右,也就能做到"不以物喜,不以己悲"。心理上的自立也是要从经受老师的批评与表扬、同学的讽刺与鼓励、父母的管束与肯定中开始的。如果你开始独立、冷静地思考别人的观点与意见、自己的言行与得失,并开始寻求科学的论证而不盲从,那么你就逐步自立起来了。

第二节 大学生的自我意识

案例

小明的自白

小明是一个来自教师家庭的孩子,父母视他为"掌中宝",他在父母关爱中成长,他的心是自由而轻松的,重点小学、初中、高中就读的经历使他坚信他是属于全国一流大学的。然而,由于高考的失误,虽然他进入了全国重点大学读书,但不是他梦想中的学校。在接到通知书的那一刻,他哭得天昏地暗,第一次遭此重创他几乎站不起来,他怕听到中学同学到梦想中的大学读书的消息,他担心自己的失败成为同学的笑料。当9月明媚的阳光照在开心的大学新生脸上时,他却丝毫也高兴不起来。本来想既来之则安之,但心中的结并没有解开。由于学习没有了动力,生活没有了目标,小明如大海上漂浮的小舟,完全失去了原来的方向,在茫然徘徊中迎来了期末考试,他意外地获得了不及格的结果,他并没有认真反思自己,而是将这一切归咎于他没有考取理想的大学,归咎于命运的不公平。

第二学期,百无聊赖的他又在网上找到了久违的激情,他那颗曾经不服输的心复苏了,但这次不是为学习而是为网络游戏,他彻夜上网聊天玩游戏,在游戏中体验虚拟世界的成功。可想而知,第二学期五门功课同时亮起了红灯,学位没有了,不用说梦想中的名牌大学,连大学生的资格也将丢失,谁把他的青春弄丢了?正在此时,学校发出了退学的指令。他真的非常懊悔,第一次他深深自责,作为家庭的第一位大学生他辜负了家长厚重的期望,作为重点高中的学生,他对不起培养他的老师,更重要的是他有负于自己的年华,此刻,他才发现大学的灯光是那么明亮,校园是那么美丽,而大学生活是如此让人难以割舍……

这是一位即将告别学校生活的大学生的内心独白,每个人的人生不可复制,而自我发展的不可逆转要求每一位大学生都要认真审视自我,并为自我发展留下空间,因为青春对于每个人只有一次,而大学对于年轻学子也只有一次,应珍视自我。

阅读

想左右天下的人,须先能左右自己。

——苏格拉底

一、大学生自我意识的发展过程

一般来说,大学生自我意识的发展会经历一个比较明显的分化、矛盾、统一、转化和稳定的过程。

(一)自我意识的分化

所谓"分化",是指大学生的意识转向以自己本身的心理活动为对象,原有的自我意识(在儿童、青少年时期是统一不可分割的)一分为二:一个理想自我,一个现实自我。理想自我就是根据主观的自我和主观感受到的社会现实希望自己将要达成的自我状态。它处于观察者的地位,即"主体我"(I)。现实自我则是当前实际达到的自我状态。它处于被观察的地位,即"客体我"(me)。

自我意识的明显分化是自我意识开始走向成熟的标志。因为它促进了大学生思维和行为的主体性的形成,为客观地评价自己和他人,合理地调节言行奠定了基础。在这一时期,大学生的自我剖析、自我沉思、自我反省明显增多;大学生由于开始注意自己以前从未注意到的"我"的许多方面和细节,所以,对于自我新的认识、体验和主动控制增多,由此而带来的种种情绪(如喜悦、焦虑、激动、抑郁等)也显著增加,似乎开始体验到"成长的烦恼";大学生对于自己能做什么、应该做什么、不应该做什么等问题开始理性思考。

在自我意识的分化时期,个体的理想自我(主体我)和现实自我(客体我)如果能够保持大致平衡,亦即个体若能表现出真实的能力、性格、欲望等,既不用掩饰优点,也不怕暴露缺点,就非常有利于个体的健康发展。

当然,时常也会出现理想自我与现实自我的不平衡状态,从而产生失衡感。理想自我占优势的大学生,往往低估"客体我"。通常自卑感较强,常常注意己不如人的地方,如个子不高、体形较胖、相貌平平、口才不好、家境贫寒、不善交际、能力不强……有人因此而伤感、苦恼,有人甚至放弃努力。现实自我占优势的大学生,往往高估"客体我"。通常会表现出较强的虚荣心,总是特别在乎别人对自己的评价,期望事事都能得到别人的赞赏,因而不愿暴露自己的弱点,喜欢炫耀,处于"自我陶醉"的心理状态。

(二)自我意识的矛盾冲突与自我探究

自我意识的明显分化,同时也加剧了理想自我与现实自我、"客体我"与"主体我"之间的矛盾和冲突。

这时,大学生对于自我的评价常常是矛盾的,时而能够实事求是地评价自我,时而又高估或低估自我。对于自我的态度常常是起伏不定的,有时觉得自己很幼稚,有时又觉得自己很成熟。对于自我的调控也常常是不自觉、不果断的,忽而信心百倍,忽而垂头丧气。面对诸多矛盾,大学生开始通过各种活动重新认识自我,对自我展开新的探究。

1. 以学习成才为中心的自我探究

大学生会经常联系自己的学习成绩和别人的评价进行思考,逐步形成有关自身智力和能力的认识。例如,大学生可能常会有这样的自问,"我有什么特长?""我哪方面的能力比较强?""我真像别人所说的那么聪明吗?""我喜欢做什么?""我希望将来在哪方面发展?"

2. 以社交活动为中心的自我探究

这主要体现在对外貌、仪容、个性特征、社会声望、社会地位等的追求上。一般来说,大学生对于外界的评价都较为敏感,往往通过上述追求进行自我探究,以形成角色意识。例如,大学生容易想到这样一些问题,"我长得漂亮(帅)吗?""我的性格是怎样的?""异性喜欢我吗?"

3. 以个人发展为中心的自我探究

这主要表现在对未来的社会角色、社会归属、人生价值等问题的探索中,这种探索最终会对个体的世界观、人生观和价值观的形成产生影响。例如,大学生总是会思考,"我该成为什么样的人?""到底什么是幸福?""我应该怎样度过一生?""人为什么活着?"

4. 以社会价值为中心的自我探究

在大学生的诸多自我探究当中,对社会价值的探究当属最高水平。大学生力求发现并展示自己的社会价值,能够意识到个体作为群体一分子的地位和作用,也比较明确自我的社会角色及其权利义务、社会归属、社会地位以及具有社会意义的性格特征等。

(三)自我意识的协调统一

自我意识的矛盾和冲突,给个体带来了不安、紧张和痛苦,个体总是想借助种种探究途径摆脱痛苦,重获平衡。于是,经过一段时间的挣扎、努力之后,大学生的自我意识又会在新的方向和水平上协调一致,达到自我的完整统一。

这里所说的统一,是指主体我与客体我的统一,即自我认识、自我体验与自我调控的统一,自我与外部世界——客观环境、社会发展的统一。这种统一,集中体现在理想自我与现实自我的统一上。在协调统一的过程中,既可能出现积极的、有利于心理健康的状态,也可能出现消极的、不利于心理健康的状态。具体表现为如下几种类型:

(1)自我肯定型。这是一种积极的统一,是充满自信、自我认同良好的表现。

(2)自我否定型。这是一种消极的统一。

(3)自我矛盾型。此类型的自我意识难以统一,矛盾强度大、延续时间长。个体迟迟不能确立新的自我,致使积极的自我也难以树立。

(4)自我扩张型。这也属于消极的自我统一。由于对现实自我的评价过高,虚假的理想自我占了优势,某些不切实际的自我意识扩大,缺乏明显的人际界线,这是一种虚假的统一。

(5)自我萎缩型。这属于消极的自我统一,抑郁质的人表现出明显的退缩。

(四)自我意识的转化与稳定

经过自我意识的分化、矛盾与再统一,大学生的自我意识发生很大变化。无论是积极向上的,还是消极有害的,都会使原有的自我意识发生重大转化。

理想自我与现实自我矛盾最突出的时候是在大学时代的中期,这也是自我意识趋向统一和转化的关键时期。过了这个阶段,大学生的自我意识就会趋于稳定,即使再发生什么变化,也不如原来那般急剧了。

二、大学生自我意识的发展特点

1. 大学生自我认识的发展特点

（1）自我认识更具主动性和自觉性。

（2）自我评价的能力增强,但有时仍有片面性。大学生的自我评价与他人评价之间存在显著的相关,没有明显差异。

（3）自我概念有了明显变化。主要表现为自我概念更丰富、更完整、更概括、更稳定。

2. 大学生自我体验的发展特点

自我体验是个体在自我评价的基础上对自己产生的情感体验。其发展特点有：

（1）自我体验具有丰富性和波动性。

（2）自我体验具有敏感性和情境性。

（3）自我保护感强。表现为自尊感与自卑感的相互交织。就心理健康而言,适度的自尊与自卑对于个体都是必要的,两者辩证统一,不可或缺。

3. 大学生自我调控的发展特点

（1）自我设计和自我完善的愿望强烈。

（2）独立意识和反抗倾向强烈。

三、大学生的自我冲突与心理健康

人总是富于理想和抱负的,而在理想自我与现实自我之间常常还有一段距离,这种距离可能成为奋斗的动力,也可能成为退缩或放弃的缘由。两个"我"有时摩擦,有时冲撞。例如,成就期望与现实失望的落差；独立意识与依赖心理的冲突；交往愿望与自我保护心理的矛盾；宽容待人与自我调节能力的冲突；自我同一感受的一致性要求与连续感暂时中断的矛盾；自尊心与自卑感的冲突等,难免为主体带来困扰,这也是大学生自我意识发展历程的普遍规律。了解这个规律,可以帮助我们使人格和情感朝着健康的方向发展。

阅读

寻找缺失的一角

这是一个关于完美和缺憾的故事。有一个圆形的小精灵因为缺失了一个角,它非常烦恼,觉得自己不再完美。于是,它决定上路去寻找自己缺失的一角。它开心地上路了,一边走一边唱:"千里独行路迢迢,我要去寻找失落的一角。"它忍受着烈日的暴晒,冰雪的冰凉。因为缺失了一角,它滚动得不是很快,高兴了它可以和毛毛虫比赛跑步,或者停下来闻闻花儿的香气,甚至还有美丽的蝴蝶在它身上驻足。它继续前进,渡过海洋,经过沼泽和丛林,上山,下山,一边走一边唱,终于看到了一角。它高兴地问:"你是我失落的一角吗?"那一角说:"我不是你失落的一角,我就是我自己。"它听了以后只能又伤心地上路。后来它又找到了好多一角:有的太小;有的太大;有的太尖,还差点儿把它刺破;有的太方了,不合适;有的挺合适,但是没有抓牢,跑掉了;有的抓得太紧,结果给捏碎了。它只得悲伤地继续前进,遇到了很多危险,掉到坑里,撞到墙上……

最后终于看到了一角,看上去很合适,于是就问:"你是我失落的一角吗?"这一角说:"我不是,我是我自己的一角,但也可以做别人的一角,只要两者在一起合适就行。"于是它们俩组合到了一起,感觉真好。

总算找到了,变成了一个完整的圆,什么都不缺少了。它继续向前滚动。由于是一个完整的圆,所以越滚越快,快得不能停下来和小虫说说话,不能闻闻花香,不能让蝴蝶停在身上。但是他总算还可以歌唱,"走遍千山万水路迢迢,我终于找到了失落的一角……"但唱着唱着就没有歌词了。天哪,它现在什么都不缺了,因此再也没有可以歌唱的内容了。

它想了想,终于明白了这里面有点儿问题。它停下来,轻轻地把那一角放下,从容地走开,一路走一路唱:"千里独行路迢迢,我要去寻找失落的一角。"它又可以和小虫说话了,又可以让蝴蝶停在身上了。

小精灵因为缺失了一角它感到自己不完美。在寻找失落一角的过程中历尽千辛万苦,但是也获得了快乐。找到了失落的一角,寻找到了完美,却没有获得想要的快乐。难道这就是苦苦追寻的完美吗?是完美的结果重要,还是追求完美的过程更重要呢?任何事情如果到了尽善尽美的地步,也就失去了许多快乐和真实。这个世界本来就是不完美的,我们追寻的应该是心灵的充实,而不单纯是一个终极的完美的结果。人生就像一列开往已知终点的火车,窗外美丽的风景同样值得我们去关注。为什么不怀着一份轻松的心情上路呢?做自己想做的,做好自己能做的,胜不骄,败不馁,充分享受过程的快乐。没有人是完美的,也没有人说自己从没有享受过追求的快乐。踏实学习,认真生活,快乐离我们还远吗?

四、大学生自我意识的发展规律

大学阶段是自我意识逐步发展的阶段,自我认识、自我体验、自我控制逐渐协调一致,研究表明,大学生自我意识的发展规律表现为分化——矛盾——统一——成熟。认识掌握了大学生自我意识的发展规律,更能促进大学生自我意识的健康发展。

(一)大学生自我意识的分化

所谓分化,是指大学生的意识转向以自己本身的心理活动为对象,将原有的自我意识一分为二。大学生自我意识的发展,是从明显的自我分化开始的,表现为儿童时期的那种较稳定的"我"被打破了,明显地出现了两个"我":一个是主体的"我",即观察者的"我";一个是客体的

"我",即作为被观察者的"我"。随之而来的是理想的我和现实的我的分化,大学生因为自我开始分化,所以能主动地、迅速地对生理的我、心理的我、社会的我的每一细小的变化产生意识,自我反思能力增强了,自我的形象更加丰富、更加完整、更加深刻了。对自我的进一步认识产生种种的激动、焦虑与喜悦,自我体验丰富多彩,同时,大学生自我控制能力也增强了,经常思考自己应该怎样做、能怎样做、不应该怎样做、不能怎样做的问题,并努力从行动上约束自己。

在自我意识的分化时期,理想自我和现实自我如果能够保持大致平衡,即个体若能表现出真实的能力、性格、欲望等,既不用掩饰优点,也不怕暴露缺点,就非常有利于个体的健康发展。

自我意识的明显分化是自我意识开始走向成熟的标志,因为它促进了大学生思维和行为的主体性的形成,为客观地评价自己和他人,合理地调节言行奠定了基础。

(二)大学生自我意识的矛盾

大学生自我意识明显,就意味着大学生自我矛盾冲突加剧,即主体的我与客体的我的矛盾斗争、理想的我和现实的我的矛盾斗争加剧。大学生自我意识的成长过程的实质,就是自我意识分化的不同的自我矛盾的过程。大学生自我意识中常见的矛盾主要有以下几种:

1. 理想自我与现实自我的矛盾

很多学生入学前,都把大学生活想象得完美无缺:高效率的学习,丰富的课外活动,有意义的社会实践,广泛的社会交际等。对大学艰苦的学习和平淡的生活,缺乏必要的思想准备。但进入学校一段时间后,理想的"天堂"变成了现实的"人间",热情急剧下降,失望伴随而来。造成这种情况的一个重要原因,就是不少同学进校之前把大学的一切都想象得过于美满,导致理想自我与现实自我的矛盾。

每个同学都希望所学的专业能与个人的需要相吻合,同时也把自己所学的专业想象得很有趣。当现实与他们的理想冲突时,他们就情绪低落,不能安心学习。有一些同学因为不喜欢所学专业,而哀叹"自己想做的事不能做,不想做的事又非做不可",感到有志难展,心情压抑。此外,在交友、恋爱、择业等方面,由于期望和抱负过高,也会产生理想自我与现实自我的矛盾,从而产生挫折感。

2. 独立性与依赖性的矛盾

成为大学生后,家庭、学校、社会中的地位发生了变化,他们自认为已经成为大人了,希望自己能在经济、生活、学习乃至思想上独立起来,于是竭力摆脱家长和外来的一切约束,强烈要求独立自主。然而,大学生在经济上一般都还靠家庭供给,所以虽然希望独立却又不能真正独立。从个体意识发展的连续性看,过去所形成的意识倾向也不可能一进入大学就完全消失,特别是家长长期迁就和溺爱下形成的依赖性影响还很大,要摆脱过去自己经历的影响,绝不是轻而易举的事。同时,大学生刚脱离家庭踏上独立之路,面对复杂的生活和许多实际问题常常束手无策,无法做到人格上的独立,所以心理上产生了主观要求独立和客观上不能完全独立的心理矛盾。这种独立性与依赖性并存于自我意识中,激起了强烈的矛盾。

3. 交往需求与自我封闭的矛盾

对许多大学新生来说,他们处于一个完全陌生的环境,远离了父母和中学好友,处处感到失落和不适应,非常需要新的友谊来补偿。同时面对比过去更复杂的学习、生活方式和自身的种种矛盾,他们比任何时候都需要老师、朋友的帮助和支持,希望从长辈那里获得理解,从同学那里获得真挚的友情,共同探讨人生,分享苦乐。另外他们对自我也有了更深刻的了解,产生了新的自我期待,渴望与人交往,希望了解他人的内心世界,并产生了强烈的希望被同龄人接受的心理需求。但大学生在渴望交往的同时往往又有自我封闭的倾向,自我封闭的产生与大学生在这一时期的心理发展水平有很大的关系。处于这一时期的大学生由于自我意识的发展,进一步发现了一个崭新的世界——自己的内心世界。他们从内心世界中更多地了解了自己,发现了自己与他人的差异,意识到自己与众不同的特点。他们不肯将自己心中的秘密轻易地告诉别人,常常"戴着面具"生活,有意无意地和他人保持距离,特别是新入校的大学生不愿敞开心扉,且感觉知音难觅,虽然每天接触许多人,置身于群体之中,但由于缺乏心灵上的沟通,无法将自己的苦闷倾诉,更容易将自己封闭起来。还有的学生认为自己来自山区农村,孤陋寡闻,因而以自我封闭的方式消极防卫。正是这些心理矛盾,使大学生失去心理和谐。

4. 自尊心理与自卑心理的矛盾

大学生有理想,有抱负,渴望获得成功和他人的尊重,他们不甘落后,自尊心很强,对自己的能力和未来充满自信。然而,进入大学经过一段时间的学习后,许多同学发现自己在许多方面都比不上他人,尤其在学习、交往、文体等方面显露出某些不足时,他们就开始怀疑自己,否定自己,产生自卑心理。另外某些专业的大学生感到社会竞争压力大,缺乏承受挫折的能力,有的同学甚至自惭形秽,心灰意冷,自暴自弃。还有一些学生自我完善的愿望过于强烈,一旦意识到自己与所追求的"完人"的差距太大时,往往出现对现实自我的强烈否定。

5. 性意识与性道德的矛盾

大学生正处于青春期后期,随着身体的发育成熟,性生理和性机能都已进入了成熟期,因此这一时期是性意识和性冲动最强烈的时期,同时也是学生的自我意识、道德意识和法制观念等高级心理结构正在形成的时期。他们必然形成性意识和性道德的矛盾,特别是在与异性交往和恋爱的过程中,一方面容易激起强烈的性意识和性冲动,另一方面又必须遵守学校的规定和社会道德规范,以强烈的道德意志压抑、调整性意识和性冲动。

性意识和性道德的矛盾,本质上是人的自然属性与社会属性之间的矛盾体现,它贯穿于大学生活的全过程,直到合法结婚,有了家庭生活为止。由此可见,性意识和性道德的矛盾是一个漫长的令人烦恼的过程,很容易导致性焦虑、性过失甚至性变态,需要给予充分的理解和及时的疏导与调节。

阅读

内观疗法

内观疗法于1953年由日本学者吉本伊信提出。吉本认为:要想知道自己是不是有信心,可以去查查过去一天天度过的日子。经过多年的发展,在日本有专设的内观疗法研修所十多所。在心理咨询、治疗机构、医院心理治疗中心,内观疗法得到广泛应用。在美国和欧洲的一些国家也已经设立了对内观疗法的专门研究机构。

"内观"有观内、了解自己、凝视内心中的自我之意。借用"观察自我内心"的方法,设置特定的程序进行"集中内省",以达到自我精神修养或者治疗精神障碍的目的。内观疗法可以称作观察自己法或洞察自我法。它是一种不饮食、不睡眠去悟生死无常、转迷开悟的修养。内观指的是观察事物的本来面目,是一种如实觉察自己身心的本质,而达到净化心灵目的的过程。从观察自己的呼吸开始,使心专注,而后用这种敏锐的觉知,去观察身上的感受,体验生活的真谛。

内观疗法认为不光明的人都是患者,亦即在健康者与精神病患者之间未有明确的界线。内观疗法要求患者学习正确的反省方法。

按照内观治疗的程序,回顾对方给自己的关照,使内观者重温被爱的感情体验,唤起内观者的自信、责任感、受恩要报的义务感。回顾自己给对方添的麻烦会唤起羞愧感、非病理性罪感(在日本这种罪感体验和认识是针对自己侵害了人们之间已经确立的关系准则和秩序)。以上两类感情互成表里,加剧了内观者的情感活动,从而为破坏原来的认知框架创造了基础。内观者爱他人的社会性意向,重建自我形象的意向,改进人际协调的意向均会有所提高,这对革新自我有重大意义。把遗忘的、混乱的、杂乱无章的经历,按照题目回忆整理,达到自我洞察和对人理解,建立新的关系和新的生活的目的。

通过内观过程,可以重新了解自己、减轻烦恼、提高自信、振作人生。

五、大学生自我意识的统一

大学生的自我经过一段矛盾冲突,便在新的水平和方向上达到协调一致,即自我的统一。自我的统一意味着主体的我与客体的我的统一,理想的我与现实的我的统一。自我统一的实现是一个十分艰难的过程,由于个人的具体情况不同,自我统一可能是积极的,也可能是消极的,表现出不同的类型。

1. 自我肯定型

这是积极的自我统一。这类大学生的特点是对现实自我的认识比较清晰、全面、客观、深刻,注重自我调节,能够正确对待失败和成功、顺境和逆境、快乐和痛苦、理想和现实。既肯定自己的优势,又承认自己的不足。正确的理想自我占优势,能够合理确定个人的奋斗目标和社会定位,理想自我符合客观实际,符合社会需求,通过自身努力可以实现。换句话说,理想自我与现实自我,主观自我和客观自我可以经过矛盾斗争后达到积极统一,转化出积极的自我。统一之后的自我更加完整,也更强大,有助于自身成长。这种自我肯定型在大学生中占大多数。

2. 自我否定型

这是消极的自我统一。这类大学生的特点是对现实自我的认识和评价过分低估,认为理想自我和现实自我差距太大,即使努力也很难达到目标。比如有的学生认为自己只是专科学历,缺乏竞争力,抱着得过且过、混日子的思想,逃避现实。还有一些同学是理想自我和现实自我差距不大,但自己没有信心去达到目标,主观上缺乏自我驾驭能力,心理上呈现一种消极的状态,常常因小小的失败产生强烈的挫折感,导致自卑、缺乏自信心。有时也为自己寻找"合理的理由"进行自我说服,以求心理上的暂时平衡。比如有的学生看不到自身的特点和优势,总觉得自己事事不如人,因而自惭形秽,灰心丧气,严重者则会厌恶自己,甚至仇恨自己,摧残自己。

总的来说,自我否定类型的人自我意识的发展停留于一种消极应付的心理状态,不能接纳自己,不能通过积极的改变现实自我去实现理想自我,而是在一定程度上放弃理想自我,其结果就是自暴自弃。这种自我否定型在大学生中也占一定的比例。

3. 自我矛盾型

这是自我统一比较困难的一种类型。这类大学生的特点是理想自我和现实自我难以统一,难以转化出新的自我。他们内心自我矛盾冲突强度大、延续时间长,自我认识、自我体验、自我控制缺乏稳定性,自我意识具有不确定性,新的统一的自我久久不能确立。这种自我矛盾型在大学生中属于少数。

4. 自我扩张型

这也是一种消极的自我统一,并且带有危害性。这类大学生的特点是对现实自我的认识和评价过度高估,以至于形成虚妄的判定,虚假的理想自我占据优势,认为实现理想自我易如反掌,使得理想自我与现实自我形成一种虚假的统一,过分地悦纳自己。典型的自我扩张型经常表现为情绪冲动不能自抑,忘记现实自我,有时生活在妄想的我的世界,爱做白日梦,自吹自擂。这种类型的人往往盲目自大、爱慕虚荣、心理防卫意识极强,缺乏正确引导的话很容易产生心理和行为障碍,个别情况严重者可能会出现反社会行为,甚至违法犯罪。这种自我扩张型在大学生中属于极少数。

5. 自我萎缩型

这种类型不仅自我统一困难,而且还会出现自暴自弃,自怨自艾、自贱自恨,甚至自残。这类大学生的特点是理想自我极度缺乏或丧失,对现实自我又极度不满,但又无法改变,开始变得得过且过、消极放任,或麻木呆滞,自卑感极强。严重者出现自我拒绝的心理状态,甚至会导致精神分裂症或因绝望而轻生。这种自我萎缩型在大学生中非常少见。

经过自我意识的分化、矛盾与再统一,大学生的自我意识发生很大变化。无论是积极向上的,还是消极有害的,都会使大学生原有的自我意识发生重大转化。大学生遵循自我意识的发展规律,就能更好地了解自我,找到自我成长的方向。

六、大学生自我认识的主要特点

1. 自我认识更具主动性

大学生刚跨入大学的校门,一个个十分紧迫的问题摆在面前:"我是一个什么样的人?""我为什么是这样的人?""我可能或应该成为怎样的人?""我的条件和前途如何?""我到目前为自己的人生做了些什么?以后还能做些什么?"这些问题都涉及大学生的自我认识。大学生总是急迫地思考着这些问题,强烈地期待着满意的或比较满意的答案。

自我认识的迫切性在少年期已有明显的表现,但是大学生自我认识更具有主动性和自觉性并具有更高的水平。他们往往主动地把自己和周围的同学与老师做比较来认识自己、评价自己。他们往往主动地参照书本上的学者、工程师、经济学家、政治家、英雄人物和优秀教师,力图将社会的期望内化为自我的品质,并对自己做出评价。

2. 自我评价更符合实际情况

个人的自我评价在多大程度上是客观的,是与个人的实际情况相符合的,随着年龄的增长这种特性是怎样变化的？由于认识对象的不同以及自我评价方法的不同，因而很难检验自我评价是否符合实际情况以及符合的程度如何。通常，可以用两种方法来检验自我评价的客观性。第一种方法，是将个人自我认识中的抱负水平和活动的实际结果（如体育成绩、学习分数、测验得分、科研成果等）进行比较，以考察两者之间是否符合以及符合的程度。第二种方法，是将个人的自我评价与他人（教师、家长、同学）对被考察对象的评价进行比较，以考察两者之间是否符合以及符合的程度。有研究表明，大学生自我评价与他人（教师、家长、同学）评价之间无大的差异。

有一项研究表明，大学一年级学生自我评价的客观性最高，其次是四年级，二年级和三年级学生较差。那么，这是否说明大学生的自我评价能力发生了倒退呢？或者说，他们对自我的评价越来越偏离实际了呢？心理学家对此进行了深入的研究，他们发现刚进大学校门的一年级新生面临的是一个全然陌生的环境，陌生的人、陌生的事、陌生的生活方式、陌生的思想观念、陌生的教学模式，这一切都等待着他们去了解、去熟悉、去适应，这样他们就很少有时间来认真地思考自己。因而，他们的自我评价是从中学沿袭下来的，而不是在大学校园里重新形成的。中学生的自我评价在一定程度上还是成人评价的翻版，他们通过将老师、家长以及周围同学对自己的议论、评判内化，从而形成自我评价。从实质上看，这种自我评价并不"货真价实"，因为其中缺乏评判者自己的观点。但是，这样的自我评价往往是比较客观的，因为它综合了他人的看法，有道是"旁观者清"，因而它更符合实情也就不足为怪了。由此，也就不难理解为什么大学新生的自我评价客观性最高了。

经过一年的适应，大学生进入一个重新认识自我和评价自我的阶段。他们不再把别人的话当作金科玉律，而是真正地开始用自己的眼光来全面剖析自己。因而，这时的自我评价带有较浓的主观色彩，客观性下降，以致跌入低谷。此后，随着经验的积累，自我评价的客观性又有所回升。从表面上看，一年级的新生自我评价客观性最高，但这可能只是假象。

3. 自我形象结构的变化

（1）自我形象更趋丰富、完整。我国的心理学工作者曾对大学生和高中生做过一次比较研究，要求被试者就"你是谁？"这个问题做出20个不同的回答，回答每题的时间为20秒。结果发现，82%的大学生能够在规定时间内给出20个答案，但只有56%的高中生能够完满作答。在描述自我形象时，中学生倾向于整体性的描述，而大学生倾向于分析性的描述，且更多地指向内心世界的深处，广泛涉及情绪体验、需要动机、意志特征、理想及政治思想等方面。从总体上看，大学生在答题时并不是一味地做客观陈述，如"我是大学生，我是中文系的学生"，答案中有不少主观解释式的回答，如"我性格开朗，我好静不好动"。这表明，大学生的自我形象趋于完整、丰满。

（2）自我形象更具概括性。中学生对自我的描述还是比较具体的，至多只能抽取出自己的局部特征，而大学生的概括能力显然要高出一筹。同样是描述自己的身份，中学生常用"我是中学生""我是中国人"这样的语句，而大学生则喜欢用"炎黄子孙""龙的传人""新时代的开拓者""未来的人民教师"之类的描述。这表明，大学生在自我认识的概括性水平上有了较大的提高。

（3）自我形象更具稳定性。自我形象的稳定性，基本上同价值观的稳定性一样，是随着年龄的增长而增长的。让被试者在一段时间内做自我描述的研究表明，成年人比青少年和儿童的叙述更合乎情理。成年人的自我形象更少受偶然因素的影响，少年时期和青年前期的自我评价往往会发生急剧的变化,属于青年中期的大学生的自我评价的稳定性仍不及成年人,有时会因偶然因素而发生急剧的变化。此外,形成自我形象的那些个性特征的稳定程度,在不同个体身上其表现也各不相同。

七、大学生自我体验的主要特点

1. 自我体验的敏感性

大学生的自我体验比较敏感,凡涉及"我"的事物都会引起他们的兴趣,与"我"相关的事物也往往能诱发连锁反应。大学生尤为关注自己在别人心目中的形象与地位,关心别人对自己的意见和看法。有时,别人无意间的一句话,会在他们的心中掀起轩然大波,他们会对此琢磨半天、回味半响。正所谓:言者无意,听者有心。有时他们还会由此及彼,引发一连串的联想,产生"一石激起千层浪"的效果。

2. 自我体验的深刻性

稍加留意就会发现,一名小学生和一名大学生在阅读文学作品时有着很大的差异。小学生喜欢看情节性强的书籍,而大学生则偏好那些心理描写细腻的作品。造成这一现象的重要原因是两者自我体验方面的差异:小学生的自我体验肤浅,而大学生的自我体验无疑要深刻得多,他们能体会书中人物的心态,揣摩他们的感情。看到高兴处,会忍俊不禁;看到伤心处,会潸然泪下;看到激愤处,会怒发冲冠;看到忧伤处,会黯然神伤。这种现象在小学生身上是罕见的,而在大学生身上则是普遍的,表明了随着成长人的深刻性有了很大的提高。

3. 自我体验的丰富性和波动性

大学生的自我情感体验比较丰富。有肯定的和否定的体验(喜欢自己还是讨厌自己、满意自己还是不满意自己等),积极的体验和消极的体验(喜悦还是忧愁、趣味无穷还是乏味无聊等),以及紧张和轻松、敏感和迟钝等体验。在这些丰富多彩的体验中,大学生自我体验的情绪情感基调是积极的、健康的。

在一项关于大学生自我体验基调的调查中,心理学家列举了20对描述情感自我体验的具有相反意义的词或成语(如热情—冷漠、憧憬—悔恨、自信—自卑、愉快—愁闷等);要求被试者从中选出10个能表达自己近半年以来心情的词语。结果表明,大学生自我体验的基调为热情、憧憬、自信、舒畅、紧张、急躁等。男大学生自我体验的基调倾向于紧张、自信、热情、憧憬、急躁;而女大学生的选择集中在热情、急躁、舒畅、憧憬、愁闷。可见,在自我体验方面,男生比女生更有自信心,更富于活力,但容易急躁;女生则更热情,更迫切地要求取得成功,内心舒畅感更明显,但容易发愁。

处于青年中期的大学生,其自我体验仍有一定程度的波动性。比如,在取得成绩时,容易产生积极、肯定的情感体验,甚至骄傲自满,忘乎所以;而遇到挫折时,则容易产生消极、否定的情感体验,甚至自暴自弃,悲观失望。

阅读

每个人都很富有

有一位青年,总是埋怨自己时运不济,发不了财,他总是觉得自己是世界上最贫穷的人,因此终日愁眉不展。有一天,他听从了朋友的建议,去向一位年纪很大的白发智者请教,他对老人说:"我不明白,为什么我这么努力地工作,积极地生活,我还是这么穷。"

"小伙子,你怎么会穷呢?你很富有!"老人由衷地说。

年轻人很奇怪:"我没有存款,没有任何值钱的家当,你怎么说我富有呢?"

老人很严肃地问他:"假如现在斩掉你一个手指头,给你一千元,你干不干?"

"不干。"年轻人摇摇头,非常明确地回答。

"那么,假如斩掉你一只手,给你一万元,你干不干?"

"不干。"

"那假如给你十万元,换你一双明亮的眼睛,你干不干?"

"绝对不干。"

"那……假如让你马上变成80岁的老人,给你一百万,你会考虑吗?"

"不,绝不同意。"

"假如让你马上死掉,给你一千万,你干不干?"

"当然不干。"

老人笑了笑,语重心长地对他说:"这就对了,你已经拥有超过一千万的财富,为什么还哀叹自己贫穷呢?"

青年愕然,突然什么都明白了。

现实生活中,像这位青年一样哀叹自己贫穷的人很多。有的叹金钱上的贫穷,有的叹能力上的贫穷,有的叹相貌上的贫穷,有的叹精神上的贫穷,诸如此类,我们总是期待得到那些我们没有的财富,觉得没有那些就不快乐,然而却总忽视我们本身所拥有的。殊不知,我们拥有的那些往往是生命中最贵重的。明白了这些你就会发现,原来自己是个富有的人。

第三节 大学生常见的自我意识偏差

案例

我弄丢了自己

小林大一、大二上学期学习成绩优秀,各方面都不错。但是在大二下学期,谈了半年的男友与她分手了,他妈妈反对他们交往,觉得她个子矮。此事过后,小林特别自卑,不知道该怎么办,许多职业限制身高,找对象也不大容易。她整天胡思乱想,没有心思学习,也不愿与人交往,成绩从班级前五名跌到了十几名。小林决定考研,可有时候又在想,个子这么矮,即便是拿到硕士学位又能怎样,公务员不能考,老师不能当,所以总是学不进去。

失恋归因导致的自我怀疑直接影响了她的学业成绩,甚至影响到将来的职业生涯发展。造成这种问题的关键在于该女生缺乏正确的自我认识,完全靠反射性评价来建立自我认知,而这种认知是不准确甚至是错误的。因此,该女生应当认真思考"自我",逐渐澄清并建立正确的自我认识,发展积极的自我体验,强化自我监控,做一个真正的自己。

测试

自我和谐量表

下面是一些个人对自己看法的陈述,填答时,请您看清每句话的意思,然后圈选一个数字(①代表完全不符合您的情况,②代表比较不符合您的情况,③代表不确定,④代表比较符合您的情况,⑤代表完全符合您的情况)以代表该句话与您现在对自己的看法相符合的程度,每个人对自己的看法都有其独特性,因此答案是没有对错的,您只要如实回答即可。

1. 我周围的人往往觉得我对自己的看法有些矛盾。　① ② ③ ④ ⑤
2. 有时我会对自己在某方面的表现不满意。　① ② ③ ④ ⑤
3. 每当遇到困难,我总是首先分析造成困难的原因。　① ② ③ ④ ⑤
4. 我很难恰当表达我对别人的情感反应。　① ② ③ ④ ⑤
5. 我对很多事情都有自己的观点,但我并不要求别人也与我一样。
　① ② ③ ④ ⑤
6. 我一旦形成对事物的看法,就不会再改变。　① ② ③ ④ ⑤
7. 我经常对自己的行为不满意。　① ② ③ ④ ⑤
8. 尽管我做过一些不愿意做的事,但我基本上是按自己意愿办事的。
　① ② ③ ④ ⑤
9. 一件事好是好,不好是不好,没有什么可含糊的。　① ② ③ ④ ⑤
10. 如果我在某件事上不顺利,我就往往会怀疑自己的能力。
　① ② ③ ④ ⑤
11. 我至少有几个知心朋友。　① ② ③ ④ ⑤
12. 我觉得我所做得很多事情都是不该做的。　① ② ③ ④ ⑤
13. 不论别人怎么说,我的观点决不改变。　① ② ③ ④ ⑤
14. 别人常常会误解我对他们的好意。　① ② ③ ④ ⑤
15. 很多情况下我不得不对自己的能力表示怀疑。　① ② ③ ④ ⑤
16. 我朋友中有些是与我截然不同的人,这并不影响我们的关系。
　① ② ③ ④ ⑤
17. 与朋友交往过多容易暴露自己的隐私。　① ② ③ ④ ⑤
18. 我很了解自己对周围人的情感。　① ② ③ ④ ⑤
19. 我觉得自己目前的处境与我的要求相距太远。　① ② ③ ④ ⑤
20. 我很少去想自己所做的事是否应该。　① ② ③ ④ ⑤
21. 我所遇到的很多问题都无法自己解决。　① ② ③ ④ ⑤

22. 我很清楚自己是什么样的人。　　　　　　　① ② ③ ④ ⑤
23. 我很能自如地表达我所要表达的意思。　　① ② ③ ④ ⑤
24. 如果有足够的证据,我也可以改变自己的观点。① ② ③ ④ ⑤
25. 我很少考虑自己是一个什么样的人。　　　① ② ③ ④ ⑤
26. 把心里话告诉别人不仅得不到帮助,还可能招致麻烦。
　　　　　　　　　　　　　　　　　　　　① ② ③ ④ ⑤
27. 在遇到问题时,我总觉得别人都离我很远。① ② ③ ④ ⑤
28. 我觉得很难发挥出自己应有的水平。　　　① ② ③ ④ ⑤
29. 我很担心自己的所作所为会引起别人的误解。① ② ③ ④ ⑤
30. 如果我发现自己某些方面表现不佳,总希望尽快弥补。
　　　　　　　　　　　　　　　　　　　　① ② ③ ④ ⑤
31. 每个人都在忙自己的事,很难与他们沟通。① ② ③ ④ ⑤
32. 我认为能力再强的人也可能遇上难题。　　① ② ③ ④ ⑤
33. 我经常感到自己是孤独无援的。　　　　　① ② ③ ④ ⑤
34. 一旦遇到麻烦,无论怎样做的都无济于事。① ② ③ ④ ⑤
35. 我总能清楚地了解自己的感受。　　　　　① ② ③ ④ ⑤

自我与经验的不和谐:1、4、7、10、12、14、15、17、19、21、23、27、28、29、31、33 共16项。

自我的灵活性:2、3、5、8、11、16、18、22、24、30、32、35 共12项。

自我的刻板性:6、9、13、20、25、26、34 共7项。

总分计分:自我的灵活性反向计分,其他两个分量表正向计分,得分越高自我和谐度越低。低于74分为低分组,75～102分为中间组,103分以上为高分组。

一、大学生常见自我意识偏差及其调整

(一) 过度的自我接受与过度的自我拒绝

自我接受是指自己认可自己、肯定自己的价值,对自己的才能和局限、长处和短处都能客观评价、坦然接受,不会过多地抱怨和谴责自己。对自我的接受是心理健康的表现。

过度的自我接受常见于自我扩张型的人,他们高估自我,对自己的肯定评价往往有过之而无不及。他们拿放大镜看自己的长处,甚至把缺点也视为长处,拿显微镜看他人的短处,把别人细微的短处找出来,他们的人际交往模式是"我好,你不好""我行,你不行"。过度自我接受的人容易产生盲目乐观情绪,自以为是,不易处理好人际关系;而且过高评价滋生骄傲,对自己易提出过高要求,承担无法完成的任务、义务而导致失败。

自我拒绝是指不喜欢自己,不能容忍自己的缺点和弱点,否定、抱怨、指责自己。过度的自我拒绝是更严重的、经常的、多方面的自我否定。事实上,许多大学生都有不同程度的自我拒绝,这可以促使他们不断修正自己,但过度自我拒绝则是由严重低估自己才引起的。他们的人际交往模式一般是"我不好,你好""我不行,你行"或者"我不好,你也不好""我不行,你也不行"。过度自我拒绝的人看不到自己的价值,只看到或夸大自己的不足,感到自己什么都不如他人,处处低人一等,丧失信心,严重的还可能由自我否定发展为自我厌恶甚至走向自我毁灭。过度的自我拒绝压抑人的积极性,限制对生活的憧憬和追求,易引起严重的情感损伤和内心冲突。同时不能很好地发挥个人潜能和社会作用,给社会带来损失。

如何调整过度的自我接受和过度的自我拒绝呢？第一,要树立正确的认知观念。人不能十全十美,每个人都有优缺点。人既不会事事行,也不会事事不行;一事行不能说事事行,一事不行也不说明事事不行;优点和缺点不能随意增加或丢掉,成功失败也不是自说自定。一个人应该接纳自己的一切条件,并肯定它的价值,不自以为是也不妄自菲薄。第二,确立合理的评价参照体系和立足点。人的价值本来是相对的,只有在相互比照之下,方能定出高低优劣。自我评价以其不同的方式(相符的、过高的、过低的)激发或者压抑人的积极性。以弱者为参照会自大;以强者为标准则自卑。人应该选择合适的标准,更重要的是以自己为标准,按照自己的条件评定自己的价值。有的大学生无形中重视了别人,贬抑了自己。人应该立足自己的长处,明了、接受并尽力改进自己的短处;成功时应多反省,以再接再厉,失败时多看到优点和成绩,以提高自信和勇气。第三,培养独立和健康的人格品质,自信而不狂妄、谦虚而不自卑。

（二）过强的自尊心与过强的自卑感

自尊心和自信心、好胜心、独立感等都是大学生自我意识发展的主要表现。它是要求尊重自己的言行和人格,维护一定荣誉和社会地位的一种自我意识倾向。每个大学生都有强烈的自尊心,好强、好胜、不甘落后。自尊心强的大学生对自己有信心,相信自己能克服缺点,取得进步,它不是自大。但过强的自尊心却和骄傲、自大等联系在一起。他们缺乏自我批评,而且不允许别人批评,以自我为中心,唯我独尊。这样的人回避或否认自己的缺点,缺乏自知能力,不能与人和谐相处,容易失败,也容易受伤害。

自卑感是对自己不满、否定的情感,往往是自尊心屡屡受挫的结果。学校课业的成绩、校内外的各类活动、人与人之间比赛,竞争是无法避免的。每个人在不同层面上都有自己的成败经验,己不如人的失败感受人皆有之,只是不同程度而已。大学校园是人才济济之地,有些人在某些方面曾有自卑的倾向和感受,亦很正常。但有的同学过度自卑,计较于自己的缺点、不足和失误,结果因自卑而心虚胆怯,遇有挑战性场合即逃避退缩,或对自己的所作所为过分夸张,过分补偿,唯恐天下不知,其结果捍卫的是虚假的、脆弱的、不健康的自我。

事实上,过强的自尊心和过强的自卑感是密切联系、互为一体的。那些自尊心表现得越外显、强烈的人往往是极度自卑的人。自尊心、自卑感过强都会影响大学生的心理发展和人格成熟。为了改变这些不良的心理特征,第一,应对其危害有清醒的认识,有勇气和决心改变自己;第二,应客观、正确、自觉地认识自己,无条件接受自己,扬长避短;第三,正确地表现自己,对自己的经验持开放态度,同化自我但有限度;第四,根据经验,调整对自己的期望,确立合适的抱负水平,区分长期目标和近期目标,区分潜能和现在表现;第五,对外界影响相对独立,正确对待得失,勇于坚持正确的改正错误的。同时保持一定程度的容忍。

阅读

阿德勒的《自卑与超越》

《自卑与超越》是阿德勒从个体心理学观点出发,阐明人生道路和人生意义的通俗性读物,但通俗中包含着极深的哲理和巨大的学术价值。本书大大修正了弗洛伊德泛性论的精神分析观,开辟了精神分析的新阶段。

阿德勒在本书中提出:不管有无器官上的缺陷,儿童的自卑感总是一种普遍存在的事实,这是因为他们常仰赖成年人的生活,且一举一动受到成年人的控制。当儿童利用这种自卑感作为逃避行动的借口时,便发展成神经性的倾向。如果这种自卑感在以后的生活中继续存在下去,它便会形成"自卑情结"。

阿德勒理论的最后落脚点是人的优越和完善。他把为优越而奋力称作生命的实质,为优越而奋力是阿德勒人格理论的基本动力。行为的动机出于人的社会性,而不是生物因素起主要作用。后来,阿德勒又把个人优越而奋力的观点改变成个人为完善的社会而奋力。他同时还认为个人优越而奋力可能有益,也可能有害。如果一个人不顾别人和社会的需要,只专心于个人的优越,就可能产生优越情结,而具有优越情结的人可能成为一个专横跋扈、自吹自擂、傲慢之人,这种人不太受社会欢迎。

《自卑与超越》以"自卑情结"为线索,比较系统地阐述了他创立的个体心理学思想。书中不仅涉及人为什么活着,心灵与肉体的关系,自卑感和优越感,家庭和学校对人的影响,而且还论及了早期记忆、梦、犯罪及爱情、婚姻等内容。书中着重论述了自卑感的形成,它对个人的影响,个人如何超越自卑感,如何将自卑感转变为对优越地位的追求以取得成就。

自卑感在阿德勒的理论中占有很大分量。他认为一般的自卑感是行为的原始决定力量,自卑感本身并不是变态的,它是一个人在追求优越地位时的一种正常的发展过程,优越感是每个人在一种内驱力的策动下力求达到的最终目标,它因每个人赋予生活的意义而不同。在书中,他还论述了家庭和学校对个人的影响,他认为,人的行为不是由生物学的本能力量决定的,而是由社会力量决定的。人的行为都是出自自卑感及对自卑感的克服和超越。

(三)自我中心和从众心理

大学阶段是自我意识发展最强烈的阶段。大学生们强烈关注自我,往往愿从自我的角度、标准去认识、评价和行动,容易出现自我中心倾向。当这种倾向与某些不健康的思想意识(如个人主义、自私自利思想)和心理特征(过度的自我接受和自尊心)结合时,就会表现出过分的、扭曲的自我中心。自我中心的人凡事从自我出发,不能设身处地进行客观思考。他们往往以同学的导师或领袖身份出现,颐指气使,盛气凌人,总认为自己对、别人错,好把自己意志强加于人。他们不易赢得他人好感和信任,人际关系多不和谐,难以得他人帮助,易遭挫折。

要克服自我中心,首先得摆正自己的位置,既重视自己也不贬抑他人,自觉地把自己和他人、集体结合起来,走出自我的小天地;其次要实事求是、恰如其分地评估自己,既不狂妄自大,也不妄自菲薄;最后要学会移情,多设身处地地从他人的角度思考问题,尊重他人感受、关心他人。

大学生中与自我中心相反的另一现象是从众。从众心理,人皆有之,但过强的从众心理实际上是依赖反应。有过强的从众心理的学生,缺乏主见和独立意向,自己不思考或懒于思考,常人云亦云或遇到问题束手无策,结果导致自主性被阻碍,创造力受抑制。事实上,个人能主宰自己的思想和观念。对大学生而言,在求学、就业、交友、婚姻等方面虽不能随心所欲支配一切来满足自己,但却有充分的自由去思考、分析、研究自己在困境中可以通行的道路,至少他应该独立思考。而勇于独立思考、敢于独立思考,再坚持自己所认为的正确观念,不受他人影响,保持自己的独立性和个性,就是克服从众心理最基本的、最重要的途径。

(四)过分的独立意向与过分的逆反心理

大学生自我意识发展显著的标志之一是独立意向。但是独立意识过头,便会矫枉过正。很多大学生把独立理解成"万事不求人",不需要别人的帮助。其结果是在现实生活中,遇到困苦挫折,只能自吞苦果,活得沉重极累。其实,独立并不意味着独来独往、我行我素和不顾社会规范,而是指在感情上、行为上个体能对自己负全部的责任。一个真正成熟的个体是独立的,他对自己负责任但不拒绝接受他人的帮助。

逆反心理也是大学生自我意识发展过程中的一种产物,其实质是为了寻求独立、寻求自我肯定,为了保护新发现的、正在逐渐形成的但还比较脆弱的自我,为了抵抗和排除在他们看来压抑自己的那种外在力量,这是青年阶段心理发展的必然要求。因为这个原因,青年期被称为第二反抗期。就逆反心理本身而言,它有双重性:一方面,表明了青年人的反抗精神和独立意识(尽管有时其批判精神显得极不成熟);另一方面,不少人不能确切把握反抗精神,表现出过分的逆反心理。逆反心理过分的大学生采取非理智的反应方式。在内容上不区分正确与错误、精华与糟粕,一概排斥;手段上只是简单地拒绝和对抗,情绪成分大,目的上只是为了反抗而反抗,逆反的对象多是家长、老师和社会宣传的观念和典型人物等外界权威,其结果是阻碍了他们学习新的或正确的经验,不利于其健康成长。

要发挥独立性本身的积极作用,清除过分逆反心理所带来的消极影响,首先要正确理解独立的真正含义;其次掌握好自我的独立性与外界权威规范的关系,使自我既能适应外界的要求,又保持独立性。

阅读

"5·25"心理健康月

"5·25"即"我爱我"的谐音,是由北京师范大学学生于2000年发起的属于大学生自己的"大学生心理健康日"。意为关爱自我的心理成长和健康,活动的主题是学生人际交往和互助问题,口号为"我爱我——走出心灵的孤岛",即爱自己才能更好地爱他人。心理健康的第一条标准就是认识自我,接纳自我,体验到自己存在的价值,乐观自信,这样的人才能用尊重、信任、友爱、宽容的态度与人相处，能分享、接受、给予爱和友谊，能与他人同心协力。选择"5·25"是为了让大学生便于记忆，关注自己的心理健康。随后，"大学生心理健康日"在全国的高校普遍得到认同，许多高校都利用这一天开展多种形式的心理健康教育活动，认为这一天就是大学生的"心理健康节"。

一位来自加拿大的外籍教师给孩子们布置了一篇作文，题目是"你爱谁？"孩子们的答案几乎完全一样：我爱爸爸妈妈，我爱祖国。老师觉得不可思议，对孩子们说："难道你们只爱爸爸妈妈，只爱祖国吗？"孩子们说："还有老师，还有学校，还有爷爷奶奶……"老师说："孩子们，你们要爱的不只这些，你们首先要爱你们自己，唯有爱自己，才能爱父母，爱祖国，爱这个世界上的一切。你们必须要有这样的意识。"

我们常说，爱一个人不需要理由。那么爱自己，当然就更不需要理由。"爱自己"是一切爱的开始。你永远不可能喜欢别人更甚于喜欢自己，自己没有的东西你也无法给予别人。要是你连自己都不喜欢自己了，怎么能期望别人会喜欢你、尊重你？你越喜欢你自己，你就越有自信，你的感觉就越好，身体就越健康，生活就会变得更加快乐。

"爱自己"，觉得自己是最重要、最出色、最有价值的。有时候，我们会落入自我怀疑和自卑情结中，常常习惯性地对自己没有信心，低估自己，甚至憎恨自己，使我们贻误了很多成功的机会。低估了自己的人，是要被低估的。现实生活中，无论我们多么小心谨慎，总会被人挑剔，被人否定。所以我们必须记住，自我价值不是由别人来鉴定的。我之所以有价值，是因为我觉得自己有价值；如果靠别人来判定你的价值，那肯定不是你的价值，那是别人的价值。

"爱自己"就要多赞美自己，多夸奖自己。很多人习惯对自己说"不"，我不会，我不好，我不漂亮……这种贬低自己、否定自己并不会给自己带来轻松和快乐，反而会使自己的自卑感越来越重。那么，我们换一种心态面对自己，把"不"字从自己的字典中抠去。当一个人说自己"不好"时，他可能时时刻刻向别人证明自己确实"不好"。一个时刻贬低自己、否定自己的人，可能处处都在表现自己真的比别人差。因此，多给自己积极的暗示，赞美自己，鼓励自己，是每一个爱自己的人给自己最好的礼物。

"爱自己"要接纳自己的情绪。所谓接纳自己的情绪，就是把心中的愤怒表达出来，或向亲人倾诉，或在无人的地方大喊大叫，或通过体育活动宣泄。总之，要了解自己的感受，去释放自己的负性情绪，这样才能轻松。发泄就像清除体内的垃圾，当我们愤怒时，人体的肾上腺素分泌增加，造成身体紧张，心肺负荷过重。从心理健康的角度，发泄是消除心中怒火的极为有效的手段。如果一味地压抑，只会让情绪越来越糟糕。只有接纳自己的情绪，不愉快才能真正过去。如果自己不尊重自己的感受，怎么能说是真正地爱自己呢？

"爱自己"要学会正确地表现自己，积极与人交往。认识到自己的长处，就要大胆地表现，扬己长、避己短，在人群中树立一个新形象，要相信自己的能力和价值，如一次发言，一次竞赛，要积极自信地去做、去尝试，因为只有你的行动才是通往成功的唯一途径，退缩只能带来懊悔与自责。别人不爱你的时候，你要加倍地爱自己；别人不给你机会的时候，你要加倍地给自己机会。先做自己最拿手的、最容易的事情，有了一次成功，你会发现，你也行，这样自信心会随之增强，再尝试稍微难一点的事，接着争取更多的成功。不要总认为别人看不起你而离群索居，要有意识地与周围人在交往中学习别人的长处，发挥自己的优点，多从群体活动中培养自己的能力，充分地表现自己。

"爱自己",的确是一门艺术,需要我们精心培养。让我们从爱自己出发,发现一个生气勃勃的自己,一个潇洒自如的自己,一个成功的自己吧!

二、大学生健康自我意识的培养

大学生掌握一定的心理健康知识,运用恰当的方法全面认识自己,积极地悦纳自我,有效地自我调整,纠正自我意识的偏差,形成积极、健康的自我意识具有十分重要的意义。

提高大学生自我意识的方法很多,主要有以下几种:

(一)要建立良好的自我意识发展的导向系统

我们应从当代大学生自我意识发展的规律入手,教育和引导大学生树立正确的人生价值观,帮助大学生建立良好的自我意识的导向系统。教育实践证明:对教育效果起决定作用的环节在于被教育者根据自己的需要有选择地接受社会道德规范、价值观念等要求,使之"内化"为个体的思想品德意识,再"外化"为个体的道德行为。这种"内化"和"外化"作用是任何他人也无法替代的心理过程。一方面,在价值观教育中充分利用大学生自我意识分化其矛盾的积极因素,并排除其消极方面,就有可能促进大学生自我心理的调节;另一方面,使其矛盾中的理想自我和现实自我逐步走向统一,达到自我教育的最高境界,为其自我意识的完善奠定良好的基础。在对大学生进行树立正确人生观和价值观的教育中,除应让他们正确认识集体主义和个人主义,划清正当的个人利益与个人主义的界限,摆正金钱在人生追求中的位置外,重点应从有志者追求最大限度地实现自己的人生价值的方面入手对他们进行积极引导,为自我意识的最终完善指明方向。

(二)要构建良好的自我调节系统

首先要正确认识自我,全面评价自我。正确认识和评价自我是自我调控的重要因素,是塑造、完善自我意识的基础。大学生对自己的价值观、愿望、动机、个性等特征以及自己的所作所为有一个正确的全面的认识和评价,就能够取长补短,调控自我,发展自我和完善自我。真正地认识自己,全面评价自我的方法很多,主要有:①与他人比较认识和评价自己。个人认识与评价自己的能力、自己的价值、自己的品德以及个性特征往往是通过与他人的比较来实现的。与他人比较,最重要的是要选择恰当的参照系。大学生不仅仅要与自己情况差不多的人相比,更要与优秀的人相比,与理想的人物和标准相比。②从他人对自己的态度中认识和评价自我。人们总是要在与他人的相互交往中不断深化对自己的认识,同时也在认识和评价他人,在评价他人的过程中,也接受他人对自己的评价。③通过反省自己的心理活动和行为来认识、评价自我。随着大学生自我认识与自我评价能力的提高,大学生必须经常反思自我,勇于并善于将自我作为一个认识的对象,严于剖析自我,敢于批评自我。④积极参加实践活动,借活动成果认识和评价自我。大学生应打破自我心理闭锁,增加生活阅历,在积极参加实践与交往中使自己的天赋与才能得以发挥,以便进一步全面评价自我和发展自我。⑤综合分析评价。将通过各个途径获得的关于自我的信息进行分析、综合与比较,实事求是地全面评价自我。

其次要欣然接受自我,恰当展示自我。对大学生来说,认识自我固然不易,接受自我和展示自我常常更难。欣然接受自我,就是对自己本来面目的认可、肯定。欣然接受自我有助于维护和增进心理健康。将一个真实的我、本来的我展示于人们面前,可以让别人了解自己,展示自我有助于密切人际关系,有助于正确认识自我和评价自我。此外,唯有欣然接受自我,才能自重自爱,珍惜自己的人格和声誉,努力提高自我修养,谋求自身的发展。怎样欣然接受自我呢?①要全面、正确地评价自己。对自己的长处不能夸大,短处不要贬低。②要正确对待短处。短处有两种,一种是能够改进的,如不良的习惯等;另一种是无法补救的,如先天的身材矮小等。对前一种短处不要掩饰;而对后一种短处则要勇敢地面对它、承认它、接受它。③要正确地对待失败。有的人面对失败一味地自责、贬低自己,使自己丧失信心。我们要清醒地认识到眼前的失败并不代表永恒的失败,须知"失之东隅,收之桑榆",大学生应正确地对待失败,做生活的强者。

再次要努力塑造自我,积极超越自我。认识自我、悦纳自我是为了塑造自我、超越自我。只有自觉地塑造自我的大学生才能更好地发挥人所特有的自我教育功能。大学生既要注重自我又不应固守自我。一个人要想在社会中扎根,就必须努力超越自我。超越自我就是超越现实自我而成为理想自我的过程。自我是在超越自我的过程中不断发展完善的。因此,大学生不应满足于现在的我,而应充分认识到自己所处的时代,感受到肩负的历史重任,尽全力地发挥自己的才华,发掘自己的潜能,使自我得以发展。

三、建立真实的自信心

自信心表现出个体对自己的尊重与肯定,并相信凭借自己的能力,能够充分利用条件并克服各种困难,通过自己的所作所为必定会有所成就的信念。大学生自我意识团体心理辅导的一个十分重要的任务,是要帮助大学生在了解自我的基础上树立真实的自信心。

1. 自信心建立需要的条件

自信心的建立需要以下条件:

一是自尊。自尊是树立自信心的基础。自尊是对自己是否是"好的""有能力的""行事得体的"等方面的评价,并由此而形成一个相应的自我意象。自认为是不错的,就会看得起自己、看重自己——自尊;自认为是不行的,就会看不起自己、看轻自己——自卑。有自信的人一般认为自己以往的行为是合理的,对自己当前的观念和行为能进行合理的解释和归因,并对自我发展具有可控的信念。自控与他控也是自信心建立与发展的一个重要方面。

二是自己的能力。大学生如果有坚实的基础,有学习的能力,那么对于掌握专业知识技能就会有自信。在工作中,能力强者自信心相应就要强一些。功底不足,能力欠缺的人在学习工作中必然缺乏自信。

三是社会的支持。人的信心与社会环境相关,支持的人越多,自信心就会越强,所以,在学习、工作和社会交往中如何与相关的人发生联系,如何取得尽可能多的社会支持是非常重要的。

四是行动。不断将信念付诸行动的人容易获得真实的自信。因为自信,所以他才敢付诸行动;行为的效果又会激发新的动机,强化其自信心。只有自信的思想和观念而从未付诸行动很难说是真实的自信。

2. 大学生树立真实自信要注意的问题

在自我认识方面,要建立积极健康的心态,这才能建立自尊。大学生在自我认识方面最容易出现的两种偏差是过度的自我接受与过度的自我拒绝。前者经常是拿放大镜看自己的长处,高估自我,拿显微镜看他人的长处,吹毛求疵。后者则是看不到自己的价值,感到自己处处低人一等,严重的自我否定还可能发展为自我厌恶,甚至走向自我毁灭。以上两种心态都不利于大学生建立真实的自信心。要建立真实的自信心,大学生必须建立积极健康的心态。积极健康的心态的特点是乐观、向上、理智、坦然。每个人都有自己的长处,也有自己的短处。因此,要帮助大学生以理智的、全面的、坦然的态度公正地认识和评价自己,既要正视个体间智力发展不平衡的客观事实,在实践中充分展示自己的优势,同时也要争取把自己的弱势变为优势。要坚信"东方不亮西方亮",可以走出"山重水复疑无路"的困境,迎来"柳暗花明又一村"。

在设计自我发展的方向方面,要确立能力为本的奋斗目标,能力提高了才有自信的本钱。长期以来,我们的学校教育过于重视系统理论知识的讲授,忽视能力的开发和培养,以致许多人的创造意识和能力受到压抑。有的大学生虽满腹经纶,但在实际问题面前却又束手无策。显然,这样的人会被社会的发展无情淘汰。人才的需求标准已由"学历本位"转变为"能力本位"。有专家强调智力的实践性,指出在不同的社会文化环境和教育条件下,人智力的发展方向和程度有着鲜明的区别。因此,大学生在设计自我发展的方向时,首先要考虑的是自己如何才能被社会承认和接受,求得生存和发展。为此大学生在校期间一方面要努力学习文化知识,同时要尽可能地参加各种活动,培养自己的能力。

在自我评价方面,要注意培养辩证思维,并选择合适的评价参照系统,以增强自信。大学生在自我评价时不妨注意以下几点:第一,评估应坚持发展的态度。每个人通过教育和训练是可以变化的,大学生在校学习期间重点是发现适合自己智力特点的职业和业余爱好,为将来立足社会找到"入口"。要达到完善自我、超越自我的境界还需要我们在社会实践中不断加强修养,不断进行自我塑造。第二,应积极参加学校内外的各种活动,通过日常学习和活动来提高自我的知识和能力,特别是理论知识运用于实践的能力。第三,人和人之间的差异是巨大的。大学生在自我评价时不妨采用"自我参照标准",多和过去的自己比较,看看有什么样的进步和变化,不断地调整自己的行为目标和行为模式。

在自我体验方面,要重视积累成功的愉快的体验,以不断获得自信。一是可根据自己的实际情况确立行动目标,使之容易实现,自尊心、成就感获得了满足,自信心就随之增强。二是可从小事做起,积累成功的愉快的情绪体验,增强自我价值感,克服自卑,增强自信。三是多体会自己的优点,可以把优点列出来,反复看或大声读,给自己积极的心理暗示,以增强自信。四是应做好充分的精神和物质准备,抓住时机,让自己体验一次较大的成功,以克服对自己的消极评价,提高自信心和成就感。

在自我控制方面,要锻炼自己的挫折承受力,树立并保护自己的自信心。只有了解挫折对大学生的心理影响,形成对待挫折的正确态度,培养良好的意志品质,有效运用心理防卫机制,才能不断提高自身的挫折承受力。

(一) 全面认识自我

全面认识自我是形成健康自我意识的基础。认识自我的难处在于自己(主体我)认识自己(客体我),自我既是认识的主体,又是认识的客体,要使认识具有全面性、正确性,就要打破自我封闭,拓宽生活范围,增加生活阅历,扩大交往空间,多方面、多角度地认识自我。

个体的自我认识受他人评价和态度的影响,并在一定程度上反映了他人的评价和态度。

大学生要重视熟悉自己或与自己打交道较多的人的评价,如同学间的互评,教师给予的具体而有个性的正确评价,父母对自己的看法,这些都有助于自我认识能力的提高。当然,这并不是简单地接受别人的评价,评价者和评价者所做的评价,都会影响大学生对他人评价的接受。大学生在接受他人评价之前,总要分析评价者及其所做的评价,然后才有选择地接受他人的评价,形成正确的关于自己的评价,达到自我认识。总之,要学会从他人的评价中了解自己,要学会从众多的信息中提取有关自我的真实反馈,避免由于自己的主观理解所带来的误差。

测试

自尊量表

请根据自己一周内的实际情况进行回答:①非常同意;②同意;③不同意;④非常不同意。

1. 我认为自己是个有价值的人,至少与别人不相上下。*　① ② ③ ④
2. 我觉得我有许多优点。*　① ② ③ ④
3. 总的来说,我倾向于认为自己是一个失败者。　① ② ③ ④
4. 我做事可以做得和大多数人一样好。*　① ② ③ ④
5. 我觉得自己没有什么值得自豪的地方。　① ② ③ ④
6. 我对自己持有一种肯定的态度。*　① ② ③ ④
7. 整体而言,我对自己感到满意。*　① ② ③ ④
8. 我要是能更看得起自己就好了。　① ② ③ ④
9. 有时我的确感到自己很没用。　① ② ③ ④
10. 我有时认为自己一无是处。　① ② ③ ④

计分方法:*号代表反向计分,四级评分,1~4分,总分范围为10~40分,分值越高,自尊程度越高。

活动

自信训练体操

1. 全身放松(调身)

坐在舒适的椅子上或躺在床上,让自己全身的每一个部分都完全放松,默念"松……松……松……空……空……空……洞……洞……洞……"让自己进入全身放松的状态。

若体会不到放松的感觉,可以在吸气后憋住,让全身每个部分都用劲;攥紧拳头、鼓起肌肉,体会这种紧张的感觉,然后边呼气边放松所有的肌肉,体会轻松的快感。

2. 调整呼吸(调息)

先介绍一种"逆腹式呼吸法":

吸气时，下腹部凹进去；呼气时，下腹部鼓起来。放松以后，闭上眼睛，用鼻子深深地吸一口气，在能够轻松地保持住的情况下尽量多吸入空气。慢慢地呼出，并体会那种深深的放松感觉。当觉得肺里的空气都已呼出时，再尽量多呼出去一些。

吸入尽可能多的空气，屏气，数三下，放松，然后非常缓慢地呼出，又屏气，数三下，再放松。吸气时尽量做到平稳和连续。

当学会了这种基本呼吸法之后，即可进入以下练习：

吸气——2、3、4；屏气——2、3、4；

呼气——2、3、4；屏气——2、3、4；重复4次这种4拍的呼吸练习，放松。

把呼吸再放慢一些，然后变成6拍，重复4次：

吸气——2、3、4、5、6；屏气——2、3、4、5、6；

呼气——2、3、4、5、6；屏气——2、3、4、5、6。

当练到一定程度以后可以把这种有节奏的呼吸再放慢到8拍，也重复4次。

3. 意念活动（调心）

在做上述智力体操的时候，想象自己已经和天地融合在一起，即所谓"天、地、人合一"。宇宙中的各种能量通过全身的数万个毛细孔被徐徐吸入体内，储存于丹田之中；而体内的病气、浊气、疲劳之气则通过毛细孔呼出体外。

不光是做智力训练体操的时候可以这样调整意念活动，平时走路、跑步、开会、听课、睡觉等时候均可采用逆腹式呼吸（分别称之为行功、跑功、坐功和卧功）。

（二）练习正视别人

一个人的眼神可以透露出许多有关他的信息。某人不敢正视你的时候，你会直觉地问自己："他想要隐藏什么？他怕什么？他是不是干了对不起我的事？"正视别人等于告诉他：他很诚实，而且光明正大，毫不心虚。正视别人，这不但能给你信心，也能为你赢得别人的信任。

（三）挺起胸膛，让步态轻松稳健

心理学家告诉我们，步态的调整，可以改变心理状态。你仔细观察就会发现，那些遭受打击、受排斥的人，走路时都是懒懒散散、拖拖拉拉的。自信的人则是胸背挺拔，走起路来稳健轻松，他的体态告诉别人："我真的认为自己不错！"挺起胸膛，自信心就会慢慢增长。

（四）练习当众说话

当众说话是建立自信最快的手段，在会议中或社交场合时尽量发言，记住，只要敢讲，就比那些不敢讲的人收获大。不用担心别人会反对你的意见，有人反对是正常的，正像总会有人同意你的意见一样。尽管大胆去说！

【习题或思考】

1. 自我意识的含义是什么？
2. 自我意识的表现形式有哪些？
3. 青年自我意识的发展具有怎样的特征？
4. 在自我成长过程中，青年如何调整自我意识？
5. 请结合实际，谈谈自我意识与心理健康的关系。
6. 建立良好自我意识需要注意哪些矛盾？
7. 我们应该掌握哪些自信提升的艺术？

第四章　学习心理与心理健康

【本章要点】 使学生了解有关学习的心理学知识及大学学习的特点,在此基础上了解如何培养自己的学习能力。同时分析大学生学习中主要心理障碍的成因及表现,帮助学生学会调适学习的心理障碍,使自己拥有良好的学习心理状态。

"活到老,学到老",学习贯穿于人类生命的全部过程。在这个信息爆炸的时代,不坚持学习,就会与社会、与时代脱节。而作为一名大学生,重中之重的任务就是学习。

第一节　学习是什么

一、学习的定义

"学"的繁体写为"壆、斈",后作"學"。"學"字的上部为举双手构成房屋型,前人做好构架,后人即"子"在此基础上学习和成长,简要地讲就是通过效仿而得到知识、能力、本事等。

"习"繁体为"習",本义为小鸟反复地试飞。《说文解字》中认为:習,数飞也。"习"有练习、实践的意义。

"学习"在《论语·学而》中被提及,"学而时习之,不亦说乎?"

心理学对"学习"的定义:个体在一定情景下由于反复的经验而产生的行为或行为潜能的比较持久的变化。这一概念有三个含义。

首先,学习是以行为或行为潜能的改变为标志的。学习是有机体获得新的个体行为经验的过程。经过学习,有机体将出现某些可观察的行为变化,可以完成一些以前无法完成的事情。例如,小学生在没有学过四则运算法则以前,不能正确解答包含了加减乘除运算的复杂算术题,而学了四则运算法则以后,就能解答了,说明行为发生了变化。应该指出的是,仅仅听课不是"学习",如果听课之后什么也不会,行为没有发生任何改变,这样的过程就不是学习过程。行为的改变有时是显性、外在的,有时候是隐性、潜在的,后者就是行为潜能的改变。例如,让儿童学习50个新词,30分钟后进行测试,结果发现儿童掌握了其中28个新词的含义,这是明显的行为改变。但是,这并不意味着儿童对其余22个未掌握的新词完全没有学习。在以后的学习中,当儿童再次学习到这22个单词时,也许会学得更快更好,这说明儿童的行为潜能已经发生了变化。

个体行为的变化可能是由反复经验引起的,也可能是由成熟、疲劳或疾病引起的。前者是学习,后者则不是学习。例如,从黑暗的电影院出来,在刺眼的阳光下,眼睛将产生明适应,瞳孔收缩,个体对光刺激的感受性降低,这种行为改变是一种本能的适应活动,不能叫学习。又如,在长跑比赛中,运动员在开始时跑得很快,后来速度越来越慢,这种行为的变化是由疲劳引起的,也不能叫学习。成熟主要是由生理功能的发育所引起的变化,它不需要从外界获取经验,这和学习不同。但在个体发展中成熟又常常与学习相互作用。例如,儿童到一定年龄阶段才开始理解话语并进而表达,这是由生理成熟决定的;但如果没有正常的语言环境,儿童就不能学习到正常的语言,这又是学习的作用。

其次,学习引起的行为变化是相对持久的。例如,在药物作用下,会产生一些怪异的行为,但药物作用消退后,怪异行为随即消失。这种暂时的行为改变和学习是有区别的。

最后,学习是由练习或经验引起的。经验既可指个体通过活动直接作用于客观现实的过程,也可指在这一过程中所得到的结果,如学会的知识、技术和形成的人生观等。学习是在个体与环境的交互作用过程中产生的。有机体必须通过练习或经验才能使行为发生改变。有些行为的改变需要较长的时间,需要系统而反复的练习或实践,如学习某种动作技能;有些学习事先难以预料,也不需要多次重复,例如,在马路上看到由于不按信号灯指示行驶而造成车毁人亡的惨剧,仅一次经历就可让人学习并意识到遵守交通规则的重要性。

二、学习的心理机制

(一)学习的心理过程

通常来说,一个完整的学习过程,可以分六个主要的环节:动机—注意—记忆—思维—想象—运用。

首先,要有学习的动机,包括内在自发的兴趣爱好或是外在施加的压力(如考试、升学、家长的压力);在动机的驱动下,去注意书本里面的内容或者师长及他人教授的知识或动作;在注意的同时会进行有意或无意的记忆;为了能更好地吸收和运用这些记住的知识,需要思维活动来理解消化它们,并思考如何才能更好地运用在生活与工作中,甚至是考试当中;在对知识的活学活用过程中,个体常常希望能够更有创造力,能更灵活地把知识运用出来,这个环节就要发挥想象力;最后,"学以致用",将学习到的知识运用到实践中去,同时在运用过程中巩固、检验所学知识,甚至加以创造提炼出新知识。

当然,这几个环节的次序并非固定不变。例如,对婴幼儿来说,吸收了大量的东西,一时还没有足够的理解能力,只好等日后再进行慢慢的理解消化。所以此时是先记忆再思维。然而很多时候,个体是边注意、边思考理解到一定程度,再进行记忆。尤其到了成年,在学习的时候,往往是先思考理解透彻再去记忆。这个时候,思维这个环节就排在记忆的前面了。也有很多时候,记忆和思维是同时进行的,不一定能分出先后次序。又如,想象这个环节虽然与最后对知识的运用比较有关系,然而事实上,想象这个环节许多时候是贯穿在整个学习过程中的。注意的时候可以进行想象,思维的时候可以进行想象,记忆的时候如果能展开想象的话效果会更好,而思维许多时候也是依托想象来进行的。

(二)学习的心理结构

学习是一项有多种心理因素参与的活动,学习的心理结构包括学习动力、智力和能力以及自我评价能力等诸多因素,它们可以概括为智力因素和非智力因素。智力因素是必要条件,非智力因素是充分条件。

1. 智力因素是学习的必要条件

通俗地说,智力就是一个人大脑的聪明程度,即人脑对客观事物和信息的反映、认识、存储和处理的能力。一般来说,智力水平的高低对学习质量有直接影响。存在智力障碍的人,学习的困难比其他人要大得多,因此,智力是学习的必要心理条件。智力水平的高低,一方面受先天遗传因素的影响,另一方面是后天环境和教育开发的结果。先天因素决定一个人的智力潜能的大小,而后天因素决定一个人是否充分地发掘自己的智力潜能。因此,后天的开发对每个人来说都是重要的。

智力由注意力、观察力、记忆力、思维力、想象力五个要素构成。

(1) 注意力是指人的心理活动指向和集中于某种事物的能力。

(2) 观察力是指大脑对事物的观察能力,如通过观察发现新奇的事物等,在观察过程对声音、气味、温度等有一个新的认识,并通过对现象的观察,提高对事物本质认识的能力。

(3) 记忆力是识记、保持、再认识和重现客观事物所反映的内容和经验的能力。

(4) 思维力是人脑对客观事物间接的、概括的反应能力。当个体在学会观察事物之后,逐渐会把各种不同的物品、事件、经验分类归纳,不同的类型都能通过思维进行概括。思维力是智力的核心。

(5) 想象力是人在已有形象的基础上,在头脑中创造出新形象的能力。想象力一般是在具有一定的知识面的基础上完成的。

学习就是发掘一个人的智力,而发掘智力其实就是发展集中的注意力、敏锐的观察力、有效的记忆力、敏捷的思维力和丰富而有创造性的想象力。在学习活动中,这五个要素相互区别又相互联系和贯通,作为一个整体发挥作用,缺一不可。在这五个要素中,对大多数学生来说,占据学习最多时间的当数记忆力,了解和掌握一些记忆规律和科学的记忆方法能够促进学习。

记忆的保持在时间上是不同的,有短时记忆和长时记忆两种。平时的记忆过程如图 4-1 所示。

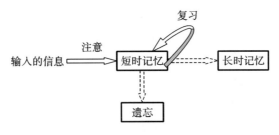

图 4-1 记忆过程

输入的信息在经过人的注意过程的学习后,便成了人的短时记忆。但是如果不经过及时的复习,这些记住的东西就会遗忘。而经过了及时的复习,这些短时记忆就会成为了人的一种长时记忆,从而在大脑中保持很长的时间。

所谓遗忘就是对于曾经记忆过的东西不能再认起来,也不能回忆起来,或者是形成错误的再认和错误的回忆。记忆和遗忘总是相伴出现的,在记忆的同时,遗忘就已经开始发生。德国心理学家艾宾浩斯的研究表明,遗忘的规律是先快后慢、先多后少。并绘制出了遗忘曲线,如图 4-2 所示。

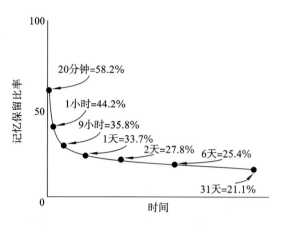

图 4-2　艾宾浩斯遗忘曲线

由艾宾浩斯遗忘曲线可以看出,遗忘的发展是不均衡的,在识记后的短时间内遗忘得比较快、比较多,以后保持量渐趋稳定,到了相当时间几乎不再遗忘。因此,为了使所学知识保持和巩固,就必须及时复习。随着知识巩固程度的提高,复习次数可以减少,间隔时间可以逐渐延长。

记忆除了有遗忘的干扰之外,还有前摄抑制和倒摄抑制的干扰。前摄抑制是指先前的学习与记忆对后继的学习和记忆的干扰作用。倒摄抑制是指后继学习和记忆对先前的学习和记忆的干扰作用,例如,先前记了一个电话号码,马上又记另一个,结果新的号码记住了,前一个号码却模糊了。因此,在学习过程中,要注意劳逸结合,适当休息,防止前摄抑制的干扰;又要将相似学科的学习时间隔开,克服倒摄抑制的干扰。

知识阅读

韦氏成人智力测验是一个普遍用于全世界而广受重视的评估。它是由美国医学心理学家大卫·韦克斯勒主持编制的系列智力测验量表,是目前世界上应用最广泛的智力测验量表。韦氏成人智力测验首先由韦克斯勒于1955年所编制,以后于1981年和1997年又经过两次修订。国内常用的是龚耀先教授1981年修订的中文版本(WAIS-RC),适用于16岁以上的被试者,分农村和城市用两式。凡较长期生活、学习或工作在县属集镇以上的人口,称之为城镇人口,采用城市式;长期生活、学习或工作于农村的称农村人口,采用农村式。

韦氏成人智力量表包括11个分量表,11个分量表称为全量表。其中包含6个言语量表:知识、领悟、算术、相似性、数字广度、词汇;5个操作量表:数字符号、图画填充、木块图、图片排列、图形拼凑。各分量表具有以下功能。

(1)知识:韦克斯勒认为,智商越高的人,兴趣越广泛,好奇心越强,所以获得的知识就越多。故此测验主要测量人的知识广度、一般的学习及接受能力、对材料的记忆及对日常事物的认识能力。

(2)领悟:此测验主要测量判断能力、运用实际知识解决新问题的能力以及一般知识。该测验对智力G因素负荷较大,与知识测验相比,受文化教育影响小,但记分难以掌握。

(3) 算术：此测验主要测量数学计算的推理能力及主动注意的能力。该能力随年龄而发展，故能考察智力的发展，同时对预测一个人未来心智能力很有价值。

(4) 相似性：此测验设计用来测量逻辑思维能力、抽象思维能力与概括能力，是智力 G 因素很好的测量指标。

(5) 数字广度：此测验主要测量人的注意力和短时记忆能力。临床研究表明，数字广度测验对智力较低者测的是短时记忆能力，但对智力较高者实际测量的是注意力，且得分未必会高。

(6) 词汇：本测验主要测量人的言语理解能力，与抽象概括能力有关，同时能在一定程度上了解其知识范围和文化背景。研究表明，它是测量智力 G 因素的最佳指标，可靠性很高。但其记分较麻烦，评分标准难掌握，实施时间也较长。

(7) 数字符号：该测验主要测量一般的学习能力、知觉辨别能力及灵活性，以及动机强度等。该测验与工种、性别、性格和个人缺陷有关，不能很好地测量智力 G 因素，但具有记分快、不受文化影响的特点。

(8) 图画填充：此测验主要测量人的视觉辨认能力，以及视觉记忆与视觉理解能力。填图测验有趣味性，能测量智力 G 因素，但它易受个人经验、性别、生长环境的影响。

(9) 木块图：该测验主要测量辨认空间关系的能力、视觉结构的分析和综合能力，以及视觉和运动协调能力等。在临床医学上，该测验对于诊断知觉障碍、注意障碍、老年衰退具有很高的效度。

(10) 图片排列：此测验主要测量被试者的综合分析能力、观察因果关系的能力、社会计划性、预期力和幽默感等。它也可以测量智力 G 因素，可作为跨文化的测验。但此测验易受视觉敏锐性的影响。

(11) 图形拼凑：此测验主要测量处理局部与整体关系的能力、概括思维能力、知觉组织能力以及辨别能力。在临床医学上，此测验可了解被试者的知觉类型，被测者对尝试错误方法所依赖的程度，以及对错误反应的应对方法。此分量表与其他分量表相关度较低，并对被试者的鉴别力不甚高。

进行韦氏成人智力测验，不仅可以测量出智力的一般水平（综合智力），而且可以测量出智力的不同侧面，分别得到言语智商和操作智商。言语智商和操作智商虽然呈很高的正相关（0.77～0.81），但用这两种量表测得的却是不同的能力。

由于测验成绩随年龄变化，各年龄组的智商是根据标准化样本单独计算的，所以在 WAIS-RC 的手册中，还附有各分量表的粗分转换成年龄量表分的表格。查被试者的智商一定要查相应的年龄组。

按照智商的高低，智力水平可分为如下若干等级，可作为临床诊断的依据（表 4-1、表 4-2）。

表 4-1 智力等级分布表

智力等级	IQ 的范围	人群中的理论分布比率/(%)
极超常	≥130	2.2
超常	120~129	6.7
高于平常	110~119	16.1
平常	90~109	50.0
低于平常	80~89	16.1
边界	70~79	6.7
智力缺陷	≤69	2.2

表 4-2 智力缺陷等级分布表

智力缺陷等级	IQ 的分数	占智力缺陷的百分率/(%)
轻度	50~69	85
中度	35~49	10
重度	20~34	3
极重度	0~19	2

2. 非智力因素是学习的充分条件

非智力因素有广义和狭义之分。广义非智力因素包括智力以外的心理因素、环境因素、生理因素。狭义的非智力因素则指那些不直接参与认识过程,但对认识过程起直接制约作用的心理因素。非智力因素包括学习动机、意志、情绪和情感。

(1) 学习动机:学习动机是个体进行学习活动,维持已引起的学习活动,并使个体的学习活动朝向一定学习目标的一种内在过程或内部心理状态。动机就好比是发动机和方向盘,其强度和方向决定个体在学习活动中的表现。学习动机是激发学习热情、推动学习活动的内部力量,并决定了学习的方向、进程和学习效果。即便是智力超群的学生,如果失去了学习动机,也会一无所获。大学生应该了解有关学习动机的基本知识,并据此调整自己的学习动机,使之成为推动学习的积极因素。

①学习动机的类型:根据学习动机的内容,可以将学习动机分为直接的近景性动机和间接的远景性动机。前者是指学习活动本身,是对学习的直接兴趣以及对学习活动的直接结果的追求所引起的。后者是与社会意义相联系的动机,是社会要求在学习上的反映,社会的需要、学生的远大志向可以制约这类动机。

根据学习动机的来源,可以将学习动机分为内部动机和外部动机。前者源于学习者自身的兴趣、爱好等,较为持久而且能使学习者处于一种主动、积极的学习活动的状态。后者是由外界的诱因所决定的,较为短暂,对于这种学习动机所推动的学习活动也是被动的。但二者可以相互交替,相互转化。

常见的学习动机有兴趣、好奇心、成就动机。

②动机强度与学习效率:学习动机能推动学习,但并非动机越强烈学习效果越好。心理学

家耶基斯和多德森的研究表明,各种活动都存在着动机的最佳水平,最佳水平随着任务的性质不同而不同。从图4-3可以看出,在较容易的任务中,工作效率随动机水平的提高而上升;随着任务难度的增加,动机的最佳水平呈逐渐下降的趋势,这就是耶基斯-多德森定律。

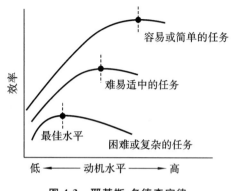

图4-3 耶基斯-多德森定律

一般都会认为,学习动机越强,学习效果就越好。其实不然,动机过强,情绪更加紧张,注意和知觉的广度就会变窄,思维效率就会降低,从而对学习产生负面影响。根据耶基斯-多德森定律,大学生应该根据任务难度调整学习动机,使其保持在与任务相适应的强度,将有助于最大限度地推动学习。

(2)意志:意志是自觉地确定目的,并为实现目的而支配调节自己的行动,克服各种困难以实现预定目的的心理过程。在学习活动中,仅有智力是不行的,仅有动机也不够,还必须有坚持到底的意志,才能克服困难,取得学业上的成功。在意志指导下的学习活动,既不是勉强的行动,也不是无方向的盲目的冲动,而是有意识、有目的、有计划的自觉行动。意志可以推动个体为了达到预定学习目标进行学习,例如,为了解出一道题,意志会推动个体去查资料、向别人请教等;意志也能制止学习活动中不预定目标的行为,例如,意志会制止因天气寒冷想睡懒觉而逃课的行为。意志不仅调节外部动作,还能调节人的心理状态,"心静自然凉"就是这个道理。在考试时,利用意志力克服紧张、焦虑的心理,也是利用意志调节心理状态。

知识阅读

糖果实验

美国心理学家瓦尔特·米斯切尔于20世纪60年代在斯坦福大学的一所幼儿园里做了一个著名的实验。在实验中,瓦尔特事先在那些仅有4岁的儿童面前每人放了一颗棉花糖,告诉他们:"你们可以吃掉这颗糖,但如果能等到我出去一会回来的时候再吃,就能吃到两颗。"当他刚离去,有的小孩就迫不及待地吃掉了;有的小孩等了一会,还是忍不住把糖吃掉了;剩下的那些坚持等候了对他们来说很漫长的20分钟的小孩,吃到了两颗糖。

10多年后,这些孩子长大了,参加了大学的入学考试,结果那些坚持得到两颗糖的孩子的平均分比得到一颗糖的孩子要高出210分(总分800分),他们的智商水平并没有明显的差别。

从这个例子可以看出，个人的意志力与学业成功的重要关系。

需要指出的是，动机与意志两者既有区别又有密切联系。意志具有引发行为的动机作用，它是自觉的、有目的的行为。但意志是和克服困难相联系的，只有在克服困难的过程中，才能体现意志的力量。

（3）情绪和情感：情绪和情感是人对客观事物的态度体验及相应的行为反应。情绪和情感统称感情，情绪指感情过程，具有较大的情景性和暂时性；情感指具有稳定的、深刻的社会意义的感情。

符合主体的需求和愿望，会引起积极、肯定的情绪和情感，相反就会引起消极、否定的情绪和情感。情绪和情感对学习有较强的调节作用，积极向上的情绪和情感能促进学习，消极无为的情绪和情感会阻碍学习。比如，两个同样考试失利的智力水平相当的学生，甲对失利的态度体验是积极向上的，他的行为反应是找出失利点，查漏补缺；而乙的态度体验是消极无为，整日自怨自艾，他的行为反应是破罐子破摔。最后甲乙两人的学习效果是完全不一样的，甲同学经过努力取得了进步，会进而引起积极肯定的情绪和情感而进一步促进学习；乙同学由于学习效果越来越糟糕，如果不加调整和改进，会引起更加消极否定的情绪和情感。但是，如果甲同学取得进步后情绪和情感开始消极，比如出现骄傲自满的情绪，则又会阻碍学习。

愉悦的心情可以提高人的学习和工作效率，而悲观的心情会降低工作和学习效率；同一个人对不同课程的喜好程度也决定了学习的积极性和学习的效果。这都是情绪和情感对学习的影响。

说到情绪和情感就不得不谈到一个热门词汇——情商。很多研究者认为，情商比智商更为重要。有研究显示，一个人的成功，只有20%归诸智商，80%则取决于情商。情商即情感智商，主要是指人在情绪、意志、耐受挫折等方面的能力，是一个人管理自我和他人情绪的综合能力。学习活动是由情商和智商共同参与的。大学生应该经常了解和反思自己的学习感受，适时调整学习情绪，摆脱脆弱的情感和自卑心理，承受各种学习压力和挫折，使自己拥有健康的学习理念和人生目标。

第二节　大学学习的特点

从中学到大学，学习内容、学习过程、学习方式和学习目标都有很大转变。进入大学，没有了父母在耳边的叮咛与催促，没有了老师步步紧逼的督促与检查，没有了堆积如山的作业，没有了让人喘不过气的升学压力，上课似乎很自由，课程似乎很轻松。在这看似轻松的面纱下，大学学习究竟有什么特点呢？

一、学习内容的专业性

案例研讨

某生，女，进入大学时填报的志愿是机械制造专业。进校后，听说女生读机械制造专业比较辛苦且不好就业，遂萌生了换专业的念头。经过了解，想转入会计学专业,但遭到老师和家人的一致反对,于是将已经递交的转专业申请撤回。后又了解到计算机专业,觉得自己对该专业较感兴趣,且与机械制造专业所学内容较为相近,于是于大二上学期转入计算机专业。但转入之后又听他人说还是机械制造专业更好,所以心中纠结,寝食难安,不能静心学习。

大学的课程体系设置具有明显的专业指向性,不同专业的课程设置、教学内容和培养目标存在较大差异。大学教育的目标是培养各类专业人才,尤其作为正向应用技术型大学转型的独立学院,培养的是各行各业的应用技术型人才。大学学习是进入社会前的预演,是准社会实践活动。

大学学习一方面注重学术性,进入大学时应选择合适的专业,找到感兴趣的和适合自己个性的学术领域进行深入学习,既习得高深的知识,又习得获取知识的方法和能力。另一方面,大学生必须为就业做好准备,选择自己的职业方向,准备好相应的实用知识和技能。因此大学生除了学好理论知识,还必须考虑到自己的专业发展,注重专业技术的学习及动手能力、实践能力的培养。

案例里的女生选择专业时考虑自己的兴趣及专业的就业形势是无可厚非的。但是如果没有自己的主见和对专业深入的了解,一味人云亦云,最终只会困扰自己。大学课程的设置一般第一年公共基础课居多,公共基础课适应面较广,就是给学生足够的时间考虑和了解自己的专业选择,换专业时也不至于难以衔接。但是作为心智成熟的大学生,要有自己的担当,选定了专业之后,就要对自己的选择负责、对自己的人生负责。

二、学习过程的自主性

案例研讨

某生,男,非常聪明,但自控能力较差,十分贪玩。高中三年母亲辞去工作在学校附近租房陪读,时刻督促他抓紧学习。父母也多次私下委托老师对他严格要求。在父母和老师的高压政策下,他不敢有丝毫放松,最终考入了大学。父母认为考上大学已经达成了一个重大目标,就放松了监管。他发现大学老师也不像中学老师那样全面监控,于是开始松懈下来,上课时精神不集中,玩手机,总想着课外的事情,比如打篮球、玩游戏等。后来发展为逃课而在宿舍睡觉或出去上网。一学期下来,课程落下很多,还挂科了,他感觉很懊恼,暗下决心下学期一定要管住自己,好好学习。

案例研讨

某生,女,典型的乖乖女,学习非常投入,但不善于与人交往,没什么朋友也不参加课外活动。每天就是埋头学习,完成老师布置的学习任务后就无所事事了。一个学年下来,她觉得大学生活太过空虚、无聊,也不像他人描述的和自己期望的那样能学到那么多知识,于是产生了厌学情绪。

由以上两个案例可以看出,大学学习有着自身的特点,如果还是遵照以前的方法进行学习,最终是学无所获。大学的学习强调学生在整个学习过程中的主体地位,学生要对自己的学习负责,要有明确的学习目标、自觉的学习意识、主动的学习态度,能对学习过程进行自我调节和控制,充分发挥个人的主观能动性,通过各种努力来达到自己的目标。学生在学习过程中始终应积极地参与,而不是消极被动地依赖老师。以上两个案例虽然表现形式不一样,但其实质都是没有学会自主学习,过于依赖外力的驱使和指导。

自主学习是大学生必须要掌握的重要学习方式,这种自主性渗透到大学学习生活的方方面面,包括学习内容、学习环境、学习时间、学习途径等。

1. 学习内容的自主性

大学的学习内容不拘泥于教材与书本的内容,更多的是与社会结合的内容,需要学生了解和掌握的东西跨度大、知识面广。除了规定的课程外,每个学生都可以根据自己的兴趣爱好、发展需要和时间安排,有针对性地选修或辅修某些课程。除了课堂学习外,每个学生还可以自主选择各类课外社会实践和实习活动。

2. 学习环境的自由性

中学时一般都有固定的教室,而在大学里很难有固定的学习场所。学生可以自由选择自己喜欢或适合自己的学习环境,如图书馆、教室,甚至是宿舍等。

3. 学习时间的灵活性

大学课程安排并非像中学阶段那样从早到晚排满课,而是有较多的自由时间,学生可以根据自己的实际情况来安排作息时间。

4. 学习途径的多样性

在中学阶段老师把每节课都安排得非常具体,而在大学,课堂讲授相对较少。要想充分理解、吸收老师课堂上所讲的内容,就要求大学生在课后利用一定的时间自主学习,对所学知识进行思考和巩固。同时,许多学生在大学期间还有进一步扩充自己感兴趣的知识领域的需要。除了课堂听课和自学外,还有其他各种各样的学习途径,如学术交流、社会实践、听专题讲座和学术报告、查阅文献资料、参加校园文化活动,甚至到兄弟院校"蹭课"进行学习交流等。

三、学习方式的探索性

大学教育侧重于培养学生的学习能力,而非单纯的传授专业知识。学习专业知识是基础,但更重要的是提高学习的能力和应用专业知识的实践能力,因此,在课堂教学中,教师除了讲授基本的概念和理论外,也会提出不同学术观点之间的争论,介绍最新的学术动态。鉴于此,大学的学习要求学生具有不断探索的精神。撰写毕业论文、完成毕业设计等都是进行深入探索的具体体现。

大学学习方式的探索性还表现为要求学生在学习中具有创新的意识和精神,能举一反三、灵活应用所学的知识;能提出新问题,提出不同的见解,不拘泥于书本和教师的观点;能利用所学知识进行小发明、小创作等。

四、学习主体的成熟性

作为学习的主体,大学生的生理机能、智力水平、心理品质较中学生都进一步成熟和完善,随着主体意识的萌芽,大学生自我意识和学习意识基本成熟。这种意识的增强表现为更强的独立性、自主性和可控性,使大学生有能力应付大学阶段繁重而复杂的学习任务。

由此看来,大学学习看似轻松、自由,但实际上由于教学方式的改变、信息量的激增等,大学学习与以前的学习相比可谓是发生了翻天覆地的变化。大学学习与中学学习相比,一个最大的特点就是学习的自主性,它要求学生在学习过程中,培养主体意识,具有自觉性、创造性和独立性。在实践中,大学生要学会自主、合理地安排课余时间及课外的学习内容,找到适合自己的学习途径、学习方法。大学生要克服依赖性,主动扩展知识面,自觉培养学习能力;要适应大学学习方式,在现今竞争激烈的社会背景下为自己赢得发展空间。大学学习的任务相当繁重艰巨,大学生应该学会学习、学会思考、积极实践。

第三节　大学生学习能力的培养及潜能开发

由大学学习的特点可以看出,大学学习活动中,老师起引导作用,学生占主体地位,所以大学学习最主要的是学生积极发挥主观能动性,进行自主学习。因此,本节着重结合学习的心理机制,从学习的主体——学生入手,来谈一谈如何培养大学生的学习能力,开发其潜能。

一、学习动机的培养和激发

如前所述,动机是推动学习的原动力。只有学习动机正确、动机强度恰当并且指向学习活动本身,这样才能促进学习。培养和增强良好的学习动机的方法如下。

(一)激发学习兴趣

兴趣是一个人积极探究某种事物的认识倾向,表现在对学习内容和学习活动的喜好程度上。兴趣是最好的老师,如果学生喜欢自己的专业,就会产生一种内在的学习驱动力,所以学习动机的培养和激发的第一要点就是要激发学习兴趣。

1. 葆有一颗"不老"的好奇心

学习之初推动学习的是好奇心,好奇心是一种不期望获得外部奖励和强化而激励着某种探索性活动的内在动机。但这种动机是相对短暂且不稳定的,并且随着年龄的增长,外部奖励和强化也变得不再那么诱人。但好奇之心,人皆有之。知识是一个浩瀚的海洋,前方永远都有未知在等待。要把新知识带来的新奇感、满足感当作外部奖励和强化,对学习葆有一颗"不老"的好奇心。

2. 积极期望,获得自我效能感

仅有好奇心的驱使,学习的新奇劲一过,兴趣就会减退,所以积极期望和自信心就要接力而上。积极期望就是从改善学习者自身的心理状态入手,对自己不喜欢的学科充满信心,相信该学科是非常有趣的,同时相信自己一定会把这门学科学好。在个体满腔热情地去做任何一件事前,一般都对它的结果有了预期。比如可以想象出考试成绩优秀,可以找到好工作,为家庭为社会做出贡献,为个人创造好的前程;也可以想象出考试成绩优秀,得到老师、家长的赞扬,得到同学们的羡慕等。这些积极期望都有助于增强自信心、激发学习兴趣。

自我效能感是一种主观判断,它与个体的自我概念有密切的关系,正确的自我概念的标志是具有自尊心。不自大,不要认为教材内容看起来很简单而轻视它;也不自卑,不要因为他人的"经验之谈"而惧怕它。大学培养方案是各位专家、老师经过认真考量而制订的,并且在教学过程中结合实际情况在不断修订。课程设置都是符合教和学的客观规律、符合社会需要的。当发现内容比较简单时,可以自主学习延伸知识,甚至可以发挥自己的创造力,进行研究;当发现内容有难度时,更要有攻克它的斗志,在学习这场战役中收获无穷的乐趣。

积极期望会推动个体认真学习该学科,自我效能感会给个体学习以力量,从而导致个体对此学科真正产生兴趣。

3. 明确学习目标

有了对学习的好奇心、积极期望、自信心,就有了满腔热情,但是没有明确的学习目标,最终还是达不到学习的效果。所以要按以下几步来明确学习目标。

(1) 要有远大的理想:进入大学,人生已经迈入了一个崭新的阶段。中小学的学习生活都是按部就班的,当时个人的理想是个比较遥远而模糊的概念,甚至可能就是说说而已。现在进入自主规划的大学阶段(大学作为步入社会的前一站),理想不再是遥不可及,而是可以以实际行动去着手实现了。所以一定要有远大的人生目标并作为自己的指路明灯,激发自己学习的兴趣,激励自己为之努力奋斗。大学生可以尝试从教育哲学的角度,更深刻地认识人的存在及其本质性特点,提高自我认知,充分利用人的对象化能力,对自己提出更高要求,不断探索自我价值,努力实现自我成长。值得注意的是,理想不是空想,理想是有理论依据的想法。如果不切实际地空想,不但不能激发学习兴趣,反而会打消学习兴趣。作为大学生,理想应与自己所学的专业结合起来,应为实现自己的理想而努力学习。

(2) 从具体目标开始:如果还是觉得远大的理想比较遥远,那就要将之进行分解,结合自己的实际情况将之细化成分阶段的具体目标。在中学阶段,学生有一个具体的目标——考大学。进入大学之后,许多同学都感到比较茫然,感觉学习已经告一段落,再加上大学学习不再如以前那般紧张,不如以前有明确的学习目标,远大的理想又有点缥缈,而且大学还有"漫长"的四年时间呢,所以就失去了学习的动力,有了"好好放松一阵"的想法。面对这样的情况,大学生应该及时调整心态、转变角色,想清楚自己的理想和人生目标,掌握大学学习的特点,清楚自己在学习中的主体地位,转变学习方式,将主要精力投入到学习上来,结合理想和所学专业制订具体的学习目标。比如入校第一年的学习目标是熟悉大学生活,调整学习状态,学会自主学习;第二年深入了解、学习专业知识,积极考证等;第三年准备考研;第四年实习,学习实践操作知识和处理职场人际关系,做毕业设计、找工作等。这每一年的目标还可以进一步细分为一个学期、一个月的目标。制订具体目标时,要注意从小的学习目标开始,最初的学习目标不可定得太高,应从努力可达到的目标开始。目标不断地达成会提高学习的信心、激发进一步学习的兴趣。不要期望在短期内达成终极目标。有的同学往往努力学习一两周,结果发现与目标差距仍然很大,就失去信心,从而厌恶学习。在这种情况下,一方面要持之以恒地努力学习,另一方面要考量目标是否符合本人的实际情况,要结合实际及时调整目标。正如本章第一节的耶基斯-多德森定律所示,动机水平的高低与效率并不成单纯的正比关系。同样,并非目标定得越高,学习效率就越高。目标设置不恰当,不仅不会促进学习,相反还会挫伤学习的兴趣和信心,所以还是要结合个体的实际情况确定合适的学习目标。一个一个小目标的实现,才能实现大目标。

(3) 培养自我成功感:在学习的过程中每取得一个小的成功,就进行自我奖赏;达到什么目标,就给自己什么样的奖励。有小进步、实现小目标则给予小奖励;有中进步、实现中目标则给予中奖励;有大进步、实现大目标则给予大奖励,如购物、周末旅游等。这样通过渐次奖励来巩固自己的行为,有助于产生自我成功感,不知不觉就会建立起直接兴趣,并使学习的兴趣更持久。

(4) 加强对所学专业的认识:大学生的学习不仅要靠直接兴趣的推动,还要加强对自己所学专业的认识。大学生可以通过听讲座或参观专业对口的工厂、企业、研究院、学校等方式,认识自己所学的专业,掌握专业学习的重点以及学习的目标,真切体会专业学习的重要性,以利于激发学习的兴趣。

(二) 保持高水平的成就动机

成就动机是指个体力求完成自己认为有价值或重要的工作,以达到某种目的的内在推动力量。如幼儿园的孩子希望自己搭的积木又高又稳;学生希望自己在考试中获得好成绩,能名列前茅等。许多研究发现,在两个人的智商大体相同的情况下,成就动机高的人比成就动机低的人在活动中成功的可能性一般都要高一些。成就动机高的人更愿意为理想付诸实际行动、努力奋斗。成就动机按其趋近性和回避性可分为希望成功的动机和回避失败的动机。前者关注的是如何获得成功,而后者关注的是如何避免失败。在希望成功的动机的影响下,个体会主动完成学业等重要任务,并会选择有利于任务高质量完成的策略,坚持努力,以求成功。在回避失败的动机的影响下,个体面对重要任务时可能会采取两种不同的方式。一种方式是防御性的,个体力图逃避任务以避免失败;另一种方式则较为积极,个体会非常努力以避免失败。

二、锻炼良好的意志品质

在学习中,总会碰到这样那样的难题,而且学习也不是一蹴而就的,是个漫长而辛苦的过程。大学学习又是如此"自由"和"轻松",一切全凭学生自身的主观能动性和自觉性。如果没有良好的意志品质,学生就会放松对自己的要求,结果会导致学业失败,影响自己终身的发展。所以在大学学习中,更是要有坚持到底的意志,才能克服困难,取得学业上的成功。

(一) 制订学习计划

凡事预则立,不预则废。如果没有计划,个体会在自己有时间或想学习的时候才学习,这样学习容易陷入混乱当中。一个科学合理的学习计划应满足以下要求:符合实际;时间分配合理,重点突出,劳逸结合;长计划短安排;设定合理的最后期限;留有余地,机动灵活;定期评价,适时调整。

计划要符合实际,给自己提出适度的行动任务,以便在实际行动中磨砺意志。计划超出人的能力或客观条件的许可,会挫伤意志,丧失信心;计划过于容易实现,不经意志努力就能达到,也起不到锻炼意志的作用。只有经过自己的意志努力才能克服困难并实现目的的计划对意志锻炼最大。

制订计划时要注意不要用诸如此类空洞的语句:"我打算多进行一些体育锻炼"或"我计划多读一点书"等。而应该具体、明确地表示"我打算每天早晨步行45分钟"或"我计划一周中一、三、五的晚上读一个小时的书"等。

有了计划的约束,个体会按计划进行学习,并会为在期限内完成计划目标而坚持不懈地努力。

(二) 克服内外干扰

内部干扰主要指疲劳、疾病、与学习无关的思想情绪情感等。克服内部干扰,要避免用脑过度,保持充足的睡眠,积极进行体育锻炼,防止过度的身心疲劳而导致计划难以实施,同时也不能让"休息一会儿也没什么问题"的想法一再冒出而削弱意志力。还要注意的是,情感和意志是相互作用的,意志力可以在一定程度上调节和控制情绪情感,而情感反过来又在一定程度上影响意志力的表现,可以激励人的意志,也可以消磨人的意志。经验表明,人在愉快的时候学习,不知疲倦,可以坚持更长的时间;在激愤的时候,可能会产生加倍的力量,而且不怕危险,敢于战斗;在消沉的情绪下工作,则打不起精神,坚持学习的时间短,而且效率也不高。所以大学生应该学会有意识地让自己处于积极、健康的情绪和情感体验中,克服消沉、不健康的情绪和情感体验。

外部干扰主要指无关的声音、视觉刺激物及个体感兴趣的事物等。克服外部干扰,要尽量避免影响意志力的外界刺激,如学习时把书桌上与学习无关的东西收起来,把手机关掉等;还要有意识地在外部干扰中锻炼自己的意志,培养"乱中求静"的本领。

当内外干扰出现时,还可以调动内在潜能来战胜它们。例如,用名人名言、榜样人物的言行等来对照督促自己和激励自己,使自己优良的意志品质逐渐形成。

(三) 对学习结果进行正确归因

当个体获得成功或遭受失败时,常常会分析这种情况出现的原因,这就是归因。心理学研究发现,大学生们常常以下列四个因素作为解释学业成败的主要原因:能力、努力、任务难度和运气。当然还有一些其他因素,如心境、个人兴趣、教学的好坏等。心理学家韦纳把这些成败原因分成三个维度:①控制源维度。根据这一维度,可将成败原因分成内部的原因和外部的原因。②稳定性维度。③可控性维度。成败归因如表4-3所示。

表4-3 成败归因

三维度	内部的		外部的	
	稳定的	不稳定的	稳定的	不稳定的
	不可控的	可控的	不可控的	可控的
四因素	能力高低	努力程度	任务难易	运气好坏

韦纳通过一系列的研究,得出一些归因的最基本结论:个人将成功归因于能力和努力等内部因素时,他会感到骄傲、满意、信心十足,而将成功归因于任务容易和运气好等外部原因时,

产生的满意感则较少。相反,如果一个人将失败归因于缺乏能力或努力,则会产生羞愧和内疚,而将失败归因于任务太难或运气不好时,产生的羞愧则较少。而归因于努力比归因于能力,无论对成功或失败均会产生更强烈的情绪体验。通过努力而获得成功,可以体会到愉快;由于不努力而导致失败,则体验到羞愧;而经过努力得到失败结果也应受到鼓励。个体进行归因时,会有一个普遍性倾向:在解释他人行为时,往往归因为内部原因,会高估个人特质与态度造成的影响,低估环境造成的影响,因而责怪他人;而在解释自己行为时,则恰恰相反,归因为外部原因,会高估环境造成的影响,低估个人特质与态度造成的影响,为自己找借口开脱。

知识阅读

心理学家张铁忠教授等发现,中学生对学习成败的归因主要有以下 6 种类型:

(1) 把失败归之于自己脑子笨、能力差等稳定的因素。这种归因会使自己丧失信心,自暴自弃,放弃努力。

(2) 把失败归之于自己不努力等不稳定的因素。这种归因会使自己重燃希望,变得努力。

(3) 把失败归之于学习难度大等稳定因素。这会使自己学习积极性受影响,甚至会对相应学科失去信心。

(4) 把失败归之于运气不好等不稳定因素。这可能会使自己重新树立信心。

(5) 把成功归之于运气好等外在因素。这会使自己产生侥幸心理,下次不一定会努力。

(6) 把成功归之于自己能力强、努力程度高等内在因素。这既可能使自己满意、自豪,也可能使自己产生骄傲、自负等情绪。

以上虽然是对中学生的研究,但在大学生身上同样也很常见。由此可见,错误、消极的归因使人总是一味怪罪客观条件,很难真正吸取教训,容易使人重蹈覆辙、失去斗志;同时,消极错误归因也是缺乏责任心和担当的表现,所以此类人群意志水平也较低。正确归因的人群有着良好的意志品质,所以能有担当地进行客观分析,能做到胜不骄、败不馁,坚持不懈地努力学习,进一步锻炼人的意志力。因此,在学习和工作中应该更多地把成败归因于努力程度和现实因素。要想在学习上取得进步,就要进行正确归因,客观分析影响成败的原因。一般情况下,都要先从自己内部找原因,激发自我责任感,不要一味埋怨外部环境,也不要一味自责。同时要找到自己可以改变的即可控的原因,不要过多归因于不可控因素。

知识阅读

内外因自测题

如果你认为符合自己的情形,请在题号后面打"√"。

学习成绩不理想,是因为:

(1) 家中无人指导我解答疑难作业。

(2) 学习科目过于枯燥。

(3) 家里环境差,没法学习。

(4) 父母不关心自己的学习。

(5) 班级学习风气不好。

(6) 学校令人讨厌。

(7) 老师的教学方法不适合自己。

(8) 运气不好,复习的内容总不考。

(9) 考题总是太难。

(10) 不喜欢任课老师。

(11) 平时养成了懒散的习惯,不愿学习。

(12) 没有有效的学习方法。

(13) 情绪不稳,常被无端情绪干扰。

(14) 缺乏恒心和毅力。

(15) 不会妥善安排学习时间。

(16) 学习基础不好。

(17) 自己努力不够。

(18) 身体不佳,无法集中精力学习。

(19) 对学习没有兴趣。

(20) 本身能力不够。

评判:如果你倾向于选择前10个答案,那么你是一个外部控制的人,也就是说你习惯于把事情的成败归因于外部,如果你倾向于选择后10个答案,那么说明你善于从自己内部归结事情成败的原因,你是一个内部控制的人。

(四) 自觉遵守纪律

纪律反映了集体的共同意志,是搞好学习、完成任务的基本保证。纪律不仅约束人的行动,更主要的是它给社会成员的行动规定了方向。大学学习虽然有其自主性,但也不是散漫、无组织、无纪律的。对学生来讲,不旷课、上课不迟到早退、考试不作弊等是基本的学习纪律,违反纪律会受到相应的惩罚,甚至不能正常毕业。自觉遵守纪律,可以培养人的优良意志品质,尤其是对意志的自觉性品质和自制力品质的培养具有明显的作用。

三、提高记忆效率

学习动机和意志力解决了自主的问题,那么如何学习呢?掌握正确的记忆方法,提高记忆效率,是首要的。

(一) 掌握正确的课堂学习方法

要提高记忆力,首先是要掌握正确的课堂学习方法,利用以下三个步骤进行高效的课堂学习：

第一步，课前预习。

课前预习时一般要注意以下几点：仔细阅读教材，初步理解要点内容以及各知识点之间的关系。找出重难点，明确下节课堂重点内容及自己尚存疑问的地方。用符号勾画、批注，在空白处做好预习笔记。

按大学生的学习水平，课前预习不会占用太多精力，一般半个小时，甚至十分钟都能完成。大致了解一下课堂学习的内容以及自己学习的难点，能让自己在课堂学习中更流畅。在以往的学生座谈中，经常有学生反映老师讲课太快，都不知道是讲的哪一页的内容，自己在埋头寻找是哪一页的内容时，老师又讲到了下一个知识点，这一节课就这样"阴差阳错"地荒废掉了，甚至有学生会因此失去学习的劲头。如果进行了课前预习，就能跟上老师的节奏，不至于在学习上掉队。

第二步，课堂学习。

课堂学习一般从以下几方面做起：集中注意力，认真听讲。做好课堂笔记。积极参与课堂活动与讨论。有不懂的地方要找准时机向老师请教，不耻下问。

大学阶段的课堂，很多老师都是一个星期只见一次面，在学生心目中"分量"不够。再加上大学教学的风格，老师对学生管束也不太多。所以学生上课讲话、玩手机、不动笔，甚至教材都不带到课堂、不屑于参加课堂讨论等现象屡见不鲜。现在就来现实地算一笔经济账：大学不是义务教育，尤其对学费较高的独立学院来说，每年一万多的学费，再加上其他杂费和生活费，每个学生在一节课上的经济投入差不多近一百元。更进一步来说，如果不上大学，大学生作为一个成年人，要参加工作。这样两相比较，一节课的成本就更高了。由此看来，大学学习真的是一寸光阴一寸金，大学生要珍惜这如金的光阴，高效利用课堂上的每一分钟。

第三步，课后复习。

课堂的结束并不等于学习的结束，相反，学习的重点才刚刚开始，因为学习的一大要点就是记忆，课前预习和课堂学习都是为了课后复习做准备，最终还是要利用记忆力掌握所学知识。所以，不要课一上完就把书甩一边。

从本章第一节学习的心理机制可以看出，记忆的一大天敌就是遗忘。由艾宾浩斯先快后慢的遗忘曲线可以看出，对抗记忆天敌的主要方法就是合理复习。从复习时间来说，要做到及时复习，经常复习。另外，分散复习要比集中复习效果更好，但是要注意分散也不能过度，比如新学20个英语单词，隔一天复习一次比隔两天复习一次效果要好。可以试着用这个方法进行复习：初次学习后过，十分钟进行第一次复习，过两个小时进行第二次复习，一天后进行第三次复习，七天后进行第四次复习，两个月后进行第五次复习。

同时，还要注意记忆的前摄抑制和倒摄抑制，利用记忆的首因、近因效应，合理安排复习时间，把重要的知识安排在复习时间的最前面或者最后面复习，以期达到最佳复习效果。

（二）理解记忆

在大学学习中，学习内容繁多，机械记忆、死记硬背是最不可取的方法，超大的记忆量会让大脑超负荷运转，如果对知识的掌握不太牢固会更容易遗忘，大学学习中记忆的前提是充分理解所学知识。

只有深刻理解了的知识才能牢固地记住它。所谓理解是指当提到某一知识时，头脑中就能够想到跟它有关的事实,知道它的应用或意义,了解它跟有关的知识及联系。理解基础上的记忆和记忆前提下的理解相统一。感性认识是理性认识的基础,没有记忆,不可能上升到理解;而理性认识比感性认识更可靠、更正确、更深刻,没有理解,记忆就像散沙一样,失去应用的价值。

理解记忆的基本条件是对材料的理解和进行思维加工。有些材料,如科学要领、范畴、定理、法则和规律、历史事件、文艺作品等,都是有意义的。人们记忆这类材料时,一般都不采取逐字逐句强记硬背的方式,而是首先理解其基本含义,即借助已有的知识经验,通过思维进行分析综合,把握材料各部分的特点和内在的逻辑联系,将之纳入已有的知识结构,以便保持在记忆中。理解记忆的全面性、牢固性、精确性及迅速有效性,依赖于学习者对材料理解的程度。

理解记忆的效果优于机械记忆。德国著名心理学家艾宾浩斯在做记忆实验时发现:为了记住 12 个无意义音节,平均需要重复 16.5 次;为了记住 36 个无意义音节,需重复 54 次;而记忆六首诗中的 480 个音节,平均只需要重复 8 次。这个实验表明,凡是理解了的知识,就能记得迅速、全面而牢固;不然,强行死记硬背,那是费力不讨好。

理解记忆是以理解材料内容为前提的。这种理解不仅指看懂了材料,而且包括搞懂了材料各部分之间的逻辑联系,以及该材料和以前的知识经验之间的关系。通过前一部分所讲的课堂学习方法之后,发现自己还是不能充分理解所学知识时,就要采用以下方法力求"弄通弄懂"。

1. 不耻下问

可以在课前或课间时问老师,也可以通过电话、网络等联络方式向老师请教。也可以向理解了该内容的同学请教,就算大家都不太理解,相互讨论也可以促进理解。还可以借助现代科技手段,用网络搜索求助。

2. 拓宽自己的知识面

大学学习特点之一就是课外时间比较多,而且可用的学习资源是非常丰富的。例如,在课外时间,大学生可以泡在图书馆进行延伸阅读,触类旁通,多了解相关知识以助于提升理解能力。

(三)联想记忆

有些知识,就算是理解透彻了但记忆起来也比较枯燥无味,再加上大学学习的记忆量又比较庞大,如何让学习变得更生动有趣、提高记忆的效率呢?这时就可以采用联想记忆法。

联想记忆法是利用事物间的联系通过联想进行记忆的方法。联想就是当人脑接受某一刺激时,浮现出与该刺激有关的事物形象的心理过程,是由当前感知或思考的事物想起有关的另一事物,或者由头脑中想起的某一事物,又引起想到另一事物。由于客观事物是相互联系的,各种知识也是相互联系的,因而在思维中,联想是一种基本的思维形式,是记忆的一种方法。一般来说,互相接近的事物、相反的事物、相似的事物之间容易产生联想。用联想来增强记忆是一种很常用的方法。记忆的一种主要功能就是在有关经验中建立联系,思维中的联想越活跃,经验的联系就越牢固。如能经常形成联想和运用联想,就可增强记忆的效果。

联想记忆有以下几种方法。

1. 接近联想法

接近联想法是根据事物在时间上或空间上的相近之处而建立起来的联想记忆方法。接近联想法有助于我们将新、旧知识联系起来,增强知识的凝聚力。两种以上的事物,在时间或空间上,同时或接近,这样只要想起其中的一种便会接着回忆起另一种,由此再想起其他。记忆的材料整理成一定顺序就更容易记住。

例如,有的人有时候一下子记不起一个很熟的外语单词,明明是经常温习的,但这个单词在教科书上的位置能回忆起来。那他就可以从这个单词在书上的位置开始想,想想它前面是个什么词,后面跟了一个什么词,这样反复地联想,往往能回忆起这个单词来。这个词和前后词的关系是位置接近,这种联想就称空间上的联想。

还有一种时间上的联想。比如甲在一本辞典上看到对某个词的很有意思的说明和解释,告诉了乙。乙也很感兴趣,问甲是在哪本辞典上查到的,要去亲自查看一下全文。可惜甲已经记不确切是在哪本辞典上查到的了。怎么办呢?于是甲就回忆当时查辞典的情形。首先想起是前天晚上查到的,记得那天晚上他还为这事高兴了好一会。再仔细一想,这个词是在《辞海》上看到的。因为自己前天晚上只查过《辞海》,其他辞典前天上午就都归还图书馆了。这样,通过时间上的联想,就能准确地回忆起自己查的是《辞海》,不是其他的辞典。

2. 相(类)似联想法

相(类)似联想法是根据事物之间在性质、成因、规律等方面有类似之处而建立起来的记忆方法。相(类)似联想法有助于我们发现事物的共性,强化记忆。当一种事物和另一种事物相(类)似时,往往会从这一事物引起对另一事物的联想。把记忆的材料与自己体验过的事物联结起来,记忆效果就好。

在外语单词里,有发音相似的,有意义相似的,这些都可以利用相(类)似联想法来帮助记忆。同义词、近义词、同音字、近音字等都可以利用相(类)似联想法进行记忆。

知识阅读

有些学校在小学低年级试验一种集中识字的方法,可使学生在两年内认字两千五百个,阅读一般书籍报纸。这种识字法就运用了相(类)似联想法,把字形、字音相近,能互相引起联想的字编成一组一组的,像把"扬、肠、场、畅、汤"放在一起记,把"情、清、请、晴、睛"放在一起记。每组汉字的右边都是相同的,每组汉字的汉语拼音也有共性,这样学生就可以学得快、记得住这些汉字。

3. 对比联想法

对比联想法是根据事物之间具有明显对立性特点加以联想的记忆方法。当看到、听到或回忆起某一事物时,往往会想起和它相对的事物。对各种知识进行多种比较,有助于我们比较事物的差异性,掌握各自的特性,可以帮助记忆。

许多诗集、对联是按对仗的规律写出来的。例如,杭州岳飞庙有这样一副楹联,写的是"青山有幸埋忠骨,白铁无辜铸佞臣"。"有"和"无"是相反的,埋下烈士忠骨和铸就奸臣是相对比的。只要记住这副对联的上句,下句也就不难凭对比联想回忆起来了。背律诗,往往感到中间两联好背,原因就是律诗的常规是中间两联对仗。对仗常用这种对比,例如,"金沙水拍云崖暖,大渡桥横铁索寒",相对比之处很多,由前一句可以很自然地想起后一句。反义词联想是一种对比联想的记忆方法。

4．关系联想法

关系联想法是根据事物之间因果、从属、并列等关系增强知识凝聚的联想记忆方法。关系联想法可引导思考、理解知识之间的关系,使思考问题有明确的方向,使知识多而不杂、杂而不乱,有规律可循。举例如下。

因果关系:由企业标志想到企业策划;从属关系:总星系→银河系→太阳系→地月系;并列关系:风化作用、侵蚀作用、搬运作用、沉积作用、固结成岩作用。

5．聚散联想法

聚散联想法包括聚合联想记忆法和发散联想记忆法,二者为互逆过程。聚合联想记忆法指运用聚合思维对一定数量的知识通过联想,按照一定的规律组合到一起的记忆方法;发散联想记忆法是运用发散思维对同一知识,从多方面进行联系的记忆方法。运用聚散联想法有助于学习时举一反三,触类旁通,扩大思路,建立知识的"联想集团"。

案例

当想到赤道,就可运用发散联想思维想到它有如下特点。

地理上最长的纬线;

纬度最低的纬线;

距南北两极距离相等的纬线;

南、北半球的分界线;

南北纬度划分的起始线;

地转偏向力为零的纬线;

仰望北极星仰角为零的纬线;

全年昼夜平分的纬线;

地理自转线速度最大的纬线……

反之,运用聚合联想思维可以想到上述描述的都是赤道。这样联系起来形成一张记忆网络,将很多知识串联在一起,加深印象,方便记忆。

6．形象联想法

形象联想法是把所需要记忆的材料同某种具体的事物、数字、字母、汉字或几何图形等联系起来,借助形象思维加以记忆。形象联想既有利于激发兴趣、调动学习的积极性,又有利于加深记忆。例如,幼儿刚刚开始学数字时,会把"2"给形容为"鸭子",这样能加深他们的记忆。

7．创新联想法

创新联想法是人为创造一种联系进行联想,利用一些离奇古怪的联想方法,把零散的知识串到一块在大脑中形成一连串物象的记忆方法。创新联想法能增强知识对我们的吸引力和刺激性,从而使需要记忆的内容深刻地烙在脑海中。例如,柴达木盆地中有矿区和铁路,记忆时可编成"冷湖向东把鱼打(卡),打柴(大柴旦)南去锡山(锡铁山)下,挥汗(察尔汗)砍得格尔木,火车运送到茶卡"。

联想的方法是多种多样的,通过联想进行记忆,学习不再那么枯燥,而且往往会收到意想不到的学习效果。

四、培养创造力

大学学习不只是接受性的学习。如果只是单纯接收前人所总结的知识,机械地照搬前人的经验,而不能创造性地加以应用,那么人类文明将停滞不前。大学生应该将学习上升到一个新的高度,需要在接受性学习的基础上进行创造性学习,才能推动社会的进步。因此,大学学习除了吸收知识外,还要创造新知识。作为一名大学生,需要在学习过程中独立思考,以自主探索为基本学习方法,对学习中遇到的问题勇于提出自己的见解,勇于寻求新的理论,不轻易放弃自己的看法,不人云亦云,培养自己的创造力。

创造力是指产生新思想,发现和创造新事物的能力。它是人类特有的一种综合性本领,由知识、智力、能力及优良的个性品质等复杂多因素综合优化构成。它是成功地完成某种创造性活动所必须具有的能力。例如,创造新概念、新理论,更新技术,发明新设备、新方法,创作新作品都是创造力的表现。创造力是一系列连续的复杂的高水平的心理活动。它要求人的全部体力和智力的高度紧张,以及创造性思维在最高水平上进行。

(一)打破阻碍创造力的枷锁

从众思维、权威思维、思维定式等束缚着个体的创造力。这些思维方式在一定阶段可以省时省事,节约试错成本。比如幼儿时期是积累经验的阶段,家长说不能用手触摸火苗,否则会被烧伤,此时服从权威是最好的选择。但是通过原有思维方式积累起来的经验是相对稳定性的东西,容易使人形成固定的思维模式,结果就会削弱想象力,阻碍思维创新能力的发展。

改变思维方式并非意味着对原有思维方式的全盘否定。随着时间的推移,个体通过原有思维方式积累的经验在不断增长、不断更新,经过经验之间的比较而发现其不足性,进而开阔眼界,增强见识,使个体的思维创新能力得以提高。所以原有思维方式不仅为培养创造力提供基础,而且本身也是培养创造力的过程。

对原有的思维模式,要批判性地继承、创造性地利用,毫不留情地去其糟粕、取其精华为己所用。

(二)独立思考,培养求异思维

要想不被大众、权威、书本所束缚,就要独立思考。要有自己的想法,不要一味随大流。求异思维是独立思考的一个表现手法,要充分发挥自己的想象力,要敢于质疑,这是许多新事物、新观念产生的开端,也是培养创造力基本的方法之一。求异思维就是冲破习惯的思维定式,沿着不同的思维方向思考,探索新的途径、假设,寻求多样性的答案,达到独立解决问题的目的。对所学的知识心存疑惑,一能激发自己释疑解惑的探究欲望;二能帮助自己深刻理解所学知识;三能促进自己的思考,为发现、创造新观点创造条件。

在独立思考、培养求异思维过程中,一定要注意不要盲目而蛮横地求异,要遵循"大胆假设、小心求证"的原则。可以大胆地跳出固定思维的框框,提出想象、假设和质疑,但求证的过程一定要严谨、有逻辑性。这样创造出的新观点才能说服自己、说服他人,才能真正有所创造。

(三)增强知识储备

"巧妇难为无米之炊",创造力不是凭空产生的,没有一定的知识储备作为基础,创造力就如空中楼阁。大学学习的自主性让大学生有充足的时间遨游在知识的海洋,可以通过查阅图书、资料、网络探索或者是社会实践、调研等各种方式增强知识储备。有了一定的知识储备,才更容易碰撞出火花,求证过程也更能事半功倍,才能提升创造力。

大学学习虽然有很强的专业性,但各个学科之间相互贯通,可以相互借鉴。所以在个人能力允许的情况下,可以广泛涉猎多个领域。如果只注意一个问题领域,这往往会阻碍我们发现更新鲜、更充分、更出色的材料,因为思维的惯性很容易使我们在一个特定的问题领域中做循环思索。这种时候,就需要"跳"出来,看一看其他领域,或从别的地方寻找一些材料来启发自己。因而知识的储备并不仅限于本专业。

(四)敢于尝试,勇于实践

实践是检验真理的唯一标准。"学以致用",学习、思考的目的就是要用于实践。学得好不好,思得对不对,观点是否真的有创新点,都需要通过实践来检验。未经实践检验的创造或经不起实践检验的创造都是"伪创造"。

将知识运用于实践,才能表现出创造力。实践是提高创造力的课堂和沃土。过去我们常说"能者多劳",也就是说有能力的人要多做一些事情。但实际上,"劳"和"能"是相互促进的,"闲者多庸,劳者多能"。只有躬身实践,只有"多劳",才能多一些学习锻炼的机会,多一些检验、展示和提升创造力的平台。

个人的成长、人类社会的进步,都只有通过实践才能取得。纵观古今中外的发明创造,如中国古代的四大发明,现代的 GPS、杂交水稻、电灯、电视、电话、电脑等,哪一项成果不是来自实践?"纸上谈兵终觉浅",仅仅绘制一幅美好蓝图是不够的,更需要实践去创造美好的明天。

作为心智成熟的大学生,要有魄力,有勇气,有担当。不要被小小的失败和挫折所打倒,要敢于尝试,勇于实践。爱迪生发明电灯,试验了上千次才获得成功;袁隆平研制杂交水稻种植技术用了毕生的精力。不断地尝试、不断地实践,才能不断改进,提升自己的创造力,终有一天会成为人生的赢家。

(五)右脑思考法

人的左脑、右脑具有不同的功能;右脑主要负责直觉和创造力,专管形象思维、判别方位等;左脑主要负责语言和计算能力,专管逻辑思维。一般多认为,左脑较多地为人所利用,而右脑功能普遍得不到充分发挥。所以,从创新思维的角度来说,开发右脑功能的意义是十分重大的。因为右脑活跃有助于破除各种各样的思维定式,提高想象力和形象思维能力。

若想多用右脑,可以以下的方法训练右脑。

(1) 经常考虑怎样对事物进行改良或改造,或进行能看得见的发明或者看不见的发明。

(2) 多做感性方面的活动,培养兴趣,如听音乐、拍照等。

(3) 确立人生的生存意义,树立个人的奋斗目标,并得到兴奋感和成功感。

(4) 摄取对右脑有益的食物(如蛋白质等),学习使用机器和器械等。

(5) 智力练习和活动可直接影响右脑。这类练习和活动不同于一般的智力测验,主要在于发挥想象力。例如,请你回答"木头有何用处?"而你只列举木头的一般用途,显然想象力不够。

此外,开发右脑的方法还有跳舞、美术、种植花草、做手工、烹调、缝纫等。

因为左脑控制身体的右侧、右脑控制身体的左侧,所以可以每天练半小时以上的健身操或打乒乓球、羽毛球时让左手、左腿多活动。此外,在日常生活中尽可能多使用身体的左侧,也是很重要的。身体左侧多活动,右侧大脑就会发达。右侧大脑的功能增强,人的灵感、想象力就会增强。如:在使用小刀和剪子的时候用左手;打电话时用左耳等。

还有手指刺激法。手能使脑得到刺激发展,儿童的智慧在手指头上。许多人让儿童练弹琴、打字、珠算等以锻炼双手的协调运动,这样可激发大脑皮层中相应的神经细胞活力。

除了上述一些方法之外,还有控制个人的情绪情感、团体互动学习等方法可以促进大学生学习能力的培养和潜能开发,每个学生还可以根据自己十几年的学习经验总结出适合自己学习的方法。

第四节 大学生常见的学习心理障碍及自我调适

研究发现,除了上述因素影响大学生学习能力的培养和潜能开发之外,大学生在学习过程中还存在着各种影响正常学习行为和学习效能的心理状态或心理因素。虽然有不少非学习的心理因素也是影响学习的心理障碍的因素,如恋爱问题、人际关系问题等,但本节讨论的是与学习直接相关的学习心理障碍问题。常见的有学习倦怠和学习焦虑两大类。

一、学习倦怠

大学生的学习倦怠包含心理与行为两个方面,当学生对学习没有兴趣或缺乏动力却又不得不为之时,就会感到厌倦、疲乏、沮丧等,从而产生一系列不适当的逃避学习的行为,这种状态称为学习倦怠。

学习倦怠的大学生身体大多处于亚健康状态,常常感到精力不济、疲乏,抵抗力下降,严重时还会引发头痛、失眠、肠胃不适等。

在心理上,学习倦怠的大学生大多容易出现才智枯竭、情绪衰竭、去社会化,少数出现攻击行为。

学习倦怠主要有以下几种表现方式:

(一)学习动机不当

案例研讨

某生,虽然考上了大学,但学校不理想、专业不喜欢、学校的环境及住宿条件等也与他期望的相去甚远,听闻该校的毕业生就业形势也不理想,所以非常沮丧,感觉前途渺茫,完全不想学习。经过长辈、老师开导后,他暗下决心,一定要努力学习、全面发展,争取研究生考上自己理想的学校。但没多久看到周围的同学都不怎么用功,他的思想又开始动摇。

案例研讨

我是一位来自山区、家庭经济困难的大学生,学业成绩一直非常优异。上大学后,忽然感到心中茫然,学习没有动力,生活没有目标,有时候想到辍学在家的妹妹和年迈的父母我也恨自己不争气,可我的确找不到奋斗的目标与学习的动力,学习上得过且过,生活上马马虎虎,上课打不起精神。我不是因为喜欢上网而荒废了学业,而是因为实在没劲才去上网聊天打游戏,我如何才能摆脱这种状态?

案例研讨

我今年已经大三了,一直优秀的我一向对自己要求很高,当然这也与家庭的期望有关,父母都是具有高级职称的知识分子,在他们的言传身教下,我从小就知道努力与奋斗。在大学,我进行了认真细致的学业生涯设计,一步一个脚印向前走。成绩要拔尖;大二要通过大学英语六级和托福考试,为将来出国留学做好准备;大三时要入党;与此同时锻炼自己在各方面的能力。于是,在大学我像一只陀螺飞速运转着,珍惜大学的分分秒秒,因为我相信:付出总有回报。但是渐渐地我却发现自己精力不济,感觉离自己的目标越来越远。付出了这么多努力却得不到相应的回报,我很受挫,我忽然怀疑起自己的学习能力,我感到自己在学习上的优势在丧失,甚至多年积累的自信也受到挑战。现在我提不起学习的劲头,我该怎么办?

以上三个案例的学生都因为学习动机不当产生了心理上的困惑,不同的是前两人是因为学习动机不足,后一个案例的学生是由学习动机过强造成的。是什么原因造成大学生的学习动机不当呢?

学习动机不足主要是学习动机不正确,社会责任感不强,价值观念不强,学习态度不端正,学习毅力不强,对专业不感兴趣,对自我的学业期望不足,学业自我效能感低。

学习动机过强的原因是个体学业期望过高,自尊心强,对自己的学习能力缺乏恰当的估计,因而造成学业自我效能感下降,因而心理压力大;渴望学业成功而又担心学业失败,受表面的学业动机的驱使,渴望外在的奖励与肯定,特别是学业优秀带来的心理满足使学生更看重自己的学业优势,因此造成学习强度过大,引起心理疲劳。

对于学习动机不足的学生来说,主要是培养和激发学习动机,具体方法可参照本章第三节的内容。简单说来,一要正确认识学习的价值与大学的目标,重新规划学业与人生;二要调整心态,以积极的心态对待学习特别是学习中遇到的挫折与困难,用自身的意志战胜惰性;三要改进学习方法,提高学习效率与自我效能感,提高自我价值与社会价值。

对于学习动机过强的学生来说,应该遵循本章第一节耶基斯-多德森定律,恰当调整动机水平,可以用以下几步来进行自我调节:一是设定合理目标,缓解学习压力。过大的学习压力会让学生对学习产生疏远感,增加学习的疲倦感,降低学习效能。应准确地分析现状,正确认识自己的潜质,制订恰当的学业目标与学业期望,调整成就动机,与此同时,劳逸结合,脚踏实地,循序渐进,不好高骛远。二是转换表面的学习动机为深层学习动机,淡化外在奖励,正确对待荣誉与学业成绩。三是端正学习态度,树立远大理想,保持旺盛的学习热情,坚持不懈。四是分析学习过程,调整学习方法。和老师、同学一起找到学习上的问题,明确有效提高学习效率的策略,缓解由情绪耗竭带来的低效能感。

(二)挫折承受力较弱

案例研讨

> 某生是个自尊心极强又多愁善感的男孩,虽不非常聪明但凭着自己的刻苦努力,在班级的成绩一直名列前茅。经过高考的拼杀,他带着良好的感觉进入大学校园之后,突然发觉自己站在"山顶"的感觉没有了。在高手如云的大学里昔日那种"鹤立鸡群"的优越感已荡然无存,"众星捧月"的地位变了,升入大学后不久的一次新生摸底考试竟然还不及格,自信心突然坍塌。一个学期过去了,学习越来越吃力,他对自己越来越没信心,成绩也越来越差,生活变得没有规律,食欲不振,经常失眠,到后来竟然想退学。家长实在没办法,将其送到医院看心理医生。

案例中的学生是在经受挫折之后产生了学习倦怠,究其原因是其挫折承受力较弱。所谓挫折承受力,是指个体在遭遇挫折时,能否经得起打击和压力,有无摆脱和排解困境而使自己避免心理与行为失常的一种耐受能力,亦即个体适应挫折、抵抗和应对挫折的一种能力。一般来说,挫折承受力较强的人,往往挫折反应小,挫折时间短,挫折的消极影响小;而挫折承受力较弱的人,则容易在挫折面前不知所措,挫折的不良影响大而易受伤害,甚至导致心理和行为的失常。

人生不如意事十之八九。不经历风雨又怎能见彩虹?挫折在个体成长道路上必不可少,尤其对于处在激烈竞争并且即将走向工作岗位独当一面的大学生而言,前路可能还有更多挫折要面对。适当的挫折可以增强人的适应能力和应变能力,帮助个人成长。而极少受到挫折、一贯顺利、总受赞扬的人,就没有足够的机会学习和积累对待挫折的经验,他们的自尊心往往过于强烈,对挫折的承受力很低。现在的大学生很多都是生活在温室里的花朵,极少受到挫折。但挫折又是无法逃避的,那么在面对挫折时如何提高挫折承受力呢?

1. 改变不合理信念

人是受思想支配的动物,所谓挫折其实就是一种心理感受。对于同样的情景,有的人体验到了挫折感,有的人却没有。可见,客观事实并不是导致挫折产生的主要原因,人们对待客观事物所持的信念才是引起挫折的关键原因。因此,改变不合理的信念,就可以提高挫折承受力。首先,要结合实际情况调整期望值,设立的目标太高会人为地放大挫折。其次,要认识到挫折是客观存在的,想躲不一定能躲过去。当面对挫折时,不要害怕、逃避、怨天尤人、嗟叹自己命途多舛,只有以积极的心态去面对它,征服它,你才会泰然处之,它才会知难而退;反之,挫折就会让你永远抬不起头,饱受折磨。

2. 锻炼良好的意志品质

参见本章第三节。

3. 培养乐观、坚强的个性

个性是一个人所具有的意识倾向性和较稳定的心理特征的总和。一个人的性格特征、个人兴趣、世界观、价值观都对挫折承受力有重要作用。性格开朗、乐观、坚强、自信的人,挫折承受力强;性格孤僻、懦弱、内向、心胸狭窄的人,挫折承受力低。

4. 用科学、理智的方式战胜挫折

正确认识和分析挫折时,应该聚焦于挫折处理上,而不是困扰于原因探究,更不要陷于恐慌或沮丧中。如果一定要探索原因,目的也必须是为了解决困扰。面对挫折时要时刻保持理智,如果这点对本人来说比较难,可以请要好的朋友、同学及时提醒自己。无论何时,态度要积极乐观。分析挫折以及处理挫折时要集思广益、大胆尝试、百折不挠。最后,还要善于总结。

5. 消除适应障碍

适应障碍是一种心理疾病,其特点是存在长期的不良刺激或对环境难以适应。当周围的环境或自己的地位发生改变或与期望存在偏差时,就会觉得非常受挫。此类人都有一定的人格缺陷,主要症状是情绪障碍,表现为烦恼、抑郁,也有生理功能和行为方面的改变,导致社会功能有不同程度的损害。大学生要消除适应障碍,就需要正视现实,认识到考上大学只是人生征途中的一次胜利,今后的路还很长。除此之外,大学生还应该了解大学学习的特点,认识到大学的学习方法与中学有很大不同,应变被动学习为主动学习,如:不再是老师"追"着学生学习,而是学生主动求教老师;大量的时间需要自己去安排,而不是被老师安排;要学会研究性学习,善于发现和提出问题等。大学生要积极调整自己适应新的改变,就能较好地、顺利地度过这一阶段,少走弯路,减少心理压力,促进学业成绩的提高。

(三)网络成瘾

案例研讨

某生,男,有这样一张作息时间表:13:00,起床,吃中饭;14:00,去网吧玩网络游戏;17:00,在网吧叫外卖作为晚饭;通宵继续玩游戏;第二天早上9:00回宿舍休息。这位大学生几乎把所有的空余时间都用于打游戏,并开始拒绝参加同学聚会和活动。两个月之后,他发现自己思维跟不上同学的节奏,对学习再也提不起兴趣,天天想着怎样翘课去打游戏。无论身在何处,脑子里想的都是游戏里发生的事,遇到事情会首先用游戏中的规则来考虑。他为此感到焦虑不安。

这位学生因网络成瘾而造成了学习倦怠。

网络成瘾指上网者由于长时间地和习惯性地沉浸在网络中,对互联网产生强烈的依赖,以至于达到了痴迷的程度而难以自我解脱的行为状态和心理状态。

进入大学,学校有上网的条件,老师与家长的管束也相对较少,而且学生也有足够的时间与精力来上网。有些大学生来自外地,本地朋友不多,结交新朋友又有一定障碍,便沉迷网络。另外,有些大学生可能利用网络来获得虚拟的自我成就感。所以,网络为他们提供了一个相对的没有烦恼的新天地,他们喜欢上网,慢慢成瘾。

(四)大学无用论

案例研讨

> 某生进入大学之后,了解到现在就业形势严峻,想先积累实践经验增加就业的砝码,于是在空余时间在学校附近商业区的一家餐馆做了兼职服务员。在兼职工作中,她了解到在餐馆里做正式服务员的也不乏大学毕业生。而餐馆的老板,仅仅初中毕业并且与自己年龄相仿,白手起家,现在已经坐拥几百万家产。放假回家之时她又碰到高考失利未考上大学的高中同学,得知该同学在家做网店,轻轻松松月入上万元。她想到自己大学四年还要继续投入金钱和精力,并且毕业之后吃苦受累也只能拿到几千元的工资,觉得读书无用,萌生了退学打工或创业的想法。因而第二学期开学之后她懒得再学习。

大学无用论其实也是学习动机不当的一种。2013年9月,适逢开学之际,大学新生们纷纷背上行囊,走向期待已久的象牙塔生活。然而,在成都,有一位女生却手持录取通知书黯然神伤。在她父亲看来,"上大学无用,捡垃圾都比读书强",所以拒绝供女儿上大学。这位女生的处境、这位父亲的"上大学无用论"引起了社会热议。无独有偶,家住孝感的赵同学,在开学之际也在为上大学的事和父亲进行着一轮又一轮的谈判。虽然拿到了大学录取通知书,但赵同学的父亲固执地认为"读书无用",并把读大学比喻成一个"肯定会失败的投资"。

曾几何时,考上大学就是天之骄子,就能改变自己乃至全家人的命运,是一种普遍存在的社会信念。然而,现在这种信念在很多人那里不再那么坚定了。随着高等教育的普及,高校规模的壮大,人才来源日益多元化,让大学生在社会竞争中的优势不再那么明显。再加上功利思想的熏染,物质追求的放大,也让"上大学"直接与真金白银的投资回报画上了等号。能不能赚钱,决定上不上大学,这种利益至上的观念其实很具有代表性。

除了价值观上的偏误,上大学无用论这种观念形成的社会原因更不能忽视。近年来,一方面是大学学费节节攀升,上学成本越来越高昂,家长承受的压力越来越大;另一方面则是高校毕业生就业压力不断加大,大学毕业生尤其是本科生的薪资水平相对来说较低。

面对这种现状,作为一名大学生,不能仅仅用就业率衡量大学教育的价值,更不能将上大学的用处与金钱画等号。在当今社会,要高质量地生活,仅有金钱是不行的。作为一名大学生,更要有长远的目光。站得高,才能看得远。随着文化层次的提高,自我修为和精神生活才能更丰富。就算是当个小小的服务员,但视角却更宽广,对己而言,也更容易得到提升。往大了讲,社会的进步、人类文明的传承和发扬需要大学生。如果人人奉行大学无用论,那么社会将停滞不前。

同时要明白,金钱是会消耗完的,而知识进入人的头脑中便是永远的财富。即便有时候会有所遗忘,但要重新掌握的话要简单得多。

另外,在看到低学历人群光鲜一面的时候,往往忽视了他们拼搏时的艰辛。要结合自己的实际情况想想:"我能不能吃得了这份苦?就算是我能吃得了苦,我就一定能取得像他一样的成功吗?"每个人的成长道路是各不相同的,踏踏实实地走自己的路才是最明智的选择。

大学生还应该看到,即便大学无用论看似盛行,但纵观这些年的高考热度并未退却,这说明高等学府在大众心目中还是有很强影响力的。作为心智成熟的大学生,应该有理智而清醒的认识,不要为眼前的蝇头小利而放弃自己的宏伟蓝图,进入大学后就要调整好学习动机,全身心地投入到学习当中。

二、学习焦虑

学习焦虑是在学习过程中常见的一种心理现象。它是学生感到来自现实的或预想的学习情境对自己自尊心构成威胁而产生某种担忧的心理反应倾向。由于学习是一种艰苦探索的过程,难免经常有错误和失败的威胁相伴随。因此,不论优秀生还是学困生,都会不时体验到学习所带来的各种压力以及由此引发的不同程度的紧张和焦虑。要解决焦虑问题,关键在于如何正确判断焦虑程度,有效调节情绪状态,把学习焦虑控制在适度水平上。

研究资料表明,不同学习焦虑水平对学习的影响也不同,焦虑水平与学习效率之间呈倒"U"形曲线的关系。就是说,焦虑水平过高或过低,学习效率都比较低下;而焦虑水平适中时,个体会重视学习任务,有恰当的学习动机水平,能促进学习,学习效率较高。

案例研讨

某生,这已经是他第三次参加全国大学英语四级考试了。达不到学校规定的分数线,就可能拿不到学位证书,前两次都只差几分。眼看这次考试又要临近了,最近一段时间,他只要一拿起英语书就感到紧张,舌头僵硬,出冷汗,寝食难安,还会莫名其妙地发火,不能集中精力复习,记忆力也差,甚至过去会做的题目现在也不会做了。他担心这样下去,连这最后一次机会都没有了。

案例研讨

某生是我校刚上大二的同学。上大一时,她各科成绩很好,期末考试总分排名在班上前几名。大二开始,增加了很多专业课,其中有她的薄弱学科——与数学相关的运筹学。上了几次课她感觉比较吃力,同时她发现平时成绩不如她的几个同学都比她成绩好,她非常担心这门课学不好会影响排名,因此把更多的时间花在上面,可收效甚微。从此以后,一上该课程她就紧张,生怕听漏一个字。过了一个学期,她其他科目成绩也下降了。同班好友说她上课经常神情呆滞,不知在想什么。

以上案例都是学习过度焦虑的例子,学习过于焦虑者易出现忧虑、紧张、恐惧、坐立不安、心神不宁、自卑自责、头痛头晕、惶恐急躁等,面对复杂的学习内容心乱如麻,茫然无绪,不知道要从哪里着手。在生理上多表现为肌肉紧张、呼吸急促、心跳加快、头晕、大小便频率增加、多汗、恶心、睡眠不佳、食欲不振等情况。过度的焦虑使得注意力难以集中,干扰记忆的过程,影响思维的活动,而且对身心健康产生很大的危害。

个人的性格特征是学习过于焦虑的原因之一。焦虑就是自己为还没有发生的事情而烦恼,所以性格内向、胆小、悲观,争强好胜的个体更容易焦虑。性格很难改变,但并不是不能改变。易于焦虑的个体要鼓励自己积极乐观地看待问题。例如,明天要赶火车,易于焦虑的个体当天晚上就特别担心会不会堵车误点、赶不上火车,而整夜睡不着觉。此时就应该要这样想,赶火车是明天的事,明天按计划出发即可;即便路上真的出现意外,也可以改签;同时要明白意外本是意料之外,那现在想再多也是无用,所以无须再想,安心睡觉即可!这样情绪就能慢慢稳定。对学习也是同样的道理。易于焦虑的个体要坚持在生活中的小事中调整自己的情绪,这样这种影响正常学习生活的性格缺陷就能慢慢克服。

也可以试着从以下几方面调节、扼制学习焦虑。

首先,看清焦虑。混乱是产生焦虑的主要原因。换句话说,必须承认自己面临的事实,认清自己正处于焦虑的状态之中,而不是否认自己的焦虑情绪。

其次,分析焦虑。努力找到一个对自己影响最大的因素,采用夸张的想象,分析会让自己如此不能释怀的原因。

最后,采取行动。看清焦虑、分析焦虑之后,我们就应该立即采取行动,把焦虑的消极影响控制到最小。

知识阅读

心理咨询中经常采用以下几种疗法对抗焦虑,大学生可以稍做了解并予以借鉴。

1. 系统脱敏法

系统脱敏法又称交互抑制法,其基本方法是让人用放松取代焦虑。它是利用对抗性条件反射的原理,在放松的基础上,循序渐进地使神经过敏反应逐步减弱直至消除的一种行为治疗方法。它用于特别害怕某种客体式情境的恐怖和焦虑情况。大学生在面对学习焦虑时,可以采取这种方法进行自我调节,具体步骤如下:

第一步,学习放松技巧。找一处舒适的位置(如沙发)坐下,双臂自然下垂或搁置在座位扶手上。想象自己处于放松的情境中,如静坐在湖边或漫步在一片美丽的田野上,使自己达到一种安静平和的状态。建议可以下载一段瑜伽休息术的录音,按照其指示依次放松身体的各个部位,重点强调应放松面部肌肉。每日一次,每次20～30分钟,一般6～8次可学会放松。反复练习,直至能在实际生活中运用自如。

第二步,建构焦虑等级。首先,写出引起自己焦虑的刺激情境,如:明天就要考试了,该看的书我还没有看完;我走在去考场的路上;题目太难了等。然后,将列出的刺激情境按从弱到强的顺序排列焦虑等级,并给每个刺激情境指定一个焦虑分数,最小焦虑是0分,最大焦虑是100分。这样就构成了一个焦虑等级表,0分代表完全放松,100分代表极度焦虑。焦虑等级建构应当做到各级之间级差要均匀。

第三步,系统脱敏。按照设计的焦虑等级表,由小到大依次逐级脱敏。首先想象最低等级的刺激事件或情境,当确实感到有些焦虑紧张时,停止想象,并采用习得的放松技巧全身放松。待平静后再重复上述过程。每次放松后都要再次评估焦虑分数,如果分数超过25分,就需要继续放松。反复次数不限,直到自己面临该刺激情境不再紧张焦虑时为止,此时算一级脱敏。接着想象高一等级的刺激事件或情境,然后又全身放松,反复多次,直到想象这一刺激不再焦虑紧张时为止。如此逐级而上,直到对最高等级的刺激脱敏,直到在最让人高度紧张的情境时仍然能保持一种完全放松的状态为止。并在现实生活中不断练习,巩固疗效。

系统脱敏法能帮助人们减轻对考试的紧张反应,当然,这是建立在充分复习的基础上的。同时在系统脱敏过程中,如果一开始的焦虑分数就超过50分,仅靠重复放松就很难降低了。此时表明焦虑等级设计得不够合理,应该将焦虑等级划分得细一些,使每个等级之间跨度不要太大。对系统脱敏法有任何疑问,均可向学校的心理咨询老师求助。

2. 冲击疗法

冲击疗法又称满灌疗法,是暴露疗法之一。暴露疗法是用来治疗恐惧和其他负性情绪反应的一类行为治疗方法,它是通过细心地控制环境,引导个体进入有助于问题解决的那些情境中。冲击疗法是让个体持续一段时间暴露在现实的或想象的唤起焦虑的刺激情境中,因此冲击疗法分为现实冲击疗法和想象冲击疗法。现实冲击疗法是指持续一段时间暴露在现实的恐惧刺激中而不采取任何缓解焦虑的行为,让焦虑程度自行降低,是一种被动的放松过程。想象冲击疗法基于相似的原理并遵循相同的程序,不同之处是暴露在想象的恐惧之中。想象冲击疗法优于现实冲击疗法的一点是,它对能被治疗的产生焦虑情境的性质无限制。比如自然灾害和意外事故等引起的焦虑和恐惧,通常是不可能或在伦理上是不适合用现实冲击疗法的。在冲击疗法中,不允许个体采取不适应的行为去应对唤起焦虑的情境,而且咨询师对这种强烈而痛苦的情绪不能给予任何强化,哪怕是给予同情的眼光也不行。

在冲击疗法中焦虑可以得到迅速减轻,方法简单、疗程短、收效快。但这种方法在治疗过程中会引起强烈的焦虑和恐惧情绪反应,如果控制不当,会增加求助的焦虑和恐惧造成进一步创伤。在实施冲击疗法之前要进行详细体检,严重心血管疾病、中枢神经系统疾病(如癫痫)、严重的呼吸系统疾病(如哮喘)、内分泌系统疾病(如甲状腺疾病)患者,以及老幼弱孕者及各种精神病性障碍者均不能采用冲击疗法。一般说来,冲击疗法是要在心理咨询师的指导下进行的,并且冲击疗法应该是在任何一种其他方法都失败后才考虑采用的方法。

大学生在面对学习焦虑时,可以借鉴冲击疗法的原理。要敢于直面刺激情境,最终迫使导致强烈情绪反应的内部动因逐渐减弱乃至消失,情绪反应则会自行减轻乃至消除。

考试作弊指应试者在不允许的范围内、通过不正当的途径寻求或试图寻求答案的行为。

考试作弊是学生诚信意识相对缺乏的表现。从学习心理来讲,考试作弊是学习焦虑的表现。可能是由学习焦虑水平过低、学习态度不端正所致;也有可能是因为焦虑水平过高,急于求成,以致铤而走险。

考试作弊在各类考试中普遍存在。2012 年某大学随机抽取 150 位同学,就考试作弊问题进行了问卷调查,结果如下:

1. 你作弊时害怕吗?
  A. 非常害怕 31%   B. 有点怕 43%   C. 非常淡定 27%
  结果如图 4-4 所示。

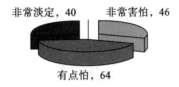

图 4-4 "你作弊时害怕吗?"调查结果

2. 你对作弊的态度怎样?
  A. 赞成 12%   B. 反对 49%   C. 无所谓 39%
  结果如图 4-5 所示。

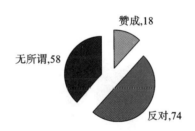

图 4-5 "你对作弊的态度怎样?"调查结果

3. 你认为作弊的目的是什么?
  A. 防止挂科 51.3%
  B. 拿奖学金或满足虚荣心 18.7%
  C. 别人作弊所以我也作弊 22.7%
  D. 其他 7.3%
  结果如图 4-6 所示。

4. 在什么情况下,你会选择作弊?
  A. 题难 47%   B. 题简单想拿满分 17%
  C. 旁边有高手 23%   D. 其他 13%
  结果如图 4-7 所示。

5. 你见过哪些作弊方法?
  A. 抄别人的 25.4% B. 打印小抄 22.2% C. 手机短信 10.3%
  D. 写在桌上 15.1% E. 高科技手段 6.4%

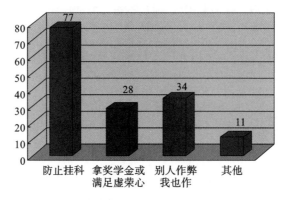

图4-6 "你认为作弊的目的是什么?"调查结果

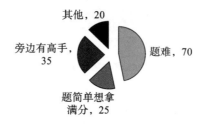

图4-7 "在什么情况下,你会选择作弊?"调查结果

结果如图4-8所示。

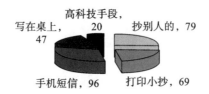

图4-8 "你见过哪些作弊方法?"调查结果

6. 你觉得周围作弊情况如何?

A. 很严重 44%　　　　B. 一般 46%　　　　C. 几乎没有 10%

结果如图4-9所示。

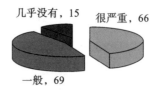

图4-9 "你觉得周围作弊情况如何?"调查结果

7. 考试过程中你见过别人作弊吗?

A. 见过 78%　　　　B. 没见过 5.3%　　　　C. 专心答题没注意 16.7%

结果如图4-10所示。

8. 你认为我校现在考风如何?

A. 很好 6%　　B. 一般,有部分人作弊 53.3%　　C. 很差,很多人作弊 40.7%

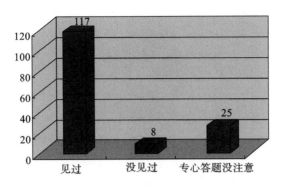

图 4-10 "考试过程中你见过别人作弊吗?"调查结果

结果如图 4-11 所示。

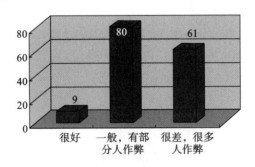

图 4-11 "你认为我校现在考风如何?"调查结果

9. 你认为应该如何减少作弊?

A. 开卷考试 20% 　　　　　　　　B. 诚信教育 30%

C. 落实学校惩罚制度 41%　　　　　D. 合理安排考试座位 9%

结果如图 4-12 所示。

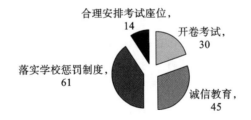

图 4-12 "你认为应该如何减少作弊?"调查结果

10. 你认为学生作弊与现阶段社会评价体系(诸如高考唯分数论、求职唯学历论)有关吗?

A 有关 66%　　　　　B. 无关 22%　　　　　C. 没考虑过 12%

结果如图 4-13 所示。

11. 面对一门很重要的考试,而你又没把握,你会怎么办?

A. 努力复习争取提高 60%　　　　B. 考试之前疏通关系 34%

C. 无动于衷 1%　　　　　　　　　D. 其他 5%

结果如图 4-14 所示。

12. 你认为大学生考试作弊的危害有哪些?

图 4-13 "你认为学生作弊与现阶段社会评价体系有关吗?"调查结果

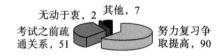

图 4-14 "面对一门重要的考试,而你又没把握,你会怎么办?"调查结果

A.考试失去公平性 25.2%　　B.减少学习效果,影响教学质量 21.4%
C.不利于大学生树立诚信素质 24.5%　　D.不尊重知识风气 22.14%
E.助于投机取巧 6.67%

结果如图 4-15 所示。

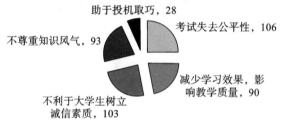

图 4-15 "你认为大学生考试作弊的危害有哪些?"调查结果

通过上述调查结果的总结,可以看到大部分同学有着正确的是非观,对于考试作弊持反对态度。但同时也看出现阶段考试作弊现象比较严重,作弊手段翻新,花样繁多。

由于本节研究的是学习心理障碍的自我调适,所以主要从内因出发进行探讨,不科学的社会评价体系、老师监考不严、学校考试制度未真正落实等外因的影响不在此赘述。

针对考试作弊,大学生要进行自我教育:

1. 加强思想道德教育

经常用正确的是非观、价值观来武装自己,要养成诚信的道德观念,懂得基本的礼义廉耻,认识到诚实的可贵与作弊的可耻。作为一名大学生,每个同学都要用马克思主义基本原理武装自己,提高对自己的要求。增强考试的自信心,克服考试过程中的侥幸、无知、不求上进等不良心理,自觉培养独立完成任务的意识和能力。

2. 用纪律约束自己

牢记学校的规章制度,自觉用纪律约束自己。尤其要认识到现在的新形势,作弊不仅是违纪,还是违法。轻则受到学校规章制度的惩罚,受到记过、留校察看的处分而导致不能顺利毕业;重则受到法律的制裁,给自己的整个人生都留下难以抹去的阴影。

3. 调整自己的学习动机,同时要对学习进行正确的归因,调整焦虑强度

针对考试作弊,大学生可以借鉴心理咨询方法中的厌恶疗法进行调节。

厌恶疗法采用经典条件反射的原理,通过附加某种刺激的方法,使个体在进行不适行为时,同时产生令其厌恶的心理或生理反应。如此反复实施,结果使不适行为与厌恶反应建立条件联系。以后尽管取消了附加刺激,但只要个体进行这种不适行为,厌恶体验照旧产生,为了避免厌恶体验,个体不得不中止或放弃原有的不适行为。具体步骤如下:

第一步,确定靶症状,即确定打算弃除的是什么行为。本次的靶症状就是考试作弊。

第二步,选用厌恶刺激。常见的厌恶刺激有电刺激、药物刺激、想象刺激和其他刺激(如憋气、羞辱、强烈的光线、尖锐的噪声及针刺等可致疼痛的方式)。对大学生考试作弊,可以用想象刺激和其他刺激进行自我调节。想象刺激是使个体进入想象,在想象中将不适行为和厌恶反应联系起来。想象刺激安全、不会伤害个体,而且不拘条件,随时随地可行。大学生可以将考试作弊与自己最厌恶的事情联系起来,一旦自己有考试作弊的想法时就想起厌恶之事,有厌恶之感,从而放弃考试作弊。同时,任何能带来不快情绪的刺激都可以作为厌恶刺激,只要这种刺激不给身体带来较大的损害。"卧薪尝胆"就是使用厌恶刺激的一个典型案例。针对考试作弊,也可选定类似的厌恶刺激,如自己厌恶的味觉体验等,一旦有作弊想法时即使用厌恶刺激,直至有作弊想法时就出现厌恶体验。

第三步,把握时机施加厌恶刺激。要想尽快地形成条件反射,必须将厌恶体验与不适行为紧密联系起来。在实施不适行为或不适行为冲动产生之前,就令个体产生厌恶体验,肯定无益于两者的条件联系;同样,在不适行为停止以后才出现厌恶体验,也达不到建立条件反射的目的,充其量只能算一个小小的惩罚。厌恶体验与不良行为应该是同步的,但不是每种刺激都能立即产生厌恶体验的,时间要控制准确。

厌恶疗法必须在严格控制的基础上使用,但大学生可以适当借鉴厌恶疗法的精神进行自我调适。

本节着重讲解了学习心理障碍的自我调节,在自我调节中有任何疑问或发现自我调节不能解决问题时,都应及时向学校的心理咨询老师求助。

【习题或思考】

1. 你的学习动机是什么?
2. 对自己学业上的成败得失,你是如何归因的?
3. 在学习过程中,你经常碰到的学习困难有哪些?你是如何处理的?
4. 你对自己的学习是如何计划的?其他同学又是如何计划的?请以分组讨论的形式展开讨论并做好记录。

【课外实践】

实践项目一

【实践主题】 社会调查。

【实践要求】 对大学生在学习过程中出现的心理障碍进行调查,可以在校内进行调查,也可去其他院校进行调查。不仅仅调查所出现的学习心理障碍,更重要的是调查大学生是如何调适的。

【实践学时】 4学时。

【时间安排】 结课前一周提交。

【特别说明】 不得抄袭,如有抄袭将一律按零分处理。

【格式】 上交的文字材料必须采取统一格式:用A4纸正反两面打印,标题用四号黑体,副标题用四号宋体,副标题下面用小四号宋体写班级、学号、姓名等,正文用五号宋体,论文必须要有摘要、关键词、参考文献等内容(均用五号宋体)。页边距:左边为2.5厘米、上下和右边为2厘米,行距为单位行距。在正文中段首空2个字符,段落与段落之间不空行。

实践项目二

【实践主题】 主题班会。

【实践要求】 各班围绕"如何进行有效学习"这一主题开展班会。

【实践学时】 4学时。

【认定程序】 各班在活动前将活动的名称、内容、形式、要求、参加对象、组织过程等以策划书的形式报所在班任课老师处,由任课老师交予心理健康中心审核认定,活动结束后各班将活动总结及相关材料整理后交予任课老师,并由任课老师交至心理健康中心存档。

【特别说明】 不得抄袭,如有抄袭将一律按零分处理。

【格式】 上交的文字材料必须采取统一格式:用A4纸正反两面打印,标题用四号黑体,副标题用四号宋体,副标题下面用小四号宋体写班级、学号、姓名等,正文用五号宋体。页边距:左边为2.5厘米、上下和右边为2厘米,行距为单位行距。在正文中段首空2个字符,段落与段落之间不空行。

第五章　人际交往与心理健康

【本章要点】 良好的人际关系使人获得安全感和归属感,给人精神上的愉悦和满足,促进身心健康;不良的人际关系使人感到压抑和紧张,承受孤独与寂寞,身心健康受到损害。通过本章学习,使学生了解人际交往与人际关系的含义、特点及类型,掌握人际交往的原则,并克服人际交往中的障碍,学习一些优化人际关系的技巧。

一个人永远不要靠自己一个人花100%的力量,而要靠100个人花每个人1%的力量。

——比尔·盖茨

第一节　人际交往概述

良好的人际交往能力以及良好的人际关系是人们生存和发展的必要条件。大学生作为一个特殊群体,面对激烈的竞争和日益强大的社会心理压力,如何认识和正确处理大学生人际交往中存在的问题具有极其重要的意义,人际交往障碍会给大学生的学习、生活、情绪、健康等各个方面带来一系列不良影响,对大学生在人际交往和沟通中存在的问题进行原因分析是大学生保持良好人际交往关系和提高沟通能力的方法。同时形成一种团结友爱、朝气蓬勃的人际交往环境,也将有利于大学生形成和发展健康的个性品质。每个人都处在人际关系网中,每个人的成长和发展都依存于人际交往。人际关系的好坏往往是一个人心理健康水平、社会适应能力的综合体现。现代社会是一个开放的社会,开放的社会需要开放的社会交往。对于正在学习、成长中的大学生来说,人际交往是生活的基本内容之一。同学之间、师生之间、老乡之间、室友之间、个人与班级以及和学校之间等错综复杂的社会交往,构成了大学生人际交往的网络系统。培养良好的人际交往能力,不仅是大学生活的需要,更是将来适应社会的需要。

比起中学生,大学生的人际交往更为复杂,更为广泛,独立性更强,更具社会性。进入大学后,个体开始独立地步入了准社会群体的交际圈,大学生们开始尝试独立的人际交往,并试图发展这方面的能力。交往能力越来越成为大学生心目中衡量个人能力的一项重要标准。大学生处于一种渴求交往、渴求理解的心理发展时期,良好的人际关系,是他们心理正常发展、个性保持健康和具有安全感、归属感、幸福感的必然要求。然而,并不是每个大学生都能处理好人际关系的。在这一过程中,有相当数量的人会产生各种问题。认知、情绪及人格因素,都影响着人际关系的建立。一旦大学生在这一过程中受挫,就可能表现为自我否定而陷入苦闷与焦虑之中,或因企图对抗而陷入困境,并由此产生心理问题。

案例分析

我觉得我在开心的时候,会很高兴地和在路上遇到的熟人打招呼,而在不开心的时候,我根本就不想和他们打招呼,就想径直走,也许也因为有一次我和他们打招呼,他们却视而不见。我当时觉得好尴尬,心里很不舒服。人与人的交往到底该怎么样?在相处时应注意些什么呢?

事实上,我是一个非常乐意与人交往的人,而且可以骄傲地说,我在这方面比较成功,我可以很随意、很大方地与人交谈,或者做一些别的事情,所以在别人看来,我是外向的。

但是,我其实是一个内向的女孩,而且很自卑,在人际交往中,我总是担心别人会看不起我。总是猜疑他们会不会厌恶我平凡的长相、陈旧的衣装、矮小的身材,所以我总是很大声地说话,而且喋喋不休,希望以此来掩饰自己的自卑。

(1)最烦恼的事是与别人交谈的时候,总觉得别人没有听我说话,想让听者能够尊重我。(失望)

(2)想主动与别人交谈,但又怕别人不理我。(无助)

(3)也许我与别人交流的方式让别人一下子适应不了。

(4)我不想让别人知道我太多的事,但有时又希望别人了解我、安慰我。

一、人际关系与人际交往

人际关系是人们在物质交往和精神交往过程中发生、发展和建立起来的人与人之间的联系和关系,这是人们彼此相互影响而形成的一种心理上和社会上的联系。人际关系是静态表述,人际交往是动态表述。人际关系有哪些特点和类型,当代大学生中的人际关系状况如何,我们为什么要发展良好的人际关系,这是我们学会与他人相处首先要了解的问题。

人际关系的定义有广义和狭义之分。广义的人际关系包括社会中所有的人与人之间的关系以及这些关系的一切方面,包括经济关系、政治关系、法律关系、文化关系、心理关系等。显然,我们的人际交往团体心理辅导中所指的人际关系不是这种从社会学角度进行概括的广义概念,而是从心理学角度概括的狭义定义。狭义的人际关系是指人们为了满足某种需要,通过交往形成的彼此之间比较稳定的直接的心理关系,它主要表现在人与人之间交往过程中关系的深度、亲密性、融洽性、协调性等心理联系的程度方面。人际关系是对这种心理关系的静态描述,而人际交往则是对这种心理关系的动态描述。人们只有通过人际交往才能建立各种不同的人际关系,而人际关系的好坏反映着人们心理差距的大小,它又是从人际交往过程中反映出来的。

人际关系由认知、情感和行为三种心理成分构成。认知是人际关系的前提条件、基础。大学生相互交往是双方作为信息对象的相互作用,并引起相互间的感知、理解、判断和评价,形成一定的认知结果。情感因素是在这种认知结果的基础上发生的主体的积极或消极的情绪状态和体验、情绪的敏感性、对人际关系的满足程度等。在人际关系中,认知起到了唤起情感、控制和改变情感的作用,对人际关系起着调节作用。情感是人际关系的重要调节因素。行为成分是交往双方外显的行为表现,如语言、眼神、手势、举止、风度、表情等表现个性和传达信息的行为要素,它们是建立和发展人际关系的交往手段与形式。认知、情感和行为是人际关系中三个相互联系、相互促进的心理因素。一般来说,由于人际关系不同,对人的认知和理解、情绪体验以及各种行为会有所不同,而它们反过来又会影响到彼此的人际关系。而且在不同的人际关系形成中,它们所占的比重是不同的,例如,在家庭关系中情感的成分特别突出,在工作群体中认识成分较为主要,而在各项服务性行业中的人际关系中行为成分则起着最为重要的作用。人际关系的三种心理成分是相互联系、不可分割的,而其中情感的成分即对人的亲近、喜爱、相互间的吸引力的大小是人际关系的突出特征。

人际关系以人们的需要为基础。需要是建立人际关系的动力,人际关系主要反映了人们在相互交往中物质需要或精神需要能否得到满足的心理状态。如果交往双方的需要能够得到一定程度的满足,就会产生喜欢、亲近的情绪反应,人们的心理距离就会缩短;反之,就会产生厌恶、憎恨等情绪反应,心理距离就会加大。因此,需要的满足是建立人际关系的心理基础。

人际关系以交往为手段。人际关系是人们借助于交往、努力消除陌生感、缩短心理距离的结果。之所以如此,是因为交往是人们交流信息、消除生疏、加深了解、获得肯定或否定体验的途径。不仅如此,交往的频率还是人际关系亲疏的调节器。一般说来,交往的频率越高,人际关系越密切;交往频率越低,人际关系越趋于淡化;当交往完全不存在的时候,原有的人际关系也会名存实亡。

人际关系以感情为纽带。人际关系总是带有鲜明的情绪与情感色彩,是以感情为纽带的。人们相处中呈现出来的喜欢、亲近或疏远、冷漠的情绪状态是人际关系好坏的基本评价指标。人际关系所具有的这种情绪性,使人与人之间的心理距离成为可以直接观察的心理关系。

自我暴露是人际关系深度的标志。人际关系是在人们逐渐自我暴露的过程中发展起来的。随着我们对一个人接纳程度和信任感增强,自我暴露也会越来越多,同时也要求别人越来越多地暴露他们自己。了解别人自我暴露的程度,可以很好地了解别人对我们的信任和接纳的程度,了解自己对别人的信任和接纳程度也可以通过自我暴露的程度来了解。因此,交往双方的自我暴露程度实际上标志着他们人际关系的深度。

人际关系作为一种社会关系的具体表现是十分复杂的,根据不同的标准可以分成多个种类。根据人际关系的媒介不同,可分为血缘人际关系、趣缘人际关系、业缘人际关系、地缘人际关系等。根据人际关系的固定程度可以分成固定的和非固定的人际关系。根据人际关系对人的影响程度可分为利害关系和非利害关系。根据人际关系的需求可以分为包容型、控制型和感情型人际关系。根据人际关系的外部表现可分为外露型、内涵型和伪装型人际关系。人际关系的分类还有其他的方法,如按距离的远近可分为近距离人际关系与远距离的人际关系;按复杂程度可分为简单的人际关系和复杂的人际关系;按功能的多少可分为单功能关系、多功能关系和超功能关系;按性质的相容性可分为相容的人际关系和不相容的人际关系等。

案例分析

阿静是某高校的女生,自认为自己所学专业对社会用处不大,害怕与人谈起自己的专业,常常故作冷傲。她害怕与人交往,在别人面前,总感到很不自在。在回家或回校的旅途中,要是没有熟人做伴,她会一句话也不和别人说,即使是同学主动找她聊聊,她也会冷漠地予以拒绝。

问一问:

你有像阿静那样的经历吗？

评一评：

在案例中，阿静害怕将自己的缺点暴露在别人面前，是因为她怕被别人小看，所以别人面前，她总是装出冷傲的样子，封闭自己，让别人难以接近自己。其实，社会需要各行各业，行行可以出状元。阿静完全可以非常自信地和各行各业的陌生人交往，并且这种交往还可以扩大自己的视野，增长见识、开阔心胸。

从阿静的故事中我们可以看出，许多时候，妨碍我们与别人交往的不是别人而正是我们自己的不良心理。

二、大学生人际关系的基本特点和基本类型

大学生的人际关系具有人际关系的一般共性，即社会性、历史性、客观性、动态性等一般属性。由于大学生文化层次较高、生理心理日趋成熟、校园环境较单纯，因而大学生人际关系又具有与其他社会成员人际关系不同的特点。这些特点主要有：

第一，讲求平等。大学生随着自我意识的发展，独立和自尊的要求日益增强，有强烈的"成人感"，对交往的平等性要求越来越高。他们既希望平等对待他人，又希望他人平等地对待自己。所以大学生更多地选择与同辈交往而远离父母、长辈，经常回避居高临下的教训，渴望平等交往。大学生的个人阅历、所处地位、社会经验、认知能力、思维观念都大致相同，容易产生平等的心理意识。同学之间、师生之间都渴望互相理解、互相尊重、平等相处，而那些傲慢无礼，不尊敬他人，操纵欲、支配欲、嫉妒、报复心强的人常常不受欢迎。

第二，富于理想。大学生与其他成员相比较是一群比较单纯的年轻人，相较于社会上某些世俗的人际交往，他们对人际关系抱有较高的期望，即大学生的人际交往具有浓厚的理想色彩，看重思想，期望纯洁而真诚地交往。无论是对朋友，还是对师长，都希望不掺任何杂质，以理想标准要求对方，一旦发现对方某些不好的品质就深感失望。与其他人群相比，大学生人际交往的挫折感较强，致使在大学生中出现渴求交往和自我封闭的双重性。

第三，注重精神。大学生与中学生相比，其心理与智力的发展水平都上了一个新台阶，他们思维开阔、思想活跃，有着十分丰富的精神世界，比较讲义气，注重精神领域的交流，而功利意识少，多为学习互助、交流信息、探讨人生、沟通感情等精神交往。他们对友谊对象的选择要求较高。成为好朋友的，多是性格相投、兴趣相合、感情融洽的同窗知己。

第四，情感色彩浓。大学生普遍希望通过交往获得友谊。对友谊的珍惜与渴求，以及青年人情感丰富的心理特点，使大学生在人际交往中十分注重感情的交流，讲求情投意合和心灵深处的共鸣。女同学往往更加注重感情，男同学则更重兴趣一致、价值观趋同。因此大学期间结下的友谊也更为牢固长久。但是由于大学生心理发展还不够成熟，时常会以感情代替理智，而且他们的情感也不稳定，起伏比较大，表现为时而欢欣鼓舞，时而焦虑悲观。

第五，独立性较强。大学生之间的个性差异很大，每个人的交往都可能不同于他人，从而使大学生的交往活动呈现出多彩的个性色彩。无论是活泼爱动的大学生，还是孤僻好静的大学生，在交往中都表现出一种自主性。他们的交往是积极主动的，他们是互为主体、互相影响

的交往伙伴,在心理上存在着较强的独立感。他们的交往大多是兴趣所致、意愿所使,与个人的兴奋点相吻合,表现出独特性。他们的交往外在约束力不强,绝大多数社会活动甚至集体活动参与与否可由个人选择,强迫或被动的成分很少,表现出很强的自主性。

第六,交往的开放趋势。当代大学生的交往意识很强,一般不拒绝交往,交往范围较宽。在校内,无论班级、年级,还是专业、性别等,都不会成为大学生交往的障碍,而且,大学生正努力地把自己的交往领域扩大到校外乃至社会。与大学生交往需求的多层次、多侧面相对应的,是他们交往方式的丰富多彩,各种社团以及网络交往方式的兴起也体现了当代大学生交往的开放趋势。

根据不同的标准,可以将大学生人际关系划分为多种类型。从人际关系的对象看,可以将大学生人际关系分为同学关系与师生关系 2 类;从人际关系的密切程度看,可以分为融洽关系、冷淡关系、冲突关系 3 类;从人际关系的效应看,可以分为有益的人际关系、有害的人际关系、中性的人际关系 3 类;从人际关系的利益看,可以分为利益相关的人际关系、利益无关的人际关系 2 类;从人际关系的情感看,可以分为公事性人际关系、私人性人际关系 2 类。为了把握当代大学生人际关系的现状,我们分别研究大学生人际关系中的同学关系和师生关系。

关于大学校园中的同学关系。同学是大学生人际交往的主要对象,同学关系是大学生人际关系的主要内容。大学校园里的同学关系总的来说是和谐、友好的。表现在:一是家庭化趋势。二是亲情化趋势。三是称呼世俗化。在今天的大学校园里,大学生根据各自兴趣、爱好、性格等的不同,结成一个个或松散或紧密的交际圈。大学生的交际小圈子主要有以下几种类型。一是学习圈。二是娱乐圈。三是社团圈。值得注意的是,大学生人际关系中虽然和谐关系是主流,但仍有部分冷漠关系和少数冲突关系存在。有些大学生虽朝夕相处,同窗数载,但彼此之间仍处于一种冷漠关系中,突出表现为缺少知心朋友,一人独来独往深感孤独等。这往往是由他们过分强调以自我为中心,只要求他人理解自己、尊重自己,却忽略了尊重他人、理解他人所致。少数大学生个体之间处于排斥状态,彼此心存怨恨、情绪对立、关系紧张。大学生人际关系中的冷漠关系和冲突关系不但有害自身的身心健康,而且影响自身的学习、生活和健康成长。

关于大学校园中的师生关系。老师与学生,是大学校园里两大基本群体。老师是学生人际交往的重要对象,师生关系是学生人际关系的重要内容。师生关系如何,直接影响到学生能不能健康地学习成长,并在很大程度上决定了学校能不能对学生的身心施加符合社会要求的影响。当代大学生普遍做到了尊敬老师,但不盲目顺从和崇拜。师生关系的疏密,可以从学生遇到问题会不会去寻求老师的帮助得到印证。

大学生人际交往现状中还有一个现象是不容忽视的,即大学生的网络人际交往。网络人际交往是人们在网络空间里进行的一种新型人际互动方式。网络人际交往给大学生的生活方式、价值观念带来的挑战和改变是前所未有的。中国互联网络信息中心发布的统计报告表明,目前学生在中国的网络用户中占 21%,是上网用户比例最大的一个群体,其中,高校学生尤甚。大学生们可以通过网络进行聊天、交友、游戏、娱乐,在这个过程中表现出不同于普通人际交往的特点,即交往角色的虚拟性、交往主体的平等性、交往心理的隐秘性、交往过程的弱社会性和弱规范性、交往动机的多样性等。这种交往方式使大学生没有任何心理负担,可在交往中肆意妄为,容易使年轻人脱离道德规范和人伦关系的约束,放纵自己的行为,产生诸多网络道德问题,是开展大学生人际交往团体心理辅导中值得关注和进一步研究的问题。

三、人际关系对心理健康发展的意义

建立并保持良好的人际关系是人们在社会中生存的必备能力和基本条件,事关我们的身心健康,事关我们的学习、工作和生活的成功与幸福。

第一,建立并保持良好的人际关系是人的基本心理需求。马斯洛的需要层次理论中将人们的需要分成五个层次,认为当人们满足了生存需要和安全需要后,就有了人际交往的需要,尊重和爱的需要以及自我实现的需要。其实人们即便是为了生存和安全的需要也必须进行人际交往,或者说,人们在满足任何一个层面的需要时,都会有人际交往的需要。

第二,建立并保持良好的人际关系有利于个体的社会化。个体社会化是指人不断学习和掌握充当社会角色的知识、技能及特定的社会规范、准则,以获得社会有效成员资格的过程。个体社会化程度的高低是衡量其成熟程度与能力强弱的尺度之一。一般来说,人们在社会交往过程中,不是被动地接受生活规范,而是积极主动地在与人、与社会交往中习得社会规范、适应社会生活的。对大学生来说,良好的人际交往既是完成个体社会化的必备条件,也是完成社会化的有效途径。

第三,建立并保持良好的人际关系可以影响个体的思想与塑造个体的人格。一个人的思想和人格主要是后天通过社会学习形成和发展起来的,而人们后天的社会学习,不论是直接知识、间接知识的获得,还是世界观、人生观、价值观的形成,很多都是在人际交往中完成的。你之所以会成为今天的你,主要是人际关系的结果,各种不同的人际关系影响了你的思想和塑造了你的人格。

第四,建立并保持良好的人际关系有利于个体的身心健康。不少心理学家认为,人类的心理适应最主要的是对人际关系的适应,人类的心理疾病,很多是因为人际关系失调而来。良好的人际交往有利于心理健康,体现在:一是它能起到代偿作用,和谐的人际关系可以消除失落感与孤独感。二是它能稳定情绪,烦恼时有人倾吐,欢乐时有人分享,可以给人带来情感上的稳定。三是有助于自我意识的发展与深化,置身于良好人际关系中能使个体具有归属感、安全感,进而满足自尊心,增强自信心和自豪感。

第五,建立并保持良好的人际关系有利于个体事业的成功。美国学者卡耐基在研究人的事业成功因素时,认为在现代社会,一个人的成功仅15%是依赖自身素质,而85%取决于人际交往。哈佛大学曾对几千名被解雇的人员进行综合调查,其中人际交往不好的人比不称职的人高出2倍多,在每年调离的工作人员中,人际关系不好的占90%以上。良好的人际交往有助于个体事业的成功,是因为它能帮助个体完善品格,开阔思维和眼界,提供信息交流机会,获得事业上的合作支持与帮助,促进个体在事业上不断进取,获得成功。

总之,为了提高大学生的生命质量,大学生需要建立良好的人际关系,学会与他人相处。这就是人际关系心理发展的最高目的。

【疑难讨论】

1. 回想一个你认为很难相处的人。
2. 回想一件你和他(她)之间曾经发生过的让你感到不愉快的事情。
3. 回想你当时是采用什么方法处理的?

4. 现在看来你采用的这个方法怎样？
5. 你打算以后用什么方法与他（她）友好相处？

第二节　人际交往的原则

当今社会，改革开放的程度日益加深，在社会主义市场经济条件下，人与人之间的关系发生了前所未有的变化，从总体上讲，大学生应根据良好人际关系的基本内涵，把握人际关系的原则，提高人际交往和沟通的技能，同时从自身修养、交际经验等方面提高自己，树立时代意识，掌握人际交往的一般原则。

一、人际交往的一般原则

1. 诚实与守信原则

诚信作为一种基本道德规范作用于人际交往，具有很强的针对性。诚实守信的道德规范旨在建立普遍的信任关系和正常的信任系统，促进社会的良性运行。诚信原则既是中华民族的优良道德传统的继承，也是当今社会发展的迫切需要。在未来的社会中，人们将越来越看重诚信这一品质。

2. 竞争与合作原则

在现代社会生活中，竞争与合作不仅是人际相互作用的对立统一的基本形式，也是整个社会生活中常见的社会现象。竞争推动发展，成功需要合作，这就是当今社会发展的基本规律。大学生要适应现代人际交往的特点，牢固树立竞争与合作的意识。要充分认识和处理竞争与合作的关系，两者相互渗透、相辅相成，合作中有竞争，竞争中有合作，竞争促进合作的加强，合作保证竞争的胜利。

3. 平等与互助原则

平等是建立良好人际交往的前提。互助是促进人际交往的润滑剂。现代和未来的社会，是一个高度文明化的社会，物质文明、精神文明、政治文明的发展要求人们相互尊重、平等相处，尊重人、理解人、关心人、帮助人，建立有利于成长和进步的人际关系。

4. 原则性与包容性兼容的原则

原则性是指大是大非问题上的不丧失立场。包容性是指非原则问题上的宽容大度。两者既对立又统一，要做到大是大非问题上讲原则，在非原则问题上不斤斤计较，这是人际交往中的重要原则，也是个体人际交往的心理品格。现代社会是一个复杂多变的社会，人际交往的主体各自的成长环境、社会阅历、道德修养、生活方式等存在着差异，交往中出现的认识不一致甚至产生矛盾冲突是不可避免的。大学生在人际交往中要有辩证思维，做到不因片面追求交往而放弃原则，也不要遇事过于原则化，而使人敬而远之。要做到大事不糊涂，不谦让，非原则问题宽以待人，求同存异。

5. 应变原则

时代的发展给人际交往带来了一系列深刻变化：人与人之间的社会联系日益密切，人际交往受血缘、地缘的影响逐渐减弱;随着市场经济的深入发展,使得人与人之间的联系更加广泛、交往的区域扩大;人际交往的复杂性使人际交往的节奏大大加快。人际交往从形式到内容都发生了并正在发生着重大变化。基于这些变化,大学生人际交往要改变传统的、单一的、僵化的、刻板的交往观,具有适应社会发展要求的应变意识。我们主张的应变意识与社会上出现的所谓"滑头""变色龙""势利"等有本质区别。我们的主张是要求大学生在新的历史条件下,增强自己在人际交往中的应变能力。积极广泛地参加社会实践活动,增加社会阅历,丰富自己的生活,增加社会经验,主动、自觉地改变过去传统自然的交往方式,改进交往的常规方法,探索新的交往方式、交往规律,树立符合时代要求的人际交往观,努力使自己在复杂多变的社会环境中游刃有余,从容不迫。

二、大学生人际交往的原则

由于大学生与一般的人际交往相比又有自己的特殊性,所以在人际交往中除掌握以上人际交往的一般原则外,还要特别注意以下几点原则。

1. 平等互利原则

平等是指在人际交往中,人与人之间要平等相待,做到一视同仁。人际交往中,人格一律平等,每个人都有自尊与被他人尊重的权利。在人际交往中,平等待人是建立良好的人际交往的前提。如果没有平等待人的观念和态度,就不可能与人建立良好的人际关系。互利要求人们在交往过程中,交往双方都得到好处和利益,心理上获得满足。这既包括物质内容的,更包括心理内容的。大学生人际交往中也有一定程度的物质利益的互惠互利,但主要的是精神互利,心理相通相容,交流感情,沟通心灵。

2. 真诚信用原则

真诚信用指在人与人交往过程中要说真话而不说假话,办实事,言而有信,遵守诺言、实现诺言,不轻易许诺。信用是真诚的外在表现。在大学生的人际交往中,取信于人是非常重要的。大学生群体的特殊性使他们的守信一般不像社会政治与经济交往中那样受法律的约束,而主要是依靠道德力量来约束。大学生在人际交往中,对同学对朋友要以心换心,以诚相待。只有真诚待人、守信,才能与他人建立和保持良好的人际关系。

3. 尊重激励原则

尊重包括自尊和尊重他人两个方面。自尊就是在各种场合都自重、自爱,保持自己的人格尊严;尊重他人就是重视他人的人格和价值,承认他人在交往中的平等地位。大学生学历、年龄相当,但也各有个性,人与人在人格上都是平等的,每个人都有同等资格获得善待。你和某人相处并不一定要喜欢他,但必须尊重他。尊重他人能使你赢得他人的尊重,能使复杂的人际关系变得融洽,彼此都心情愉快,获得力量。激励指在人际交往中要善于发现并且鼓励赞扬对方,因为交往不仅是为了彼此能和睦相处,有时候交往更要双效益,彼此鼓励,互相促进、提高和发展。尊重与友爱能使人心灵得到升华,而赞美就是把人与人之间的尊重和友爱表达出来。尊重和激励是相辅相成的,是建立良好人际关系必须遵守的原则之一。

4. 相容但不要无间原则

相容指人们在交往过程中出现矛盾、遇到冲突时有耐心,能宽容他人,包括容忍对方的优点、缺点和个性。因为人与人之间思想感情是可以沟通的,但人与人之间的各种差别是不可能消除的,这就需要求同存异,相互容纳,才能正常交往与相处。相容的基点是尊重差异,容纳他人的个性。大学生活一般是集体生活,与同学朝夕相处,更要求同存异,彼此宽容,不但要容纳他人的个性,还要容忍他人的短处,谅解他人的过失,对他人不要求全责备。做到宽容就要善解人意。善解人意是人际交流的黄金法则。其奥秘就是"己所不欲,勿施于人"。然而亲密不要无间,美好需要距离。有时同学之间、朋友之间亲密无间往往适得其反。距离的存在是一种有魅力的客观状态,是人际交往尤其是亲密关系相处的一种美学。

5. 广泛交友原则

大学生不与同学交往、建立友谊,生活学习都将是枯燥、单调的。大学生广交朋友包括结交同性朋友和异性朋友。在异性交往中,男性或女性的角色得到确证、得到满足。当然,男女交往要注意分寸、得体,真挚的友谊和恋爱是两码事,友谊不可过于亲昵。异性交往要比同性交往更注重礼仪。大学生不但要尽量与同学广交朋友,而且要争取跟社会上各阶层人士交朋友,为增长见识也为毕业后与人相处积累经验。

6. 尊敬师长孝敬父母原则

建立良好的师生关系是大学生人际关系的一个经常不容忽视的方面。一个人从小学到大学毕业都离不开老师,老师对我们的影响潜移默化。每一个学生的成长、成才都凝结着老师们的心血。尊师重道、孝敬父母是中华民族的传统美德。大学生应与父母保持感情交流,这是父母所企盼的,也是我们孝敬父母的表现。

案例分析

交往困惑

杨某,19岁,大学二年级学生,一年多来,她从不与人多讲话,与人讲话时不敢直视对方,眼神躲闪,像做了亏心事。一说话就脸红,低头盯住脚尖,心怦怦跳,起鸡皮疙瘩,好像全身都在发抖。她不愿与班上同学接触,觉得别人讨厌自己。她也害怕老师,上课时,只要老师面对学生,就不敢朝黑板方向看。更糟糕的是,她在亲友、邻居面前说话也不自然。由于这个毛病,她极少去社交场所,很少与人接触。

杨同学患的是一种常见的心理障碍——社交恐惧症。所谓社交恐惧症指的是总是害怕自己会在别人面前出洋相,担心被别人注意,对人际交往总是有强烈的恐惧感的一种心理障碍。社交恐惧是在没有构成危险或威胁存在的情况下发生的,可以说是一种莫名其妙的反应。其主要特征:不敢与恐惧对象目光对视,总是用余光注视他人;总是觉得别人在注视自己;讲话时爱摸鼻子、下颌等以掩饰内心的惊慌不安;与人交谈口齿不清,语言重复;总是采取回避行为;在社交场合出现面红、出汗、气短以及颤抖等生理反应。社交恐惧症的心理基本上源于害羞,不管患者年龄有多大,其心志是相同的,只是每个人有每个人的不同境遇和不同解释。这里面有深层次心理的害羞,也有浅层次的害羞。其中特别是对异性的社交恐惧在大学生中比较常见。开始时,他们内心可能对某一异性存在爱意,但又害怕别人议论,或担心遭受对方的拒绝,久而久之,就会从对异性的害羞演变成为在公共场合对异性的恐惧。

社交恐惧症的形成过程是这样的:第一,患者对陌生人,甚至相恋的人感到害怕;第二,回避所有人;第三,在害怕中伴有明显的紧张、出汗和颤抖以及诸多自主性功能障碍;第四,在病情发展中,常出现过度自我防卫;第五,出现类似强迫症的明知不该但无法自控的状态。一般认为,以下个性特征者易患社交恐惧症。

(1) 内向者。内向的人往往安静、内省、不喜欢接触人,情绪不稳定容易产生焦虑,对各种刺激的反应过于强烈,情绪激发后,又很难平复下来。因此,内向的人在与人交往时,强烈的情绪反应会影响正常的交往。

(2) 敏感者。敏感的人常感到别人看出他(她)紧张不自然,认为别人对他(她)厌恶、鄙视或别人也不自然,不愿意与他(她)继续交谈,因此更加紧张害怕。

(3) 自卑者。自卑的人自我评价低,认为自己缺少社交技巧和能力,内心恐惧,怕引起别人不好的反应。

(4) 完美主义者。过分追求完美的人对自己要求过高,希望自己在所有人面前、在任何场合、在各个方面都表现得完美无缺,得到别人的称赞。但人无完人,在交往过程中这就不可避免造成反复的自我挫败,以至于到后来见人就紧张害怕。

心理咨询师认为,对于案例中的杨同学及其类似病例,一般通过心理分析和心理治疗来帮助其克服。让她回顾所经历过的不愉快事件,分析自己的性格形成过程,以找出造成她出现这种情况的原因。从叙述中可以知道:一是杨同学内向、孤僻、胆小的性格特征是影响人际交往的内在因素。二是父母对她交往中的禁忌意识,使她形成了较强的羞耻心,这对人际交往起着阻碍作用。三是年少时,父亲的暴躁导致的恐惧反应和老师当众的批评、挖苦所产生的羞耻反应在她的心灵深处留下了负性心理印象。四是在与同学相处时感到好心反被误解,被恶意相待,于是委屈、怨恨、愤激;又由于心理防御机制的作用,这些挫折反应在潜意识中被转换为对那位同学的回避反应,导致杨同学产生了隐化心理现象——过敏性牵连,对害怕的场合和人会产生草木皆兵的心态,产生异常敏感的反应,总是以为他人的一举一动都暗示着对她的讨厌、排斥,从而进一步强化其回避的理由,以维持内心的平衡。

当杨同学意识到社交恐惧症是怎样形成之后,结合以下的自我调节建议进行治疗:①不必过度关注自己给人留下的印象。当自己对社交场合过于紧张或害怕时,不妨让自己的思维走向极端。再坏又能坏到哪里去?最终我又能失去些什么?最糟糕的结果又会是怎样?结果我们会发现实际情况远没有原先想象的那么严重,于是注意力就被转移到正题上。如果你与陌生人交往感到恐惧,可以试试以下几步:第一步,与自己的父母无拘束地交谈;第二步,与同寝室同学畅谈;第三步,主动与隔壁寝室同学交谈;第四步,与同班同学交谈;最后,主动与上选修课的同学或同桌吃饭的同学交谈。②可以适当地做些克服羞怯的运动。例如:将两脚平稳地站立,然后轻轻地把脚跟提起,坚持几秒钟后放下,每次反复做30下,每天这样做2次,可以消除心神不宁的感觉。可以强迫自己做数次深长而有节奏的呼吸,这样可以使紧张情绪得以缓解,为建立自信心打下基础。③与别人在一起时,不论是正式还是非正式的聚会,开始时不妨手里握住一样东西,比如书本、一块手帕或是其他的东西。握住这些东西对于害羞的人来说,会感到舒服而且有一种安全感。然后,慢慢克服自己的胆怯心理,学会毫无畏惧地看着别人。④增加社交吸引力。在与人接触时,注意自己的外表形象,经常读些课外书籍、报纸杂志开阔自己的视野,丰富自己的阅历,多参加社团及其他集体活动,通过人际交往掌握社交技巧,不断充实、完善自己。没有人天生就具有社交吸引力,所以必须有耐心,还要付出努力。请相信只要努力、持之以恒,就一定会取得成功。

第三节　大学生人际交往的心理特点和一般问题

在大学生这个群体中,人际交往及通过人际交往而建立起来的友谊对于大学生的成长发展具有重大影响。大学生在人际交往中呈现出一些特点,其最突出的特点是人际吸引与交往障碍并存。

一、人际吸引

人际吸引是人际交往、人际关系的基础,没有人际吸引,人际关系、人际交往就无从建立,更别说保持和发展人际关系了。研究人际吸引的影响因素长期以来一直是心理学家感兴趣的问题。大学生的人际吸引影响因素与一般人际吸引影响因素基本相同,主要有以下几点。

1. 邻近吸引

时空、距离近是形成密切的人际关系的一个重要条件,如果其他条件相同,人们在时空、距离上越接近,彼此交往和接触的机会越多,彼此之间就越容易形成密切的人际关系。应当看到,随着时间的流逝,邻近吸引的作用会变得不那么重要。

2. 外貌吸引

人与人的交往之中,第一印象极为重要,而外貌、仪表则是第一印象的"窗口"。人的外貌可以引起晕轮效应,尤其是初次交往更是如此。但尽管人们明明知道以貌取人会出偏差,甚至会出现错误,然而,大多数情况下仍不可避免。当然,大学生们随着同窗时间的增多,久而久之,外貌吸引就降低了,随着彼此交往的深入,吸引力就从外在仪表美逐渐转向人的内在心灵美了,最终内在美起决定性作用。

3. 能力、才华吸引

一般来说,人们总喜欢与聪明能干、有才华、有学识的人交往,上下级之间、同辈之间都如此。大学生们尤其崇拜和羡慕有真才实学、有才华、能力强的人。大学生中有才华、有能力的人,容易博得大家的喜爱。

4. 相类似吸引

所谓相类似,包括年龄、社会地位、经济状况、学历、文化素质、兴趣、爱好、态度、信仰、价值观等方面的类似性或共同性。在这些方面,大学生若意识到彼此相类似,则容易产生吸引力,容易成为朋友,建立密切关系。

5. 需求互补吸引

当双方的需求以及对于对方的期望能互补时,彼此将产生强烈的吸引力,从而使双方间的人际关系更加密切。人与人在知识和才能方面的互补是显而易见的,在思想、性格等方面的互补也是重要的。我们常见到大学生中那种脾气急躁的人与温和而有耐心的人能友好相处,活泼健谈的人与沉默寡言的人能成为要好的朋友,一个服从性格的人情愿找一个支配性格的人结伴,这都属于这种吸引。

6. 个性特征吸引

人际吸引的根本奥秘在于人格魅力。人格就是人的心态、人的品格、个性、气质和行为方式的基本特征。什么样的人格才有魅力,这是一个相当复杂、难以说清的问题;什么样的人格最有魅力,不可能也不应当有一个统一的模式。有专家把人格魅力的个性特征进行排序依次为真诚、责任、进取、热情、宽容、幽默、端庄。事实表明,大学生的人格力量在人际交往中的重要性越来越被重视,这是大学生人际吸引的重要原因,是大学生建立良好人际关系的一个非常重要的因素。

二、人际交往不良

大学生在人际吸引强烈的同时,也存在诸多人际交往适应不良的现象和人际关系问题。有关调查表明,大学生心理问题中,关于人际交往的已占50%以上,而在以前的统计中,恋爱烦恼占据首位。仔细分析,大学生人际关系中的困惑、不适可以分为以下5类情况。

1. 缺少知心朋友

这类大学生通常多能正常交往,人际关系也不错,但自感缺乏能互吐衷肠、肝胆相照、配合默契、同甘共苦的知心朋友,为此,有时不免感到孤独和无奈。

2. 与个别人难以相交

这类大学生与多数人交往良好,但与个别人交往不良,他们可能是室友、同学或父母等与自己关系比较近的人,由于与这些人相处不好,常会影响情绪,成为一块"心病"。

3. 与他人交往平淡

这类大学生能与他人交往,但总感到与人相处的质量不高,缺乏影响力,没有关系比较密切的朋友,多属点头之交,没有人值得他牵挂,也没有人会想念他,他们难以保持和发展良好的人际关系。这类同学多会感到空虚、迷茫、失落。

4. 感到交往有困难

这类大学生渴望交往,但由于交往能力有限、方法欠妥或个性缺陷、交往心理障碍等原因,交往不尽如人意,很少成功的体验。他们往往感到苦恼,很希望改变社交状况。

5. 社交恐惧症

这类大学生对人际交往特别敏感、害怕,极力回避与人接触,不得不交往时则紧张、恐惧、心跳加快、面红耳赤,难以自制,总是处于焦虑状态。他们害怕自己成了别人注意的中心,害怕自己在别人面前出洋相,害怕被别人观察,担心自己会出现错误而被别人嘲笑,总处于一种莫名的心理压力之下。与人交往,甚至在公共场所出现,对他们来说都是一件极其恐怖的任务。

社交恐惧症是非常痛苦、严重影响患者生活工作的一种心理障碍。一般人能够轻而易举办到的事,社交恐惧症患者却望而生畏。患者可能会认为自己是个乏味的人,并认为别人也会那样想。于是患者就会变得过于敏感,更不愿意打扰别人。而这样做,会使得患者感到更加焦虑和抑郁,从而使得社交恐惧的症状进一步恶化。许多患者改变他们的生活,来适应自己的症状,他们(和他们的家人)不得不错过许多有意义的活动。

课堂活动

面对冲突省察自我

省察自己的性格,省察自己的态度,省察自己的行为。

下面每个问题有四个选项,在最适合你的情况的选项的括号里填入4,按照程度不同,其次填3,再次填2,最后填1。

1. 你给别人留的印象可能是:
   A. 经验丰富(　　)　　　　　　B. 热情友善(　　)
   C. 灵敏快捷(　　)　　　　　　D. 知识丰富(　　)
2. 你觉得时间宝贵,所以总是先确定要做的事情:
   A. 有没有价值(　　)　　　　　B. 有没有兴趣(　　)
   C. 是否安排得当,按计划进行(　　)　D. 是否考虑好下一步的计划(　　)
3. 对你来说,最满意的情况是:
   A. 比原来的计划要求做得多(　　)
   B. 对别人有帮助,利人利己(　　)
   C. 经过思考解决了问题(　　)
   D. 把一个想法和另外一个想法联系起来了(　　)
4. 你喜欢别人把你看成是一个
   A. 能完成工作任务的人(　　)　　B. 充满热情和活力的人(　　)
   C. 办事胸有成竹的人(　　)　　　D. 有远见卓识的人(　　)

结果与评价:

把4个问题中A、B、C、D 4项的分数分别相加,得出4个总分数,总分数最高的一项,就是你的性格的基本类型。

三、人际沟通问题

在大学阶段的学习生活中,由于主观和客观的原因,其中一部分人往往会出现人际交往和沟通不畅的情况,影响其身心健康和学习进步。存在人际沟通问题的学生主要有以下几种类型。

1. 自我中心型

在与别人交往时,"我"字优先,只顾及自己的需要和利益,强调自己的感受,而不考虑别人。在与他人相处时,不顾场合,不考虑别人的情绪,自己高兴时,就高谈阔论,眉飞色舞,手舞足蹈;不高兴时,就郁郁寡欢,谁都不理,或是乱发脾气,根本不尊重他人,漠视他人的处境和利益。

2. 自我封闭型

这种类型有两种情况,一种是不愿让别人了解自己,总喜欢把自己的真实思想、情感和需要掩盖起来,往往持一种孤傲处世的态度,只注重自己的内心体验,在心理上人为地建立屏障,故意把自我封闭起来;另一种情况是虽然愿意与他人交往,但由于性格原因却无法让别人了解自己。这样的人一般性格内向孤僻,形成了一种自我封闭的状态。

3. 社会功利型

任何人在交往过程中都有这样那样的目的、想法,都有使自己通过交往得到提高、进步的愿望,这些都是好的。但如果过多过重地考虑交往中的个人愿望、利益是否能够实现,实现的可能性有多大等,就很容易被拜金主义、功利主义等错误思想腐蚀拉拢,使个人交往带上浓厚的功利色彩。

4. 猜疑妒忌型

猜疑心理在交往中,一般表现为以一种假想目标为出发点进行封闭性思考,对人缺乏信任,胡乱猜忌,很容易受暗示。心理学认为,任何人都有不同程度的嫉妒心,这是常事,一定的嫉妒心,可以激发人的积极性。而一旦这种嫉妒心超过一定限度就会走向反面,影响人与人之间正常的关系。在我们平时的交往中嫉妒心就主要表现为对他人的成绩、进步不予承认甚至贬低;自己取得了成绩、获得了荣誉就沾沾自喜,但同时又焦虑不安,对他人过分提防,害怕他人赶上;有的甚至因此怨恨他人。嫉妒心,嫉的是贤,妒的是能,这就是所谓的"嫉贤妒能"。大学生若在学业上优越地位逐渐丧失,就很容易产生妒忌心理。

5. 江湖义气型

有些学生热衷于江湖义气,这种义气实际与以革命原则为基础的同志友谊有着本质的区别。在平时交往中,我们不能搞"小团体",应当坚持团结合作,珍惜互相之间的情谊。

6. 困惑迷茫型

这是很多大学生的心灵写照,熟悉了周围的环境,认识了周围的同学,才发现校园的生活并不像自己想象的那么简单。人们说校园就是个"亚社会",汇集着来自五湖四海、四面八方的同学,风俗习惯、观点看法难免不一样,正是这些风俗习惯和观点看法的不同,使我们的生活可能充满着小摩擦。

7. 爱面子型

冲突双方用不适当的方法维护自尊,即典型的面子心理。

心理实验

对美丽的偏见：美的即是好的

戴恩等的一项研究结果很好地验证了我们在形成对他人的印象时，光环作用和扫帚星作用广泛存在。实验这样做的：先给每一位被试者试看一些陌生女性的照片，这些女性在照片上可以被分为有魅力的、无魅力的和中等的，然后，让每一位被试者在一些与魅力无关的特性方面对每一个女性进行评价。结果发现，在社会合作性、婚姻能力、职业状况、为人父母的能力等方面，仅在照片上显得有魅力的人上得到很好的评价，而对在照片上显得无魅力的人评价很低。这就是因为在照片上看，长得好看、有魅力的人就使得他们在别人眼中具有了这样那样的积极肯定品质；相反，那些长得不好看的人，没有魅力的人就被大家看得好像有这样或那样的消极品质。

四、影响大学生人际交往的原因

大学生有着强烈的交友需要，结交真正的朋友妥善处理好人际关系，是大多数大学生的心愿。大学生学识水平、心理年龄相近，又朝夕相处于大学校园里，这些都为大学生建立良好的人际关系创造了有利的条件。但是，也有一些因素影响了大学生人际关系的顺利建立和发展，分析起来大体上有以下几个方面的因素。

(1) 家庭教育的原因：家长应适当让孩子接受一些挫折教育和吃亏教育，这样才会让他们真正去了解社会、感知社会。

(2) 学校教育的原因：很多中小学校以及一些大学把学习成绩放在第一位，忽略甚至根本就没有注重培养学生的人际交往能力；还有很多时候，有的学校把学生的思想品德教育形式化，致使很多学生不会处理人际关系。其实学校应当注重培养学生人际交往的能力，要让学生明白，虽然他们不能改变社会，但他们一定要会适应这个社会。

(3) 社会的影响。

(4) 自私自利的个人思想。

(5) 素质教育的匮乏。

(6) 市场经济的负面影响。

第四节 大学生人际关系的优化

大学生的人际关系呈现一定的特点，在遵循这些特点的同时大学生要学会与他人相处，克服人际交往的心理障碍。因此，了解人际交往的心理障碍的各种表现对于解决大学生不敢交往、不会交往、不善交往,甚至不想交往的困扰以及对于提高大学生人际交往水平都有重要的帮助作用。这节我们重点介绍如何帮助大学生调适人际关系心理,并学习人际交往的艺术以优化自己的人际关系。

一、消除人际交往心理障碍

每个成长中的大学生,都希望自己生活在良好的人际关系气氛中,提升个人的人际魅力,保持良好的人际关系状态。良好的人际交往和沟通能力不是与生俱来的,它需要在社会交往实践中学习、锻炼和提高。

要学会与他人相处,必须清除人际交往心理障碍,调适人际关系心理。

一要摆脱孤独感。孤独感在大学生心理上特别敏感。大学生随着心理日渐成熟,发现自我与他人有着心理上的差异,意识到自己与他人的不同,于是,产生了欲与他人交往、了解他人,并被他人了解、接纳的需要。如果这种需要得不到满足,便容易感到空虚,产生孤独感。从心理上看,每个人都存在着自己了解、别人也了解的"开放区域",每个人也存在着别人已了解而自己并不了解的"盲目区域",每个人还存在着从未向别人透露过的"秘密区域",以及自己和别人都不了解的"未知区域"。在正常情况下,人与人之间要进行有效的交往,就需要尽可能扩大自我的心理"开放区域",缩小"盲目区域""秘密区域"和"未知区域"。表现真实的自我,让他人了解你,才能在交往中产生与他人的心灵联系,使自己被他人所理解、所容纳,并与他人心理相容,才能摆脱孤独感。健康的自我应当是开放的,而不封闭的。

案例

我的无助

我是一名大二学生,我在人际关系的处理上遇到很多麻烦,我感觉很无助。其他同学每天都那么开心,但为什么我总觉得与他们没有话题可说。于是我就把大多的时间花在做自己的事情上,比如看书等,但越是这样好像我就离他们越远。久而久之,同学们都习惯了我独自一人的身影。一天下午,我们上健美操课,在中间的休息时间我独自站在那里,其他同学都是几个一堆谈笑,突然一个同寝室的女生来找我一起去练习,我说:"要跳你自己跳。"她还是不罢休,我就发火了,说:"你真烦。"后来她问我:"你一个人站在那里不孤独吗?"我说:"难道和她们站在一起我就不孤独了吗?"我觉得自己有时总是会莫名其妙不高兴,冲他人发火,但在我内心深处我并不想这样。我觉得周围的人都好假,我不能把自己完全置身其中。

心理咨询老师的回信:你不能在人际关系方面和别人建立和谐的关系,说明首先你内在的心理空间处于不和谐的状态。这种不和谐有两个方面:一是情绪空间的不和谐;二是认知层面的不和谐。两个方面导致行为的不和谐,共同作用产生人际关系问题。情绪空间的不和谐来源于你成长过程中的经历和体验,与家庭的关系在这其中是最基础的。认知层面的不和谐从你话语"觉得周围的人都好假"中可以看出一点,你的认知方式直接决定了你能不能和别人很好的相处。这些认知的模式也是来源于过去事件的影响。

建议你静下来体会自己的内心,把内心里所有的负性情绪都列出来,逐个体验,看它们都指向哪些人,来源于什么事件。你对他人和世界的看法也就是认知也可以逐条列出来,看看这些是怎么产生的,对和别人的关系产生了什么样的影响。通过这样的自我澄清,你会发现关于自己的很多东西。这个过程,有条件的话强烈建议你在心理医生的帮助下完成。你也可以在这里通过与我们互动的方式向我们寻求帮助。

再补充一点建议,我们可以看出你人际关系模式的一个问题:你内心渴望与别人交往,可是你却粗鲁地拒绝了一位向你伸出手的同学。你怎么对待别人,别人就会怎么对待你。希望你能反思这些,对于一个需要帮助的人来说,接受别人的帮助也是需要学习的一种能力,如果你不愿意把手伸出来,没有人可以帮助你。

二要战胜自卑和羞怯。自卑和羞怯常常使人不敢大方地与人平等交往。战胜自卑和羞怯,尤其是社交恐惧症,重要的在于树立起成功交往的信心。充满自信才能坦然自若而不紧张。羞怯心理是一种常见于大学生人际交往中的心理现象。克服这种不良情绪应从以下几个方面着手:首先要清除消极的自我暗示,克服这种不良情绪,学会肯定自己,增强信心。其次不要过于考虑别人对自己的看法,患得患失。最后要学习必要的交往技巧,进行实践锻炼和心理训练,提高交往能力。

三要克服嫉妒和猜疑心理。大学生中较普遍地存在着不同程度的嫉妒心理,很有必要加以纠正。克服嫉妒情绪,使消极情绪和行为转化为积极的心态和竞争行为。首先要认清嫉妒的危害性,既打击别人,也贻误自己。其次,应正确认识自己,摆正自己与他人的位置,应认识到任何人都有优点和缺点、长处和短处,问题是如何取长补短。猜疑心重的大学生对别人总是抱有不信任的态度,总以一种怀疑的眼光看人,对他人心存戒心,戴着假面具与人交往。消除疑心,最根本的是去掉私心,"心底无私天地宽"。要提醒自己,防止以小人之心度君子之腹,应经常让自己站在对方的角度来思考问题。

案例

嫉妒之舞

小A与小B是某艺术院校大三的学生,同在一个宿舍生活。入学不久,两个人成了形影不离的好朋友。小A活泼开朗;小B性格内向,沉默寡言。小B逐渐觉得自己像一只丑小鸭,而小A却像一位美丽的公主,心里很不是滋味,她认为小A处处都比自己强,把风头占尽,时常以冷眼对小A。大学三年级,小A参加了学院组织的服装设计大赛,并得了一等奖,小B得知这一消息先是痛不欲生,而后妒火中烧,趁小A不在宿舍之机将小A的参赛作品撕成碎片,扔在小A的床上。小A发现后,不知道怎样对待小B,更想不通为什么她要遭受这样的对待?

[原因分析]

小A与小B从形影不离到反目成仇的变化令人十分惋惜。引起这场悲剧的根源,关键是嫉妒。

[解决方法]

既然嫉妒心理是一种损人损己的病态心理,严重影响自己的身心健康,那么如何克服呢?

1. 认清嫉妒的危害

如前所述,嫉妒的危害一是打击了别人,二也伤害了自己、贻误自己。遭到别人嫉妒的人自然是痛苦的,嫉妒别人的人一方面影响了自己的身心健康,另一方面由于整日沉溺于对别人的嫉妒之中,没有精力去思考如何提高自己,贻误自己的前途,一举多害。认清这些是走出嫉妒误区的第一步。

2. 克服自私心理

嫉妒是个人心理结构中"我"的位置过于膨胀的具体表现。总怕别人比自己强,对自己不利。因此,要根除嫉妒心理,首先要根除这种心态的"营养基"——自私。只有驱除私心杂念拓宽自己的心胸,才能正确地看待别人,悦纳自己,即常说的"心底无私天地宽"。

3. 正确认知

客观公正地评价别人,也要客观公正地评价自己。别人取得了成绩并不等于自己的失败。"人贵有自知之明"。强烈的进取心是人们成功的巨大动力,但冠军只有一个,尺有所短,寸有所长,一个人不可能事事都走在人前,争强好胜也不一定能超越别人。一个人只要客观地认识自己的优势和劣势,现实地衡量自己的才能,为自己找到一个恰当的位置,就可以避免嫉妒心理的产生。

4. 将心比心

将心比心是常说的一句俗语,在心理学上叫"感情移入"。当嫉妒之火燃烧时不妨设身处地地为对方着想,扪心自问,"假如我是对方又该如何呢?"运用心理移位法,可以让自己体验对方的情感,有利于理解别人,避免不良的心理状态的蔓延,这是避免嫉妒心理行为有效的办法之一。

5. 提高自己

嫉妒的起因就是看不惯别人比自己强。如果能集中精力,不断地学习、探索,使自己的知识、技能、身心素质不断得到提高,那么,也可以减少嫉妒的诱因。而且,丰富多彩的课余生活将自己的闲暇时间填得满满的,自然也就减少了"无事生非"的机会,这是克服嫉妒心理根本的方法之一。

6. 完善个性因素

大凡嫉妒心理极强的人,都是心胸狭窄、多疑多虑、自卑、内向、心理失衡、个性心理素质不良的人。应努力完善自己的个性因素,提高自己的心理素质,以健康的心态面对生活。

7. 树立正确的竞争意识

以公平、合理为基础的竞争是向上的动力,对手之间可以互相取之所长,共同进步;还必须建立正确的竞争意识。嫉妒是人类心灵的一大误区,所有的大学生都应自觉克服嫉妒心理,走出心灵误区,成为身心健康的栋梁之材。

四要培养社会协同观念。每个人都应明白这一点,自己永远生活在社会之中,只有"同舟共济"才能共同生存和发展。你只有尊重、帮助别人才能赢得他人的尊重与帮助。自私自利、孤影自怜的处世态度,既违背了人的社会性,也为自己设置了孤立无援的陷阱。只有当你不断关怀别人的时候,你才能经常得到他人的慰藉。

二、克服社会知觉偏差

建立良好的人际关系,是一个人事业成功的基础,大学生需要一颗宽容的心,需要真诚、积极的交往,塑造良好的个人形象,善用各种交际手段,克服社会知觉中的偏见。

知人者智,自知者明,能否正确地认识和了解他人,同样关系到人际交往能否顺利进行。要走出对他人认知的心理误区,应注意以下几个方面的问题。

1. 晕轮效应

在我们的头脑中,总有一些潜在的、得之于各种途径的观念,并常常以此来评价和判断他人,因为这样做所耗费的心理能量最少,也就是说,它最省事。但是,图省事往往会造成一些认知偏差。人如其面,各个不同,不能用概念来衡量人,把人简单化。把人的一种优点、优势放大变成了笼罩全身的"光环",甚至原来的缺点也被掩盖或者加上了一层夺目的光彩。这种对他人认知的最大失误就在于以偏概全。个别和局部并不一定能反映全部和整体。恰当、全面地认知他人,就要避免使用说好全好、说坏全坏的绝对化方法。

2. 首因效应

我们通常所说的印象实际上指第一印象或最初印象,社会心理学中,由于第一印象的形成所导致的在总体印象形成上最初获得的信息比后来获得的信息影响更大的现象,称为首因效应,也称为最初印象。

第一印象,也就是第一次对人知觉时形成的形象,它往往最深刻,而且常会成为一种基本印象而影响对他人各方面的评价。俗话说,先入为主,讲的就是这个道理:人们很重视给别人的第一印象,但也该看到,第一印象得之于较短时间的接触,又无以往的经验做参照,主观性、片面性较强。所以,一定要注意其消极的一面,既不能因第一印象不好而全盘否定,又要防止被表面所迷惑。"金玉其外,败絮其中",这样的例子也屡见不鲜。要练就一番透过现象看本质的本事,在长期的相处中全面、正确认识和了解他人。如一位大学生刚入大学出色的自我介绍在同学们的头脑中留下强有力的第一印象,即使以后他的表现不如以前,同学们也认为不是其能力问题,而是其不够尽力;相反,有的同学在寻求职业时留下很不称职的第一印象,那么要转变则需要更长时间。人们已习惯于用先入为主的最初印象轨道解释一些心理问题。

3. 近因效应

某人刚犯了一个大错误,于是就有人发现,他从来就不是好人。这是近因效应在作怪。在较为长期的交往中,最近的印象比最初的印象更占优势,这是一种心理惯性。由于这种惯性的作用,人们往往会以最近的印象来评价人。与首应效应相比,在总的印象形成上,新近获得的信息比原来获得的信息影响更大。所以应不因一时一事评价人。

4. 刻板效应

有些人习惯于机械地将交往对象归于某一类人,不管他是否表现出该类人的特征,都认为他是该类人的代表,而总是将对该类人的评价强加于他,从而影响正确认知,特别是当这类评价带有偏见时,会损害人际关系。如有的大学生认为南方人小气、自私,家庭社会地位高的学生傲气、不好相处等,这种刻板印象容易形成先入为主的定式效应,妨碍大学生正常人际关系的形成。

5. 定式效应

定式效应是指人们头脑中存在的某种固定化的意识,影响人们对人和事物的认知和评价。当我们与他人接触时,常常会不自觉地产生一种有准备的心理状态,用一种固定了的观念或倾向进行评判。

6. 投射效应

人际关系中的投射效应,即"以小人之心,度君子之腹",指与人交往时把自己具有的某些不讨人喜欢、不为人接受的观念、性格、态度或欲望转移到别人身上,认为别人也是如此,以掩盖自己不受人欢迎的特征。如自私的人总认为别人也很自私;而那些慷慨大方的人认为别人对自己也不应该小气,由于投射作用的影响,人际交往中很容易产生误解。

三、优化人际交往艺术

要建立良好的人际关系,还应掌握优化人际关系的艺术。

第一,优化人际交往艺术,需要优化个人形象。一个人能否被别人接受,关键在于这个人在别人心目中的形象,可以说,一个人形象将直接影响到人际交往的质量。一个人的形象,即仪容、仪表,大体上受两大因素左右:一是本人的先天条件;二是本人的修饰维护。后者起着重要作用。大学生优化个人形象,大体要注意以下方面:一应干净整洁,不给人一种邋遢的感觉,这是仪容的基本要求。二应发型自然,发型是构成仪容美的重要内容。人的发型要根据不同人的气质、服装、身材、脸型等选择合适的发型。要做到发型自然,以美为准则,不以追求奇异为时尚。三应化妆适度。大学生处在青春年华阶段,富有清纯之美,一般情况下不需要化妆,但爱美之心人皆有之,根据个人的需要,适度的化妆也是无可非议的,但切记不可太过。四应注意服饰的运用,做到三个注意,即注意协调、注意色彩、注意场合。

第二,优化人际交往艺术,应注意在人际交往中的身体姿态。身体姿态包括站姿、坐姿及走姿。站姿是每个人全部仪态的核心。如果站立姿态不够标准,其他姿态就根本谈不上优美而典雅。站姿的要领:头正、颈直、肩平、挺胸、收腹、直腰、提臀、腿直、脚稳。要注意克服身躯歪斜、弯腰驼背、半坐半立、手位不当、脚位不当的不正站姿。坐姿是一种静态的人体体现,也是较多的姿势之一,同时也是公关活动中最重要的人体姿态。标准坐姿通常有八种:一是双腿垂直式,这适用于最正规的场合;二是垂直开膝式,这适用于较正式场合;三是双腿叠放式,这主要适用于穿短裙的女士;四是双腿斜放式,这主要适用于穿短裙的女士在较低处就座时;五是前伸后屈式,它亦多为女士所用;六是大腿叠放式,此多为男士在非正式场合用;七是双腿交叉式,男女在各种场合均可使用;八是双脚内收式,此式要注意纠正错误坐姿,如双腿过度叉开,脚部抖动摇晃,腿部高跷蹬踩等。走姿以站姿为基础,实际上是站姿的延续。正确的走姿是方向明确、目光平视、步幅适度、步速均匀、重心放稳、身体协调。同时还要注意不同的场合有不同的走姿。

第三,优化人际交往艺术,要培养良好的交往风度。良好的交往风度所包括的内容很多。首先,要保持良好的自我状态。良好的自我状态就是身心健康、自信、愉快,能够选择、控制自己的情感,保持心理平衡,心态积极。只有心态积极,你才会有魅力。只有心态开放,你才会不卑不亢。积极而开放的心态、自信而容纳的意识是培养良好的人际交往风度的根基,也是交际艺术的奥秘所在。其次,要讲究交谈艺术,谈吐高雅。交谈艺术是指人与人之间在接触交往过程,通过语言互相交流感情,传递信息,以增进彼此间的了解和友谊,从而达到和睦相处、合作共事的目的。大学生在人际交往中要提高交谈的能力,必须具备有关方面的素质,如敏捷的思维能力、沉着的应变能力、流畅的语言表达能力等。优化交谈艺术,做到谈吐高雅,要注意交谈礼仪:一是谈吐要文雅,注意禁忌。应禁说粗话、脏话。交谈看对象,不要问不宜问的问题。二是心直不一定要口快,要看准、想好了再说。说话必须注意场合和对象。三是要学会耐心倾听。认真倾听别人的宣泄,这本身就是对人的一种宽慰。四是要会委婉含蓄地表示拒绝。五是关心有度,热情切勿"越位"。六是不要争吵。争吵不是正常的人际交流,更不是有效交流。七是不要轻视闲谈。闲谈是一种非正式的随便交谈,是一种看似平常却又利于人与人之间心灵沟通的社交。

案例

以讹传讹

事件发生在初夏的一个早晨,离上课时间还有十分钟,这时,从楼梯处走过来一名姓陈的男生,气势汹汹地扫视了一下人群,然后冲向一名姓张的女生,上去先给该女生左右各一巴掌,然后揪住她的头发往下拽,摁倒在地,又在其身上挥拳几下。待同学们反应过来,纷纷上前劝拉,而当班主任接到报告赶到现场时,只见那女生脸部涨得通红,头发凌乱,啜泣不止;那男生依然紧握拳头,眼里喷着愤恨的火焰,嘴里还在不停地嘟囔:"你再敢在背后说我的不是,我还要打,还要打……"见此状况,班主任将两位同学带回办公室。

当两人来到办公室后,张姓女生表示事发突然,自己也觉得莫名其妙。而姓陈男生却理直气壮地说："打你是轻的，打你是活该。"随着调查的深入，又有两名女生被请进了办公室……事情的缘由是这样的：这位姓陈的男生与本班的陶姓女生正处于热恋之中。而这位张姓女生看不惯他们的言行举止，几天前，就跟宿舍里比较要好而且其非常信任的李姓女生描述此男生的种种不是，并且叮嘱对方不要告诉其他人，这仅是自身看法而已，李姓女生当时爽快地答应，并保证不对外讲述。可就在过后一天的午饭时，李姓女生恰巧碰到陶姓女生，因为是同乡，两人平时交往甚密，关系很好，交谈之中，李姓女生随口把张姓女生说的话复述了一遍，并再三叮嘱对方千万别告诉她的男友，以免生是非。陶姓女生听了虽然不高兴但也答应了。晚上，陈姓男生与陶姓女生在校园散步。陶姓女生忘了对同学的承诺，把李姓女生讲述的原原本本告诉了男友。回到宿舍，陈姓男生越想越气，决定第二天给张姓女生一个教训，让她知道说别人坏话的后果……于是就发生了开头的那一幕。纵观整个事件，班主任认为：整个事件暴露了同学之间的信任危机，体现出同学间人际关系及情绪管理等方面的问题。而这也是大学生人生成长过程中必须要面对、要解决的问题。希望借助此事能引发同学们自省，提高认识，增长技能，改善人际关系。为能圆满解决此类矛盾，班主任召开专题班会。此举是希望同学们敞开心扉，相互沟通，达到自我教育、自我成长的目的。班委成员精心策划的"孰对孰错大家评"专题班会于第二天中午召开。本着对事不对人的原则，班主任在讲述事情的来龙去脉时，隐藏事件中四名同学的真名，用ABCD替代，并请同学发表看法。第一个发言的是班长。她立场鲜明地谴责了打人同学的粗暴行为，同时认为应吸取教训，不应在背后议论他人，这样才能使全班团结和睦。接着团支书、班委等相继发言，表达了类似的观点，认为没有因就没有果。随后，一名男生的发言引起大家的强烈反响。他说："我们班的女生整天叽叽喳喳，是非多，换了我，也要好好整治这些多事的女生。"话音刚落，立刻引起多数女生的反对，她们争先恐后上台发言，大意是背后说坏话的习惯确实不好，但男生也应有自己的风度，学会控制自己的情绪，冲动是魔鬼。其中一名女生直白地说："一名男生现在能毫无顾忌地打女生，将来肯定会无所顾忌地打妻子，这样的男生难道不可怕吗？"话音刚落，陶姓女生转头看了陈姓男生一眼，陈姓男生的脸顿时绯红。正在此时，出现了意想不到的转机：陈姓男生鼓足勇气走上讲台，承认自己就是那个打人的A，并主动走到张姓女生面前鞠躬致歉。此时的张姓女生被此举感动，也承认了自己就是第一个议论他人的B，表示如果没有自己那一番话，就不会惹来麻烦。接而向陈姓男生道歉，同学们见此情景，爆发出热烈的掌声。随后，李姓女生和陶姓女生也主动走上讲台，坦承自己是事件中传话的C和D，认为之前的举动是辜负同学信任的行为。面对这情景，班主任适时引导："很高兴你们能勇敢面对自己的问题，承认错误，并且道歉，这非常难能可贵。现在，大家握个手吧！"四双手在同学们再一次的热烈掌声中握在了一起。这个结局让老师感动，更让同学们感动。

第四,优化人际交往艺术,要讲究互利互让,并学会适当忍让。互利互让有三种方法:一是合作法,又叫互助法,这种方法能使合作双方都得到利益和实惠。二是积极竞争法,通过竞争,给竞争者带来一定的压力或危机感,从而促使竞争者不断地努力进取。三是交换法,即双方通过交换,获得利益或好处。大学生相互交流信息、思想、感情、学习体会,会使彼此都得益。适当的忍让代表着胸怀和度量,是一种大家风范,是真正强者的表现。忍让能令难免争斗的双方化干戈为玉帛,化解紧张的人际关系。"事临头三思为妙,怒上心一忍为高""忍得一时之气,免却百日之忧",实在是道出了很高的生活智慧。

第五,优化人际交往艺术,要会赞美。赞美的实质是对他人的赏识、激励。赞扬别人,并不一定要概括得完整全面,分析得深刻入微,但一定要诚恳热情、真实自然,发现和赞扬对方的"闪光点"和"兴趣点",激发对方的兴趣和共鸣。赞扬要为感受性的,不应为评比性的。感受性赞扬是指你感觉对方有什么优点和长处,你就赞扬他的优点和长处,不要拿他的优点和长处去和另外的人做比较。评比性的赞扬一方面影响激励人心的效果,另一方面会给人际关系增加新的消极影响。赞扬要公开赞扬,赞扬人越公开,积极影响越大。赞扬要真实、诚挚,不要虚情假意。人们喜欢得到赞扬,但只喜欢合乎事实的赞扬,会反感不真实的赞扬。发现别人的优点,要及时地表示赞扬。真正的赞美是对别人的优点和长处进行充分肯定,能满足人对于尊重和友爱的需要,会给人以精神上的激励和鼓舞。因为渴望被人赏识是人基本的天性,是人们普遍的、突出的心理特点。

活动

戴高帽子(优点大轰炸)

目的:学习发现别人的优点并欣赏,促进相互肯定与接纳。

时间:40分钟。

操作:

①5~8人一组围圆圈坐。请一位成员坐或站在团体中央,戴上纸糊的高帽子。其他人轮流说出他的优点及长处(如性格、相貌、处事等)。

②被称赞的成员说明哪些优点是自己以前觉察的,哪些是不知道的。

③每个成员到中央戴一次高帽。

④规则是必须说优点,态度要真诚,努力去发现他人的长处,不能毫无根据地吹捧,这样反而伤害别人。参加者要注意体验被人称赞时的感受。注意应怎样用心去发现他人的长处,应怎样做一个乐于欣赏他人的人。

⑤小组交流体会并派代表在团体进行交流。

第六,优化人际交往艺术,要养成微笑的习惯。微笑是人体肌肉群的柔软体操,它能使塑造整体形象美的诸多因素协调一致地处于一种平和状态,营造出一种动态的、善意的场景。微笑传达的是我喜欢你、见到你我很高兴。也体现着我过得很好,对自己充满自信。微笑会增添你的魅力。微笑是冲破心里乌云的阳光。而且,你的微笑会从别人那里换回微笑,别人的微笑又会令你的心情变得更加明朗。最美好而又最能经常表现的就是微笑。微笑可以在家庭中创造欢乐,在同学中传达满意、好感和共鸣。人际交往中微笑不可缺少。微笑使接受的人获得益处,却不会让给予者受到损失。让我们养成微笑习惯,以真诚的微笑与他人沟通感情,以此建立并保持融洽、和谐的人际关系。

【习题或思考】

1. 人际关系是由哪些心理成分构成的?大学生人际关系具有哪些基本特征?
2. 建立良好人际关系除了要遵守社会主义道德规范和法制观念外,还要遵循哪些人际交往原则?
3. 我们应该掌握哪些人际交往的艺术?

第六章 恋爱及性与心理健康

【本章要点】 通过本章的学习,使学生了解爱情、性心理的实质,探讨大学生在恋爱中所表现出来的特点及所产生的困惑,诊断爱情中常见的问题,学习调适方法,帮助大学生确立正确、健康的恋爱观与性观念。

第一节 大学生的恋爱心理

爱情是一个亘古常新的话题,也是大学校园里的热门话题。正值青春期的大学生,没有了学业的重负,没有了父母的管束,没有了老师的督促,随着性生理的发展和成熟,渴望爱情,想谈恋爱已成为大学生中较为普遍的心理常态。

案例

关于失恋的禅悟

一个书生,苦读多年,终于有点成绩,准备上京赶考。然后告诉他未过门的妻子,让她等他考取功名后回来娶她。于是,和很多故事一样,书生考取功名,回到家乡,准备向女子求婚,却得知女子已嫁他人。

书生痛苦不已,并想出家当和尚。走到寺庙,遇到一位高僧。书生说明来意之后,老和尚给他看一面镜子。镜子中出现一个躺在沙滩上的裸体女子的尸体。老和尚说:"这就是你心爱的那位女子的前世,你继续往下看。"

不一会,沙滩上走过来一个男子。他站在这个女子身边,摇了摇头,然后离开了……

接着,又一个男子走过来,看到她,脱下他的一件衣服,为她盖在身上,然后摇摇头,走开了……

第三个男子看到女子的尸体,借来铲子,挖了坑,把女子埋葬了……

画面结束,老和尚告诉书生说:"你就是前世为她披上衣服的男子。她曾经和你在一起,只是为了报答你为她披衣服的恩情。可是,今世和她过一辈子的,只会是前世埋她的人!"

书生恍然大悟。

一、爱情的概念

爱情既是人类永恒的主题,也是大学生"卧谈会"的主要话题。爱情有时使人充实、快乐,有时却使人痛苦、消沉。那么,到底什么是爱情?我们又该怎样把握爱情?大学生在谈恋爱之前,必须做好心理准备。这些准备至少包括了解爱情及其心理结构,认识恋爱对青年心理的双重影响等。那么,到底什么是爱情?它有什么特征?它由哪些元素构成?它的本质是什么?我们应该如何去爱?千百年来人们一直在寻找答案,但直到现在仍未全部揭开爱情神秘的面纱,但我们对爱情的了解随着现代研究的进展的确有了一些发展。

关于爱情,一千个人就有一千种定义,古今中外,无论诗人还是学者都对爱情有所论述,然而人们公认的爱情的定义有如下两种。

定义一:爱情是人际吸引的最强烈的形式,是身心成熟到一定程度的个体对异性个体产生的有浪漫色彩的高级情感。

定义二:爱情是一对男女基于一定的社会关系和共同的生活理想,在各自内心中形成的相互倾慕,并渴望对方成为自己终身伴侣的最强烈、纯真、专一的感情。

从以上两种定义也可以看出,爱情具有排他性,爱情发生在一对男女之间,两男一女或两女一男之间产生的感情不可能是爱情,而且主流文化认同的是异性之恋,两个同性之间的强烈感情也不是我们讲的爱情。

社会心理学认为:爱情是指男女双方基于共同的生活理想,在内心中形成的双方相互接纳、相互需求、相互爱慕,并渴望对方成为自己终身伴侣的最强烈、最专一和稳定的情感关系,它是人类特有的一种高尚的精神生活。我们可以从以下几个方面来理解爱情的特征。

1. 爱情是两个人之间的关系状态

爱情是发生在两个人之间的特殊情感关系。单恋是不是爱情呢?单相思者由于对倾慕的对象一往情深,希望得到对方爱情的动机十分强烈,往往按照自己的主观需要去理解对方的言谈举止,造成对对方认知的偏差。例如,对方无意的一个眼神、一丝微笑、一句模棱两可的话语,在第三者看来微不足道,但在当事人看来却是爱的表示,并坚信不疑,从而陷入单恋的深渊而不能自拔,虽然当事人的心里是有爱的,但对方可能毫无知觉并且无情感回应,因此单恋不是爱情。

2. 爱情是双方对等的亲密关系

所谓对等性是指在形成和发展爱情关系的过程中,男女双方处于平等的地位。同情与爱情能不能画等号?爱情关系中的两个人是对等互爱的,你呵护我,同样我也呵护你,爱情还具有求美性,即对方一定要能够吸引你,双方互相倾慕。但是在同情怜悯中,呵护、照顾是单向的,就是一方是实施,一方是受施。如果只有同情,被同情一方是弱小的,彼此欣赏亦无从谈起。因此,同情不是爱情。当然,由同情也可生发出爱情,人们可能会以任何情感为基础走到一起,关键在于爱情最大的一个特点就是它一定要走向双向,即爱情建立在彼此平等、互相给予又获取的基础上。

3. 爱情是彼此专一的(也叫排他性)亲密关系

爱情从其本性上来说是排他的。两人之间一旦形成爱情关系,就不容许有第三者介入,也不容许其中的任何一方同时涉足第三者。对此,教育家陶行知先生说,爱之酒,甜而苦,两人喝,是甘露,三人喝,酸如醋,随便喝,毒中毒。爱情的专一(排他)性,要求恋爱双方重视爱的真诚,一旦双方确立了恋爱关系之后,就必须一心一意。任何脚踏两只船、三角恋爱、多角恋爱的行为,都是不道德的行为。

一个人是否能对两个人同时有爱呢?这种现象,从心理学上来说,是可以理解的正常心理现象。因为一个人很难具备所有人身上具备的优点,来满足另一个人内在的所有需要。如果发生这样的情况,怎么处理呢?首先了解人会发生这样的情感,不应过分自罪自责。然后明白每个人都想得到专一的爱情,因此需要克制自己这种倾向,当事人必须去做选择和取舍。

4. 爱情是彼此互惠的亲密关系

爱情的目的是什么?从本质上讲,就是双方互相满足对方的需要,如果做不到这一点,爱情是不可能持续的。良好的爱情关系,即双方两情相悦、互尊互敬、互谅互让、互信互爱、互勉互慰,使双方生理、心理及社会的各种需要都能得到最大程度的满足,从而使双方精神愉快,工作、学习富有朝气,对生活、对人生充满了爱,对未来充满了希望,能真正获得一种幸福感。

在爱情中,人们往往认为外在因素很重要。按照常人的理解,如果男孩比较高比较帅,女孩比较漂亮才般配,但有时候我们会发现女孩子很漂亮,男孩子却长相一般,或相反,你会疑惑:他们怎么会走到一起呢?实际上,双方内心世界能够被满足更重要!人们很容易看到一些表面现象,比如:恋人之间吵架就意味着失恋、分手,其实这些现象的背后一定存在着彼此爱的付出、获取和需要之间能不能达到一个平衡点的问题。当双方更多地愿意去理解对方,说明双方在付出更多的爱,这样就会是一个良性循环,就可以把爱的过程延续下去,并开花结果。

二、爱情的基础

爱情的产生有一定的自然基础、社会基础和心理基础。

1. 爱情的自然基础

爱情的自然基础即性需要。从爱情定义中可以看出来,爱情是男女之间基于性的吸引而建立起来的相互接纳、相互需要、相互爱慕的一种亲密情感关系。有三种含义:一是爱情以性的相互吸引为前提,这是爱情与其他各种情感关系的区别;二是爱情是男女双方之间的相互接纳、相互爱慕、相互认可、相互需要;三是爱情是建立在两人之间的亲密情感关系,爱情关系在本质上讲是一种包含了特殊情感的人际关系。

性本能和性的需要是爱情的基础和前提,没有性生理的成熟,就没有性的欲望和需要,再亲近的关系也不能称之为爱情;即使一个人的性生理已经发育成熟,但其性心理仍未成熟的话,也无法发展出真正的爱情。幼儿园的孩子是不存在爱情的,但七八十岁的老年人却会有爱情的需要和愿望以及一定的能力。大学生正处于青春期的后期,性生理已经完全发育成熟,性心理也已经走过性的疏远期和接近期,所以,大学生恋爱是自然、正常的生理、心理现象。爱情发展到一定程度后,必然会有性的接触和活动。据此可以说,爱情的一个成分是性爱。

2. 爱情的社会基础

爱情的社会基础是社会关系和生活理想。马克思指出,人的本质不是单个人所固有的抽象物,在其现实性上是一切社会关系的总和。生活中,邻居、同学、同事、朋友等都要通过人际交往建立人际关系,爱情也要通过社会交往在彼此了解的基础上方可建立。恋爱的双方还要有共同的理想,还需志同道合,否则会经常发生冲突,导致分道扬镳。

3. 爱情的心理基础

爱情是一种相互依恋的火热情感。相互炽热的情感,是爱情产生和发展的内在动因。爱情是人类所特有的一种异性之间的相互爱慕倾心的特殊情感,爱情的产生不仅有其生理基础,更有其心理的内在动因。这是男女之间相貌的相互吸引、性格气质的相容、理想信念的一致所萌发的情感共鸣,由此产生了兴奋、愉悦、和谐、眷恋和火热的内心体验,以至于达到精神上的情感交融、心灵相连,渴望相互结合的强烈情感,这种情感的强度是其他所有感情都无法比拟的,从这个角度讲,爱情的另一个成分是情爱,爱情是性爱和情爱的统一。

三、爱情的理论

到目前为止,在多项爱情理论中,有两种理论最受重视:一种是爱情类型理论,另一种是爱情成分理论。

1. 爱情类型理论

加拿大社会学家约翰·李根据爱情体验的深度、对爱人的投入和承诺、所想要得到的爱人的特点,以及对付出的爱的回报的预期等的不同,区分了6种类型爱情。

(1) 情欲之爱:有着很强的身体成分,其特点是一见钟情,以貌取人,缺少心灵沟通和专一,靠激情维持。

(2) 游戏之爱:将爱情看作是一场让异性青睐的游戏,不肯负道义责任,善变,经常会同时拥有几个恋爱对象。

(3) 占有之爱:对所爱对象,给予极强烈的狂热感情,希望对方以同样方式回应;对所爱对象,具有极度占有欲,对方稍有怠慢忽视,就心存猜忌。

(4) 友谊之爱:在缓慢中由友情逐渐演变成爱情。在友谊式爱情关系中,温存多于热情,信任多于嫉妒,是一种平淡而深厚的爱情。

(5) 无私之爱:信奉爱情是无私奉献的原则,甘愿为其所爱牺牲一切,不求回报。

(6) 实用之爱:这类爱情往往理性高于情感,将爱情视为现实需求的满足,考虑对方的现实条件多于情感。

2. 爱情成分理论(爱情三角形理论)

美国耶鲁大学教授斯腾伯格的爱情三元理论是目前极受重视的爱情理论。按照爱情三元理论的说法,人类的爱情虽然复杂多变,但基本上由以下3种成分组成。

(1) 亲密:是两人之间感觉亲近、温馨的一种体验。简单说来,就是能够给人带来一种温暖的感觉体验。亲密包括热情、理解、交流、支持及分享等特点。

(2) 激情:以身体的欲望激起为特征。激情的形式常常是对性的渴望。激情是一种"强烈地渴望跟对方结合的状态"。通俗地说,就是见了对方,会有一种怦然心动的感觉,和对方相处,有一种兴奋的体验。

（3）承诺：指自己投身于一份感情的决定及为维持感情付出努力。承诺由两方面组成：短期的和长期的。短期方面就是要做出爱不爱一个人的决定。长期方面则是做出维护这一爱情关系的承诺，即认定了一个人，决定跟这个人在一起，而不要跟别人在一起，也就是结婚誓词里说到的"我愿意！"这是一种患难与共、至死不渝的承诺。两者不一定同时具备。比如决定爱一个人，但是不一定愿意承担责任，或者给出承诺。

在这3种成分中，亲密是感情性的，激情是动机性的，而承诺主要是认知性的。爱情关系的"热度"来自激情，温暖来自亲密，理智来自承诺。

这几个成分并不是固定的，随着时间和环境的变迁，它们会有所改变。其中激情是最为可变和最难于控制的。

斯腾伯格的爱情理论是目前对爱情研究最完整的理论，虽然目前缺乏验证性研究，但根据这个理论，身在恋爱中的人们可以得到一点启示：单凭激情的爱情，是不能长久维持的；理想的爱情关系应三者兼备，且合而为一。

第二节　大学生恋爱的心理特点和一般问题

一、大学生恋爱的心理阶段

大学生恋爱心理一般要经历理想对象建构、初恋、热恋、心理相撞调适到感情平稳等阶段。

理想对象建构阶段，即爱的意识萌生阶段。大学生恋爱意识的准备阶段是自中学时代开始的。起初是恋爱意识的朦胧期，约始自初中三年级。高中为恋爱意识的探索期，高中生有了恋爱的意向和关于爱的思考，然而，背负高考前的重压，无暇顾及恋爱问题。进入大学之后，重负释去，恋爱意识便萌生了，开始建构自己理想中的对象的内在和外在的素质模型。

初恋阶段，即现实对象的确定阶段。当大学生觉得自己已找到了那个心中的他（她）时，初恋就开始了。有人把初恋的心理发展细分为成醉我、疑我、非我、化我四个阶段。

热恋阶段，也称激情热恋阶段。与初恋相比，初恋时爱的感受十分强烈，但表达方式较为含蓄，关系也不过于密切。而热恋阶段，求爱已经完成，便进入恋人朝夕相处、关系十分密切的阶段。这一阶段恋人依依不舍的眷恋之情常常使他们忘记了时间和空间，即要求相处的时间更长，空间距离更短。

热恋是甜蜜的，但过后会随即进入心理相撞调适阶段。由于热恋中的朝夕相处，双方增进了互相了解，热恋过后，双方都会想去证实自己在求爱阶段对恋人的一些理想化看法，发现另一些在求爱中并没有注意的优缺点。恋爱双方根据这些优缺点的综合印象做出判断，看这段感情值不值得延续下去。因此在这一阶段双方会发生争论、冲突，心理碰撞，感情也会起伏波动，时而达到最高峰，时而进入低谷甚至破裂。

如果在心理相撞调适阶段做出了肯定的判断，恋爱双方就进入感情平稳阶段。在这一阶段，恋爱双方既爱慕对方的长处与优点，又能容忍对方的缺点与不足，彼此心平气和，心灵上达到了融为一体的境地。这样恋爱就可以慢慢发展到家庭角色扮演阶段。反之如果在心理相撞调适阶段做出了否定的判断,就会导致恋爱的破裂,出现失恋。

二、大学生的恋爱价值观

恋爱价值观是人们的价值观在恋爱问题上的具体体现,是回答为什么恋爱、选择什么样的恋爱对象以及怎样追求爱情生活等的观念系统。有研究表明,大学生的恋爱价值观在恋爱动机、择偶标准和方式、婚恋道德的价值取向方面呈现出如下特点。

一是恋爱动机的多元化。恋爱动机是产生恋爱行为的内部动力,它由恋爱需要引起,并直接指向恋爱目标。恋爱动机决定人们的恋爱目标及恋爱生活方式的选择。因此,恋爱动机是恋爱心理研究的重要内容。对大学生恋爱动机调查发现:大学生的恋爱动机明显具有多元化特点,满足生理心理需要、打发无聊时间和调剂紧张学习及选择人生伴侣都占有一定的比例。值得注意的是,长期宣传教育的要"选择人生伴侣"的恋爱动机在选择动机中仅占2.7%。这可能与大学生持有的"恋爱并不一定要结婚"的价值取向有密切关系。相反,满足生理需要、打发无聊时间、调剂紧张学习三者比例之和达到72.5%,一定程度上说明大学生的恋爱动机不够纯正,多数大学生的恋爱并不直接指向"选择人生伴侣"这一恋爱应该追求的目标。

二是主张重内在素质轻外在条件的择偶标准。择偶标准是人们选择婚恋对象时的价值取向,表现为对恋爱对象条件的要求。择偶标准是婚恋价值观的核心成分,由于人们所处的社会生活地位和条件存在差异,不同的群体表现出不同的婚恋择偶标准。有调查发现大学生的择偶标准存在以下特点:①注重对方的个性心理品质。人品、能力、才华、兴趣、个性在其择偶标准中占有突出位置。②相貌、健康两项身体条件被看重。③家庭地位、家庭财产、学历等条件不再为学生看重。这在一定程度上说明当代大学生在恋爱问题上更加自主,不再受传统的家庭地位等外在条件所制约,更注重对方的内在素质。而大学生对恋爱对象的个性、人品中最注重的是体贴人、心胸宽广、专一、孝敬父母等个性品质。比较发现,男生较女生更重视温和、尊敬父母、热情、贤惠、善良、聪明等个性品质,女生较男生更重视心胸宽广、事业心强、好学上进等个性品质。

三是坚持自主的择偶方式。恋爱自由是法律赋予青年人的权利,是青年人获得幸福的恋爱和婚姻生活的必要条件。恋爱自由的保障和青年自主恋爱方式的确立是社会文明进步的重要表现。在中国长期的封建社会中,父母之命、媒妁之言成为男女双方确立恋爱关系的唯一途径。随着社会进步,自主追求恋爱对象成为当代大学生缔结恋爱关系的主要方式。对"你认为大学生恋爱主要靠谁"的调查发现,91.4%选择自己认识,3.9%选择他人介绍,0.4%选择父母介绍,其他占4.3%。可见,大学生的婚恋自主性水平很高,而且大多数能够自主选择恋爱对象。而男女生比较发现,更多的男生在婚恋问题上自己拿主意,而更多女生喜欢听取父母意见,一定程度上表明男生的婚恋自主性高于女生。这可能与女生对父母的依赖性较高有关。同时调查还表明当恋爱遭到父母反对时,大学生中屈服于父母压力的是少数,多数学生是希望得到父母的支持。但是不会因为父母的反对就轻易放弃。他们相信通过长期的努力,会使父母改变态度。

四是持宽容的婚恋道德价值取向。婚恋道德价值取向中比较敏感的是婚前性行为、性解放的价值取向问题。此项调查发现,大学生对婚前性行为的容许度相当高,对于婚前性行为,认为"道德堕落"的仅有10.8%,而多数持"可以理解"或者"说不清楚"态度。婚前性行为容许度的增大势必导致越来越多的大学生出现婚前性行为,由此可能引起一系列学生心理和社会及学校管理方面的问题,应充分注意。

由于大学生的恋爱价值观的以上特点,当今大学生恋爱现象中也出现了一些影响他们心理健康发展的不良倾向,主要表现在以下方面。

恋爱起点低龄(年级)化;恋爱追求时尚化;恋爱态度体验化;恋爱目的实用化;恋爱过程快餐化;恋爱交往放纵化。当前大学生恋爱潮中存在的种种不良倾向,对大学生们的身心健康和成长成才十分不利,对形成良好的校园氛围和社会风气也构成了很大危害。除了用校规校纪规范大学生恋爱行为外,更重要的是进行心理引导。

三、大学生恋爱的心理特征

大学生谈恋爱已经成为当今大学校园里一种相当普遍的现象,恋爱学生占在校生的1/3甚至1/2以上。应该说,大多数学生的恋爱态度是严肃认真的,但不能否认的是在一部分学生恋爱中也明显地存在着种种不良倾向,这些倾向对这些学生的成长和成才构成了很大威胁,这不能不引起学校、家庭和社会的关注。

对于文化水平较高、情感体验较为丰富的大学生们来说,校园爱情是他们大学生活中重要的一项。大学生们通常反映出的恋爱心理特征如下。

(1) 性爱的好奇心理——由生理发育成熟导致的性冲动与性亲近要求的产生而形成。

(2) 急于求成的占有心理——有些男大学生固执地认为:毕业后还没有男朋友的女孩都是别人挑剩下的。

(3) 依赖心理——由独生子女的孤独感和习惯他人的呵护与关爱所致,属于情感寄托型的恋爱动机,缺乏独立意识和自立能力,易受挫。

(4) 补偿心理——由功利型的恋爱动机所引发,即希望在所爱的人那里获得社会地位、经济等方面的补偿。

(5) 游戏人生心理——满足与异性交往的欲望,寻求刺激、填补精神上的空虚,甚至会发生婚前性行为,完全是一种游离于婚姻之外的享受和消费。

四、大学生恋爱的心理困惑

许多大学生在恋爱问题上感到有很多说不明白的心灵困境或心理困惑,其原因有三:一是因为在大学生心目中,爱情的理想与现实的差距让人感受到一种无以名状的失落。也就是说,总相信有完美的爱存在,可现实却是没有十全十美的男人或女人,更没有十全十美的自己。二是影响恋爱能否成功的因素是多方面的,如年龄、外貌、品行、性格、文化、职业、兴趣、爱好、经济状况、民族、宗教信仰、政治态度等,或许只有某方面的相互欣赏和认可就会走到一起,或许也仅仅因为某一点小小的摩擦就分手。殊不知,要达成多方面的默契是需要时间的,要建立一份永久的爱情与幸福的家庭是需要相互理解、共同努力的。三是由大学生恋爱的心理特征所引发并形成的恋爱低龄化、公开化、高速度进展和恋爱的多元化所致。具体来说,因为他们年纪尚小、涉世太浅,缺乏深入了解和正确判断与评价一个人的经验;因为他们过于情感外露、行为外向,盲目地忽视传统的以含蓄、深沉为美的恋爱方式;因为他们年轻、冲动,情爱的发展极易受性生理与性心理发育的控制;因为他们本身正处于一个多元化人生价值观念的现实社会……所以,恋爱心理困境的产生便是顺理成章的了。

恋爱心理困境之一:

总感到自己缺乏被爱的吸引力。常有一些人为自己还没有恋人而自卑,认为自己对异性没有吸引力,认为别人瞧不起自己,不敢坦然与异性交往,更怕在异性面前失误,只好用回避与异性接触的办法保护自尊心,并极力掩盖内心深处的痛苦与失落。

上述心理困境形成的原因主要有两个方面:一是自我评价出现偏差。这样的学生往往过于关注别人对自己的看法,却从未认真考虑过自己如何给自己一个客观的评价。二是对恋爱吸引力的误解与缺乏科学的认知。表面上看似乎人们的择偶心理倾向于外在魅力,实际上大学生在选择异性对象的时候大多都认为性格、才能、心理相容、人品和兴趣爱好更具吸引力。随着年级的升高,大学生们对选择恋爱对象的条件越来越实际,一般不会再"跟着感觉走"了。

所以,对于有这种心理困境的大学生首先应从各方面多寻找自己的长处,挖掘和排列一下自己能吸引他人的闪光点及特征,并学着变换思维方式,找出自己的优势以增强自信,悦纳自己;其次,学会辩证地思考问题,要看到事物的两面性。一个人对异性有吸引力,在大学期间拥有如意恋人等并不一定意味着这个人今后的生活会如何,迟到的爱也许会是真爱。

在大学生恋爱过程中常见的"恋爱的光晕效应"必然会导致对自我,尤其是对对方的"认知偏差"和"评价偏差",这是导致单相思和失恋后严重的心理障碍的关键所在。大胆地去与异性同学交往,多参加有异性同学的集体活动和娱乐活动,去了解和观察自己所欣赏的异性同学,同时也了解自己的恋爱期待,缩短真实自我与理想自我的心理差距,调节好恋爱心理的内部期待与外部期待的矛盾,矫正恋爱动机和恋爱价值定向。通俗地说,就是在挑剔对方时也挑剔一下自己。多给自己一点积极的心理暗示。

恋爱心理困境之二:

能做恋人的异性朋友难寻。这种恋爱心理困境的原因主要在于对友情和恋情的认识还很肤浅,并缺乏对社会中人际关系的科学认知,更证实了他们性心理的成熟的确滞后于性生理的成熟。当然,也不排除由于社会的快速发展与观念更新所形成的复杂人际关系对大学生们的影响及心理冲击。

揭示爱情的自然性、社会性和复杂性,引导大学生在寻求爱情的过程中既要有主观上的用心,又要顺应自然。择偶中的逆反心理、从众心理、恋爱错觉等都会事与愿违,极易伤害自己和他人。从这个意义上看,恋爱过程中的心理困境,大多源于自身。为此,在与异性的交往中要学会控制感情,勇于说"不",不自作多情,更不要错把迷恋当爱情。

阅读

爱情和友谊的区别

日本青年心理学家曾对异性间的友谊和爱情的异同做过区分,他认为在五个方面有所不同:

(1) 支柱不同:友谊的支柱是理解,爱情的支柱是感情。
(2) 地位不同:友谊的地位是平等,爱情的地位是一体化。
(3) 体系不同:友谊的系统是开放的,爱情的系统是关闭的。
(4) 基础不同:友谊的基础是信赖,爱情则纠缠着不安和期待。
(5) 心境不同:友谊充满"充足感",爱情则充满"欠缺感"。

一条潺潺的小溪从深谷中欢快地流出,虽然沿途落入了不少枯枝败叶,但却并不影响它纯洁的本质。喜欢便是那条小溪。是一种轻松而淡然的心态。

但爱,却太沉重。爱一旦说出了口,就变成了一种誓言,一种承诺。

恋爱心理困境之三:

不知如何面对婚前性行为和"试婚"现象。这除了与大学生性心理的成熟及角色的特殊性相关外,还一方面受欧美国家"性自由、性解放"的影响,另一方面也与我国在学校性知识教育上的薄弱、大众媒体宣传的不适当有关。

辅导的重点在于优化大学生们对婚恋与性科学知识的认知和对社会的认知,强化大学生们的责任意识,即对自己、对朋友、对父母、对社会和集体应承担不同内容与程度的责任。具体做法:一是开设指导大学生们正确处理好恋爱与学业、恋爱与成才、恋爱与身心健康、恋爱与人格塑造等方面的辅导课,以及性生理、性心理、性社会等方面的健康知识教育;二是进一步为大学生们提供恋爱心理方面的咨询服务机会与条件;三是为大学生们提供利用所学专业知识为社会服务的机会,让他们去感受为社会服务实现自身价值的成功心理体验。用学生们的话说:"这样的方式不仅让社会检验了我们所学知识的水平,更重要的是让我们感到了一种成就感和使命感,增强了我们的责任意识,同时,在给朋友调节心理问题的过程中也提高了我们的心理素质……"受过这种教育的大学生,比没有受过有关教育的大学生,在对待"婚前性行为""试婚"和恋爱等问题时要理智得多,在认识水平上也比较科学。

五、大学生恋爱的常见问题

1. 单恋

单恋是指一方对另一方的以一厢情愿的倾慕和热爱为特点的畸形爱恋。爱情是相互的,是两情相悦发出的共鸣,如果只是一方倾心于另一方,另一方不知道,或另一方知道了却不理睬,就不能叫爱情。这种单方面的爱恋,心理学上称为单恋,即人们常说的单相思。单相思一般有三种情况:一是自作多情型。误认为对方爱上了自己或明知对方对自己没有爱意仍深深地爱着对方。二是藕断丝连型。恋爱中断了,还深深地眷恋着旧情人,无法摆脱往日的情思。三是羞于表达型。自己深爱着对方,却不知道对方的感情,又羞于向对方表白,而苦苦思念着。无论哪种情形,对当事人而言都是很痛苦的,爱的情感越深,所带来的情感折磨就越痛苦。因此,应尽早从单恋中解脱出来。

对策:

(1) 识别感情的性质。要冷静分析和辨别自己的那份情是不是爱情。若是,就应勇敢表白,快刀斩乱麻。即使对方拒绝,也不会有遗憾;若不是,就要对自己单方面的感情加以否定,从认知上解决偏差,切除"恋"的本源。

(2) 扩大自己的人际交往面。单恋的人常常生活在自己制造的假象里,把自己理想化的标准投射到所暗恋的人身上。其实,他们心中的偶像并不像他们想象的那么完美,与所有人一样,普通又平凡,有优点也有缺点。只有在较广泛的人际交往和比较中,才会发现所暗恋的人是否适合自己,从而减少自卑,增强自信心。

(3) 学会转移自己的情感。人的情感很复杂,一旦产生爱,很难一下子丢掉,这时不妨运用转移的方法,把自己从爱的旋涡中解脱出来。陷入单恋的大学生应该多多参加一些课外活动,甚至进行一些文学、艺术创作,把自己的情感转移、上升到有建设性的活动中去。

(4) 把爱埋在心底。爱别人的感觉虽然是美好的,但如果发现对方根本就不爱自己,最明智的办法就是把爱封存在心底。爱对方就应该为对方着想,不要让自己打扰对方的平静,也不要让对方与你一起陷入烦恼之中,在心里默默地为对方祝福,这才是爱的最高境界。反之,不顾对方的感受,想方设法地去表达你的爱,其结果只能使双方都痛苦。

2. 多恋

爱情是严肃的,具有专一性和排他性;爱情也是神圣的,应具有责任心和道德感。如果一个人同时喜欢上了两个以上的异性并保持恋爱关系,或同时接受两个以上异性的追求,就是"三角恋爱"或"多角恋爱"。有的大学生把多角恋爱视为自己能力的展现、魅力的释放而引以为荣;也有极个别同学视爱情为游戏,搞多角恋爱玩弄异性,以满足私欲或达到报复个人的目的。

对策:

无论你在多恋关系中是唱主角还处于被动的位置,都要及早地从这种感情的纠葛中摆脱出来。

(1) 处理这种关系要保持高度的冷静和理智。傲慢和自卑、怀疑和嫉妒、讽刺和狡诈,都不是正确的态度。无论出现什么情况,都要尊重自己,尊重对方。如果是你同时爱上了两个以上的异性,或是两个以上的异性同时爱上了你,你一定要冷静分析,恰当取舍,鱼与熊掌不可兼得,不可脚踏两只船,否则可能酿成不良的后果,更不利于这种复杂关系的解决。

(2) 要重新审视自己与对象之间的恋爱关系。自己的恋爱对象对他人产生了恋情,尽管很痛苦,但一定要进行理性的分析:是自己的问题,还是对方经不住爱情的考验。再通过与自己所爱的人坦诚相谈,做出抉择。千万不能感情冲动,不顾双方感情的实际,为了挽回所谓的"面子"而做出蠢事来,那会给自己带来更大的情感困扰。

(3) "急流勇退"。如果发现自己与所爱的人的关系不可能发展下去,就应该鼓起勇气,积极地退出来。这是一种看似消极实为积极的策略。退一步海阔天空。因为在多角关系中,人的感情往往是说不清道不明的,如果再在上面耗费时间和精力,是没有多大价值的,而且可能会给自己的感情带来更大的伤害。

3. 失恋

失恋是指恋爱过程的中断。失恋是大学生严重的心理挫折,会给个体造成严重的心理创伤,使人处于极其强烈的自卑、忧郁、焦虑、悲愤等消极情绪状态之中,如果处理不当,会严重影响大学生的正常学习,甚至会使他们失去生活的信心和勇气。在大学生自杀的案例中,有相当一部分是失恋所导致的。

失恋会给我们造成很大的消极影响,我们要学会尽早从失恋的痛苦中走出来的方法,掌握"疗伤"的技巧。

(1) 学会精神自慰,即"酸葡萄"与"甜柠檬"效应。失恋的痛苦在于一个"恋"字,即分手了还总是想着过去恋人的种种优点,这时就要采用"酸葡萄心理",即吃不到葡萄就说葡萄是酸的,要多想过去恋人的缺点,甚至把优点也想成是缺点(如大度为没心、大方为装阔等)。而对自己则多找些优点,甚至把有的缺点适当曲解为优点(如善变为灵活、小心眼为细腻),这就是"甜柠檬心理"。这样,越想就越觉得对方不如自己,自己留恋对方太不值得,心理就会平衡,失恋的痛苦也就会缓解。

(2) 寻求积极宣泄。有人说过:如果你把快乐告诉一个朋友,将有两个人分享快乐;你把忧愁向一个朋友倾吐,你将被分掉一半的忧愁。

当失恋出现不良情绪时,可以找老师、亲朋好友倾诉一番,甚至大哭一场,或到空旷的地方吼上几声,还可到运动场上跑2000米,把内心淤积的苦闷发泄出来;如果实在排解不了,又严重地影响了生活和学习,可以到咨询中心寻求心理咨询老师的帮助。

(3) 转移注意力。设法把自己的注意力从失恋的事件中转移到自己感兴趣的事情上,如听音乐、唱歌、跳舞、打球、画画、聊天等,以冲淡心中的烦恼;也可参加丰富多彩的校园文体活动,在活动中多结交朋友;在条件允许的情况下,还可进行环境转移,不要再去过多涉足与恋人待在一起的环境,睹物思人会使你更加悲伤,而事过境迁,痛苦就会慢慢淡去。

(4) 情感升华。一个人在遇到挫折后,将自己不为社会所认可的动机或需要转变为符合社会需要的动机和需要,或将低层次的行为引导到有建设性、有利于社会和自身的较高层次的行为,失恋不失志。

(5) 塑造健全人格。恋爱不成功,也许是你的缺点使对方难以容忍,所以在失恋的痛苦中冷静下来后,要及时反省自己,找出问题所在,改变和完善自己,培养阳光心态,保持人格的健全,为寻找真正的爱情打下良好的基础。

活 动

寻找失恋的十大好处

尽管失恋是痛苦和不幸的,但并非绝对就是坏事,在某种意义上还可以说是好事。下面请同学们就近分成四人小组,分别列举失恋后的好处。每个小组最多可以列举十条优点,之后在全体范围内共同评出最多、最合理的观念,予以加分。

1. 请以下面的句型为模版,完成十句话。

因为我失恋了,所以我获得了＿＿＿＿＿＿＿＿＿＿＿＿＿＿＿＿＿＿＿＿＿。

2. 失恋其实很有好处

(1) 失恋是有好处的。世上只要发生的事情没有纯好纯坏之分。我们伸手去摘玫瑰,不免会被玫瑰枝上的刺伤到手。

(2) 失恋更多的时候,是让我们避免将来更大的婚姻悲剧,明明两个人不合适,没有必要相守一生。想想以后的生活里天天充满争吵与怨恨,还不如早早分手。

(3) 失恋让我们悲伤地流出的泪水,其实能用来冲刷我们面前正视自己的"镜子"。我们会发现自己的缺点,是不是很任性,是不是不够宽容?改正了缺点,就像给足了玫瑰的养分,让下次的爱情之花盛开得更娇艳美丽。

(4) 失恋是让我们学会珍惜,也许是因为了解失去的痛苦,更让我们学会如何去珍惜以后所拥有的爱情。失恋如同面粉的发酵,只是让蒸出的馒头更松软更可口。

(5) 失恋是为了认识真正的爱情。不少的丑陋及欺骗是为了达到自己的目的,披着爱情的彩衣招摇撞骗,失恋能增添穿透能力及心灵的智慧。

(6) 失恋给我们感受更广阔的亲情及友谊的机会。没有了爱情,会有更多时间真心体会父母的关心与呵护,只有他们才是自己最后的堡垒。没有了爱情,会有更多时间用心融入友情的氛围,是他们的陪伴让自己走过低谷。

(7) 失恋往往让我们事业更上一层楼。因为不再时刻为世上另一个人担心忧虑,不用急匆匆赶赴约会。

(8) 其实失恋的好处主要是丰富我们的经历,经历是我们人生中宝贵的财富。

3. 总结

失恋的好处:

(1) 避免将来可能发生的婚姻悲剧。

(2) 更有可能获得学业事业的成功。

(3) 更有时间感受亲情和友谊。

(4) 懂得了真正的爱情是什么。

(5) 掌握了更多的爱的技巧。

(6) 更清晰地认清自己。

(7) 人生经历更加丰富。

(8) 更加成熟。

(9) 学会珍惜。

（10）更加坚强。

4. 网恋

因特网是当今世界最快捷便利、省时省钱的交流与沟通媒介，它使人们可以随时随地跨越时空进行倾诉和交往。网络的主体性、虚拟性、隐蔽性及便利性使得一些大学生钟爱网络交流。许多远隔天涯的男女通过网络相识相知，倾心交流，心心相印，终成伴侣。但是由于网络的虚拟性和欺骗性大，网恋也存在着许多问题。

当前大学生网恋具有多种心理类型：游戏型、感情寄托型、追求浪漫型、表现自我型、追求时尚型、随波逐流型等。不管是哪一种类型，几乎都有一个共同特点，就是抛却恋爱是为缔结婚姻的观念，把网恋视为一种网络游戏、在网上进行情感交流的一种方式。有关调查显示，大学生中有过网恋的不少。有的大学生在网上同异性聊过一次，便相见恨晚；有的大学生第一次与对方在网上接触就迅速建立恋爱关系。

持久的爱情必须以现实为基础。虚拟空间的感情发展到一定阶段，必须引入现实生活，才能获得实质性的进展。生活是现实的，心理健康的人总是生活在现实世界中，他们不沉溺于想象的世界。我们大学生在利用网络优势时，一定要有能力拒绝网络的负面影响，健康地学习和生活。

第三节 大学生的性心理

一、什么是性心理

性（sex）这个词，是从拉丁语"sexus"一词演变而来。无论在中国还是在西方，已经存在几千年，但要想对其做出准确、公认的描述和解释却又是一件不容易的事。性是什么？就是最权威的性研究的专家也不敢轻易下一个定义。这句话道出了性问题的复杂性。

一谈到性，一些同学会表现得十分敏感或羞怯。在敏感和羞怯的背后，隐藏着一种狭隘的认识，即性是一种单纯的性生理，是男女之间生理上的性关系。这种认识是非常片面的。实际上，性具有丰富的内涵，既是一种生理现象，同时也是一种心理现象和社会现象。它分别涉及了生理学、心理学和社会学的知识。

从生理学的角度说，性是人类最基本的生物学特征之一，性的需要，就如人需要呼吸、饮食一样，都是人的一种自然本能。在汉语当中，"性"是一个多义词，《辞海》对此概念的解释当中，第二项解释为：人物的自然质性，通常指人性。第六项解释为：性别。如男性、女性；雄性、雌性。这两个解释实际上是"性"在汉语当中两个基本的含义，而且这两个含义的发展具有一定的历史性。在近代之前，汉语中的"性"一词，主要是指人的自然属性。性欲意义上的"性"则主要是由"色""欲"等词所承担，如在《孟子·告子上》中有"食色性也"，在《礼记·礼运》中有"饮食男女，人之大欲存焉"。这两句中的"色"和"欲"实际上与《辞海》中的第六项解释内涵相符，而"食色性也"一句中的"性"则可同《辞海》中的第二项的解释。这些都表明人生来就有食欲和性欲两大欲望。按照《中华性医学词典》对"性"的解释：性是指男、女两性在生物学上的差别。性是生物繁衍的基础。

从心理学的角度说，性的基本意思是指与性有关的一切心理现象，它不仅包括性交、性爱抚等所有直接的性活动，还包括人们对于性的情感、态度、价值观和性方面的喜好等心理方面的表现。它不仅是人们普遍认为的是"正常"的性活动，也包括所有被认为是"反常"和"不正常"的性行为。

从社会学的角度说，人是社会的人，性是人类得以繁衍、进化的基础，性活动则是人类社会生活的基本内容之一。无论何时何地，人类的性观念和性行为都受制于一定的社会意识形态和道德规范，而不是"两个人的私事"。至今，世界各国不同的民族，因其社会制度和文化背景不同而造成各自的性观念迥异。所以，性科学是研究人类性现象和性行为及其相关的社会学内容的一门严肃的科学，并仍然在不断地深入发展。正因为如此，有关性的概念以及相应的性生理、性心理、性医学、性教育和恋爱、婚姻、法律等社会诸方面的内容，并非可"无师自通"，还是需要大学生循序渐进地接受性教育，才能完整地掌握。

综上所述，性心理是指在性生理的基础上，与性欲、性行为等有关的心理状况与心理过程，也包括与异性有关的男女交往、婚恋等心理问题。性心理可具体为性认知、性思维、性情感及性意志等，是人类对性的认识、情感和意志的反映活动。它们相互联系、相互制约，共同体现在与性有关的言行之中。

二、性心理的发展阶段

广义的性心理存在于个体发展的各个阶段，并且基于生理的成熟表现出明显的阶段性特征。对于性心理发展阶段的认识，有助于我们在不同的个体阶段正确地认识自己，减少不必要的认知冲突，促进个体健康的发展。青少年性心理的发展可以归纳为以下五个阶段。

1. 青涩的反感期（12～13岁）

随着青春期的到来，男生开始长胡须、出现喉结、声音低沉等；女性乳腺发育、骨盆宽大、皮下脂肪丰富、嗓音尖细等，少男少女开始产生对性的焦虑和恐慌，由于个体不知道怎样面对生理变化，因而开始对这些变化产生厌恶。在行为上表现为对异性的疏远或者通过恶作剧的方式来划清自己与异性之间的关系。由于这一时期是基于性生理的不知所措所导致的厌恶感，因此我们将其称之为青涩的反感期。

2. 性的困惑期（14～15岁）

随着青少年性生理的进一步成熟，一些男孩子对自己外生殖器的变化非常敏感，有的会因自己的阴茎勃起而焦虑不安，意识开始觉醒。当受到和"性"有关的听觉、视觉、嗅觉、触觉以及思维、想象等刺激作用时，阴茎有时会勃起，这叫精神性勃起。这些问题让男孩子产生焦虑的困惑。同样对于女生来说，初潮及月经期的不适、情绪波动等是青春期少女面临的困惑。针对可能出现的困惑，家长和老师应该及时地给予青少年必要的指导，以促进他们性心理的成熟与完善。

3. 萌动期(16～17岁)

随着心理的不断成熟,个体此时已经能够妥善地处理性生理的问题,并且正确看待性别差异。此时,他们开始关注到一些异性性别上的优势,如男性的雄壮健美、女性的婀娜多姿。异性身上所表现出来的性别优势使两性之间相互产生好感,并且主动接近。此外,由于对异性的好奇促使青春期的个体进一步去尝试了解对方。这一时期处于中学阶段,他们的这种性心理的萌动被繁重的课业负担以及父母、老师所阻碍,表现得含蓄而表面。

4. 倾慕期(18～20岁)

这一时期的青少年处于大学阶段,课业负担相对减轻,可供自由支配的时间和精力显著增多。此时的青少年开始了对爱情的憧憬。很多人都认为可以谈恋爱,可以尝试与异性交往。他们开始构思自己心目中的王子或者公主应该具有的特征。在与异性交往的过程中,逐渐变得大方得体,在遇到自己心仪的对象时会采取相应的方式表达自己的爱意。

5. 成熟期(20岁以后)

一般来说,20岁以后个体的性生理已经成熟,随着知识和社会阅历的增加,世界观、人生观、价值观逐渐趋于成熟,他们对于爱情以及性的态度日趋明朗,不仅有爱的能力,而且也开始懂得爱的责任、规范和准则。此时,他们能够将基于生理的性欲和社会因素相结合、与社会现实相结合、与社会责任相结合,这些是性心理逐渐成熟的标志。

三、大学生性心理的特点

大学生由于尚未脱离家庭的管束,其性心理的发展显现出一些不同于成年人的特点。

1. 性生理的发展和性心理的发展不同步

大学时期,男女生的生理发育已经基本完成,可以性交、受孕、生育、哺育,但是性生理的成熟并不标志着性心理的成熟,由于性知识的缺乏或者认识的不端正,大学生对性器官和性生理过程还充满着好奇、紧张、焦虑甚至恐惧。对异性的倾慕还有着生理本能性、还保持着朦胧性的特点,尤其在性冲动的自制、性爱的技巧或者性审美方面还有很多认识的误区。

2. 性需要和社会道德规范间的冲突带来的矛盾性

性生理的成熟使人们有了性欲的冲动,这种本能的需要却受到校纪校规、社会道德以及习俗的约束,这种矛盾冲突让恋爱中的男女青年产生焦虑感,当发生一些诸如拥抱、亲吻、爱抚等边缘性行为时,焦虑感就会加重甚至会产生恐惧,尤其是一些恋人发生了性行为后,还会产生负罪感。

大学生获得性知识的渠道广泛,难免受到一些性开放观念的影响。但是主流教育让大学生要在性问题上保持严肃、谨慎的态度,这使得大学生经常处于理性和感情冲动的矛盾中,只能表面掩饰自己的行为。

3. 渴求爱情但不了解异性

大学生正处在与异性交往的热忱期,渴望开始一场轰轰烈烈的爱情。但很多人对爱情的需要是因为想借此填补初离家庭的孤独感,在恋爱中更期望得到多一些的关爱,往往索取得多,付出得少。在恋爱中经常会因为对异性心理的不了解,出现争吵,发生矛盾,有时候还会因此发生一些伤害事件。

四、性心理健康的标准

性心理的健康是个体身心健康的重要组成部分,对于性心理健康标准的研究是进行性心理健康教育与矫正的基础,关于这一标准,不同的研究者根据自身的分析提出了关于性心理健康的不同标准。

世界卫生组织对性心理健康给出的界定:通过丰富和完善的人格、人际交往和爱情方式,达到性行为在肉体、感情、理智和社会诸方面的圆满和协调。它们同时提出,性心理健康评定标准必须具备以下四个条件:一是关于性别角色方面的,标准指出,个人的身心应有所属,有较明显的反差。如果对男女性别认识不清,就难以实施健全的性行为与获得美满的爱情。二是个人对自身性特征及性行为的认识,有良好的性适应,包括自我性适应与异性适应,即对自己的性征、性欲能够悦纳,与异性能很好地相处。三是对待两性一视同仁,不应人为地制造分裂、歧视或偏见。对曾因种种历史原因形成的一切与科学相悖的性愚昧、性偏见及种种谬误有清醒的认识、理解并追求性文明。四是能够自然地、高质量地享受性生活。

大学生性心理健康的标准与一般群体存在共性,同时也存在一些特殊性。结合已有理论和实践,我们将大学生的性心理健康的标准概括为以下4点。

1. 有正常性欲望

随着性生理的成熟,大学生会出现正常的性需求和性欲望,这是个体发展的基本规律之一。正常的性需求和性欲望包括两个层面的内容,第一是对象正常,即个体产生性欲望的对象是成年的、健康的异性。虽然现代心理学标准不再认为同性恋是心理疾病,但是同性恋不是正常性欲望的对象。此外,恋物癖也是性欲望对象异常的表现。性欲望正常的第二个标准就是性欲望适度,既不是对性狂热的迷恋,也不是对性毫无兴趣。

2. 对性有科学的认识

人的理性行为是以对问题的科学认知为基础的。大学生要有健康的性心理就必须对性有科学、系统和全面的了解,需要了解性冲动和性欲望产生的原因及应对方式,了解怀孕的过程,掌握如何合理避孕,以及怀孕后如何正确应对等。只有在正确了解的基础上,女大学生才不会以人流作为避孕的方式,才会真正懂得如何保持性生理和性心理的健康。

3. 能与异性和谐相处

大学阶段,个体的性心理逐渐成熟,与异性交往的需求增加,机会增多。此时能否与异性和谐相处成为个体性心理健康的标准之一。具体表现为懂得与异性交往的方法并且交往适度,能够正确区分与异性之间的友情与爱情。在交往过程中,既不故步自封,也不开放随便。

4. 有良好的性道德

性道德是性心理健康的最重要标志。健康的性道德首先起源于对性的正确认识和辨别。大学生需要学习必要的行为规范,在两性交往中遵守社会规范的约束,学会尊重他人、有对对方的责任心和对自己性欲望的有效自制力,并且要学会区分性文化中的精华与糟粕、淫秽与纯洁,以对性的正确认识和正确的爱情观为基础,以及自己在面对性欲望时对自己行为的有效调节和控制,来促进自身性心理的健康发展。

总之,性心理健康不仅包括认知层面对性欲望、性特征及相关性知识的科学全面了解,也包括行为层面能够合理与异性和谐相处,能够有效调节自身的性欲望,更包括道德情感层面的尊重他人和有责任心以及对低级淫秽行为的厌恶与抵制。

案例分析

"我们像所有正在交往的情侣一样,一起吃饭,一起上网,一起逛校园。我们彼此很喜欢对方,从开始到现在,哪怕是未来,我想我都会一直喜欢他,他也是。于是我们牵手、接吻、拥抱……接下来有点麻烦了,他问我:什么时候把自己给他?我想我是有点保守的,有时候我们亲密接触时,看着他难受又难过的样子,我也不好受,几乎就想妥协了。我们很相爱,可是,该如何处理我们之间的关系呢?"这个女孩在恋爱里一直这样左右为难着。

分析:目前社会上对婚前性行为已持有比较宽容的态度,大多数大学生对婚前性行为也都持宽容态度。有调查显示,认为"只要有爱情就可以有性"的占27%,"只要能结婚就无妨"的占11%,"只要双方愿意就行"的占45%,可以说,当代大学生对情感和需要的尊重大大超过了对婚姻形式的遵从。

性是两人同意分享亲密的感觉,虽然很多人只是"让它自然发生",但是,可能会有无法挽回的结果。性的发生要求当事人事先有成熟的考虑——因为它涉及责任。尤其是对于一个在经济尚未独立、心理上尚未足够成熟、对自己的行为还缺乏责任能力的大学生而言。在决定是否要有性行为之前,请先思考以下几个问题:

第一,这与我的价值观和文化观相冲突吗?

第二,我会感到羞耻或罪恶吗?

第三,我害怕如果没有性就会被对方抛弃吗?

第四,是因为周围人都这样做吗?

第五,是想证明自己是个有魅力的男人或女人吗?

第六,我能否为对方担负责任?

第七,事先我和伴侣畅谈性事吗?

第八,我了解伴侣过去的性史吗?

第九,我有避孕和预防性病的有效措施和心理准备吗?

尤其是最后3点,事先一定要在心理上有所准备。因为没有情感的投入,没有充分的交流,只会让当事人留下不满意的感受。不但空虚,而且会加深原先的孤独感。

少数人认为,可以用性作为达到某种目的,或者性就是爱情,这种观点是错误的。

第四节　大学生常见恋爱与性心理问题及调适

爱情虽然甜蜜,但也会带来复杂、独特而微妙的情感体验,很容易产生心理困扰。

大学生刚刚步入成年阶段,对待感情往往容易出现各种心理问题,给自己带来一定的苦恼,甚至影响学业。那么,大学生常见的恋爱心理问题有哪些呢?面对这些问题,又该如何进行调适呢?

一、大学生恋爱常见问题与调适

(一)如何区分友谊和爱情

随着新型人际关系的建立,在友情与爱情界限的把握上,给更多的青年人带来了新的困扰,很多大学生在同异性的交往中往往把握不住感情的分寸,错把友谊当爱情。有的人认为,男女之间只有爱情而没有友谊。这样也就造成更多的人对异性间的友谊问题感到茫然,采取回避的态度。那么到底应该如何看待异性之间的友好情感?怎样区别爱情与友谊呢?

首先,友谊与爱情之间既有区别又有联系。不管是友情还是爱情,它们都是人们彼此之间的一种真挚感情。友谊是爱情的金桥。一般说来,真正的爱情都是以友谊为先导的,是在友谊的基础上建立起来的,并贯穿于整个爱情关系之中。没有友情为基础的爱情,是不尽美满的。只有保持纯洁的友情,才能建立真挚的爱情,但是,不能说,任何异性友谊中都包含着爱情,友谊不等于爱情,友谊也不一定都能发展为爱情。所以,友谊与爱情之间是有区别的。

第一,友谊与爱情是两种不同性质的感情概念。友谊是同志或朋友之间一种平等的、诚挚的、相互信赖的关系,它不具有异性间的吸引力,表现在感情上带有平和、深沉的色彩。爱情则是男女相互之爱,具有异性间的相互吸引,在感情上具有表现热烈、激情、奔放的特点。

第二,友谊是广泛的交往,可以情通四海,朋友遍天下,不分男女,不限对象。而爱情只限男女两人之间,它是男女之间的爱慕之情,只能忠贞不贰,不允许任何第三者涉足。

第三,友谊可能是暂时的,可因环境、工作的改变,认识上的分歧而随时发生变化。而爱情一旦确立是永恒的,并导致双方结合,要患难与共、白头偕老。

第四,友谊关系中,主要承担道德义务,朋友之间讲原则,做到忠诚、热情、互助。而爱情在缔结婚姻关系之后,要承担法律义务,婚姻家庭受法律保护。

其次,莫把好感当爱情。男女青年在交往中,有的人往往把好感当爱情,只要对方对自己好,就认为对方对自己"有意思",有的人甚至把对方一颦一笑,都误认为是暗送秋波,有心示意,结果往往导致一些错误的行为。好感作为人际交往中的一种情感,是对他人言行、品质、举止表示肯定的一种态度,它的对象是广泛的。异性之间的好感,有时颇像爱情,但好感并不就是爱情。二者之间的区别在于,爱情除了感情的萌动之外,还需要有各方面的深入了解,理想、志趣等的高度一致;而好感却不一定有这些因素。对异性的强烈好感可能会转变为爱情,但并不是所有对异性的好感都能转为爱情。

知识阅读

爱情和友情

一天,爱情和友情争执起来,都认为自己最重要,他们谁也说服不了谁,最后约定各自到人世间找人做实验,看看究竟是谁更重要。

降临人世间,爱情和友情各自找了一个男孩和一个女孩。

爱情找的这对男孩女孩,先热恋,后相爱,再后来结婚组成一个幸福的家庭。

友情找的这对男孩女孩,从认识的那一天起,彼此就有说不出的欣赏,是非常要好的朋友。可是几年过去了,他们高中毕业,然后参加工作,友情是没有一丁点的淡漠,然而也仅此而已。之后,各自去恋爱,男孩有了女朋友,女孩也有了男朋友,他们只能是朋友,却始终没有成为夫妻。

故此,爱情得意地对友情说:"我可以组成家庭,你却不能,可见我比你重要。"

可是爱情得意得太早了,因为时间不长,那对夫妻就发生了争吵:男方责怪女方太自私,总想把爱变成一副沉重的枷锁套在他脖子上;女方则责怪男方太呆板,生活不够浪漫,整天沉默寡言,不懂生活情趣。他们先吵,后打,再后来索性离婚了。

所以偌大的房间,只剩下爱情自个儿叹息:"完了,完了,当初爱得死去活来,现在都撇下我,走了……"

友情笑笑说:"我说了吧,友情比爱情更可贵。友情是没有欲望的,而你则不然。"爱情不服输,建议和友情一起离开人间,看人们失去爱情和友情后,谁更痛苦。

于是,有一段时间,那些没有爱情的人非常痛苦。不过他们还有友情,因此他们固然痛苦,还是能够在朋友们的关心和帮助下,战胜痛苦。而没有友情的人呢? 他们四处碰壁,孤独地生活,最后在寂寞和痛苦中死去。

友情和爱情是不同的。

(二) 如何表达爱

当你确定白马王子(白雪公主)出现后,接下来就是爱的表达了,很多人因为单相思而苦恼,往往就是没有勇气或是不懂如何把自己的爱表达出来。怎样恰到好处地表达爱呢? 这就是爱的表达艺术。

一要选择最佳时机,即要选择对方和自己都处于好心情时,双方关系融洽,情绪轻松愉悦时。

二要选择合适地点,应是能私下面谈的地点,不会给对方和自己造成心理紧张和不适的地点。

三要选择恰当方式,即选择你自己最擅长,对方又最容易接受的表达方式。求爱的表达方式多种多样,同时在不同的恋爱期爱的表达方式也是不同的。

恋爱初期,当面表达、书信表达、电话表达、网聊表达、信物表达都可以选择。恋爱达到一定程度,渴望用语言、行为,尤其是身体的接触来表达自己的感情。性爱的行为主要有握手、挽臂、接吻、拥抱、爱抚、性交。这里面的表达有粗俗与高雅、野蛮与文明之别。含蓄而文明的爱的表达方式,不仅符合社会道德要求,而且有助于爱情的健康发展。过分亲昵的行为,粗俗甚至野蛮的示爱,不仅会引起对方的反感,给纯洁的爱情蒙上一层阴影,甚至会造成恋爱挫折。

课堂活动

如何表达爱情?

表达爱的方式多种多样,可以试用以下方式。

(1) 用你的眼睛传达爱。这是一种比较含蓄的方式,当对方注意到你的注视时,不要逃避,镇定坦然地凝望,把你的爱意表现在眼睛里。

(2) 以你的行动来关爱。用实际行动来表示对倾慕对象的关心、帮助和亲昵,如下雨天送雨伞,对方生病时前去看望,或者投其所好。

(3) 用书信和字条来传情。如果你无法用言语大胆地说出爱意,写下你爱的誓言也是很好的方法。

(4) 送去代表相思之情的爱情信物。如红豆,用心形相框框起的自己照片,亲手做的首饰、荷包、工艺品等,让对方睹物思人,知道你的心思。最经典的表达方式就是送上一枝表达"我爱你"的红玫瑰。

请选择其中一种方式或独创一种方式进行角色扮演,之后评论、交流。

哪个少年不钟情,哪个少女不怀春?我们不可否认大学生们渴望爱情。大学生也算成年人,怎么去爱那是他们自己的事情,旁人无可指责,但在众目睽睽之下,用一种张扬个性表达自己的真诚爱情,这种用心良苦、浪漫性的示爱方式就能感动对方吗?对方能够接受这种公开的示爱吗?假如对方不喜欢你、不爱你、不答应你怎么办?公开地制造社会舆论是否给被求爱的人带来了各方面的伤害,是否给他(她)带来了精神压力?是否会被其他同学取笑?是否会影响他(她)今后的生活、工作和学习呢?

爱情是美好的,追求浪漫的示爱方式无可厚非。但喜欢对方、爱对方并不是要通过制造惊天动地的浪漫来感动对方。在校大学生,应当以学业为重,在学校谈恋爱成功率不高,而且在学校为了赢得爱情,用个性张扬的方式制造惊天动地的爱情故事,不仅仅影响自己的学业,还增加家庭的经济负担,给自己带来更多的麻烦,会耽误自己。

(三) 如何拒绝爱

在大学阶段的学生相互之间产生好感是很正常的事情,并且由此会进一步发展为对异性的爱慕,所以就会出现求爱与被爱的事情。当我们得到所期望的求爱时,内心会感到满足和幸福,但是当求爱的人是自己不满意或不能当作恋人来喜爱的对象时,就会感到莫大的苦恼。苦恼的根源在于我们既想拒绝这一爱情表白,又怕伤害了对方的心。尤其在对方与自己有深厚友谊时,这苦恼就来得更为强烈。然而,不管多么困难,不能接受的爱情总是要加以拒绝的。对大学生来说,拒绝别人的求爱更是件不容迟疑的事。只是,要选择好方法和时间,以下是针对这种情况发生时的一些建议。

首先,态度要坚决。拒绝难免是一种伤害,但不能因此而犹豫不决。既然是爱上你的人,对你的言行都非常敏感。如果拒绝的态度不够坚决,很容易造成对方的误会,尤其是对方处在深爱你的状况,你所采用的出于礼貌或者是顾全的思想,会让对方觉得你也是爱他的,至少是让他觉得还有希望,最后往往带来比拒绝更大的伤害。

其次,尽力维护对方的自尊。为了减少拒爱给对方的心理伤害,也使对方更易于接受,就必须设法维护对方的心理平衡,尽量减少对方的内心挫折。具体说来,你不妨先对对方的人品和才华等加以赞许,然后说明你为什么不能接受求爱的理由;说出的理由要合乎情理,最好从对方的角度提出有利的方面,让对方觉得拒绝也是为了他(她)好;如果必须向旁人解释,你不妨把消极原因归因于自己,避免给人单单造成一个你拒绝了他的印象。这种方法尤其适用于那些心理比较脆弱的人,可以避免一些极端现象的出现。

再次,选择恰当的方式。应该考虑到你们平素的关系和对方的个性特点,选择面谈或书信等方式,但建议你最好不要采用托人转告的方式,因为这显得对对方不够尊重,还可能带来不必要的麻烦。这种方法的采用,也可以结合前文提到的,也就是在和他面谈或者是书信说明时,可以对他进行肯定的评价,但也要在肯定对方的同时,让对方知道你拒绝他的态度,不然的话会让对方觉得你也在爱他。

最后,选择合适的时机。一般来说,不要在对方刚表白了爱情时立即加以拒绝,因为此时对方很难接受;但也不可拖延太久,给对方造成误会。当然,具体选择什么时机,要视具体情况而定。最好是在对方表白后的三四天时间,这样对方的情绪也比较稳定了,你的拒绝不会让对方感到太受伤害,同时,也让对方明白了你的态度。

上述几点都是拒绝真心求爱时应该注意的;如果对方属无理纠缠,则应取得师长及同学们的配合,不留情面。更不要因此影响了自己的生活和学习,给自己带来不必要的麻烦。

(四)如何解决爱的冲突

亲密的人彼此在心理上依赖度很高,生活中的交集也很多,但毕竟是两个不同的人,很难在每一件事的看法都一样,很难所有的生活习惯都相同,很难所有的价值观都没有差异。所以难免因为某些事情意见不同,发生争吵。如何避免冲突恶化,也就成为进入亲密关系的人必修的功课。以下有一些建议以供参考。

(1)对彼此的沟通方式差异和对亲密的质与量的需求有了解和分享,如此可以减少许多不必要的争吵。

(2)真的发生争执了,也不用太害怕去面对,可以注意以下原则:

①声调、语气:当发现自己声调和语气太激烈时,稍微放松缓和一下,就不会再火上添油,

也不会让亲密的人太感受到被威胁。如果对方的声调和语气太激动,也可提醒对方,请对方慢慢地说。

②非敌对态度:敌对不是我们的目的,我们的目的是要接纳彼此的不同和达成共识,我们虽然意见不同,但我们有一个共同的目标是要对问题达成可接纳的共识。

③轮流说话:冲突往往伴随激烈的情感,你和对方可能都处于激动的状态,或者对方情绪更激烈,更急于想一下全部把话说完,那么遵守一次就一个人说话的原则,说话的人一旦有人能倾听,一边说话就能一边把情绪疏解出来,就不再那么冲动;听话的人就先听先稳住自己,等对方先告一段落,再说自己的感觉想法,只有当彼此都比较平静时进行沟通,才能聚焦和有效率地解决问题。

(3) 如果对方还没有准备好要沟通,那么就先不要勉强,勉强可能带来更多负面的情绪,不妨再等一段时间,因为这样会带来更好的结果。同时告诉自己不要太快放弃沟通。

(4) 吵架最好对事不对人,你不喜欢他做某件事或你不同意他的某一想法,而不是你不喜欢他这个人或你完全否定他整个人,要有这样的区分和尊重。

(5) 最好直接沟通,不要请人传话,因为这样传话的人也左右为难,而且可能因每个人表达方式的不同而引起误会,毕竟要相处的是当事人自己,要勇敢地学会面对面沟通。

(6) 有时,对方要的只是一句"对不起"。如果你错了,就真诚地先说一句"对不起"就可以化解冲突,何乐而不为。然后,可以将自己当时之所以会那么做或那么说的情况说明一下,让自己有表明的机会。如果觉得错在对方,也可以表明希望对方表达歉意,或让对方更明白你的需求和期望。

(7) 如果你们已经进入热吵失控的状态,此刻最好的方法就是暂时先离开吵架的情境,双方约定何时再谈,千万别一去不回。先各自离开情境,冷静一下,才能让自己比较理性、客观地看待事情和体会彼此的立场。

爱的冲突一方面来自日常生活中的不一致,或不协调;另一方面可能来自性格的差异。相爱的人不是寻求两人的一致而是看如何协调、合作。爱需要包容、理解、体谅。

疑难探讨

恋人之间如何越吵越亲密?

(1) 把争吵看作是恋人间碰撞、交流的一种方式,通过争论来了解对方,进行沟通,拉近距离。

(2) 双方发言的机会要均等,不要唱独角戏,要有倾听对方的耐心。

(3) 不计较谁占上风,从对方的角度看问题,理解比赢得争吵胜利更重要。

(4) 弄清为什么争吵,找到其背后的原因,寻求一种两个人都能接受的解决方法或平衡点。

(5) 使争论的范围仅限于当前的问题,避免形成一种"算旧账"的局面,否则就会使吵架的规模无限升级,会使双方的争论问题偏离主题,让对方觉得是在"揭丑",或给对方以不可理喻之感。

（6）态度不可过激。争吵中也可穿插一句温柔或赞美的话，这能消除对方的怨气。有时也可说一些幽默的语句或笑话来自我解嘲，缓和紧张气氛。

（7）及时道歉。同时，等待道歉的一方也需要有耐心，一句不诚恳的道歉会使情况更糟糕，但另一方如断然拒绝道歉也是不明智的行为，这会使双方关系受到长远的影响。

（五）如何保持爱情的长久

有爱的能力的人，是独立的人，有自己独立的价值观，有自己的生活空间。保持爱情的长久，也同时要学习处理恋爱与学业、与其他人际交往的关系等，将爱情作为发展的动力。

1. 如何处理爱情与学业的关系

小A是一名将要毕业的女孩，她的男友是她的同学，从大一到现在，小A一直都很爱男友。可不久前，面临找工作的压力，男友离开了自己，小A现在很后悔，觉得爱情和学业，自己一样都没有得到。

有些大学生谈恋爱的理由是，爱情可以成为学习的动力，其实这很难做到。恋人们往往会被爱情冲昏了大脑，以至于在别人上课的时候他们忙着赶写情书；在大家一起联欢的时候，他们匆匆离去赴约；在熄灯就寝之后他们仍迟迟未归。自然而然地形成了两人世界。一个初涉人生的既无经验准备又无精神准备的青年要同时挑起爱情和事业的两副重担是非常困难的。大学生恋爱后往往要挤掉大量的学习时间，学习成绩下降和同学间关系疏远是很普遍的现象。从主观愿望上来说大学生也想极力处理好这些关系，然而浇灌爱情之花是一种耗费心神的精神劳动，需要花费很多时光。

大学时光是这样宝贵，如果暂时没有能力使爱情和学业得以完美的统一，最好不要轻易地射出丘比特之箭。只有"会当凌绝顶"，方能"一览众山小"，爱情与事业是21世纪大学生腾飞的双翼，过早涉足爱情会在毕业时刻面临来自现实的严峻挑战。

2. 毕业了，爱情怎么走

一到每年的7月，大学校园里弥漫着一种特殊的气氛，大学毕业，告别的不只是四年的大学生活，还有一段段大学校园恋情。每年一次的"散伙饭"时总能看到一些伤感的情景。根据调查显示：80%的校园情侣在毕业来临时会选择分手。

在毕业时让恋人亲自决定爱情的生死，的确是一件残酷的事情。就像大学里流行的一段顺口溜："大一懵懵懂懂，大二寻寻觅觅，大三卿卿我我，大四哭哭啼啼。"到底是什么让曾经的海誓山盟变成了空谈呢？

在当下就业如此紧张的情形下，大学生情侣会做何种选择？是劳燕分飞，各赴前程；还是乐做一对小夫妻，目标不同方向一致？在做任何决定时都要重新审视自己的爱情，给它一个准确的定位，帮它找个合适的归属。下面几个问题是需要思考的。

第一，确定爱情的稳固度。毕业之后，你们是否还能坚守住那份爱情？尽管我们相信或者说渴望相信爱情，但是"恋爱"和"爱情"毕竟在今天的大学校园里往往不是同一层面上的事情，这是一个我们不得不面对的现实。"你们为什么恋爱？你为什么会爱上他（她）？如果失去他

（她），你会重新选择别人吗？毕业关口，选择面包还是爱情？"这是一系列常规的恋爱话题，但是，在毕业时扪心自问，可能会得到与以往完全不同的答案。问过自己后，再站在对方的角度，替对方回答。在自己的心里回答完这些问题之后，再次审视自己的爱情，并给它一个准确的定位，帮它找个合适的归属。

第二，确定双方的生存能力。如果你不得不在你的恋爱和就业之间做一个取舍的话，"毅然决然"并不是一个值得鼓励的态度，要知道"恋爱"是不需要鲜花和掌声的，它只是你们的事，只是你们两个人的事。你能不能在没有工作或没有户口的情况下生活一年、两年甚至更长时间？你或他（她）有没有想过，由"同学"到"失业者"的角色转换，在情人的眼中，很可能是无法接受的事？

第三，对所有不确定因素做出预计。恋爱似乎只是你们两个人的事情，但是，想把爱情进行到底，就不得不考虑到"周边问题"了。比如，你们的家人是否同意你们在一起？他们是否能眼睁睁地看着你为了爱情不顾一切？如何处理异地恋？而且，应该考虑到，两个人会投入到与校园完全不同的环境中，面对着与同学完全不同的一群人，将经历与学业完全不一样的事。面对环境和经历对人的影响，你的感觉会不会发生变化？"毕业"只是爱情阻碍中不大不小的一关，爱情的不确定因素有很多，你是否有足够的勇气和智慧去面对？这些，都是需要去认真考虑的。

得出结论后，就要开始为自己的决定做好一切准备了。每个人的价值观都不一样，选择面包还是爱情，有时候也由不得自己做主。无论如何选择，请听从内心真实的召唤，选择适合自己的道路。总之，是否有缔结婚姻建立家庭的美好愿望和勇气，也可以衡量你是否有发展爱的能力。

（六）如何面对爱的丧失

任何爱都要承担风险，没有无风险的爱。爱的风险包括因爱而失去一些东西，因爱而受到伤害，以及爱的失去等。

一般来说人们会有四种方式来分手：

一是沉默式分手。什么也没说，什么也没做，两个人渐渐疏远不联络。

二是宣泄式分手。将交往这段时间种种不悦发泄出来，告诉对方要分手。

三是协议式分手。约一个合适的时间地点，将两人不适合在一起的原因说明白，让双方有充足的时间处理情绪与未尽事宜。

四是谈判式分手。你的归你，我的归我。

根据统计，最多的是沉默式分手，最少的是协议式分手，而专家比较建议的是采取协议式分手，因为理性平和的过程最不容易造成伤害。如果你是那个主动提出分手的人，请找个地方静静想清楚自己为什么要分手？分手有什么好处，有什么坏处？想好自己提的方式、态度和理由。调整好情绪再出发，态度温和而坚定，勿数落别人的不是。慎选谈分手的时间和地点，时间最好是白天，因晚上人的情绪较难控制，地点最好是公开、安静，有旁人但不会干扰你们谈话的地方。

对于被动分手的人，在对方提出分手后，要先保持冷静，听完对方怎么说，别从"我被甩"的角度看事情,而从"了解对方是怎样不快乐,在事件中的我是怎样的心情?"来看可能转圜的空间、来了解事情,以及从"留一个心不在我身上的人,两人会不会幸福?"来看感情的未来。

其实,分手不见得都是带来不愉快的情绪,许多人也体会到分手带来的成长与学习,比如男生更懂得控制情绪表达,女生更了解独立的重要。分手后的反思能让人认清自己对感情的真正需要,了解以前对异性要求的不切实际;更能体谅别人,更能和别人沟通,更懂得爱。

当我们用健康的心来看待分手时,分手也许就不再那么令我们害怕和不敢面对,我们也能看见分手的正向成长意义了。

知识阅读

蜜蜂与鲜花的寓言

玫瑰花枯萎了,蜜蜂仍拼命吮吸,因为它以前从这朵花上吮吸过甜蜜。但是,现在在这朵花上,蜜蜂吮吸的是毒汁。蜜蜂知道这一点,因为毒汁苦涩,与以前的味道是天壤之别。于是,蜜蜂愤不过,它吸一口就抬起头来向整个世界抱怨,为什么味道变了?

终于有一天,不知道是什么原因,蜜蜂振动翅膀,飞高了一点。这时,它发现,枯萎的玫瑰花周围,处处是鲜花。

这是关于爱情的寓言,是一位年轻的语文老师的真实感悟。

有一段时间,她失恋了,很痛苦,一直想约我聊聊,希望我的心理学知识能给她一些帮助。我们一直约时间,但快两个月过去了,两人的时间总不能碰巧凑在一起。

最后一次约她,她说:"谢谢!不用了,我想明白了。"

原来,她刚从九寨沟回来。失恋的痛苦仍在纠缠她,让她神情恍惚,不能享受九寨沟的美丽。不经意的时候,她留意到一只小蜜蜂正在一朵鲜花上采蜜。那一刹那,她脑子里电闪雷鸣般地出现了一句话:"枯萎的鲜花上,蜜蜂只能吮吸到毒汁。"

当然,大自然中的小蜜蜂不会这么做,只有人类才这么傻,她这句话里的蜜蜂当然指她自己。这一刹那,她顿悟出了放弃的道理。以前,她想让我帮她走出来,但翅膀其实就长在她自己身上,她想飞就能飞。

放弃并不容易,爱情中的放弃尤其令人痛苦。因为,爱情是对我们幼小时候的亲子关系的复制。幼小的孩子,无论从哪个方面看,都离不开爸爸妈妈。如果爸爸妈妈完全否定他,那对他来说就意味着死亡,这是终极的伤害和恐惧。我们多多少少都曾体验过被爸爸妈妈否定的痛苦和恐惧,所以,当爱情——这个亲子关系的复制品,再一次让我们体验这种痛苦和恐惧时,我们的情绪很容易变得非常糟糕。

不过,爱情和亲子关系相比,有一个巨大的差别:小时候,我们无能为力,一切都是父母说了算;但现在,我们长大了,我们有力量自己去选择自己的命运。

可以说,童年时,我们是没有翅膀的小蜜蜂,但现在,我们有了一双强有力的翅膀了。

但是,当深深地陷入爱情时,我们会回归童年,我们会忘记自己有一双可以飞翔的翅膀。等我们自己悟出这一点后,爱情就不再会是对亲子关系的自动复制,我们的爱情就获得了自由,就有了放弃的力量。

切记:爱情是两个人的事情,两个完全平等的、有独立人格的人的事情。你可以努力,但不是说,你努力了就一定会有效果,因为另一个人,你并不能左右。

所以,无论你多么在乎一次爱情,如果另一个人坚决要离开你,请尊重他的选择。并且,还要记得,你已成人,你有一双强有力的翅膀,你完全可以飞出一个已经变质的关系。

二、大学生性心理问题与调适

(一) 性行为失当

边缘性行为和婚前性行为被认为是大学生性行为失当的两种主要表现形式。边缘性行为是指两性之间由于性吸引而产生的一系列亲昵性行为。如两性交往中,具有性吸引倾向的握手、谈话、拥抱、接吻、抚弄性器官,夫妻间伴有性色彩的耳鬓厮磨等。对于边缘性行为缺乏正确认识的大学生,往往会存在一些心理的困惑甚至于心理障碍。已有的研究证明,大学生中,25%的男生和接近一半的女生在经历了边缘性性行为之后会产生认知和情绪的问题。如有的女学生担心自己怀孕,有的产生自卑、自责的负面情绪,还有部分学生存在较长时间的恐惧和焦虑。

案例分析

这是一位女大学生的求助信:我是刚刚进入大学时认识他的。他是我的老乡,在我初次离家孤独时给予我太多的安慰与帮助,不知不觉我陷入了恋爱之中。随着交往的深入,我们的恋爱也不仅限于精神层次的交往了,彼此从身体上渴望接纳对方。于是在某一个晚上,我们有了第一次。虽然我们还在恋爱,可每一次在一起我总会想到性,我会感到恐慌,经常觉得所有人都知道我们的事,于是我出现睡眠障碍、上课注意力不集中、性幻想等,现在我也陷入深深担忧中,如果今后我们分手怎么办?我真不知道如何面对?

分析:这是典型的因为婚前性行为造成的内疚与自责,心理无法摆脱自责的感觉。当欲望的潮水袭来时,要用理智战胜脆弱的情感。儿童心理学曾做过"延迟满足"的实验,告诉被试者如果选择等待,将能够获得更多的奖赏,比如糖果,而即时满足只可能获得较少的奖赏。随着年龄的增长,儿童会主动选择延迟满足。这个道理也适用于爱情中的性,只有学会延迟满足,才能为将来生活打开一扇幸福的大门。

我国学者樊富珉在《大学生心理健康与发展》中指出,大学生婚前性行为一般存在三个特点:一是突发性,即性行为的发生在毫无心理准备的情况下。这样的性行为大多发生在男女朋友的生日、圣诞节、情人节、假期后等时间段,部分女生是在被男生的某种行为的感动下的盲目顺从。二是自愿性而又非理智性,大学生已是青年,较少为别人胁迫,部分大学生常常在不完全清楚性行为科学知识的前提下,自愿又不理智的发生性行为,当不清洁、不科学性行为引起生理疾病或者怀孕时懊悔不已。三是反复性,研究者发现,一旦大学生冲破心理防线,性行为便会多次反复发生。目前一些学校周围的廉租房内出现周末情侣房,就是这一现象的真实反映。大学生的婚前性行为常常被家长、学校和社会所反对,因此常常引起大学生的心理困扰,这种困扰表现在认知、情感、行为等不同心理层面。婚前性行为的常见问题就是女大学生的未婚先孕,这给当事人带来身心上巨大的压力和痛苦。研究者调查发现,在发生性行为之后,百分之八十以上的男女生都会感到焦虑不安和严重的自我否定。对性行为的结果持否定态度的男生占到近百分之四十,而女生认为性行为有害的比例超过百分之八十,是男生的一倍多。可见,大学期间的性行为,会对当事人的身心发展产生严重影响,同时婚前性行为的后果不受法律保护,因此会破坏道德规范和社会行为准则,影响社会风气,还可能导致一系列的家庭和社会问题,值得全社会的广泛关注。

(二)性幻想和性梦的困惑

性幻想是与性有关的虚构想象,又称性想象,是一种普遍存在的性心理现象。当个体在现实中或者影视剧中看到恋人之间的亲昵行为时,就可能幻想出自己与心爱的对象在约会、拥抱接吻等性行为,性幻想可以使个体情绪兴奋,有时甚至于达到性高潮,有时可以使个体的性紧张得到一定的缓解,但是作为一种白日梦式的幻想,事后往往个体会感到内疚、荒唐,并因此而自责,也有可能使个体产生不当性行为。

性梦与性幻想最大的区别主要是发生的时间,性幻想是在个体意识清醒时产生的,而性梦是指在睡梦中发生性行为。这也是青春期性成熟后出现的正常的心理、生理现象,在青年中普遍存在。性梦是指人在梦中与异性谈情说爱,甚至发生两性关系。性梦与个体白天的现实生活有着或多或少的联系,在性梦产生时,个体在现实中被性道德等社会和自身因素压抑的性欲望被释放出来,在一定程度上缓解了性紧张,有助于个体的性心理健康。由于部分大学生对性知识的缺乏,对性梦和梦遗知识的不了解,往往在梦醒之后对梦中的行为感到深深的自责、内疚和懊悔。

(三)与异性交往的不适应

大学生在社会生活中与异性的交往是不可避免的,也是正常社会交往必要的组成部分。如果缺乏异性交往,不仅不利于个体人格的成熟与完善,社会适应能力也会存在很多的问题,但是由于害羞、自卑、内向、被动等因素,部分大学生的确存在一些与异性交往的不适应,如出现诸如见不到面时思念,见到面时躲避,一说话就脸红等问题。

大学生与异性交往的不适应主要表现在两个方面:一个是回避或拒绝,一种是随意或放纵。中国的封建文化持续上千年,部分现代社会的大学生仍然存在男女授受不亲等封建思想,从而对异性敬而远之。此外,也有部分同学认为男女之间除了谈情说爱之外,不可能有真正的友情,从而要么积极主动谈恋爱,要么静静自我欣赏。还有些大学生由于缺乏自信心或者性格内向而消极被动地回避异性交往,持续一段时间后又会对自己的回避产生深深的自责。对于上述类型的大学生来说,伴随着生理成熟、性意识逐渐成熟与异性交往的需要与日俱增,但是他们不正确的交往观念、回避态度导致的交往中的退缩行为会使他们内心产生强烈的冲突。这种冲突导致个体产生的紧张、焦虑如果不能得到及时缓解就可能导致个体产生社交障碍。

此外,随着现代社会的发展,西方的一些关于性的观念和思潮通过影片、图书、网络等方式传入中国,对部分大学生性观念和性行为产生巨大影响,使他们在性行为中表现出极大的随意性和放松性。有些大学生将异性当作游戏对象,他们认为那些能够与异性广泛、频繁交流的人是有本事的。于是他们在与异性的交往中表现得非常轻率,往往不分对象、不加选择地与各种类型的异性交往;有些大学生在交往过程中采取种种不当手段,如通过夸大自己的家庭背景或者在学校的影响力进行欺骗,甚至采取性挑逗、性骚扰的方式与异性交往等。这种关于异性交往的观念将阻碍他们正确爱情观的形成,长此以往,将严重影响其身心健康,甚至于患上难以治疗的性生理疾病。

(四)大学生性心理的调适

(1)学习性生理、性心理的有关知识,了解青春期性意识的发展规律,树立科学与健康的性观念,培养良好的性道德,做好充分的心理准备,迎接必然到来的性成熟。这有利于消除对性意识观念的罪恶感、自卑感等自我否定倾向。

(2)破除传统观念,学会大方、潇洒地与异性交往。在青春期,异性间正常、健康的交往有助于缓解性压抑,破除对异性的无知和神秘感,形成健康的性心理。

(3)培养广泛的兴趣,增强理性感。大学生在青春期精力充沛,情感丰富,充满了青春活力。因此,大学生在青春期要培养广泛的兴趣,把旺盛的精力转移到学习知识、培养兴趣、增长技能上,避免各种不健康因素的干扰和刺激,避免沉湎于各种性满足上。

(4)养成良好的生活习惯,注意生殖器官的卫生和保健。良好的生活习惯(包括早睡早起,积极参加体育锻炼,作息有规律等)是青春期身心健康的首要条件。大学生要养成健康、有规律的生活习惯,勤洗澡,勤换内衣裤,不要穿紧身衣裤,不要束胸,以健康的身心、健美的体态迎接性成熟。

第五节 大学生恋爱教育与性健康教育

一、培养大学生健康的恋爱心理

(一)树立正确的恋爱观

恋爱观是指一个人对爱情的认识和态度,以及对恋爱动机、爱情本质等基本问题所持的基本观点和态度,它受个体人生观、价值观和世界观的影响。正确的恋爱观是个体健康爱情生活的基础,对于爱情的产生、维持与发展都具有非常重要的作用。

1. 端正恋爱目的

所有男女之间的真正的爱情都是自由和值得尊重的,是男女双方的私事,但同时又是人类的社会行为。大学生的恋爱目的多种多样,很多人忽略了爱情的社会性,认为自己出于什么样的目的都是自己的事情,因此会有功利型、情欲型和慰藉型的恋爱出现,这种恋爱往往以失败告终,对一方或者双方都造成伤害。正确的恋爱目的应该是寻找志同道合的爱情,恋人之间彼此相爱是因为他们有相同的、积极的人生目标,在思想品德、事业理想和生活情趣等方面大体一致。这样的爱情是双方发自内心的真挚情感,只有志同道合的爱情才能经得起时间和苦难的考验,只有以寻求志同道合的伴侣为目标的恋爱才能够茁壮成长,才能够执子之手、与子偕老。

2. 理智、文明交往

爱情是人类孜孜以求的高尚、美妙的情感之一。爱情的高尚性不仅体现在恋爱目的上,更表现在追求爱情过程中的理智与文明中。这种文明首先表现为相互尊重,恋爱过程中既可以因为双方的真心倾慕而开始,也可以因为一方在爱情中感到志向不相投而彼此认真交流之后结束。强扭的瓜不甜,当代大学生要能够文明开始爱情,也要懂得理智文明的分手。此外,在爱情的过程中,理智文明体现在表达爱情要选择适当的时间和空间,表达过程要尊重对方,要含蓄委婉地为对方留下考虑的机会。真正的爱情一定不是那种不分时间、地点场合的粗鲁的亲密,而是对爱情的真诚与敬畏,对对方的尊重与含蓄,急切地将爱情在大街上、食堂、操场若无其事地展示给他人看等都不是真正的爱情。爱情需要注入更多的文明和理性才可以长久。

(二)正确处理爱情与生活的关系

对于个体的发展来说,每一时期都有核心目标任务要完成,爱情自青春期开始,随着年龄的增长对个体的重要性变得越来越突出,但是在大学阶段,它仍然不是这一时期的核心目标。大学生要学会处理爱情与其他生活环节的关系,将爱情摆在适当的位置。

1. 分清主次,正确处理爱情与学习的关系

大学时期是个体精力最旺盛、学习能力最强的时期,这时最应该做的就是不断地通过知识的学习、体育锻炼、文艺活动来充实自己,为将来的生活做准备。所谓厚积才能薄发,只有在大学期间为自己的人生理想习得必要的技能,才能在未来的人生中游刃有余。当然,同学们会认为,爱情是为自己美好人生的实现做的一种准备,但是这一时期的爱情会受到物质基础、工作地选择、家庭环境等多个因素的影响。我们尊重所有美好的爱情,更尊重以学业为主的、将爱情与学业相互结合,对学习产生促进的爱情。因为这种爱情更加充实,在构建爱情的过程中,已经通过学业对其进行了必要的铺垫。

2. 摆正爱情与人生的关系

神圣的爱情是我们美好人生的重要组成部分,在人生中具有不可替代的作用。爱情几乎是每个社会个体孜孜以求的,但不是人生的全部,如果大学生将爱情作为生活的全部,只能说明其生活不够丰富。有的学生说没有爱情我不知道怎么活下去,但是他显然不清楚只有爱情他仍然活不下去。爱情可能比生命重要,但是还有比爱情更为重要的,那就是自由地追求人生的目标。我们可以把自己的生活定位在爱情上,但是你很快就会发现,这种目标往往持续的时间很短。所以,大学生既要尊重、重视爱情,又要有更明确和充实的人生目标。

二、大学生健康性心理的培养

两性的交往活动是最能体现一个个体人格健康水平的社会活动。在两性交往的过程中,一个人的社会适应力、生活态度、情绪调控能力等方面得到了较为全面的展现。塑造大学生健康的性心理,需要从认同并欣赏自己的性别角色、具备婚前性行为的自我控制与调整能力两个方面展开。

(一)认同并欣赏自己的性别角色

性别角色是指根据性别而规定的一种行为及思维模式,其形成主要与种属和两性的生理特性有关。性别差异是人类社会交往活动产生和发展的重要原因之一,拥有正确的性别角色意识是性心理健康的重要体现。首先,大学生青春期应该从生理的层面识别并接受自己的性别角色,如男生要接受喉结与胡须的出现和声音的变化,女生要接受经期带来的种种不便等。其次,大学生要表现出适应周围社会环境的行为模式。此外,仍然有一部分大学生表现出对自己的生理外貌特征不满意或者不能接受,这类大学生应认识到外貌特征产生的原因以及可改变的程度,接受自己。通过不断地提高自己的人格魅力和意志品质,取得性心理的平衡,获取爱情和事业的成功。

(二)具备婚前性行为的自我控制与调整能力

1. 以"性纯洁"作为婚恋的主导思想

在美国,对学校是否应该进行性教育,应该教些什么知识和应该怎样教,存在两种模式:性安全教育和性纯洁教育。性安全教育课程主要教学生使用避孕套和其他避孕方法,使他们在进行性行为时,降低受到伤害的程度。性纯洁教育课程主要是促进学生保持童贞,直到他们找到准备与之生活一辈子的人,结婚后再发生性关系。实践表明,性纯洁教育对遏制婚前性行为的发生,促进大学生健全人格的发展具有重要的意义。我国是一个有着悠久历史传统并且性观念比较保守的国家,婚前性行为会给双方心理上带来巨大的压力,并影响着双方感情的顺利发展。性纯洁教育无论对于学生、对于家庭还是对于社会都是非常必要的。

2. 大学生应慎重面对婚前性行为

大学生处于个体发展的青年期,生理发育成熟,性的欲望强烈,当遇到真心相爱的人产生性冲动是正常的,大学生要正确认识婚前性行为的危害,在恋爱中学会正确控制、把握自己的感情和行为能力,同时我们也要把恋爱中基于爱情的性行为与其他的性放纵、性违纪行为区分开来,分别对待。要积极引导大学生掌握必要的性冲动的自我调适方式,对于大学生来说,应该健康地度过恋爱阶段的性冲动期。

【习题或思考】

1. 你怎样理解爱情的含义?
2. 怎样处理爱情与学业的关系?
3. 大学生常见的恋爱心理困惑有哪些?
4. 性心理健康的标准是什么?
5. 如何培养大学生正确的恋爱观?

【课外实践】

1. 请对自己的爱情做一个包括动机、时间等方面的设想。
2. 阅读《告诉孩子怎样爱——林艺性热线经典报告》。
3. 实践活动:姑娘与水手

目的:澄清个人价值观,探讨性道德。

时间:60~80分钟。

分组:4~8人一组,随机分配。

准备:事先印好的顺序选择表(表6-1)及小组统计表(表6-2)。

表6-1 顺序选择表

出场人物	好感的顺序	理由
水手		
姑娘		
老人		
未婚夫		
亲戚		

表6-2 小组统计表

小组成员	水手	姑娘	老人	未婚夫	亲戚	小组决定	理由

操作:指导者给全体成员讲一个故事。故事内容如下:

一艘船遇上了暴风雨,不幸沉没了。船上的人中有5个人幸运地乘上了两艘救生艇。一艘救生艇上坐着水手、姑娘和一位老人;另一艘上坐着姑娘的未婚夫和他的亲戚,气候恶劣,波浪滔天,两只救生艇被打散了。

姑娘乘的救生艇漂到一个小岛上。与未婚夫分开的姑娘惦记着未婚夫,千方百计寻找,但找了一天,一点线索也没有。第二天,天气转好,姑娘仍不死心,继续寻找,还是没找到。有一天,姑娘远远地发现了大海中的一个小岛,她就请求水手:"请修理一下救生艇,带我去那个岛上好吗?"水手答应了姑娘,但提出了一个条件,必须和他睡一夜。陷入失望和困扰的姑娘找到老人,与他商量:"我很为难,怎样做才好呢?请你告诉我一个好方法。"老人说:"对你来说,怎么做正确、怎么做错误我实在不能说什么。你扪心自问,按你的心愿去做吧。"姑娘万般无奈,寻未婚夫心切,结果满足了水手的要求。

第二天早上,水手修好了艇,带着姑娘去了那个小岛。远远地,她看到了岛上未婚夫的身影,不顾船未靠岸,从船上跳进水里,拼命往岸上跑,一把抱住了未婚夫的胳膊。在未婚夫温暖的怀抱里,姑娘想:要不要告诉他昨晚的事呢?思前想后,下决心说明情况。未婚夫一听,顿时大怒,一把推开她,并吼着"我再也不想见到你了",转身跑了。姑娘伤心地边哭边往海边走。见此情景,未婚夫的亲戚走到她的身边,用手拍着她的肩膀,对她说:"你们两人吵架我都看到了,有机会我再找他说说,在这之前,让我来照顾你吧。"

故事讲完后,指导者给每个成员发一张表,要求大家从刚才故事中出现的5个人物中,按照自己的好感程度做出选择并排序,然后简单地写下原因。

选择完后在组内交流,每个人说明自己的想法,并统计全组的倾向性意见。

通过听取他人意见,小组成员受到启发,可以修正自己的意见。每个小组派代表交流。在共同讨论中表现出每个人的价值观,也可以了解他人的价值观,促进深入思考,逐渐确立正确的价值观。练习必须留有充分的时间。

第七章 情绪挫折与心理健康

【本章要点】 通过教学使学生了解自身的情绪特点,掌握情绪调适的方法,自主调控情绪,保持良好的情绪状态;通过教学使学生正确理解挫折,了解大学生挫折的主要来源,了解挫折对人生的意义,学会正确应对挫折。通过教学能够掌握如何去面对压力,管理好自己的压力。

何为得失,命之本之为奋,奋之果之为得,失之,得也,得之,失也,失之物而得之因,此乃大得,得之物而失之本,此乃大失!

第一节 情绪和挫折概述

情绪是指人对客观外界事物的态度的体验,是人脑对客观外界事物与主体需要之间关系的反映。情绪是主体的一种主观感受或者说是一种内心体验。轻松、愉快或者沉重、悲伤都是内心体验。我们可以从一个人的外部表现看到他情绪上的变化,比如愉快时,面部的微血管扩张,脸变红了;害怕时,面部的微血管收缩,血压升高,心跳加快,呼吸减慢,脸变白了。在社会生活中,人们用微笑表示友好,用点头表示同意,人们还可以通过察言观色了解对方的情绪状态,以利于决定自己的对策,维护正常的人际关系。情绪也分为积极的情绪和消极的情绪。积极的情绪对活动起着协调和促进的作用,消极的情绪对活动起着瓦解和破坏的作用。例如,同学们对待期末考试,如果是积极的情绪,它会让你积极主动地围绕期末考试的内容开展复习,调动你的潜能和毅力,并能够从中获得一定的成就感与满足感;如果是消极的情绪,它会让你产生紧张、恐惧等不良情绪,进而会影响你本人的考试临场发挥甚至怯场。因此,情绪是大学生必须要学会控制和调节的内容,它在大学生今后学习、人际交往以及适应今后的人生发展过程中是非常重要的。

在社会心理学和行为科学中,挫折是个体在从事有目的的活动过程中,因客观和主观的因素,活动受到阻碍和干扰,致使其目的不能实现、需要不能满足时的一种情绪体验。挫折对人产生的影响是巨大的。一方面,它会给人带来一种沉重的心理压力和精神负担,使人产生心理上的痛苦、紧张、焦虑,郁郁寡欢,甚至导致心理问题的产生,严重影响人的身心健康。另一方面,它让我们学会如何应对挫折的挑战,调整自己的情绪;学会积极面对挫折,解除心理压力和紧张情绪,取得心理上的平衡,从而最终战胜挫折,汲取经验和教训;它使人变得成熟,心理上更加强大和自信。作为高校思想政治教育者,通过培养大学生吃苦耐劳、抗挫折能力,积极引导学生参加校园活动,使他们在活动中学会如何应对各种挑战,承受一定外部环境提供的压力,使其能够学会应对和战胜学习工作中的压力,提高抗挫折能力和心理素质,促进他们今后更好地成长。

一、大学生情绪特点及其影响

大学生情绪上具有以下三个方面的特点:第一是复杂性和多样性。大学生在思想上正处在世界观、人生观、价值观的形成期,在心理上又处在青春期。大学生作为特殊群体,生理机能与心理尚未完全成熟,处于心理断乳期,容易受到外界的影响与干扰。大学生对社会、人和事情等各种现象特别关注,对新鲜事物比较感兴趣,对学业和未来充满信心,朝气蓬勃、积极进取,拥有许多积极的情绪。但是大学生也越来越受到社会的影响,面临着学业、人际交往、恋爱、求职就业等方面的压力,会产生各种负面的情绪,这影响到大学生的身心发展。第二是激情性与冲动性。按情绪的状态,可以把情绪分为心境、激情和应激。大学生年轻气盛,再加上性格方面的冲动,其情绪的产生容易不受自我控制,甚至会出现鲁莽的行为,造成十分严重的后果。第三是波动性与两极性。社会、家庭、学校以及生活事件,都会对大学生产生各种情绪的影响。大学生面对复杂的社会现象容易产生迷茫和困惑,导致心理压力较大;家庭的变故、家庭成员关系的亲疏以及学习、交友、谈恋爱等个人生活事件都会影响大学生的情绪。这些都会导致大学生心理状态不稳定,时而情绪激昂,容易亢奋,时而消极悲观,表现出一种情绪波动、不稳定,甚至出现两极化的特点,情绪上容易出现走极端现象。

二、不良情绪的表现及调适

大学生情绪按其特点可以分为以下两种:一种是积极向上的情绪,另一种是消极情绪。在健康积极的情绪中,学生表现得比较成熟自信和理智,意志力较为强大,抗挫折能力强,人际关系良好,能够较好地适应大学生生活,合理地规划自己的大学生生活,制订合理的学习目标,以积极的心态来面对各种挑战,并且能够合理地处理各种人际关系,善于及时调节自身情绪中的一些负面情绪,积极参加班级、学院组织的各项活动等。另外一种是消极的情绪,主要表现有以下几种。

1. 自卑

自卑心理跟自己成长的环境密切相关,是因过多的自我否定而自惭形秽的表现。每个人或多或少都有自卑心理,但是如果这种自卑心理比较严重,影响到我们的学习和生活,就要寻求心理上的帮助了。

例如:某大学的一位女生,性格比较内向,来自农村家庭,因为家里对她的关注不多,导致她跟父母的关系一直比较紧张。到大学后,她发现同寝室另外一名女生跟家庭联系较多,与父母关系处理得较好,每次当她的室友跟她家长联系时,她都会感到一种自卑心理,导致她今年寒假也没有回家,留在学校做兼职,回避家庭和父母。

2. 焦虑

焦虑是属于消极情绪的一种状态,它是一种能减弱人的体力、精力,干扰人的正常生活的情绪体验。大学生容易产生焦虑情绪,比如考试焦虑,担心自己考试不及格,这类学生往往学习基础较差,不适应大学学习方法,把考试结果看得过重,对自己严重不自信等,他们担心学业挂科较多会影响自己今后顺利毕业。还有人际交往的焦虑,在大学生中,人际交往对今后的大学生活非常重要。人际交往的问题可能导致冲突,甚至严重影响到自身学习和生活,从而使大学生产生一种强烈的焦虑感。大学生还面临就业的焦虑。对自己所学的专业不自信,对自己没有一个清晰的定位,导致在毕业季感到茫然、恐惧,容易产生心理障碍。大学生还有健康焦虑。因为自身长期患病而产生焦虑,也有因长期玩网络游戏、睡眠严重不足、营养不良、免疫力较差导致的一种自身健康的焦虑。

3. 抑郁

抑郁是大学生中较为常见的一种心理失调症,是大学生无力应付外界压力而产生的一种消极情绪。它表现为心情烦闷、郁郁寡欢、精神萎靡、心烦意乱甚至悲观和绝望。抑郁者常觉得生活没有意思,心情沉重,提不起精神,做事缺乏动力,对外界的兴趣减退或消失,自信心下降。严重者整日忧心忡忡、胡思乱想、郁郁寡欢、度日如年、痛苦难熬、不能自拔,甚至有可能产生自杀的念头或行动,要引起高度的重视。大学生的抑郁主要表现如下。

(1) 坦途无悦。面对达到的目标、实现的理想及一帆风顺的坦途并无喜悦之情,反而感到忧伤和痛苦。如考上名牌大学却愁眉苦脸、心事重重,想打退堂鼓。有的在大学学习期间,经常无故往家跑,想休学退学等。

(2) 不良暗示。主要表现在两个方面:一是潜意识层的,会导致生理障碍。如患者一到学校门口、教室里或工作单位,就感觉头晕、恶心、腹痛、肢体无力等,当离开这个特定环境,回到家中,一切又都正常。另一种是意识层的,专往负面去猜测。如:患者自认为考试成绩不理想;自己不会与人交往;自认为某些做法是一种错误,甚至是罪过,给别人造成了麻烦;担心自己的病可能是不治之症等。

(3) 更换环境。可能在学校发生过一些矛盾,或者根本就没什么原因,但他们便深感所处环境的重重压力,经常心烦意乱,郁郁寡欢,不能安心学习工作,迫切希望调换班级。当真的到了一个新的地方,患者的状态并没有随之好转,还是认为环境不尽如人意,反复要求改变。

(4) 自杀行为。严重抑郁者可能会利用各种方式自杀。对自杀未果者,如果只抢救了生命,未对其进行抗抑郁治疗(包括心理治疗),患者仍会重复自杀。

4. 嫉妒

嫉妒总是针对具体的个人和群体。如果在某些认为重要的方面(如才能、吸引力)个体体验到自己不如他人,个体就可能出现嫉妒情绪。嫉妒情绪一旦产生就不容易摆脱,能持续地影响个人的思想、情感与行为。嫉妒者心胸狭窄,如果别人成功,那么他们就会不满和愤恨。

针对上述问题,我们主要从以下几个方面进行调适。第一,要学会合理地宣泄自己的消极情绪,比如,经常参加体育锻炼,到操场上面跑步或者打一场篮球等;找自己关系比较好的同学进行倾诉;将自己心中的不满通过日记的方式记录下来;转移自己的注意力,通过看电影、逛街、吃美食等方式让自己的负面情绪能够转移,甚至可以找一个安静的角落哭泣或者大喊,都可以使自己的负面情绪得到缓解。但是要避免以下不合适的宣泄,如喝酒、吸烟、沉迷网络,甚至打架等,这将会给自己的身体和心理带来严重的伤害。第二,采用音乐疗法。不同的音乐疗法适用的时间不同,一般来说,镇静性的音乐适合在晚上临睡前听,有助于睡眠和休息;兴奋的音乐适合早上和中午听,使人精力充沛,意气风发;解郁性的音乐限制较少,可以任何时候听,比如《蓝色多瑙河》《卡门》《渔舟唱晚》等意境广阔、充满活力、轻松愉快的音乐。第三,进行放松训练。运动专家实验证明,呼吸中枢引发的冲动会沿着神经系统扩展到全身,从而起到调节神经系统的作用,可消除烦躁情绪。比如你可以先闭上眼睛,深吸气,然后把气慢慢地放出来,再深吸气……如此持续几个循环,你会发现自己呼吸变得平稳,整个人也平静下来。第四,学会以合理的方式调节情绪。压力太大时可以通过自我控制、注意转移和自我安慰等方式调节不良情绪,保持心理平静,这个是非常必要和有益的。

第二节 大学生挫折的产生与特点

"挫折"一词,《现代汉语词典》解释为:失利;失败。《辞海》解释为:失利;挫败。在社会心理学和行为科学中,挫折是个体在从事有目的的活动中,因客观或主观的因素,活动受到阻碍或干扰,致使其目的不能实现、需要不能满足时的情绪体验。如大学生挫折心理就是指大学生在学习和生活中,遇到障碍或干扰,其理想和现实、显示值和期待值之间出现差距,需要不能满足时产生的内部心理体验,表现为一种情绪状态。

大学生往往会遇到以下几个方面的挫折。

1. 环境适应挫折

大学生自踏入高校校门时,就面临一系列的心理适应问题。首先要完成从高中生到大学生的角色转换。大学跟高中相比是完全不同的环境,在大学生活中,会面临学习、生活、人际交往等各种人生课题。当完全适应大学生活时,又将面临今后职业选择和适应社会需求等各种新的挑战。新生往往表现比较明显,比如要独立处理自主学习、集体生活、社会交流等方面产生不适应的感觉,有的大学生对大学学习方式难以适应,可能付出了很多努力,但仍然感到吃力而学习效率不高,心中感到不安和忧愁。在大学生活中,对自己所学专业和自身能力缺乏了解,没有合理地制订学习和生活目标,导致进入大学生活容易产生迷茫和困惑,有时会对自己的能力和素质估计过高,缺乏实际的锻炼,导致在参加活动中期望值和实际值存在着差距,容易产生一种消极沮丧的情绪。

2. 人际关系挫折

人际关系挫折主要表现为同学之间、同学与老师的矛盾,相互之间缺乏沟通和交流,认为自己受到别人的蔑视、诽谤、妒忌、冷漠和猜疑等,使其产生强烈的挫折感。这类挫折往往是同同龄人缺乏沟通、宽容和换位思考导致的。现在95后独生子女进入大学,他们希望自己的诉求被关注,渴求尊重与理解,但往往不能正确地进行自我评价,不同程度地存在以自我为中心的倾向,比如,有的大学生不适应寝室的集体生活,在处理同寝室的同学关系时,往往更多地站在自己角度考虑问题,忽视了其他室友的感受,导致出现沮丧情绪,甚至发生寝室矛盾。在高校中,人际交往不和谐排在比较靠前的位置,部分同学因为性格要强或者性格内向不合群,被其他同学排斥,久而久之,就会产生精神压力,往往导致宿舍人际关系不和谐甚至发生冲突的情况。

3. 恋爱挫折

从生理上看,大学生已经从性发育阶段到成熟阶段;从心理上看,大学生一般结束了由性意识觉醒而引起的躁动不安和心理不平衡状态,一旦出现了适宜情况,爱情意识就会转变为恋爱实践。在大学校园里,大学生谈恋爱现象已经很常见,然而大学生谈恋爱既缺乏经济基础和社会基础,又必须经受毕业与就业的考验,所以导致失恋问题存在。有的学生不能客观、理智地面对失恋,一旦分手,会造成情绪低落、心情烦躁,行为上甚至出现极端化的行为;有的甚至自甘堕落,不能自拔,产生报复甚至轻生的念头。

4. 学习挫折

进入大学,脱离了高中单一的高强度的学习模式,开始了多元化快节奏的大学学习,很多新生往往感觉很不适应,第一是对大学学习方法的不适应,高中的教学模式和大学完全不一样,学习科目更多,如果不提前预习,课后不复习,课堂上面不能抓住老师讲课的重点,是很难将学习成绩提高上去的。所以很多新生在刚开始上大学的时候,以为大学学习很轻松,忽略了对学习的重要性认识,导致挂科较多,心理承受着很大压力。另外,部分学生不喜欢自己所学的专业,学习自主性不够,加上大学生活脱离了家长的管控,可能会沉迷游戏,导致荒废学业,虚度青春。当他们在学习、个人能力等方面的不足暴露出来,往往会有失落、紧张、自卑等情绪,陷入自我怀疑之中,挫折感会越来越强烈。

5. 择业挫折

作为毕业生群体,面临最大的压力就是求职就业的压力,当今社会对人才的要求越来越高,高考扩招导致毕业生人数创历史新高;毕业生群体由于缺乏求职就业能力和素质培养,片面地追求薪酬高、名气响和环境佳的单位;有的毕业生缺乏正确的自我评价,综合能力和素质达不到企业的需求,加上自己缺乏资源和能力,导致找工作不顺利,因而沮丧、气馁,甚至自暴自弃。另外,有的毕业生经常喜欢跟别人比较,眼高手低,经常跳槽,丧失一些宝贵的工作机会。

此外,大学生在校期间在评优评先、入党、考研等方面也会由于主客观原因的限制,而难以实现自己的目标,从而产生挫折感。对于上述所说的这些挫折,因心理承受能力不同,每个人表现也不同,有的人会迎难而上,不断攀登人生的高峰,锻炼自己,成熟理性地看待这些挫折;有的人却陷入困境,不能自拔,甚至面对挫折,不能够理智分析和看待,导致心理压力较重,影响自己的学习和生活。因此,要学会正确面对心理挫折的挑战,学会处理各种复杂的关系,合理地挑战自己,战胜学习和生活中遇到的难题,逐步成长为一个成熟理智的人、内心强大的人。

心理挫折应对与压力管理如下。

心理挫折是每个人都会面对的,古语云:"人之挫折,十之八九"。大学生正处在长知识和长才干的时期,也处在世界观、人生观和价值观形成时期,再加上中国教育培养模式,特别是初高中时期缺乏挫折意识培养,从小生活在比较安逸的环境中,一到大学来就会出现各种各样的问题,尤其突出的是出现挫折和压力时,无法自己独立地面对和处理,而选择逃避现实,如沉迷网络,养成喝酒、抽烟等不良恶习等。这些恶习导致自己学业、健康以及今后的就业出现问题,因此我们要学会合理地面对心理挫折,能够更加成熟理智地面对各种复杂的挑战,哪怕是挫折,也要学会化挫折为动力,不断地总结经验,逐步克服这些成长路上的坏习惯,让自己尽快成熟理智起来。

(1)挫折的发生无可避免,但是,这并不意味着我们面对挫折无能为力。相反,能否正确看待挫折,并有意识地培养自己的挫折容忍力,关系着大学生今后的人生幸福和事业成败。因此,采取积极态度应对挫折,是必要的。所谓挫折容忍力,也称的挫折忍受力,指个体遭受挫折情境而免于精神与行为失常的一种能力。

对于人生的挫折,人们自古就有充分的体验和认识,并总结了许多修炼挫折忍耐力的方法。我们不仅要从心理学,也要从前人行之有效的经验中,学习应对挫折的方法。

(2) 端正认识,直面人生挫折。不管你曾经多么优秀,进入大学,你就进入了一个"准社会"。当代大学生独生子女居多,按照中国传统的家庭教养方法,除非家庭条件有限,否则一般都会得到父母的格外照顾和宠爱。但也由此容易让大学生滋生一种盲目的优越感,形成一种"世界应该围绕我而转"的错觉。这种态度在大学生的人际交往中表现得尤其明显。对从小生活条件优越且较少经历过挫折的大学生,我们的建议是正确地面对并深刻地体会社会的复杂和人生的曲折,这也许是首先需要解决的问题。

(3) 挫折是人生的宝贵财富。任何事物都具有两面性。挫折尽管让我们难受,使我们的学习和发展受阻,但是它同时又是人生的宝贵财富,是促使成长的必要条件。认识到这一点,我们才有勇气和信心去勇敢地面对挫折。古语云:宝剑锋从磨砺出,梅花香自苦寒来。不经一番寒彻骨,哪得梅花扑鼻香。没有挫折的人生是苍白虚幻的人生,不经过挫折的磨炼,也就没有成功的喜悦和人生的幸福。快乐不是平坦笔直的康庄大道或者无忧无虑的锦衣玉食,而是经过奋力攀登后踏在脚下的高峰,用自己的坚韧和勤劳换来的硕果。任何人都不可能避免挫折,挫折是促进大学生成长的积极因素,它可以磨砺意志、丰富经验、增强能力。

(4) 挫折是可以克服和战胜的。挫折是不可预知的,也是必然的。但是,挫折却不是不可战胜的。古今中外,无数杰出的人先后以他们自身的人生经验,诠释着人类意志的力量。科学家、艺术家勇于探索科学和艺术的真谛,才使得人类创造出灿烂的文化。历史长河中,无数人以他们坚强不屈的精神改变着自己的命运,也改变着人类的命运。

(5) 修身养性,提高心理素质。除了对挫折要有正确的认识之外,我们还必须具备良好的心理素质,面对挫折能够泰然处之。这种心理素质只能靠修炼而得。外界环境和条件的变化,不以个人的主观意愿而转移。我们原来设想好的目标,往往因为客观条件出乎意料的改变,而变成了镜中月、水中花。面对意外情况出现,我们必须及时调整自己的心态和目标,以适应这种改变。这种适应和调整,主要通过降低自我期望和改变行为目标而实现。研究表明,挫折感的强度,与自我期望相关。高自我预期导致较强的挫折感,较低的自我期望形成较弱的挫折感。

遇到挫折即有情绪和行为反应,这本是人之常情。但是并不是任何反应都有利于事情的发展,尤其是当我们所面对的挫折情境是自己不能马上控制和解决的时候,忍耐就成为必要的一种策略。所谓"小不忍则乱大谋",说的就是这个道理。凡人生事业取得成功的人,无不在逆境和挫折情境中善于忍耐。以下两种情况,需要大学生学会忍耐:一是当我们还不清楚事情的前因后果,没有充分掌握相关信息的时候,冲动很可能造成误会和不可弥补的伤害;二是挫折源力量强大,我们尚不能控制的时候,不满和愤怒的反应不利于事情的解决。

大学生会遇到各种各样的挫折,那么遇到挫折,大学生该如何去面对呢?

第一,我们要学会平心静气,改善社会关系。如果说前者是从内部着手应对挫折,那后者则强调从外部着手,以应对挫折。人总是生活在现实的社会关系网络之中的。当我们遇到挫折的时候,既要充分利用社会关系,寻求社会支持,也要主动改变不利的社会关系,以克服困难、战胜挫折。应处理好理想、期望与现实的关系。挫折来源于理想、期望与现实的某种差距。大学生所遇到的挫折,比如学习、爱情、就业等,很大程度上存在目标和预期过高的现象。当现实条件不能满足的时候,挫折就不可避免了。为此,我们在制订行为目标的时候,要尽可能地遵循现实的原则,不可好高骛远。当挫折出现的时候,我们也不要怨天尤人,宜及时调整目标,降低期望,从而避免强烈的心理失衡。

第二,处理好自我与他人的关系。很多挫折,比如阻碍性挫折,都源于自我和他人的关系问题。或是自己的目标直接或间接损害了他人的利益,或者在实施过程中与他人的利益发生冲突。这时候阻碍性挫折便不可避免。为了顺利达成自己的行为目标,大学生在制订自己的目标的时候,首先需要考虑的是必须兼顾他人的权益,至少以不损害他人利益为前提;其次应围绕着行为目标,要尽可能地考虑涉及的所有关系,事前处理好各种关系,尤其是不友好的关系,以保证目标过程的顺利进行。

第三,处理好友情与爱情的关系。友情与爱情,是大学学习生活中极为重要的社会需要。很多大学生朋友感到孤独、寂寞,与他们不善于经营有很大的关系。当代大学生的独立性增强,但往往混淆了独立性与自我性之间的关系。需要友情却不知道如何获得,于是干脆独来独往,或者过早涉足二人世界,结果友情没有得到,爱情也相当脆弱。处理不好友情与爱情的关系,大学生很容易体验到匮乏性情感挫折。

第四,处理好兴趣、爱好和专业学习的关系。大学生的学习兴趣、爱好随着求知欲的增强而具有易变性和广泛的特点,这往往和专业课程的学习发生冲突。简单说就是,自己喜欢的学科,课程设置里面没有。而作为必修课的专业课程,常常是自己不喜欢的。而学习评价往往是围绕着课程设置而展开的,如果不能学好专业课,势必形成学习挫折。因此,大学生应谨慎处理好个人爱好和专业学习的关系。

第五,积极奋斗,改变客观条件。环境对我们心理和行为的影响作用是相当大的。对挫折情境的理解,既不能否认人们认知上的差异,更不能否认和无视外部环境的作用。大学生除了要正确地看待挫折,学会自我调适之外,更重要的是要充分发挥自己的创造力和能动性,主动创造条件,为意志行为目标的顺利实现营造良好的外部环境。

第六,系统分析,科学决策。在确定行动目标的时候,全面考虑各方面的条件,是保证行动目标顺利实现的必要条件。如果不系统分析目标达成所经过的阶段,以及各阶段所需要的条件,以便事先予以安排和开展必要的工作,则可能会遇到障碍,遭受挫折。大学生行动之前往往缺乏系统的考虑,所以也往往容易遇到预想不到的困难。这就需要大学生学会系统思维,尽可能详尽地考虑行为各方面的因素,并做出周密安排。

第七,善于争取,敢于抗争。挫折的人性本质在于意志不自由。因此争取自己的合理权利,摆脱一些不合理的束缚,或者与不利的环境条件抗争,这也是人本主义心理学所一贯倡导和主张的立场。面对各种挫折,大学生需要具有同命运抗争的勇气和精神,自觉改善自身发展的环境条件。

第三节　压力与压力管理

目前大学生所体验的压力不可忽视,如考试压力、学习压力、就业压力、人际压力等。大学生承受的压力越来越重,已经导致一系列的心理健康问题。压力,已经成为危害大学生健康的第一杀手。近年来由各种压力导致的大学生自杀事件以及违法犯罪事件,让人触目惊心。为此,大学生必须学会管理和释放自己的心理压力,才能拥有快乐和健康的生活。

一、压力的概念和特征

压力是指人们在社会适应过程中,对各种刺激做出的生理和行为反应所产生的一种紧张的心理体验和感受。压力在西方文献中也称为应激(stress),压力是一般意义上使用的概念,应激则是临床使用的概念。

1. 压力是一种心理感受和体验

我们这里所说的压力不同于力学范畴中的压力。力学中的压力是实实在在的直接作用,可以测量,并且也容易控制和消除。而心理压力则是一种心理感受,同时存在个体差异。压力是心理失衡的结果,来源于内心冲突,如理想与现实、自我与社会等冲突,这些冲突进入我们的内心世界,从而引发焦虑、苦恼等情绪体验和感受。

2. 压力是压力源作用的结果

压力虽然是一种体验,但离不开客观刺激——压力源,诸如即将到来的期末考试、毕业后的就业问题等,成为大学生的压力源。

3. 压力反应与主观评价

压力并不直接导致我们的感受和体验,而我们对压力的认识反应或主观评价,决定着我们的感受和体验。对压力的反应包括心理和行为两个方面:一是压力的心理反应。在压力情境下,个体的感知功能被激活,注意力集中,记忆力增强,思维也变得活跃。个体的认知反应既有积极的一面,也有消极的一面。积极的一面是认知活动增强,有利于应对压力情境,迎接威胁与挑战。但也可能产生诸如"灾难化"消极认知反应,即对负性压力源的潜在后果估计得过分严重。消极认知反应还包括自我评价降低,使得个体的自主感知自信心丧失。例如,一个长期得到师生称赞的学生,突然面对一次考试失利,很可能就会一蹶不振,变得怀疑自己。个体的心理反应还集中在情绪方面。面对压力,个体最常见的情绪反应包括焦虑与恐惧、愤怒与怨恨、抑郁等。二是压力的行为反应。压力条件下的行为反应,与心理和情绪反应密切相关,也可以将其视为心理过程的外显反应。行为反应主要涉及面部表情、目光、身姿和动作,也包括声调、音高、语速和节奏等副言语线索。当压力超过当事人承受能力的时候,个体可能会显得惊慌失措,以致身体的协调能力和灵活性下降,动作刻板,或运动性不安,搓手顿足;或运动减少而呆滞木僵。

4. 对压力的认知和评价

个体对压力的反应,不是直接而单纯的,而是要受到中介机制——认知评价的影响。它决定着个体如何看待刺激与压力的大小。认知与评价机制主要取决于以下因素:①压力源本身的性质与特点,即是单一性的还是复合性的,一般性的还是破坏性的。②社会支持系统。当个体具有较强的社会支持系统时,他可能对压力感知较弱;相反,社会支持系统薄弱的人会很沮丧,有一种独自面对困难的悲伤。③当事人自身的身心特点。主要包括三个方面:性别、年龄、受教育程度、经济状况、婚姻状况、职业等人口统计学状况;体魄强壮与否的生理状况;认知与归因风格、性格倾向、情绪状态、应对能力与应对风格、人格动力特征、自我概念等心理因素。

二、压力管理的策略

压力无处不有,无可逃避,因此,就有了压力适应的问题。所谓压力适应,是指个体在压力反应之后能很快恢复正常的身心特征,或者面对持续压力其反应不处于极端状态而能保持身心健康的能力。为了能很好地适应大学乃至今后的学习、生活和工作,大学生宜进行有效的压力管理,提高自己的压力适应能力。所谓压力管理,是指针对可预见的压力源进行必要的干预,维护身心健康,提高问题处理的效率,保证学习生活目标顺利实现的管理活动。压力应对具有事后性和被动性,而压力管理则带有一定程度的主动性和积极性特征,它包含压力应对。建议大学生从以下几个方面着手进行压力管理。

1. 构建自己的社会支持系统

当一个人独自面对压力的时候,其应激反应的消极作用远远大于社会支持的效果。因此,要想不在压力面前孤立无助,最好构建自己的社会支持系统,这其中包括自己的亲人、朋友、同学、老师等。社会支持系统可以在你需要的时候给你情感安慰、行动建议,帮助你渡过难关。强大的社会支持让你不再感到孤立无援,可以迅速恢复你的信心和勇气,让你面对挑战,解决问题。

要构建社会支持系统,你需要:第一,学会尊重他人。其中当然包括你的同学和老师,因为,只有尊重他人的人才能获得他人的友谊,也才可能获得帮助。第二,扩大社会交往面,结识更多的朋友。首先,让你的同学成为你最亲密的朋友;其次,你需要一位人生的导师,可以在你遇到困难的时候客观地分析和提供有益的观点,而这样的导师无疑就是你的老师或者其他长者。第三,你需要向亲人、朋友和老师敞开你的心扉。你可能基于自尊或面子的考虑而拒绝他人的帮助。但是在你确实无法解决的时候,将你面临的压力说给他们听,让他们帮助你分析并提供建议。请相信这样做不会招致嘲笑,只会让他们感到你对他们的信任,因此你也能得到最大可能的帮助。

2. 觉知和调整自己的生理状态

生理状态是压力最直接的指标。要想有效管理压力,首先要有压力意识,要能觉察压力的信号。人在应激状态下,本能会驱动机体的防御机制,这是自然发生的。现在,我们要进入自觉反应状态。有效的压力管理,需要我们建立一个对付压力——尤其是那些慢性压力的预警机制。为此,你需要:第一,有意识地觉知自身的紧张、焦虑等情绪状态。当你处于应激状态时,自己的生理和情绪上会有什么样的不适反应?记录自己的这些压力反应,然后锁定这些反应指标,以后每当你产生这些不适反应时,便对自己发出警告。你的压力预警,就像战争中的雷达一样,让你保持必要的警惕。第二,学会控制自己的不良生理指标。当你的压力知觉性提高时,你也需要提高生理指标控制力,比如心跳、呼吸、血压等。这实际上就是生物反馈过程,当然,提供反馈的不是机器而是你自己的觉知能力。第三,减轻和消除自己的心理负累。应激,即便是本能反应,也足以导致身心疲惫。现在,必须卸掉身上由压力带来的紧张和焦虑。否则持续性的压力累积效应,迟早会垮掉。

3. 理性辨析和积极归因

找来纸笔,将你面临的核心问题写下来,接下来你需要围绕着这个问题逐步回答:这个问题是如何产生的?这个问题真的与我有关吗?这个问题真的就是一种威胁吗?这个问题真的就不能解决吗?通过如此反复、逐层深入的自我辨析,找出问题症结所在,从而减轻对压力情景认识的模糊或者夸大威胁而产生的焦虑。

学会经常进行放松训练。放松训练是通过一定的练习程序,学习有意识地控制和调节自己的身心活动,以降低机体唤醒水平,调整因紧张而紊乱的身心功能,从而使机体内环境保持平衡与稳定。

面对压力,积极的、富有建设性的减压方式是相对破坏性的减压方式而言的。积极的、富有建设性的减压方式如下。

(1)直面问题,解决问题。直接面对问题,而不是逃避、压抑、转嫁或迁怒于无关的人或事;理性地评价、选择解决问题的方案;解决问题的策略要与现实相符,其出发点是对问题的真实估计,而不是自我欺骗或自暴自弃。

(2)管理自己的情绪和行为。学会认识和抑制具有毁灭性的或潜在危害性的各种负面情绪,即学会情绪管理;学会控制自己具有危害性的习惯性行为;努力保证自己的身体不遭受酒精、药物的伤害,加强锻炼,保证睡眠。

(3)坚持适当和必要的体育锻炼。尤其是你感到有压力的时候,需要做的不是坐在那里发愁或者抱怨。你可以慢跑,请注意,一定是慢跑!慢跑的过程中,呼吸缓慢而有节奏,一边跑一边让神经和身体彻底放松,让你的身心都投入到运动中。体育活动是非常有效的减压方式,它基本不产生额外花费,但是却可以迅速改善你的某些生理系统及其功能,让你充满生命活力,找回控制感,从而有效减轻你的心理负累。

(4)置身于文艺世界。你可以看电影、听音乐、欣赏书画作品,任何让你真正能够感受到美的事情,你都可以尝试做。在欣赏和感受美的过程中,让你看到人性的光辉、世界的美好和生活的希望。

(5)郊游或者远足。你可以根据你的时间表和你的经济条件,把自己交给大自然。当你面对大自然的时候,你可以完全抛开在社会中因为防御需要戴上的层层面具,重新思考过去没有考虑到的东西,真实面对自己。

(6)阅读书籍,吸取榜样力量。当你面对压力感到不知所措的时候,可以从榜样身上寻找力量。杰出人物毫无疑问经历了无数的挫折与压力,那么他们是怎么做的?去看看人物传记吧。

(7)寻求专业人士的帮助。如果上述方式都无济于事,那么,我们建议你,是时候寻求专业人士的帮助了。你需要进行心理咨询,让专业人士引导你排除压力。

【习题或思考】

1. 举例说明过去你管理情绪的主要办法,并谈谈在今后的学习生活中如何更好地进行情绪管理。
2. 如何看待人生的挫折?
3. 遇到挫折以后,你常常有什么反应?
4. 如何应对压力?

【推荐书目及电影】

《人生中不可不想的事》,克里希那穆提著,叶文可译。

《肖申克的救赎》,思考如何救赎自己的情绪。

【测试题】

每个人在生活中都会受到不同程度的挫折,人们在受挫后恢复的能力却各不相同。有些人弹性十足,有些人受挫后一蹶不振,而大多数人则介于两者之间。下列问题则可以测验出你应对困境的能力。在回答这些问题时,请你用同意或不同意作答。回答愈坦白,愈能测验出你的受挫弹性。同意画"√",不同意画"×"。

1. 胜利就是一切。
2. 我基本上是个幸运儿。
3. 白天工作不顺利,会影响我整晚的心境。
4. 一个连续两年都排名最后的球队,应退出比赛。
5. 我喜欢雨天,因为雨后常是阳光普照。
6. 如果某人擅自动用我的东西,我会气上一段时间。
7. 汽车经过时溅了我一身泥水,我生气一会儿便算了。
8. 只要我继续努力,我便会得到应有的报偿。
9. 如果有感冒流行,我常是第一个被感染的人。
10. 如果不是因几次霉运,我一定比现在更有成就。
11. 失败并不可耻。
12. 我是有自信心的人。
13. 落在最后,常叫人提不起精神。
14. 我喜欢冒险。
15. 假期过后,我需要舒散一天才能恢复常态。
16. 遭遇到的每一个否定都使我更进一步接近肯定。
17. 我想我一定受不了被解雇的羞辱。
18. 如果向我所爱的人求婚被拒绝,我一定会精神崩溃。
19. 我总不忘过去的错误。
20. 我的生活中,常有些令人沮丧气馁的日子。
21. 负债累累的光景叫我寒心。
22. 我觉得要建立新的人际关系相当容易。
23. 如果周末不愉快,星期一便很难集中精力学习和工作。
24. 在我生命中,我已有过失败的教训。
25. 我对侮辱很在意。
26. 如果聘任职务失败,我会愿意尝试再次应聘。
27. 遗失了钥匙会叫我整星期不安。
28. 我已达到能够不介意大多数事情的地步。
29. 想到可能无法完成某项重要事情,会使我心神不安。

30. 我很少为昨天发生的事情烦心。
31. 我不易心灰意冷。
32. 必须要有百分之五十以上的把握,我才敢冒险把时间投资在某件事上。
33. 命运对我不公平。
34. 对他人的恨维持很久。
35. 聪明的人知道什么时候该放弃。
36. 偶尔做个失败者,我也能坦然接受。
37. 新闻报道中的大灾难,使我无法专心工作。任何一件事遭到否决,我都会寻求报复的机会。

统计与解释

上列问题,列入不同意者为1、3、4、6、9、10、15、17、18、19、20、21、23、24、25、27、28、29、32、33、34、35、36、37,其余题为"同意"。

依上列答案,相符者给1分,相反为零分,如果你只得到10分或者更少,那么你就是那种易被逆境、失望或挫折所左右的人,你易于把逆境看得太严重,一旦跌倒,要很久才能站起。你不相信"胜利在望",只承认"见风转舵"。总分在11至25之间者,遇到某些灾祸或逆境的时候,往往需要相当时间才能振作起来。不过这类人却能找到很多的技巧和策略来获取个人的利益。如果你的总分高于25分,则显示你应对逆境的弹性极佳。不理想的境遇对你虽然会造成伤害,但不会持久。这类人在情感上通常相当成熟,对生活也充满热爱,他们不承认有失败,纵或一时失败,仍坚信有"东山再起"的一天。

第八章　心理危机与心理健康

【本章要点】 本章介绍危机的概念、基本结构和特点,并联系实际解析危机的真实含义,使学生初步认识到危机与生机之间的关系,掌握基本的危机管理方法,促进自身应对各种危机状况的能力进一步发展。

> 我们永远无法为那些新的事物真正做好充分的准备。我们不得不调整我们自己,而每一次彻底的调整本身就将使自尊心面临一次危机:我们经受着考验,我们不得不证明自己。这需要我们振奋起自信心去面对剧烈的变革,这样内心深处才不会感到瑟瑟发抖。
>
> ——埃里克·霍弗

在我们的生活周围,危机无处不在。害怕它,它则如洪水猛兽;跨越它,我们会有一片新的天空。危机的管理正如我们在驯兽,挑战与机遇并存。

第一节　危机也是生机

一、危机是人生必经的门槛

我们每个人,无论是谁,都在生活中遭遇过危机。一幢房屋,会受到大风的袭击、地震的摇撼,也会招致大火或水淹。汽车也罢,飞机也罢,轮船也罢,都有可能发生事故,让人难以预料。自然灾害、蓄意破坏、意外事件、商务变动等,各种情况让人猝不及防。火灾、风暴、地震、洪水等自然灾害严重威胁着人身安全。天灾之外,更有人祸,如突发事件、恐怖活动、疾病传播、环境恶化等,对于个人而言,生老病死和盛衰沉浮,人皆有之,无一可免。

人生必然要跨越许多门槛。人们通常将突然出现的、较大的、令人忧虑的,由于无法摆脱的困难而中断了正常生活进程的事件称为危机(crisis)。没有任何一个人在其一生中可以避免危机。它是普遍存在的,也是人生必然的门槛。它不仅会出现在我们的生活中,而且也会出现于社会各种组织和社团的生活中。就个人而言,有患病危机、发展危机、信仰危机、婚姻危机等;在社会领域,有经济危机、政府危机、国家和平局面的危机等。

危机是突发性的事件,但从事后的反思中可知,它是由一系列细小事件逐渐发展而来的,它包含了许多客观因素。然而,危机也是一种认识,当我们认为某一事件或境遇是我们的资源和应对机制无法解决的困难时,就会产生紧张、焦虑,如不及时缓解,就会导致情感、认知和行为方面的功能失调。

因此,危机会让我们难以解决或把握突然遭遇到的重大问题或变化,打破我们的正常平衡,干扰我们的正常生活,使我们内心的紧张不断积蓄,继而出现无所适从甚至思维和行为的紊乱,进入一种失衡状态。也就是说,危机意味着平衡稳定的破坏,引起混乱、不安,产生心理上的不平衡,即心理危机。

阅读

突发性应激事件

典型案例

美国在2001年"9·11"事件后,约有400万人患有不同程度的精神障碍。美国在海湾战争后有数千人患有"海湾战争综合征"。美国出兵伊拉克时就派遣了200名心理医生。

2006年初中国出现"非典型肺炎",社会上一度出现了"恐典症"以及相伴随的抢购板蓝根、食用白醋和大米现象,继而一些地区出现停课、封校,工厂、商店关门的现象,一时间商业、交通、航空、旅游、娱乐、餐饮等行业顾客急剧减少,经济受到影响。

定义

凡可引起个体高度紧张的事件都叫应激事件。不论事件的内容如何,令人高兴的或沮丧的,鼓舞的或打击的,只要具备足够的冲击性力量,都称为应激事件。

按照事件与当事人的关系,应激创伤可能是由个人亲身经历的直接事件所致,也可以是通过间接的经历所致,如电视媒体的报道、报纸和杂志文章、市井谣传等。

种类

①正性的应激事件,如职务突然被提升、买彩票中大奖、突然宣布的结婚、其他意外的收获等。

②负性的应激事件,如突然被撤职查办、重大的损失、失去亲人、被诊断患有致死性或致残性疾病、由车祸等造成的伤残、高考失败、离婚、发现配偶不忠、被人强暴、抢劫、家庭暴力、火灾、洪水、地震、战争、恐怖事件等。

影响

应激事件对心理健康的影响是产生重大创伤后遗症。

通常在受到重大创伤后6个月内发生重大创伤后遗症(post-traumatic stress disorder),其临床症状有:①痛苦的或害怕的经验反复在脑中呈现;②反复梦见创伤事件的发生;③常仿佛感受到再度经历此创伤事件;④当面对类似创伤事件的相关情境会引起强烈的心理痛苦或生理反应;⑤个人会持续地避开与创伤有关的刺激或活动;⑥有消沉、沮丧的感觉;⑦处于持续警觉、紧张或暴躁的状况。

就大学生而言,我们需要处理心理危机。由于大学生自身局限性及心理发展的不协调性,当他们面临来自个人、家庭、学校、社会的压力和突发事件时,他们容易引发心理状态的失调,从而产生一些负性情绪,这些负性情绪持续积累到一定程度,不仅影响心理健康,还可能诱发心理危机。心理矛盾激烈,如不及时疏导,不仅对其身心造成危害,影响心理健康,甚至会导致心理障碍或心理疾病。

危机的出现是因为个体意识到某一事件和情景超过了自己的应对能力,而不是经历的事件本身。实际上,在所有的危机中,都是由我们的自我需要或认识与外界现实或他人的认识不一致而引发的。这是一种挑战。我们在无力改变外界或他人的情况下,需要重新建立自我需要或认识。如果我们的重建出现障碍,那么心理危机自然会产生。具体表现为:

(1) 学习成绩连续下降。
(2) 突发性的应激事件或长期压力情境造成的巨大压力。
(3) 亲人、恋爱、成绩、奖励等重要需要的危机。
(4) 家庭经济条件变动造成的心理压力。
(5) 不能及时疏泄心理压力而造成的极度压抑。
(6) 现实与理想的巨大落差。
(7) 对学校教学管理等外部环境极度不满。

阅读

心理诊断测验

心理诊断测验是为了简便地鉴别个体临床精神、神经症状,以便及早发现心理问题,及时预防和治疗。其测验量表有大学生人格问卷、症状自评量表、抑郁自评量表、焦虑自评量表和康奈尔健康问卷。

(1) 大学生人格问卷(UPI)。UPI 是 1986 年日本大学心理咨询员和精神科医生为了解大学新生入校时的精神卫生状况,及早发现和治疗有心理问题的学生而集体编写的。1991 年传入我国,经中国心理卫生协会大学生心理咨询专业委员会修订后在国内部分高校使用。测验包括 60 个项目,涉及身体症状(16 项)、精神状态(40 项)和测谎内容(4 项),内容概括了大学生的各种烦恼,而且每一问题背后又有许多相关联的症状。UPI 最大的特点是简便易行,可在短时间内获取大量信息,特别适用于大学新生心理问题的早期发现,因此我国目前许多高校将 UPI 作为新生心理健康状况调查之用。

(2) 症状自评量表(SCL-90)。广泛用于精神卫生领域,涉及 10 个项目,即躯体化、强迫症状、人际关系敏感、抑郁、焦急、敌对、恐怖、偏执、精神病性及附加量表。它可以较好地了解人的思维、情感、行为、人际关系、生活习惯等,可以自评,也可作为医生鉴定患者症状的一种方法。

(3) 抑郁自评量表(SDS)。由 20 个题目组成,反映抑郁状态四组特异性症状:精神病性情感症状、躯体性障碍、精神运动性障碍、抑郁性心理障碍。其操作方便,能有效反映抑郁状态的有关症状的严重程度和变化。

(4) 焦虑自评量表(SAS)。从构造的形式到具体评定方法与 SDS 量表极相似,20 个题目也 1~4 级评分。实践证明,SAS 信度、效度较高,能较准确地反映有焦虑倾向者的主观感受。

(5) 康奈尔健康问卷(CMI)。美国康奈尔大学等编制的自陈式健康问卷,共 195 题,涉及 4 个方面内容:躯体症状态、家庭史和既往史、一般健康和习惯、精神症状。由于它对人的身体情况、心理状态及社会适应能力能做出全面的评价,因而适应范围较广,对精神障碍的筛选和健康水平的测定较可靠,信度、效度较好。

当我们面对危机时会产生一系列身心反应,一般危机反应会维持 6~8 周。危机反应主要表现在生理上、情绪上、认知上和行为上。具体表现如下。

(1) 生理方面:肠胃不适、腹泻、食欲下降、头痛、疲乏、失眠、做噩梦、容易惊吓、感觉呼吸困难或窒息、肌肉紧张等。

(2) 情绪方面:常出现害怕、焦虑、恐惧、怀疑、不信任、沮丧、忧郁、悲伤、易怒、绝望、无助、麻木、否认、孤独、紧张、不安、愤怒、烦躁、自责、过分敏感或警觉、无法放松、持续担忧、担心家人安全、害怕死去等。

(3) 认知方面:常出现注意力不集中、缺乏自信、无法做决定、健忘、效能降低、不能把思想从危机事件上转移等。

(4) 行为方面:社交退缩、放弃以前的兴趣、逃避与疏离、不敢出门、容易自责或怪罪他人、不易信任他人等。

看到上面的反应,心中有没有不安呢? 其实,心理危机的产生与发展并不是一蹴而就的,它需要经历以下阶段。

(1) 冲击期,发生在危机事件发生后不久或当时,感到震惊、恐慌、不知所措。

(2) 防御期,表现为想恢复心理上的平衡,控制焦虑和情绪紊乱,恢复受到损害的认识功能。但不知如何做,会出现否认、合理化等防御方式。

(3) 解决期,积极采取各种方法接受现实,寻求各种资源努力设法解决问题。焦虑减轻,自信增加,社会功能恢复。

(4) 成长期,经历了危机变得更成熟,获得应对危机的技巧。但也有人消极应对而出现种种心理不健康的行为。

心理危机是一种正常的生活经历,并非疾病或病理过程。每个人在人生的不同阶段都会经历危机。由于处理危机的方法不同,后果也不同。一般有以下 4 种结局。

第一种是顺利度过危机,并学会了处理危机的方法策略,提高了心理健康水平。

第二种是度过了危机但留下心理创伤,影响今后的社会适应。

第三种是经不住强烈的刺激而自伤自毁。

第四种是未能度过危机而出现严重心理障碍。

对于大部分的人来说,危机反应无论在程度上或者是时间方面,都不会带来生活上永久或者是极端的影响。因此,我们不需要过于担心。我们需要的只是去恢复自己对现状和生活的信心,若加上亲友的体谅和支持,则能恢复得更快。如果心理危机过强,持续时间过长,会降低我们的免疫力,出现非常时期的非理性行为。对个人而言,轻则危害个人健康,增加患病的可能,重则出现攻击性和精神损害,其结果不仅增加了有效防御和控制灾害的困难,还在无形之中给自己和别人制造新的恐慌源。对社会而言,会引发更大范围的社会秩序混乱,冲击和妨碍正常的社会生活,如出现犯罪增多等。

测试

危机脆弱性测验

回答下列问题:Y＝是的,我同意;P＝也许是,我不能肯定;N＝不,我不同意。

	Y	P	N
1. 我无法勤奋工作,因为总是别人从中获利。	—	—	—
2. 我喜欢日常的工作秩序被意料不到的事情打断。	—	—	—
3. 只要权威对某事做出了决定,你对此便无能为力。	—	—	—
4. 我发现我的不幸几乎都是由于自己的过错造成的。	—	—	—
5. 生活中充满有趣的冒险。	—	—	—
6. 如果别人生我的气,我将非常沮丧。	—	—	—
7. 如果有人强我所难的话,我很难说服他改变主意。	—	—	—
8. 每个问题都有其解决的方法。	—	—	—
9. 那些我认为可以信赖的人经常让我失望。	—	—	—
10. 如果我回避问题,问题将不存在。	—	—	—
11. 人们可以通过合理地安排生活来避免危机的出现。	—	—	—
12. 我相信只要努力工作就能得到想要的东西。	—	—	—
13. 我发现人们一般并不感激我为他们所做的一切。	—	—	—
14. 即使是在困难的情境中,我仍有选择的自由。	—	—	—
15. 我喜欢听别人讲述他们的经历和体会。	—	—	—

计分规则:

问题 2、5、8、11、12、14、15:Y＝0,P＝1,N＝2。

问题 1、3、4、6、9、10、13:Y＝2,P＝1,N＝0。

低于 5 分:面临危机,你很少有开朗的表现。

5～10 分:你能成功地面对大多数危机。

11～15 分:有时候,你发现自己在危机压力的冲击下无法保持平衡。

15 分以上:面临危机,你可能非常脆弱。

二、危机本身不都是危机

阅读

"塞翁失马"的体会

"塞翁失马"是一则寓言故事,语出《淮南子·人间训》。它阐述了老子"祸兮福之所倚,福兮祸之所伏"的祸福倚伏观。

东汉班固的《通幽赋》,有一句"北叟颇知其倚伏"的话,即提示了它的寓意。靠近边塞的地方,住着一位老翁。老翁精通术数,善于算卜过去未来。有一次,老翁家的一匹马,无缘无故挣脱羁绊,跑入胡人居住的地方去了。邻居都来安慰他,他心中有数,平静地说:"这件事难道不是福吗?"几个月后,那匹丢失的马突然又跑回家来了,还领着一匹胡人的骏马一起回来。邻居们得知,都前来向他家表示祝贺。老翁无动于衷,坦然道:"这样的事,难道不是祸吗?"老翁家畜养了许多良马,他的儿子生性好武,喜欢骑术。有一天,他儿子骑着烈马到野外练习骑射,烈马脱缰,把他儿子重重地甩了个仰面朝天,摔断了大腿,终身残疾。邻居们听说后,纷纷前来慰问。老翁不动声色,淡然道:"这件事难道不是福吗?"又过了一年,胡人侵犯边境,大举入塞。四乡八邻的精壮男子都被征召入伍,拿起武器去参战,死伤不可胜计。靠近边塞的居民,十室九空,在战争中丧生。唯独老翁的儿子因跛脚残疾,没有去打仗。因而父子得以保全性命,安度残年余生。所以福可以转化为祸,祸也可变化成福。这种变化深不可测,谁也难以预料。

宋魏泰《东轩笔录·失马断蛇》:曾布为三司使,论市易被黜,鲁公有柬别之,曰:"塞翁失马,今未足悲,楚相断蛇,后必有福。"陆游《长安道》诗:"士师分鹿真是梦,塞翁失马犹为福。"后又发展成为"塞翁失马,安知非福""塞翁得马,焉知非祸",频频出现于文学作品或日常口语中,或用来说明世事变幻无常,或比喻因祸可以得福,坏事可以变为好事。一切事物都在不断发展变化,好事与坏事,这矛盾的对立双方,无不在一定的条件下,向各自的相反方向转化。

我们每个人的生理结构、功能和行为模式都有相似的一面,但每一个人都是独特的,都有个性的一面。在危机事件发生前个人生理、心理功能的基础,平时处理困难的模式,事件中和事件后对事件的认识和解释,亲友及社会支持程度等,使得受同一个危机事件影响的一群人中,就会有人坦然面对,有人怨天尤人,有人擦干血泪继续前行……当人们在主观上认为该事件或状况威胁到安全或其他需要的满足时,当事人就会感受到危机;当事件或状况超出了当事人身心应对水平、超出其拥有的资源所能应对的水平时,危机就出现了。

当一个人出现心理危机时,当事人可能及时察觉,也有可能后知后觉。一个自以为遵守某种习惯的行为模式的人,也有可能有潜藏着心理危机。能不能克服心理危机,首先取决于一个人的自信心。危机干预的关键在于进行"人格塑造",帮助发生危机者恢复自信,发挥个人潜能。史蒂文·芬克(Steven Fink)在《危机管理》一书中指出：中国人早在几百年前就领会了这一思想。在汉语中，组成危机的两个字分别表示危险和机会。如果危机严重威胁到一个人的生活和家庭，并使人产生自杀或精神崩溃的可能，这种危机是危险的。但如果一个人在危机阶段得到及时、有效的治疗性干预，不仅会防止危机的进一步发展，而且还可以帮助其学会新的应对技巧，使心理平衡得以恢复，甚至超过危机前的水平，因此也可以说，危机是一种机遇或转折点。

其实，人只要生存着，任何时候都会处于危机之中。个体从一个纯生物的人成长为一个成熟的人，适应社会的过程不是一蹴而就的，而是需要一个社会化过程，危机可视为这个过程中的必然产物。人只有通过危机这种最大的威胁，才能获得真正的自我，成为一个稳定的、不受任何影响的、对自己负责的人。正是危机过后的澄清和净化，使得人们实现了向新的生命阶段的跨越，也只有在危机中或经历危机，人们才能逐渐成熟起来。正如青春期表现的危机是与成熟的过程必然地联系在一起一样，在人的一生中各个阶层都可能出现种种危机，面对困扰人们的危机，除非坚定地渡过，否则就不能获得自身内在的独立性。而这种跨越和成熟，在大学生的心理危机中体现得十分清晰。大学生心理危机的特征我们归纳为以下几点。

1. 具有普遍性和特殊性

在普遍情况下，没有人能够免于危机，处在成长中的大学生所面临的大多是成长中的危机。想稳定、冷静地处理任何危机，不太容易；但是把握机会，设定目标，形成计划，处理问题，则是通过努力能够做到的。

2. 具有复杂性和长期性

危机是复杂的，因为它无规律可循，而是个体的生活环境、家庭教养、朋友交往等关系相互交织的综合反映，使个体无法控制和难以解决。对于处于危机中的人，没有迅速解决危机的方法，任何企图寻找迅速解决问题的想法，最终都可能会导致危机的加深。安慰性的掩饰、短暂地逃避都不能降低危机的严重性，反而会使其积重难返。

3. 具有成长性和改变性

危机中常常包含着个体成长的种子和改变的动力，因为个体在成长和追求的同时，也带动了一个可能受挫的机制，个体如能及时调整，适应变化，则能形成动力，促进心理健康，得到成长和改变。

4. 具有危险性和机遇性

危机既意味着危险，又蕴藏着机会。其危险在于它可能导致个体恐惧受挫和严重的病态，包括自杀和杀人；机会在于它带来的痛苦会迫使当事人寻求帮助，做出最后决断。危机的解决会导致积极的和建设性的结果，如增强应对能力，改变消极的自我否定，减少功能失调的行为。大学生在寻求帮助的过程中，能够使自己获得成长和自我实现，最终走向成熟。

5. 具有独特性和时代性

当代大学生的心理危机，既反映了时代对大学生的要求和期望，以及个人理想的追求，表现为成为通才型人才，身体健康，心理承受能力强，完成学业，胜任职业，继续深造，实现理想等压力下的冲突和矛盾；又体现了个体的个性、心理品质、人格特点、目标追求、理想价值等心理素质。因此，心理危机不是孤立存在的，它具有个体的特点和时代的特征。

阅读

蜘蛛网

一位苏格兰王子在看蜘蛛结网时突然明白了人生的真谛。可怜的蜘蛛结一次不成,就掉下来一次。屡败屡战,屡下屡上,直至掉下来七次,终于结成了网。人生何尝不是如此?危机与生机,失望与希望,消极与积极,从来都是交织在一起,出现后退、逆境时,勇士恰是迎难而上,永不气馁,才会最终取得成功。

所以,心理危机会给我们一个成长与提高的机会。它本身不都是危机,它也可以是生机。当危机来临时,只有坦然面对,正视危机,既不自认倒霉,也不回避,而将其看作自己成熟、成长的机遇;既认识其危险的一面,又看到其机遇的一面,才能在危机中发掘自我潜力,将危机看作新的起点。

第二节 如何进行危机管理

一、适当防御

我们在生活中会学习许多心理防御方式来应对危机,以减轻心理矛盾,消除焦虑,更好地适应环境。由于人们所遭遇的挫折和所处的矛盾情境不同,因而每个人采用的心理防御方式也各不相同。一种防御方式适宜于某些人,但并不适宜于另一些人;适用于一种情境,也许就不适用于另一种情境。在许多场合下,人们往往同时应用各种防御方式。

常见的和重要的心理防御机制如下。

(1) 投射作用,即把自己不能承认的观念、情感或冲动投射给别人或归因于外界事物的作用。

(2) 升华作用,即把被压抑的无意识冲动,通过某种途径或方式转变为人们可接受的或为社会所赞许的活动。

(3) 文饰作用,指一个人为掩饰易被他人取笑的行为去寻找理由为自己辩护;或巧妙地证明事实上他不能忍受的感情和行为是他所能忍受的。

(4) 倒退作用,指一个人采取倒退到童年的或低于现实水平的行为来取得别人的同情和关怀,从而逃避紧张或不满的情境。

阅读

阿Q精神胜利法与阿Q养生法

把鲁迅笔下的一个草芥小民阿Q,同养生之道挂钩,很可能会写出满纸荒唐言,结果招来一片哄笑声。话题是由一个完全真实的故事引起的。

一日，同一楼道周君之妻严某，与对门李氏夫妇因楼道堆物小事发生口角。严某一口难敌两嘴，招架不住，急盼丈夫援助。熟料周君一言不发，拉着妻子进居室，关上房门，拿出《智取威虎山》音带，置入卡座，顿时，"穿林海，跨雪原……"声振楼板。李氏夫妻感到无趣，也自行退入房中。杨君得意地对其妻说："我这个办法好不好？"严某嗔道："好个什么，阿Q精神！"周君笑道："人有时候需要有点阿Q精神，它可以调节情绪，化有气为无气。这是一种非常实惠的'养生之道'。"

鲁迅先生在塑造"阿Q"这个人物时，大概不曾想到会无意中制造出一个副产品——阿Q养生法。人们对阿Q精神胜利法，几十年来有贬无褒。但是，若不涉及重大是非问题，单从"养生保健"这个小角度看，精神胜利法确实有益于调节心态平衡，有利于化解侵入心头的种种烦恼。所以说，阿Q养生法乃是民众根据实际生活，对精神胜利法进行"医学改造"，去粗存精，反为正用，总结出来的民间养生土方。

阿Q养生法的精髓在于"宽容"两字。我们常说，养身先养心。养心，首先要把它养"宽"。心宽体健，心平气和，五体安宁。唯宽可以容人，唯厚可以载物。纵观世上长寿之人可以发现，他们之中几乎无一不是心胸宽阔、豁达大度者。民间常听到人说："真是活活气死人。"人之所以会被气死，主观原因就是心胸狭窄、气量小。三国时代的东吴名将周瑜就是一个典型例子。周瑜之才可与诸葛亮媲美，但他的心胸未免欠宽。因此在诸葛亮的"攻心战"下，被"三气"而英年早逝，直到临终还发出"既生瑜，何生亮"的长叹。诸葛亮的攻心战用在周瑜身上屡试不爽，而用在司马懿身上就难奏效，原因之一就在于司马懿的心理素质比周瑜好得多。尽管诸葛亮派人给司马懿送去"巾帼女衣"对他进行羞辱，激他出兵，但司马懿照样能忍受，不但笑着对部下说："孔明视我为妇人焉"；而且宽待来使，若无其事，继续按兵不动。司马懿的这种对羞辱付之一笑的修养功夫，不有点近似阿Q精神吗？

人与人之间难免会发生一些小摩擦。如相互不能宽容，必定会气出病来。这种宽容的基础就是理解。能理解一切，就会谅解一切，便会宽容起来。现在有些人火气很大，为一点鸡毛蒜皮的小事，便会引发出一场你死我活的搏斗，甚至闹出人命案。公交车上挤一下，马路上碰一下，也许毫无损伤，但有的人会因此争个不停、吵个不休。有人还会把"气"带回家中，结果惹得肝气不达，胃气不和，血压升高，心动过速，五体不宁。问题就在于缺乏理解精神。

理解往往意味着让步，甚至吃亏。先哲教导我们，以让一步为高，对人宽一分是福不是祸。民间也有"吃亏就是占便宜"的说法。这些经验，实际上都包含让步、理解等一系列健康的心理素质，并借此达到我国哲人林语堂所说的"怡然自得乐，潇洒对人生，淡泊以明志，豁达心宽容"的境界，使精神心理常处安然舒适状态。在这方面阿Q精神中的"容忍"两字确能助人一臂之力。

国外有项研究称，良好的人际关系是健康长寿的主要因素之一。与他人相处和睦者的预期寿命,比人际关系紧张者,相对来说要长得多。而处理好人际关系的主观因素,就是要宽容,要理解。宽容、理解是美德,人与人之间如能相互宽容、理解,这世界也许更适于生活,这世界长寿者也会越来越多。

(5) 移位作用,指将一种情境下危险的情感或行动转移到另一个较为安全的情境下释放出来。

(6) 反向作用,指一个人采取的行为与引起焦虑和罪恶感的冲动相对立。

(7) 消极作用,或称"解脱",指把某种难以接受的或已经发生过且无法挽回的事件象征性地或重复地以相反形式做出来,借以解除内心不安和焦虑。强迫性神经症的强迫计数或某种仪式动作即是一种解脱焦虑的表现。

(8) 脱离作用,指把一种不能为意识接受的冲动、观念或动作部分地从其原来的感觉和记忆中脱离出来,以便消除与原来意识境界有关的紧张情绪。例如,人死了,不说"死"这个字,而用"长眠"这类易于被感觉接受的词来代替。

(9) 深思熟虑,指个人以理智的态度,或考虑一些极抽象的事去应对情绪性情境,也就是说,用推理来抵御面临的矛盾以及由它引起的紧张情绪。例如,某人丧母时用"生死是自然现象""人终究一死"等道理来摆脱其的悲痛心情。

(10) 补偿作用,指个人因心身某个方面有缺陷不能达到某种目标时,有意识地采取其他能够获取成功的活动来代偿这种能力缺陷而弥补因失败造成的自卑感。补偿作用是以一种活动代替另一种活动,类似替代作用。

阅读

《我想看》

在《卡内基妙语》一书中,卡内基曾鼓励年轻人读鲍玉儿·达尔所写的一本励志书籍《我想看》。本书作者是个盲眼妇女,失去视觉近乎半个世纪之久,她在书中叙述道:"我只有一只眼睛,却又布满伤痕,只能奋力透过眼睛左边的一小部分看东西。念书的时候,我得把书本举到眼前并且用力把眼珠挤到左边去。"

但是,鲍玉儿不愿受人同情,不愿被视为"与众不同"。小时候,她很想和其他小孩玩"跳房子"的游戏,却看不到地上画的线。于是,她等到孩子们回家后,独自一人趴在地上找画在地上的线,并记下线的位置。等下次和其他小孩玩耍的时候,她居然成了此中专家。她喜欢待在家里看书,每次都得把大字书举到靠近眼睫毛的地方才看得见。但是她得了两个学位:一个是明尼苏达大学的文学学士学位,另一个是哥伦比亚大学的文学硕士学位。

她开始在明尼苏达州执教,后来成为"新闻与文学"系教授。她教了十三年书,并且在妇女俱乐部演讲,在广播电台主持一个书籍与作者的节目。她在书中写道:"在我内心深处,一直隐藏对眼盲的恐惧。为了克服这种念头,我选择了欢乐、近乎嬉闹的生活态度。"

鲍玉儿因身体发育有缺陷而努力学习,以卓越成就赢得别人的尊重。这是补偿在发挥作用,其实更是一种不屈不挠精神的升华。

二、拓宽思路

我们在危机面前可能是十分无奈的。但有智慧的人就知道,这种无奈不会是绝对而唯一的结果。山重水复疑无路,柳暗花明又一村。换一条路,我们同样可以通向罗马。下面这头驴就拥有这样的智慧。

阅读

老驴的智慧

一头老驴不小心掉进了枯井里。主人绞尽脑汁想救它出来,但没能成功。最后,主人决定放弃。为免除老驴的痛苦,主人请来邻居帮忙,准备将它活埋。于是人手一铲,大家开始向井里填土。

老驴意识到自己将被活埋,不禁放声悲鸣。声音令人心酸。为了尽快了结驴子的痛苦,大家咬紧牙,加快了填土。没过多久,大家就听不到驴子的惨叫了。众人以为老驴已死,于是都探头往井底看。结果众人大吃一惊,老驴不仅没死,还好好地立在那。铲进井里的泥土落在它背上时,它就将泥土抖落下来,然后站到铲进的泥土堆上面!现在这头驴安静地站在那里,等着大家给它填土呢!

用这个办法,老驴很快便得意地站到了井口,然后在众人的唏嘘声中快步跑开了!

就如驴子的情况,在生命的旅程中,有时候我们难免会陷入"枯井"里,会有各式各样的"泥沙"倾倒在我们身上,而想要从这些"枯井"脱困的秘诀就是:将"泥沙"抖落掉,然后站到上面去!

事实上,我们在生活中所遭遇到的各种危机就是加诸我们身上的"泥沙";然而换个角度看,它们也许就是一块块的垫脚石,只要我们锲而不舍地将它们抖落掉,然后站上去,那么即使是掉落到最深的井里,我们也能安然地脱险。本来看似要活埋驴子的举动,由于驴子处理困境的态度与智慧,这一举动不仅没要驴子的命,相反却帮助驴子摆脱了困境。面对危机,抱着一种积极主动的态度,积极寻求解决的办法,其实也是改变命运的要素之一。

不管我们怕与不怕,现实中的危机都是无法避免的。但危机并不等于绝境,因为解决任何问题的方法都不可能只有一种。此路不通,我们可以走其他路,最重要的是面对危机要有足够的勇气和信心,要勇敢地接受现实的挑战,要冷静地处理现实的困境,努力找到出路。从另一个角度看,危机是一种激励,也是一种机遇,抓住机遇,就是成功的开始。如果总是以悲观的心态去看待现实,那么任何事情都会向不利的方向发展;反之,如果以积极的心态笑看世界,那么即使是在最惨痛的失败中,也会有绝处逢生的机会。正如前面所提的,当"山重水复疑无路"之时,恰是"柳暗花明又一村"之际。

从这头驴的身上,我们学习到了将危机看作机遇,我们更想与大家一起探讨的是,无论面对什么样的危机,我们都需要换一种思维方式,换一种角度,以多种方式和角度看待事物。在西方,人们总会说:"上帝在给你关上一扇门时,会另外给你打开一扇窗。"唯有一颗冷静而善于思考的心灵,方可另辟蹊径、摆脱危机。下面这只小蚂蚁就发现了上帝的玄机。

阅读

钻牛角尖的蚂蚁

一只勤奋的小蚂蚁,出门觅食,却稀里糊涂地爬进了一个牛角制成的号角中。在小蚂蚁的眼中,弯弯的牛角,就是一条宽阔的隧道,肯定就会是一个洞天福地。小蚂蚁毫不迟疑地朝前爬去,可越往前,脚下的路越窄,到后来竟难以容身。为此,小蚂蚁不得不停下来进行认真思考。经过一番激烈的思想斗争,它决心掉过头来,重新开始。

这一回,它由牛角尖向牛角口进发。不久,小蚂蚁就惊喜地发现,路居然越走越宽。从牛角里出来后,天高云淡,大地一片葱郁,眼前豁然开朗。再回头看那个牛角,小蚂蚁很难想象那个宽阔的隧道终点居然难以容下自己。

不要死钻牛角尖,有时另类的思维会带来奇妙的结果,当我们换一个角度思考的时候,我们就会惊喜地发现原来一切都是如此简单。历史上那些科学与艺术天才首要的思维策略,即在于他们能以多种角度考虑问题。爱因斯坦、弗洛伊德经常从不同的角度重新构建所遭遇的各个方面的问题。他们觉得,看待某个问题的第一种角度太偏向于自己看待事物的通常方式,就会不停地从一个角度转向另一个角度,以重新认识这个问题。他们对问题的理解随视角的每一次转换而逐渐加深,最终便抓住了问题的实质。爱因斯坦的相对论就是对不同视角之间的关系的一种解释。弗洛伊德的精神分析法旨在找到与传统方法不符的细节,以便发现一个全新视角。

不钻牛角尖,就是既然此路不通,那么我们就换一条路走,条条道路通罗马。也许换一个方式,眼前就会豁然开朗、别有洞天;也许换一个方式,危机就会迎刃而解,我们就会恍然大悟;也许换一个方式,独到创意就会向我们滚滚而来。

三、寻求支持

危机出现时,我们措手不及,我们努力地通过自己的能力与危机抗争,但有时会感到自己的渺小与无助,我们不能冷静地思考问题,我们也许会把自己包起来,害怕再次面临危机,我们会一个人待着,我们甚至会感到孤立无援。孤独的情绪会在我们大脑里蔓延,这种情绪会进一步加重对危机的焦虑和恐惧,让我们无所适从。然而我们此时此刻会忘记在身边关心我们的亲人与朋友,我们会忘记内心真实的声音,那渴望亲和、渴望安抚的声音。在我们面对心理危机时,这种渴望会更强烈,然而却最容易被我们忽略。可能因为心理危机大多涉及我们的个人隐私,同时也包含了许多与现实不协调的因素。在面临心理危机时,主动地寻求帮助,是我们都应具备的一种能力,正如我们有爱需要表达、有快乐需要分享一样,痛苦也需要我们与他人一起分担,这样我们的生活才充实,才真诚,才幸福!

案例

求助否?

谈到心理问题求助,多数大学生只是笑一下,认为"心理问题就是放在心里的,一般都不会说出来。向谁求助?同学帮不了我吧?向老师、父母求助的话,没得到答案先被骂了个狗血淋头"。

下文中,Q代表问题,A代表答案。

Q:请问,你有没有遇到过自己解决不了的问题?

A:有,最近我就一直在为男女同学间的交往问题感到困扰。

Q:能具体讲一下吗?

A:我喜欢上了班里的一位女生,却不知道怎么开口表达。我心里总是不停地想她,她的成绩很好,我能和她在一起肯定也会努力学习。可违反了校规怎么办?

Q:你为此感到烦躁吗?

A:是的。我想不通,我们已经成年了,为什么还不准我们拥有自己的感情?现在我经常上课都想这些事,听讲也没以前那么专心了。

Q:这不是已经影响学习了吗?

A:是的。啊……我不知道。

Q:你想过向老师求助吗?和他们讲讲你现在的想法。

A:没有。

Q:为什么?

A:我不想让他们知道。我想他们肯定都会拿大道理劝说我,但是他们不理解我的心情,也不会在意我的个人感受的。

大多数同学认为:父母、老师和我们的年龄差距太大,不会站在我们一边考虑问题,甚至有时候向他们说出自己的苦闷反而会引起不必要的批评和斥责,这是许多同学对父母、老师望而却步的主要原因。

现实真的如上述这位同学所说的吗?我们相信问题的存在。现在的家庭成员间缺少必要的沟通。同学们许多的心理危机都源自无端的误解。那么我们为什么要将话憋在肚子里,不同家里人交流呢?我们应让家里人多了解自己,以避免许多无谓的误会与矛盾。当我们身陷危机时,家人将会成为我们最信任的支持对象,我们也不会孤立无援地承担一切危机带来的痛苦。也许因为在中国人的传统观念里,男女有别,长幼有序。在家中因为家庭成员间年龄、教育背景、思想存在着差异,会影响到相互之间的理解与沟通,所以更谈不上相互帮助。有时这种互助的任务就转移到了同伴之间。

阅读

马和驴

马和驴一起贩货已经好几个年头了。这次,他们又各自背着货物上路了。路途遥远,驴逐渐感到体力不支,背上的货物似乎越来越沉。

驴想对马说:"马大哥,看在多年朋友的份上,拉兄弟一把吧。"可转念一想,"我要是求它,那不是向它示弱吗,它肯定看不上我。再说它有那么多货物,它未必肯帮我吧。为什么要自找没趣呢?"于是驴咬紧牙齿,低头艰难前行。

马虽然背着比驴还要多的货物,但仍然精力充沛。它并没发现驴已体力不支。

看到马仍然那么斗志高昂,驴心中有许多自怜,它相信自己有着一身傲骨,也相信自己能挺过去。它坚持着,坚持着。但最终还是四腿一软,口吐白沫,倒地身亡。

货主看到驴子活活累死,虽然有点可惜,但不悲伤,因为还得继续赶路。

而马此时却感受到悲伤:"唉!我真蠢!我就只顾走自己的路,却没想到要分担一点驴的负担,我完全可以多帮它一些的。我真不够朋友。"当背上驴皮时,它感觉驴又回到了身边,不禁暗自神伤:"驴啊!驴啊!你这么累,为什么不跟我说呢?难道我们不是朋友吗?"马一路走着,却再也不是那样斗志高昂了。

强者与弱者应相互帮助、共同合作,各自才能更好地生存。强者能帮助他人,他会感到被认同、被尊重、被肯定;弱者能求助他人,他会感到被爱、被接纳、被关怀。两者都会有身心上的愉悦感。而故事中的驴却是愚蠢的、目光短浅的,由于它没有及时寻求帮助,不但使自己失去了生命,而且伤害了马那颗真诚的心。诚然,我们身边不乏可以帮助我们的朋友。只是有时我们会忽视或无视他们的存在。真正的朋友不单是谈笑风生、有福共享,还应该相互分担烦恼、相互帮助、相互勉励、有难同当。朋友是可以相互扶持的人,也是可以相互分担彼此肩上重担的人,还是可以相互使对方活得更加自在、更加快乐的人。

有真正的朋友存在,每个人会觉得生活充满阳光,未来充满希望,人生充满活力。危机也不足为惧了。但并不是所有人都会拥有真正的朋友,也不是所有真正的朋友都能有效地帮助我们。那我们就只能孤立无援,坐以待毙吗?不是的。在现代科学发展的今天,出现了专业的心理危机的援助形式——心理咨询(心理干预)。台湾学者王连生认为,心理咨询是一种帮助人们自我指导的高度艺术,是一种有爱心、有技术的专业,在心理咨询工作者与咨询对象的合作过程中,促进咨询对象的身心健康发展。心理咨询以专业性心理帮助为首要任务。因为我们有时无法以个人力量处理危机引起的焦虑、紧张,个人所依靠的社会支持资源和个人所能承受痛苦的能力也不相同,所以我们需要寻求专业心理咨询员的帮助,依托专业的心理学知识和技术,解决我们当下的心理危机。若出现以下几种情形,则提醒处于危机中的我们应寻求专家帮助。

(1) 心情非常压抑,对任何事情都失去兴趣,且这种情况已持续达两周以上。

(2) 反复出现自杀或自残的念头,甚至已准备实施自杀。

(3) 性情大变,对以前十分钟爱的活动都失去兴趣,且不能正常进行外交活动,精力涣散,悲观失望。

(4) 缺乏食欲,自责,反应迟钝,易惊醒。

(5) 回避正常的日常学习与工作。

(6) 每周有一次或一次以上的惊恐发作。

通过寻求专业性心理帮助,我们在面对危机时会有更专业、更有效的支持,并能更迅速地解决心理危机。

阅读

心理咨询的原则与作用

心理咨询是指运用心理学的知识、理论和技术,通过与咨询者与来访者的协商、交谈和辅导,提供可行性建议,针对正常人及轻度心理障碍的人面临的各种适应和发展性问题,与来访者共同探讨和研究问题,帮助其解决问题或找到解决问题的方法,使来访者自立自强,从而达到提高来访者心理健康水平和生活质量的目的。

心理咨询的原则:

(1) 保密原则:只要没有伤害他人及自己生命安全的危险,无论来访者说什么,咨询者都会保密。所以来访者可以敞开心扉,畅所欲言。

(2) 无条件积极关注原则:无论来访者说什么,咨询者都不会以道德的观念去评判事情的对错,来访者所做的一切都有其做的理由。

(3) 助人自助的原则:咨询者的咨询过程不是替来访者出主意或为来访者解决问题的过程;而是帮助来访者想清楚自己的问题症结所在,并让来访者自己找出解决问题的方法的过程。在咨询的过程中,来访者自己的心理能够得到成长。因此,心理咨询是"授人以渔"而不是"授人以鱼"。

心理咨询的作用:

(1) 可以帮助来访者提高对待自身和人际关系方面的心理能力。

(2) 可以促进人格完善、人格重建和个人的发展。

(3) 可以帮助正常人克服自身发展中遇到的各种阻力。

(4) 可以帮助有心理问题的人消除心理障碍或某些心理病症。

(5) 可以鉴别心理障碍与精神疾病,有助于来访者得到最及时的治疗。

总之,我们要珍惜每一次帮助他人和被他人帮助的机会,积极地面对危机,认真地对待生活。

第三节 沉重的危机

一、解读自杀

自杀是个十分沉重的话题。

轻生,也就是自杀,是指当个人的烦恼和苦闷发展到极点,对生活失去信心,对现实感到绝望而采取的一种有意识的自我毁灭性的行为。有关数据表明,青少年的自杀现象,在全世界范围内都呈现增长趋势。这应引起社会和家庭的极大关注。

哲学家黑格尔曾说过自杀是一种"卑贱的勇敢"。试想想,当以自杀方式自以为得到解脱时,我们的家人、朋友该有多难过。自杀就真的能解决问题吗?答案是否定的。因为面对人生的风风雨雨,逃避只能让我们懦弱,挑战却让我们坚强。坚强的我们,会让死神也望而却步。

案例

2009年,武汉某学校一名23岁的毕业生袁某从六楼坠下,因抢救无效而死亡。事发前,该男生曾到长江大桥下的铁路上欲卧轨自杀,民警及时发现后将其送回学校。事发后,学校通知了袁某家人,其哥哥特意从长沙赶来。有人称,袁某多次跳楼自杀与其家里变故有关,但其哥哥表示,家里并没有发生大的变故。

隐藏在该大学生极端的悲剧背后的是什么呢?是大学生普遍的"郁闷"。"郁闷"越来越成为学生们的口头禅。这种"郁闷"反映的是一种心理危机,他们的"郁闷"来自日渐增大的就业压力。由于竞争激烈、就业矛盾突出,不少高校毕业生承受着巨大的心理压力,甚至有一部分毕业生在新的就业体制和严峻的就业形势面前心理准备不足,在就业过程中出现了种种心理偏差,有的甚至产生了严重的心理障碍,导致他们的就业失败。

在沉重的就业压力下,社会心理危机开始蔓延,这种危机会给社会生活的方方面面带来不好的影响。就业压力问题如今已不单纯是一个经济问题,仅经济干预是不行的,它日益成为一种严重的心理危机,我们不仅要在"如何让更多的人找到工作"上下功夫,更要在如何医治就业压力给大学生们带来的心理创伤上进行综合治理。创伤者选择极端的方式,是不能解决这种危机的。正如我们前文所述,危机是一种认识问题,面对严重的危机,我们更需要保持冷静的头脑,认识到危机的两面性,并学会用欣赏的眼光去看待别人,学会用感恩的情怀去体验生活,用理智的思维去直面人生。

其实大学生自杀作为一种特殊的社会现象,包括社会、经济、文化、环境、心理等各方面的复杂原因。

1. 复杂的家庭状况所导致的巨大心理压力

纵观选择自杀的大学生的生长背景,我们发现大部分家庭存在着各种各样的问题和矛盾:

一是家庭氛围的恶化,如父母关系不和睦、离异、再婚或突发事故、去世等。二是亲子关系恶劣。三是家庭对孩子的期望值过高,孩子压力非常大。四是家庭经济困难造成的适应问题。

2. 性格和人格缺陷所带来的自身困境

现代社会急剧变革,社会压力不断折射到大学校园,大学生的竞争压力、学习压力、经济压力、情感压力与就业压力普遍加大,各种压力长久得不到缓解,随即出现性格和人格缺陷,如失落、自卑、紧张、焦虑、失眠、多梦、记忆力减退,严重者郁闷、惶恐、自我封闭,甚至出现妄想、幻觉,最终以自杀方式寻求解脱。大学生常见性格及人格缺陷:一是内向、封闭、自限,心理上的时间和空间在过去,没有未来,视野狭窄。二是过度自卑。

3. 社会支持系统的缺失所带来的孤独无助

多数自杀的大学生没有可以依靠的社会关系,主观上,他们大多内向、封闭和胆怯、自卑等,不能建立社会关系,也不能主动求助,因此长期的心理问题无法得到缓解。客观上,一些学校的管理工作还存在一定问题,未能及时发现这些学生,并给予他们及时的支持和帮助。

4. 长期存在的心理应激因素的综合暴发

自杀大学生主要的应激源:恋爱问题、上网成瘾、学习困难、经济困难、生理缺陷(主要是长相问题等,大多是自己认为的)、家庭问题等。应激因素并非独立起作用,而是跟大学生的人格偏差、应对策略缺陷与社会支持缺乏等联合起作用的。这几方面很难分清哪是主要原因,哪是从属原因,它们往往是互相影响,恶性循环,共同推动自杀者走上不归路。

5. 不当社会环境影响的推波助澜

当前,我国处在社会转型期,面对消极因素和负面影响,一些大学生会产生巨大的心理反差,充满困惑,愤世嫉俗。此外,一些媒体,特别是某些网站和小报,对一些暴力、自杀事件报道简单化,渲染描述过程,给大学生不当的引导。

阅读

当我们遇到困难时,我们应该学会这样做:

(1) 自我安慰。我们应该相信自己是很不错的,应该欣赏自己。当事情没有如自己所希望的那样发展时,也要试着去接受它,要善于满足现状。

(2) 培养多方面的兴趣。有多方面的兴趣,如打球、绘画、听音乐、下棋等,对大学生来说是很重要的。当我们遇到挫折和失败时,可以将注意力转移到兴趣中去,从中体验到快乐,忘却烦恼。

(3) 结交知心朋友。当我们烦恼、迷惘、焦虑、不满时,如果有知心朋友陪伴左右,倾听心里话,使情感得到宣泄,并表示理解时,可能忧郁会减少一半。

(4) 寻求社会力量的帮助。可以到专门的心理门诊寻求心理工作者的帮助,也可以打热线电话宣泄烦恼,通过交谈使情绪得到疏导,直至放弃自杀这一很不明智的想法。

总之,人生旅途中要经历很多磨难与挫折,只有经历过波澜险阻,才能更加体会到生活的美丽。

二、重大丧失

丧失或损失(loss)乃是人生命中不可避免和分割的一部分,丧失挚爱的亲友固然带来沉重的打击与伤痛,但生命中许多转变所引起的损失也不容易忽略。Humphrey 和 Zimpfer(1996)是美国善终服务界的资深咨询员兼学者,他们在多年的工作中发现,人过去所经历的损失,往往影响着今日面对丧失时的反应,同时,每一个损失的经历都会带来一些"次损失"(secondary loss),即因基本损失(primaty loss)带来的相关损失。在生活中昔日被隐抑的悲伤可以令今日的哀伤经验变得复杂化,分辨不出过去与未来潜在损失的影响力。

人在一生之中失去或得来的东西多不胜数,失去的可以是人、有生命的动植物,或者任何无生命甚至无形却又灌注了情感的事物,好像一帧发黄的旧照片、一件花了大半天才造好的小手工、一间伴着我们一起成长的小卖店、一次机会、一段关系、一份工作、一个身份角色、一个名誉头衔,以至于个人尊严、权利与自由等。

然而,在我们的信念里,得与失往往是同一个钱币的两面,任何损失的背后都有等待着我们去发掘的收获,同样,任何得到的背后也往往伴随着一些损失,"塞翁失马,焉知非福",只是损失得到的成长、积极意义与祝福,往往不容易让正在悲伤哀悼中的人体察、认同甚至欣赏。

阅读

面对哀伤痛苦的十个调适秘诀

(1) 了解这种情绪冲动需要一段时间适应,允许自己在适当的时候感受、发泄情绪。

(2) 维持日常生活的规律,饮食、睡眠正常。

(3) 不要孤立自己,多与亲戚、朋友、邻居、同事保持联络,谈论自己的感受。

(4) 避免不恰当的情绪发泄:酗酒、乱发脾气、自虐、虐待别人等。

(5) 逐渐消除、发泄心中的忧愁、愤怒、紧张等情绪,这些负面的情绪对人生有极大的伤害。

(6) 接受过世的事实是一个关键点。

(7) 从怀念过世者当中转移到如何化悲痛为力量,继续他未完成的心愿,为家庭、社会贡献心力。

(8) 某些时候宗教信仰可以帮助人们面对死亡。

(9) 逐渐接受过世者慢慢离开我们,在世的人需要继续人生的路程。

(10) 情绪的失落可以寻找另外的人、事、物来取代。

如果哀伤的程度严重、持续时间超过 6 周、影响到日常生活功能,或有许多情绪存在时,需要转介精神医疗专业人员进行心理治疗,以免妨碍人生发展。通常是与过世者关系密切、人格脆弱、年龄较轻、有情绪障碍的人需要悲伤辅导。

生与死是人生再自然不过的事情。但是在我们的文化中,对死亡却讳莫如深。死亡有着种种的代名词:故去、永别、逝世、牺牲、病故、遇难、走了、人没了等。人们不愿说死,更不愿讨论死亡。家长大多不愿意孩子参加葬礼。更有极端者,甚至不愿提到"四"字,无论手机号码、汽车牌照号等都避免使用数字"4"。也许这都反映出人类对生的渴望与对死亡的恐惧,希望能远离死亡。

阅读

对死者的悼念

葬礼是为活着的人举行的,活着的人需要这样的仪式,来拯救他们的痛苦。

祭奠仪式给人们提供了一个哀伤的心理过程。固定的仪式,提供了一个特定的时间和空间,完成与丧失的客体的分离,众人聚集得以分享和获得支持。

所致悼词和个人对死者的哭诉,个人的冲突和痛苦用社会和文化可以接受的方式得以表达。

清明节的祭扫,是一种有规律性的"看望",也是与失去的亲人的一种连接方式。

哀伤的过程是修通丧失、避免形成创伤的过程。

在正常情况下,亲人的死亡本身就构成人生的重要事件,再加上在这种文化氛围中长大,不仅当事人精神上会受到打击,而且这种打击会使成长中的青少年在适应环境过程中出现各种各样的困难,并从而使不良的影响持续下去。

案例

一位女大学生,从小受到父亲的宠爱和启蒙教育,心中有着上大学的梦想,不幸的是,当她9岁时父亲因经济债务缠身不得已而自缢。更不幸的是,她又是现场的第一目击人,心中永远挥之不去父亲的音容笑貌与死亡时痛苦的脸庞。多年后,在继父的爱护和帮助下,她顺利地考入大学,实现了生父的遗愿。但是,每当见到同宿舍同学的父亲来学校或来电话,她看在眼中,心里很不舒服。她思念生父,又觉得总这样对不起继父,内心挣扎,甚至影响到她的大学生活以及与同学的关系。

有的大学生亲人故去,本人正在千里之外的地方学习,为了不影响学业,家人没有让其赶回再见最后一面;有的是眼见亲人因病痛医治无效痛苦死亡,常常在梦中遇到故去的亲人而惊醒;有的因好友或同学遭遇不幸,一段时间内心理上难以摆脱悲伤情绪。对大多数还没有经历过现实死亡事件的学生,也同样有一个面对生与死的态度问题。没有足够心理准备的人,是很难面对生活中的突发事件而处乱不惊的;没有积极的心态的人,也较难在别人或集体、国家需要时挺身而出。

阅读

老师应扮演何种角色？

倾听者：抛开教导者说服者的角色。

支持者：同理、支持并引导思考，少用否定性言语。

辅导者：了解悲伤历程与反应，确切地晤谈与辅导。

转介者：寻求专业机构协助。

陪伴哀伤者比学习任何技巧更加重要。陪伴的意思是让我们用心去聆听，用眼来观看，用双手去扶持，用情来感受。当他邀请我们进入他的内心世界时，让我们以尊重、敏锐及耐性去与他同行。

【习题或思考】

1. 什么是危机？为什么说危机也是生机？
2. 如何进行危机管理？
3. 如何看待自杀现象？
4. 怎样帮助处于哀伤中的同学走出痛苦？

【课外实践】

如果你被问到是否有自杀的想法时，你内心会有什么样的情绪体验呢？

问题可能会是：你是否有过很痛苦的时候，想结束自己生命的想法，有这样的想法也没关系，有时候一个人经历非常困难的事情时会有结束生命的想法，你确定有这种感觉吗？但是当我与一个人谈话时，我有一种疑惑，在我不知道一个人是否有自杀的想法时，若询问一个有自杀念头的人会不会引起他的自杀行动，还是会让他重新审视生命？

请你对生命做一次认真的思考，并与信任的同学谈及此话题，认真询问他是否有这样的想法。

第九章 健康人格与心理健康

【本章要点】 理解人格的概念、基本结构;认识当代大学生的人格特点,并联系实际分析影响大学生人格形成和发展的因素,初步认识到自己的人格特征和健全人格的重要性;了解大学生常见的人格缺陷的表现,掌握基本的调适方法,促进自身健康人格的发展。

世界上的事情永远不是绝对的,结果完全因人而异。苦难对于天才是垫脚石,对于强者是一笔财富,对于弱者是万丈深渊。

——巴尔扎克

成人的人格的影响,对于年轻的人来说,是任何东西都不能代替的最有用的阳光。

——乌申斯基

为了成功地生活,少年人必须学习自立,铲除埋伏各处的障碍,在家庭要教养他,使他具有为人所认可的独立人格。

——戴尔·卡耐基

人格是人的心理面貌的集中反映,心理学家认为,随着社会的发展,人类健康而幸福的生活越来越取决于人类自身的人格健康状况,而且人格的健康发展也是促进社会健康发展的一种力量。人格素质是大学生综合素质的重要组成部分,综合素质的发展和提高包含着人格素质的发展和提高,而人格素质的发展和提高对综合素质的发展和提高有着重要的促进作用。因此,寻找通向健全人格之路、塑造健全的人格是大学生心理健康教育的重要目标之一。

第一节 人格概述

案例

依赖的小 A

小 A 是一位大学女生,今年 19 岁,小 A 觉得自己真不该上大学,在学校一天也待不下去。她是独生女,她在上大学前,一切事都是由父母照料,甚至连衣服鞋袜都不用自己洗。进大学后,小 A 非常想念自己的家,对大学的生活很不适应,她经常做梦,梦到自己的爸妈,醒来后常常暗自流泪。为此,她力求使自己快乐起来,强迫自己忘掉家中的温馨幸福,把自己的注意力集中在学习上,但无论如何，她眼前总是浮现出父母以及家乡同学的身影。她真不知道自己现在该怎么办？

从上面可以看出小A可能是一位依赖型人格障碍患者。依赖型人格障碍是日常生活中较为常见的人格障碍，它的主要特征是：无主见、无助感、被遗弃感、无独立感、过度容忍、害怕孤独、难以接受分离、易受伤害等。

一、人格的定义

要回答人格一词的概念，首先要从这词的来源说起。人格"personality"一词，最初源于古希腊语"persona"，在希腊语中原意是指希腊戏剧中演员所戴的各种面具。心理学沿用面具的含义，转意为人格。在心理学概念中，人格是一个有着颇多含义的概念。综合各家的看法，我们可以将人格概念界定为：人格是构成一个人思想、情感及行为的特有综合模式，这个独特模式包含了一个人区别于他人的稳定而统一的心理品质。

这个含义包括两个部分内容：第一层是稳定的行为方式。当然，这不等于说人格是一成不变的。第二层是人际过程。它指发生在人与人之间的过程，指的是发生在我们内心，影响我们怎样行动、怎样感觉的所有那些情绪过程、动机过程和认知过程。

阅读

人格的不同含义

心理学上的人格：它指人的性情、气质、能力等特征的总和。蔡元培《普通教育和职业教育》中提到：所谓健全的人格，内分四育，即体育、智育、德育、美育。闻一多《李白之死》：此诗所述亦凭臆造，无非欲借以描画诗人的人格罢了。老舍《四世同堂》：他以为教育不仅是教给学生一点课本上的知识，而也需要师生间的感情与人格的接触。

道德意义上的人格：一个人的品德和操守。梁启超《新民说》第五节中说：忠孝二德，人格最要之件也。

法律意义的人格：人按照法律、道德或其他社会准则应享有的权利或资格。瞿秋白《赤俄之归途》中说：把一般争人格的青年学生，打得落花流水。茅盾《动摇》中提到：公家发配，太不尊重女子人格。

民法中的人格，即自然人的民事权利能力，是法律赋予自然人依法享有民事权利或承担民事义务的资格。具体表现为人格权，如自然人的身体权、生命权、健康权、名誉权、肖像权等。

活动

三个我

目的：协助个体做自我反省、促进协调整合自我。

操作：

(1) 请先预备三张纸，首先在第一张纸上描述"理想的我"，时间约为10分钟。然后将已写好的第一张纸搁置一旁，暂时不准再观看。接着照此类推，在第二张和第三张纸上分别具体描述"别人眼中的我"和"真正的我"，每一次，大概10分钟时间。

(2) 完成后，将所有三张纸放置在桌上，对三张纸上的三个"我"做出检核，主要是看看三个"我"是否协调和谐。若否，则差异何在，并尝试找出原因何在。请你留意另外一个重点："理想的我"和"真正的我"是否协调一致？透过此重点，你往往可以发现两者之间的差异，甚至矛盾点。同时，往往会发觉自己一些对人生所产生的深层感受和渴求。

(3) 为了达到更积极的效果，你应当努力探索，看看如何可以使三个"我"更加协调一致，制订促进三个"我"协调统一的方案。有了具体的计划，你会较易在生活中落实并做出改进。一个心理健康的人，三个"我"是协调和谐的。当一个人自己和他人眼中的"我"没有太大的差距，个人理想也没有脱离现实，就是一个自我形象明确而健康的人。但当三个"我"不协调时，我们就该问自己：别人为何不了解我？我能否表里一致？不过，我们不必期望自己的三个"我"百分之百协调一致，因为那是不实际的期望，只会导致负面的影响。

(4) 进行上述思考后，请填写汇总表9-1。

表9-1 三个"我"协调一致吗？

三个"我"	开始时	调整后
理想的我		
别人眼中的我		
真正的我		

(5) 团体分享。请最有感受的成员在团体内交流自己的体会，大家分享。

二、人格的基本结构

人格是一个复杂的结构系统，它包括许多成分，其中主要包括气质、性格、自我意识等方面。

(一)气质与性格

气质指人的心理活动的动力特征。气质一般是遗传的,是神经系统的生理功能。它主要表现在心理过程的强度、速度、稳定性、灵活性及指向性上。个体情绪体验的强弱,意志努力的大小程度,感知或思维的快慢,注意集中时间的长短及转移的难易,以及心理活动是倾向于外部事物还是倾向于自身内部等都是气质的表现。

性格是人对现实的态度和行为方式中比较稳定的心理特征的总和。诚实或虚伪,勤劳或懒惰,自豪或自卑,勇敢或怯懦,果断或优柔寡断等都属于性格特征。每一个人都有这样或那样的性格特征,有些是和他人相似的,有些是个人独有的,有些是积极的,有些是消极的。一个人的各种性格特征交织在一起构成这个人的性格。

人格、气质、性格三者之间存在着有机联系:人格是个体内在的(心理的)在行为上的倾向性,它表现一个人在不断变化中的全体和综合,是具有动力一致性和连续性的持久自我,是个人在社会化过程中形成的给予人特色的身心组织。人们对人格的了解往往是不太全面的。性格是人格的核心部分,人们往往可以从人的外在行为表现来了解其性格。在日常生活中,人们往往对人格与性格不加区分,在谈论一个人的性格时,实际上也是在谈论他(她)的人格。为简便起见,我们也不加以严格区分。气质是人格及性格的生理基础,同时也影响着人格及性格的形成和发展;但由于气质是遗传的,人们对它的了解往往很少,更难以对其予以深入分析,这是大家要特别加以注意的。

1. 气质是性格的基础

气质与性格是紧密相连的。气质是性格的基础,是遗传的,是很稳定且难以改变的。性格是后天形成的,是稳定的,相对气质而言则容易改变一些,但改变的难度仍然是较大的。

在现实生活中我们常会看到,有的人生来好动,有的生来好静;有的脾气温和,有的性情暴躁;有的动作麻利,有的行动缓慢等,以上的区别就是心理学所称的气质区别。

现代心理学把气质定义为:气质是表现在人们心理活动和行为方面的典型的、稳定的动力特征。有这样几个特征:第一,气质是个体心理活动和行为的外部动力特点,主要表现在心理活动的速度、强度、稳定性、指向性等方面。第二,气质作为人的心理活动的动力特征,它与人的心理活动的内容、动机无关,即气质特点一般不受个人活动的目的、动机和内容的影响,具有较强的稳定性。第三,气质受先天生物学因素影响较大,即先天因素占主要地位。气质较多地受神经系统类型的影响。第四,气质具有相对的可塑性。气质虽然具有先天性,但并不意味着它完全没有变化,在生活环境和教育条件的影响下,在性格的掩盖下,气质可以得到相当程度的改造。

人的气质是有明显差异的,这些差异属于气质类型的差异。对气质类型的划分,有不同的见解,因而形成不同的气质理论。最早对气质加以分类并被后人广泛应用的是希波克拉底对气质的分类。

古希腊医生希波克拉底最早提出气质概念并把人的气质分为 4 类:多血质、胆汁质、黏液质、抑郁质。其他分类还有德国精神病学家克雷奇默提出的"体型说",美国生理学家柏尔曼提出的"激素说",日本学者古川竹二等人提出的"血型说"及美国心理学家巴斯提出的"活动特性说"及俄国生理学家巴甫洛夫的"高级神经活动类型说"等,目前应用最为普遍的仍然是希波克拉底的分类法。

4种基本气质类型在情绪和行为方式以及心理活动方面有不同的典型表现。

(1) 胆汁质。这类人反应速度快,具有高反应性与主动性。情感和行为产生迅速、强烈,有极明显的外部表现;性情开朗、热情,坦率,但脾气暴躁,好争论。情感易于冲动但不持久。精力旺盛,经常以极大的热情从事工作,但时常缺乏耐心;思维具有一定的灵活性,但常有粗枝大叶、不求甚解的倾向;意志坚强、果断勇敢,注意力稳定而集中但难于转移;行动利落敏捷,说话速度快且声音洪亮。

(2) 多血质。这类人行动具有高反应性。情感和行为发生、变化快但较为温和,易于产生情感,但体验不深,善于结交朋友,容易适应新的环境;语言具有表达力和感染力,表现活泼,表情生动,有明显的外倾性特点。机智灵敏,思维灵活,但常表现出对问题不求甚解。注意与兴趣易于转移,不稳定。在意志力方面缺乏忍耐性,毅力不强。

(3) 黏液质。这类人反应性低。情感和行为迟缓、稳定,缺乏灵活性。情绪不易发生也不易外露,很少产生激情,遇到不愉快的事也不动声色。注意稳定持久,但难于转移。思维灵活性较差,但比较细致,喜欢沉思。在意志力方面具有耐性,对自己的行为有较大的自制力。态度持重,好沉默寡言,办事谨慎细致,不鲁莽,但对新的工作较难适应,行为和情绪都表现出内倾性,可塑性差。

(4) 抑郁质。这类人有高感受性。情感和行为都相当缓慢柔弱。情感容易产生,体验深刻,隐晦而不外露,易多愁善感。富于想象,聪明且观察力敏锐,善于观察他人观察不到的细微事物,敏感性高,思维深刻。在意志方面常表现出胆小怕事、优柔寡断,受到挫折后常心神不安,但对力所能及的工作表现出坚忍的精神。不善交往,较为孤僻,具有明显的内倾性。

气质对人的影响,在个体心理发展早期阶段表现明显,虽然也随年龄增长而略有变化,但基本上是相当稳定的。气质贯穿在心理活动和行为方式中,对人的各种活动都有一定的影响。

2. 气质对人的发展的影响

第一,气质本身没有好坏之分。它表现了人的神经系统的某种特性,只表明一个人心理活动的动力特征,不涉及心理活动的方向和内容。每种气质类型都有积极的和消极的方面。个体在任何一种气质的基础上,既可以发展良好的性格特征和优异的才能,也可能发展不良的性格特征和限制才能的发展。

第二,气质不决定个体活动的社会价值和成就的高低。气质虽然对性格与能力等有一定的影响作用,但不能决定人的社会价值与成就的高低。事实上,在社会活动家、科学家、作家等卓越的人物中,都可见各种气质类型的典型代表。任何一种气质类型的人都有可能发挥自己的才能,对社会做出贡献。

第三,气质影响人的活动方式与效率。在各种实践领域中,气质虽不起决定作用,但它对人的工作方式有影响,并在一定程度上影响人的工作效率,因此在职业的选择上,考虑气质因素是十分重要的。

研究和实践表明,某些气质特征为一个人从事某种工作或职业提供了可能性和有利条件。例如,黏液质、抑郁质的人,容易适应持久细致的工作,而胆汁质、多血质的人则难以适应这类工作;多血质、胆汁质的人容易适应迅速灵活的工作,而黏液质、抑郁质的人就难以适应这类工作。总之,气质与职业活动的关系表现在两方面:一方面要使自己的气质特征适应工作的客观要求;另一方面组织在选择人才和安排工作时,要考虑个人的气质特点。

3. 性格与气质的区别

性格,是个体在社会实践活动中所形成的对人、对事、对自己的态度以及与之相适应的习惯化了的行为方式。譬如,有的人工作勤勤恳恳,赤胆忠心;有的人则飘飘浮浮,敷衍了事;有的人待人接物慷慨热情;有的则吝啬冷淡。这些都是人们不同的性格特征。

性格与气质的区别主要表现在下列三个方面:

第一,从起源上看,气质是先天的,一般对个体发展的早期阶段有直接影响,主要表现为神经类型的自然表现。性格是后天的,是人在实践活动中与社会环境相互作用的产物,反映了人的社会性。

第二,从可塑性来看,气质的变化较慢,可塑性小;性格的可塑性较大,环境对性格的塑造作用是明显的,性格的改变相对较易。

第三,气质是人行为的动力特征,与行为内容无关,因而气质无好坏善恶之分。性格主要是人行为的内容,表现为个体与社会环境的关系,因而性格有好坏善恶之分。

性格与气质是相互影响的,主要表现为:

(1)气质对性格的影响。气质赋予每个个体的活动以一定的"外貌"。例如,同样是"骄傲"的性格特点,胆汁质的人可能直接说大话,甚至口出狂言,让人一听就知道他骄傲;而多血质的人很可能先把别人表扬一通,最后表现出自己略比别人高明一点,骄傲得很委婉;黏液质的人骄傲起来则可能不言不声。

(2)性格对气质的影响。性格在一定条件下可以改造某些气质特征。譬如,胆汁质和多血质的人适于当外科医生,但前者易轻率,后者缺耐心。如果经过专业的学习与训练,他们当了外科医生,在实际工作中,这两种不同气质特征都可能经过意志努力而改正。所以,在气质基础上形成什么样的性格特征,在很大程度上取决于性格当中的意志作用。

4. 性格是人稳定的态度和行为模式

性格是人对现实的态度和行为方式中比较稳定的心理特征的总和。诸如诚实或虚伪,勤劳或懒惰,自豪或自卑,勇敢或怯懦,果断或优柔寡断等都属于性格特征。每一个人都有自己的性格特征,有些是与别人相似的,有些是个人独有的;有些是积极的,有些是消极的。一个人的各种性格特征交织在一起构成他的性格。性格一词从来就有道德评价的意义。因为,一个人的为人,他做什么和怎么做,必然会直接或间接地影响到他人,所以也必然会得到一定的道德评价。

性格和气质以及能力,都是人格或个性的不同侧面。能力和气质可以表现出一个人的人格的个别差异。性格表现对现实的态度和在一定场合下采取的行动,也是最能表现个性差异的心理特征。可以说,性格是人格或个性中具有核心意义的部分。

性格具有非常复杂的结构,它包含着许多特征,这些特征大体可以概括为4个方面:

(1)对现实和对自己的态度的性格特征,包括对他人、集体和社会,对劳动和工作以及对自己的态度的特征,如忠实、坦率、勤劳、谦逊、自私、狡诈、自信或自满、自豪或自卑等。

（2）性格的意志特征。包括对行为目标明确程度、对行为自觉控制水平的特征,以及在紧急或困难的情况下表现出来的意志特征等,如有目的性、纪律性、主动性,以及镇定、果断、勇敢等。

（3）性格的情绪特征。包括情绪对人的行为活动的感染程度和支配程度,以及情绪受意志控制的程度,如有的人热情,有的人冷漠等;也包括情绪的稳定性、持久性方面的性格特征,如情绪的稳定或起伏波动等;还包括主导心境方面的性格特征,如有的人经常精神饱满、欢乐愉快,是乐观主义者,有的人抑郁消沉,多愁善感,是悲观主义者等。

（4）性格的理智特征。包括表现在感知方面的特征,如倾向于采取用整体或分析的观察方式,感知的速度和精确性等;表现在思维方面的特征,如思维的敏捷性、独创性、深刻性和逻辑性等。

尽管人们的性格各不相同,但许多心理学家力图将性格加以分类,找出性格的类型。瑞士心理学家荣格根据其活力倾向于人自身或外部环境,把性格分成两大类:外倾和内倾。另一种观点是按心理功能来划分性格类型。它根据智力、情感和意志3种功能在人身上所占的优势,把性格分为智力型、情绪型和意志型。除此之外,还有许多其他观点,如生物学的类型论,文化-社会学的类型论等。

（二）个体人格与社会人格

人格有个体人格、团体人格和民族性格之分,后两者可统称为社会人格。个体人格是指一个人各种心理特征的总和。社会人格是指某一特定群体的人格中共同的特质。弗洛姆对此有经典的定义:团体的每一个分子都共有的一些人格结构为社会人格。社会人格则仅包括一部分特征;这些特征是一个团体中多数分子的人格结构之基本核心。在一指定的社会秩序中,如何诱导人类的精力,使其变成为一种有生产性的力量。我们得研究社会人格。由此可见社会人格对个体和社会的双重发展是多么重要。

1. 个体人格与心理健康

国内外的研究表明,健全人格是各种人格特征的完备结合,综合起来有以下特点。

第一,内部心理和谐发展。人格健全者的需要和动机、兴趣和爱好、智慧和才能、人生观和价值观、理想和信念、性格和气质都向健康的方向发展。他们的内心协调一致,言行统一,能正确认识和评价自己的所作所为是否符合客观需求,是否符合社会道德准则,能否及时调整个体与外部世界的关系。如果一个人失去他的人格内在统一性,就会出现认知扭曲、情绪失控、行为变态等问题。

第二,能够正确处理人际关系,发展友谊。这样的人在人际交往中显示出自尊和他尊、理解和信任、同情和人道等优良品质。那些嫉妒心很强的人,很难想象他们能在互惠的基础上与人合作;傲慢自大的人也绝不会虚心地倾听别人的意见。人格健全者,在日常交往中既不随波逐流,也不孤芳自赏,能够使自己的行为与朋友、同事、同学协调一致。

第三,能把自己的智慧和能力有效地运用到能获得成功的工作和事业上去。他们在学习、工作中被强烈的创造动机和热情所推动,并且与他们的能力有效地结合起来,从而使他们勇于创造,善于创造,经常有所发现,有所发明,有所建树。成功又为他们带来满足和喜悦,并形成新的动机和兴趣,使他们能够得到良性发展。

人格健全或心理健康的标准众多,影响最为广泛的有奥尔波特的成熟者模型、马斯洛的自我实现者模型和五因素人格模型。这里简单介绍五因素人格模型。

国际上经过半个世纪的努力研究,在20世纪末对五因素人格模型中五个维度的认识逐渐趋向一致,各维度的描述性特质归纳如下。

(1) 外倾性:正面表现为健谈,好表现,面部表情丰富,并喜欢做出各种动作;果断,好交友,活泼,富有幽默感;容易激动,好刺激,好动,乐观。负面表现为沉默寡言,呆滞。

(2) 宜人性:正面表现为善于为别人着想,似乎总是在与别人互动;富于同情心,直率,体贴人。负面表现为充满敌对情绪,不友好,给人不信任感,缺乏同情心。

(3) 责任感:正面表现为行为规范,可靠,有能力,有责任心;似乎总是能把事情做好,处处让人感到满意。负面表现为行为不规范,粗心,做事效率低,不可靠。

(4) 情绪性:正面表现为情绪理性化,冷静,脾气温和,有满足感,与人相处愉快。负面表现为自我防卫,担忧;情绪容易波动,易产生负面情绪,还易产生非理性的想法,难以控制冲动,在压力状况下比他人效果差。

(5) 开放性:正面表现为对新鲜事物感兴趣,尤其是对知识、各种艺术形式和非传统观念的赞赏;勤于思考,善于想象,知识丰富,富于创造性。负面表现为自我封闭,循规蹈矩,喜欢固定的生活和工作方式,不善于创造性思考。

2. 社会人格与人的发展

个体人格特质要有机地融入社会人格的要素,要有明确的社会人格意识,大学生需要注意以下几点。

(1) 在大学生个体人格的培育过程中,有一种普遍的现象,即大多数人只是从自我人格出发,而忽视了与社会人格要求的有机联系。这种"闭门造车"式的"人格修养"的结果是不适应社会发展对个体人格的要求的。人格是个体的人与社会互动的产物,是人在社会生活实践过程中对自我人格心理的反思的结果。个体人格必须与社会人格常模经常对照,根据社会要求对自己的人格缺陷或人格偏差不断加以改进和矫正,才具有真正意义上的健全人格。不然,自认为自己的人格是正常的,而走入社会后,就会发现矛盾重重。许多大学生的人格心理矛盾就是这种主观与客观的差距造成的。在心理健康教育过程中,必须自始至终强调社会人格的观念,经常分析社会人格常模,与个体人格进行比较分析。

(2) 社会人格是发展变化的。我们在把个体人格与社会人格进行联系比较的过程中,也必须"与时俱进",才能紧扣社会人格的主脉络。

(3) 社会是复杂的,社会人格也是复杂的。社会进步了,但历史上不良社会人格的残余仍会积淀于现实社会之中,大学生由于社会实际经验还很有限,如果不加以仔细甄别,那么在个体人格与社会人格的"接轨"过程中,其效果与理想人格可能会恰恰相反。这是在心理健康教育过程中要引起我们高度注意的。

(三) 自我意识

1. 概念

自我意识,顾名思义,就是指人对自身以及对自己与客观世界关系的意识。自我意识是人的意识活动的一种形式,也是人的心理区别于动物心理的一大特征。自我意识具有复杂的心理结构,它与人的内部注意状态密切相关。当个人关注自己时,注意就出现了自我聚焦,这时就产生了自我意识。自我意识的基本内容包含有三个方面:①生理自我;②社会自我;③心理自我,以上三个方面密切联系,相互影响。

2. 自我意识的结构

自我意识是一种多维度、多层次的复杂的心理现象。它由自我认识、自我体验和自我控制三种心理成分构成。这三种心理成分相互联系、相互制约,统一于个体的自我意识之中。

(1) 自我认识:包括自我感觉、自我概念、自我分析、自我评价等内容。

(2) 自我体验:内容十分丰富,比如自尊心与自信心,成功感与失败感,自豪感与羞耻感。

(3) 自我控制:包括自主、自立、自强、自制等内容。

阅读

贝多芬人格心理分析——自我激励的奇迹

贝多芬是西方古典音乐人中的佼佼者。可有谁知道,贝多芬25岁时患耳疾,45岁时失聪。贝多芬的音乐给人带来了无尽的享受,可他却不能在生前享受到自己创作的作品。

请注意这位天生的音乐家

1770年12月6日,贝多芬诞生在波恩市的一个音乐世家。他4岁时就会弹奏羽管键琴,8岁起就登台演出,并获得了音乐神童的美誉。10岁时,他拜师于普鲁士最著名的音乐教育家聂费。12岁时经聂费的推荐,到瓦尔物斯坦伯爵的宫廷乐队充任管风琴师助手。

17岁时,贝多芬拜访音乐大师莫扎特,受到热情的接待。莫扎特在听完贝多芬弹了几首钢琴曲子后兴奋地说:"各位,请注意这位年轻人,不久的将来他就会得到世人的称赞!"莫扎特还答应给贝多芬上课。可惜此后两个月,贝多芬母亲突然去世。对此,贝多芬父亲意志消沉,终日酗酒,贝多芬不得不挑起了养家糊口的重担,再次回到原来的歌剧院当钢琴师。

贝多芬19岁那年,法国大革命暴发,贝多芬满怀激情地写了《谁是自由人》的合唱曲来表达他对自由与民主的渴望。后来,贝多芬通过介绍,认识了李希诺夫斯基公爵。他很欣赏贝多芬的才华。贝多芬也很快以自己的即兴钢琴迷住了维也纳人,其音乐旋律时而如细水潺流,时而如惊涛骇浪,时而如鸟语鸡鸣,时而如暴风聚雨。有人曾评论贝多芬的即兴曲"充满了生命和美妙"。

我要扼住命运的咽喉

30岁时,贝多芬爱上了一个伯爵小姐朱丽叶·琪查尔迪,但她父亲嫌贝多芬出身低贱,硬是把女儿许配给一个伯爵。这给了贝多芬极大的精神刺激,据说他的名曲《致爱丽丝》就是在这段时间内创作的。

失恋固然令他伤心,但更令他伤心的是耳聋。他在给朋友的一封信中写道:

"我过着一种悲惨的生活……要是干别的职业,也许还可以;但在我的行业里,这是最可怕的遭遇!"贝多芬曾竭力治疗,却无济于事,他搬到乡下去疗养了两年。结果病情不但没有好转,反而更加恶化了,就连窗口对面的教堂钟声都听不到了。

绝望中,贝多芬多次想到了死。但是不甘心就这样离开人世,他坚信只有音乐才能拯救他。他在给朋友的一封信中写道:"我要扼信命运的咽喉,不容它毁掉我!"贝多芬立志要在余生中从事音乐创作。从此,宫廷乐会少了一位出色的钢琴弹奏家,但世界乐坛却诞生了一位不朽的作曲家。

贝多芬从32岁起开始音乐创作,在近两年的彷徨与探索后,他终于创作出第一部具有自己鲜明特点的作品——《第三交响曲》(《英雄交响曲》),其最突出的特点是音调跌宕起伏,时而沉静凝思,时而愤慨咆哮,令人情绪激愤。贝多芬创作《英雄交响曲》,本来是想献给拿破仑的,但他听到拿破仑在巴黎圣母院加冕称帝的消息时,怒不可遏,愤而涂去原来的献词,而把它改成:《英雄交响曲》——为纪念一位伟大的人物而作。

贝多芬只有一个

1809年10月,法军占领维也纳,趋炎附势的奥地利贵族们争相向占领者们献媚,其中也包括李希诺夫斯基公爵,他强迫贝多芬为法军军官弹奏钢琴,这使贝多芬忍无可忍,他拿起一只凳子向公爵扔去,并在当晚离开了公爵家。行前留下一张纸条,上书:"公爵,您所以成为一个公爵,只是由偶然的出身所造成的;而我之所以成为贝多芬,却是由于我自己。公爵现在有的是,将来也有的是;而贝多芬却只有一个!"

另一次,当贝多芬与歌德一同散步时,迎面撞见了皇后、王子和一群贵族们。面对他们,歌德立刻让路,而贝多芬则坦然地说:"让路的应是他们,而不是我们!"但歌德还是摘下礼帽,躬身立在路旁,而贝多芬则背着双手,阔步向前。结果王子认出是贝多芬,连忙脱下礼帽向他致意,其侍从们也毕恭毕敬地分列两边,目送贝多芬挺胸而过。那次,贝多芬真正感到了做人的尊严。

贝多芬54岁,创造出《第九交响曲》(《欢乐颂》)。他前后用了六年时间来创作、修改这部曲子。1824年5月7日,《第九交响曲》首次在维也纳卡德剧院演奏。贝多芬亲自指挥演奏,他既不看眼前的乐谱,也听不见丝毫的琴声。他全凭自己的记忆来指挥这场演奏。结果听众们兴奋若狂,不时爆发出热烈的喝彩声,鼓掌次数多达五次!而皇族成员出场也不过鼓掌三次。

贝多芬自励人格的心理分析

从心理学上讲,贝多芬之所以在极度困苦的状况下,一再创作出辉煌无比的音乐篇章,这与他的自励人格有极大的关系。自励人格的突出特点是能很快将生活中的压力转化为自我励志的动力,并在不断地奋斗中获得精神上的满足。自励人格的人还很善于升华个人的精神意志,他们会把每一次生活挫折都当成个人成长的契机,从而磨炼个人的意志。

贝多芬的可贵之处在于他每每生活失意时,都会在音乐创作中寻求内心的平衡。例如,贝多芬因失恋而谱写出《致爱丽丝》,因向往自由而谱写出《第三交响曲》(《英雄交响曲》),因失聪而谱写出《第九交响曲》(《欢乐颂》),他的音乐创作都饱含对人生的深刻感受,又充满了激情。他最大的名言是"我要扼住命运的咽喉"。他用一生的努力去向世人证明他有这个能力!

贝多芬的可贵之处还在于他永远傲视达官显贵,不因自己出身卑贱就去刻意巴结他们。他在音乐创作当中也突出体现出他的傲骨,他谱写的旋律可比惊涛骇浪,可如气壮山河,充满了个性特征。

一个失聪之人,却能写出人类最动听、最振奋的音乐篇章,这是贝多芬自励人格的不朽传奇。

三、人格形成和发展理论

研究人格的心理学家很多,人格理论的种类也很多,各有侧重点。有的理论重在探讨人格的结构,有的理论重在研究影响人格形成的条件,有的理论重在揭示人格发展的过程。下面介绍具有代表性的几种理论。

(一)弗洛伊德的精神分析人格理论

人格结构说、人格发展说是弗洛伊德精神分析人格理论的中心理念,这里主要介绍其中的人格结构说。弗洛伊德于1923年提出"三我"人格结构模式,他认为人格结构是由本我、自我、超我构成的,并将"三我"与早期的意识层次理论结合起来,构成人格的冰山图。本我(又称生物我)是人格中与生俱来的、原始的力量来源。自我(又称现实我),是个体出生之后,在现实环境作用下由本我中分化发展而来的,其作用在于调节现实要求与本我需要之间的矛盾。超我(又称道德我)是人格结构中居于最高地位的部分,包括良心和自我理想,代表人格中的道德部分。本我、自我、超我这三个成分不断相互影响,一个结构成分的变化,必然导致其他成分的改变。

(二)罗杰斯的人格理论

罗杰斯的人格理论以个体的自我为中心理论,一般称之为自我论。罗杰斯相信人本性是善的,认为人的本质就是努力保持乐观感受和对生活的满足。个体实现自我的倾向是一种基本的驱动力,在追求美好生活的过程中,个体不但要维持自己,而且要不断地积极主动地发展自己。罗杰斯的人格理论对人性持有积极的态度,强调尊重人的尊严和价值,无论是在普通的教育理论还是在心理咨询临床运用中,都产生了重要影响。

测试

内向外向型性格测试量表

指导语：请对照下面测试题的描述，根据自己的实际情况回答"是""否"或"不确定"。

(1) 能独断独行。

(2) 快乐主义人生观。

(3) 喜静安闲。

(4) 对人十分信任。

(5) 筹思五年以后的事。

(6) 宁愿在家，不参加集体活动。

(7) 能在大庭广众下工作。

(8) 常做同样的工作。

(9) 觉得集会乐趣与个别交际无异。

(10) 三思而后决定。

(11) 不愿别人提示，而愿独出心裁。

(12) 喜安静而非热闹的活动。

(13) 工作时不愿别人在旁观看。

(14) 厌弃呆板的职业。

(15) 宁愿节省而不耗费。

(16) 不常分析自己的思想与动机。

(17) 好冥思苦想。

(18) 自己擅长的工作愿意别人在旁观看。

(19) 愤怒时不加抑制。

(20) 工作因人赞赏而改善。

(21) 喜欢兴奋紧张的工作。

(22) 常回想自己过去。

(23) 愿做群众运动的领袖。

(24) 善公开演说。

(25) 能使梦想成为事实。

(26) 很讲究写应酬信。

(27) 做事粗糙。

(28) 深思熟虑。

(29) 能将强烈情绪表现出来。

(30) 不拘小节。

(31) 对人十分小心。

(32) 喜猜疑。

(33) 轻信人言,不假思索。

(34) 与观点不同的人自由联络。

(35) 宁愿读书而不愿做实际工作。

(36) 好读书,但不求甚解。

(37) 常写日记。

(38) 在群众中肃静无哗。

(39) 不得已而动作。

(40) 不愿回想自己过去。

(41) 工作有计划。

(42) 常变换工作。

(43) 对麻烦事宁愿避免而不愿承担。

(44) 重视谣言。

(45) 信任别人。

(46) 非极熟悉的人不轻易信任。

(47) 宁愿研究别人而不愿研究自己。

(48) 放假宁愿找清静的地方而不喜欢热闹的场所。

(49) 意见常变换而不固定。

(50) 任何说话场所均愿参加。

计分标准:上面 50 个题目中,25 个属外向题,25 个属内向题,其中外向题有 2、4、7、9、11、14、16、18、19、20、23、24、27、29、30、33、34、36、39、40、42、45、47、49、50;其余的为内向题。外向题答"是"、内向题答"否"均计 1 分,反之计 0 分。然后计算总分。

$$向性指数 = (总分 + "不确定" \times 2) \times 4$$

结果解释:向性指数越高,表示性格越外向。

第二节　大学生人格

案例

偏执的小 B

某男大学生小 B,由于父母经常吵架,动辄打骂小 B,因此他自幼性格急躁、主观、敏感、好猜疑,不愿接受意见。自进入大学后,上述人格特征更为突出,思想狭隘,固执己见,好嫉妒,常与人发生冲突,几乎与同院系里的所有同学都吵过架。他自己实际学习能力很差却自我感觉很好,反说老师和同学都不信任他,是有意为难他等。

这位学生的情况属于偏执型人格障碍,又叫妄想型人格障碍,其主要特点是思想、行为固执,敏感多疑,心胸狭隘,自我评价过高,不接受批评,情感不稳,易冲动和诡辩,富有挑战和攻击行为。

一、大学生的人格特点

(一)中国大学生的人格状况

中国学者用修订过的加利福尼亚心理调查表(CPI)对北京大学、清华大学、北京师范大学等16所高校的1100名大学生进行了调查,得出以下结论。

1. 大学生人格总体特点

(1) 中国大学生在谦让、克己、忍耐、谨慎、负责等人格特征方面突出,说明他们与现实社会有较好的适应。

(2) 中国大学生在处理人际关系时通常会首先考虑社会和他人,但也绝不是一味地追求社会的赞许。

(3) 中国大学生在支配与冲动特点方面表现不突出;在社交方面倾向于积极进取;他们具有稳健、从众的人格特点,具有良好的社会化程度。虽然他们在聪慧、敏感等与智力有关的人格特征方面较好,但他们的独立成就和灵活性的得分均较低。

2. 不同专业的比较

不同学科大学生的人格特征以及性别差异,均有各自的相对独特性,表现如下。

(1) 文科大学生中男女生的人格特征为综合型,无论在支配、冲动、自信、外向等方面,还是在谦让、克己、忍耐、谨慎等方面均兼而有之。不过,相对而言,男生前者较多,女性独立性、敏锐等方面较弱。

(2) 理科大学生中男生与文科男生相似,但女生在谦让、克己、忍耐、内向等方面较突出。男女生在独立性、聪慧、敏锐等人格特征方面无显著差异。

(3) 工科大学生中男生在支配、冲动、自信、外向等方面占优势。但在独立性、聪慧、敏锐等方面与女生无明显性别差异。

(4) 农科大学生中男生的人格特征在中庸、从众等方面较突出,在支配、冲动、自信、外向等方面超过女生。女生则在谦让、克己等方面较突出,而在聪慧、敏锐等方面相对较弱。

(5) 医科大学生中男女生的人格特征基本一致。他们在支配、冲动、自信、外向等方面相对较弱。

(6) 艺术专业大学生与文科、理工科大学生相比,显得孤僻、冷漠、多疑而不合群;但分析能力较强,思想自由,敢于大胆尝试,不受传统观念约束。

3. 独生子女与非独生子女的比较

独生与非独生子女大学生人格总体差异不大,仅在个别人格因素上存在一定差异。

(1) 独生子女大学生性格更为外向、开朗,善于表达,忧虑较少。

(2) 独生子女大学生好空想,往往不切合实际。

(3) 独生子女大学生独立性较差,好依赖他人,缺乏忍耐性,处事过分讲究、善变。

(二)中国大学生与外国大学生人格特征的比较

心理学家用爱德华斯量表(EPPS)调查了2876名中国大学生的人格心理情况,并与美国大学生和印度大学生调查情况进行比较,结果如下:①与美国大学生相比,中国大学生在成就、顺从、秩序、求助、谦逊、慈善和坚毅等方面的得分高于美国大学生,而在表现、省察、支配、异性爱和攻击等方面的得分较低,在自主和交往等方面几乎和美国大学生一样。②与印度的大学生相比,中国大学生在秩序、交往和求助方面得分较高,在表现、谦逊、异性爱和攻击性方面较低,而在成就、顺从、自主、省察、支配、慈善和坚毅方面几乎一致。中国大学生与印度大学生的人格特征比与美国大学生的人格特征有更多一致的地方,这可能是因为中国和印度都是亚洲国家并有着许多文化相似性。

二、影响大学生人格形成和发展的因素

现代心理学家一致认为,无论是人格的整体特点,还是人格某一方面的特质,都是在遗传与环境两种因素交互作用下,逐渐形成和发展的。大学生人格的发展也不例外,是在人和环境的相互作用的过程中形成的。

(一)遗传因素

调查结果显示,人格的许多特性都有遗传的可能性。遗传对人格的作用,是一个有重要理论意义和实践意义的复杂问题。目前还难以得出明确的结论。根据现有的研究,我们对遗传的作用有以下一些看法。①遗传是人格不可缺少的影响因素。②遗传因素对人格的作用程度随人格特质的不同而异。通常在智力、气质这些与生物因素相关较大的特质上,遗传因素的作用较重要;而在价值观、信念、性格等与社会因素关系密切的特质上,后天环境的作用可能更重要。③人格的发展是遗传与环境两种因素交互作用的结果。

(二)家庭环境因素

1. 父母人格的影响力

权威型人格的父母对子女过于支配,孩子的一切由父母来控制;放纵型人格的父母对孩子过于溺爱,任凭孩子随心所欲,父母对孩子的教育甚至达到失控状态;民主型人格的父母与孩子在家庭中处于一个平等和谐的氛围,父母尊重孩子,给孩子一定的自主权,并给予孩子积极正确的指导,使孩子形成积极的人格品质。

2. 家庭教养方式

1990年心理学研究者依据家庭中两代人之间的"独立-依赖"关系,归纳出X、Y、Z三种典

型的家庭模式。研究结果显示,不同文化下的家庭教养方式不同,对孩子人格的影响也不同。

X型:家庭中父母与子女在物质与情感上的关系都是相互依赖的,亲子关系的取向是顺从,属于集体主义模式。Z型:家庭中两代人之间在物质和情感上都是相互独立的,亲子关系的取向是独立,属于个人主义模式。Y型:将上述两种模式辩证地综合在一起,强调在物质上的独立,情感上的相互依赖。

(三)社会文化因素

每个人都处在特定的社会文化之中,文化对人格的影响是极为重要的。社会文化塑造了社会成员的人格特征,使其成员的人格结构朝着相似性的方向发展,而这种相似性具有维系社会稳定的功能。这种共同的人格特征又使得个人正好稳稳地"嵌入"整个文化形态里。社会文化对人格的影响力因文化而异,这要看社会对顺应的要求是否严格。越严格,其影响力就越大。中国大学生的人格特征与中国的社会结构和传统文化有着千丝万缕的联系。大学生作为社会中知识层次较高的人群,他们思想敏锐,接受新文化的速度较快。因此,不同的社会、文化背景,常常给大学生的人格发展添上特殊和具体的个人色彩。例如,人社会化过程中依赖、自我克制、自我满足等训练形成了他们人格结构中他人倾向、关系倾向,权威主义倾向和服从性、抑制性;但随着我国的改革开放、社会主义市场经济体的建立和各种西方文化的进入,中国大学生的人格特征也有了新的变化,主要表现在个人倾向、自我倾向、竞争倾向、平等倾向、自主性和表现性等方面在逐渐增强。

测试

气质测试量表

提示语: 如果你认为非常符合你的情况记4分;比较符合记3分;完全不符合记0分;符合与不符合之间记2分;比较不符合记1分。

以你看题后的第一印象尽快记分,不要在每个题目上费太多时间考虑。

(1) 做事力求稳妥,不做无把握的事。
(2) 遇到可气的事就怒不可遏,想把心里话全说出来才痛快。
(3) 宁肯一个人干事,不愿很多人在一起。
(4) 到一个新环境很快就能适应。
(5) 厌恶强烈的刺激(如尖叫、噪声、危险和镜头等)。
(6) 和人争吵时,总是先发制人,喜欢挑剔。
(7) 喜欢安静的环境。
(8) 善于和人交往。
(9) 羡慕那种善于克制自己情感的人。
(10) 生活有规律,很少违反作息制度。
(11) 在多数情况下情绪是乐观的。
(12) 碰到陌生人觉得很拘束。

(13) 遇到令人气愤的事,能很好地自我克制。
(14) 做事总是有旺盛的精力。
(15) 遇到问题常常举棋不定,优柔寡断。
(16) 在人群中从不觉得过分拘束。
(17) 情绪高昂时,觉得干什么都有兴趣;情绪低落时,又觉得干什么都没有意思。
(18) 当注意力集中于某一事物时,别的事很难使我分心。
(19) 理解问题总比别人快。
(20) 碰到危险情景,常有一种极度恐怖感。
(21) 对工作、学习、事业怀有很高的热情。
(22) 能够长时间做枯燥、单调的工作。
(23) 符合兴趣的事情,干起来劲头十足,否则就不想干。
(24) 一点小事情就能引起情绪波动。
(25) 讨厌做那种需要耐心、细致的工作。
(26) 与人交往不卑不亢。
(27) 喜欢参加热闹的活动。
(28) 喜欢看感情细腻、描写人物内心活动的作品。
(29) 工作、学习时间长了,常感到厌倦。
(30) 不喜欢长时间谈论一个问题,愿意实际动手干事。
(31) 宁愿侃侃而谈,不愿窃窃私语。
(32) 别人说我总是闷闷不乐。
(33) 理解问题常比别人慢些。
(34) 能重新投入工作。
(35) 疲倦时只要短暂的休息就能精神抖擞。
(36) 心里有事宁愿自己想,不愿说出来。
(37) 认准一个目标,就希望尽快实现,不达到目的誓不罢休。
(38) 学习、工作同样一段时间后,常比别人疲倦。
(39) 做事情有些莽撞,常不考虑后果。
(40) 老师或师傅讲授新知识、新技术时,总希望他讲得慢些,多重复几遍。
(41) 能够很快地忘记那些不愉快的事情。
(42) 做作业或完成一件工作,总比别人花的时间多。
(43) 喜欢运动量大的体育活动,或参加各种文艺活动。
(44) 不能很快地把注意力从一件事转移到另一件事上去。
(45) 接受一个任务后,总希望把它迅速解决。
(46) 认为墨守成规比冒风险强一些。
(47) 能够同时注意几件事物。

（48）当我烦闷的时候，别人很难使我高兴起来。
（49）爱看情节曲折、激动人心的小说。
（50）对工作抱认真严谨、始终如一的态度。
（51）和周围人们的关系总是相处不好。
（52）喜欢复习学过的知识，重复做已经掌握的工作。
（53）喜欢做变化大、花样多的工作。
（54）小时候会背的诗歌，似乎比别人记得清楚。
（55）别人说我"出语伤人"，可我并不觉得这样。
（56）在体育活动中，常因反应慢而落后。
（57）反应敏捷，头脑机智。
（58）喜欢有条理而不麻烦的工作。
（59）兴奋的事常使我失眠。
（60）老师讲新概念，常常听不懂，但是弄懂后就很难忘记。

计分方法：

各种气质类型对应题号

胆汁质：2、6、9、14、17、21、27、31、36、38、42、48、50、54、58

多血质：4、8、11、16、19、23、25、29、34、40、44、46、52、56、60

黏液质：1、7、10、13、18、22、26、30、33、39、43、45、49、55、57

抑郁质：3、5、12、15、20、24、28、32、35、37、41、47、51、53、59

结果解释：

如果某一项或两项的得分超过20分，则为典型的该气质。

如果某一项或两项的得分在20以下、10分以上，其他各项得分较低，则为该项一般气质。

如果各项得分均在10分以下，但某项或几项的得分较其他各项得分均高10分以上，则为略倾向于该项气质（或几项气质的混合）。

一般来说，正分值越高，表明该项气质特征越明显；反之，正分值越低或得负分，表明越不具备该项气质特征。

活动

纠正孤独不合群性

一般按照以下步骤进行：

（1）提高认知能力。懂得孤独不合群、严重内向的危害，自觉投入心理训练。下面是训练的方法、步骤、目的和注意事项，要求积极配合实施。

（2）用社交训练评分表进行自我评分，每天小结，每周总结。8～12周为一个疗程。每周核对记录并做出评价。

自我评分标准:0分,训练无变化;1分,稍有进步,愿意参加社交、与人接触交谈,但接触交谈仍比较勉强和刻板;2分,明显进步,能够主动与人接触交谈,孤独不合群的倾向改变在50%以上;3分,孤独不合群的表现基本消失。

评分计算和奖励措施:每日最低分为0分,最高分为3分,每周最高分为18分。如果以8周为一个疗程,总分144分。一般以奖励表扬为主,对每一点滴进步都要加以肯定,并给予强化,以鼓励其增强自信心。

奖励方式:通常有奖励现金、赠送喜爱的生活学习用品、允许定期外出旅游等。切忌因为无进步或进步微小而批评责备,以免造成患者心理反感和对自己丧失信心。

训练内容和目标:训练内容从简到繁,从易到难。开始时由心理医生和患者共同商定,以一位朋友(同学或同事)为交谈对象,每次要求主动与他交谈5分钟。交谈内容和方式不限,逐渐做到主动、自然和比较融洽地随便交谈。进而逐步增加交谈的时间(从5分钟增加到20分钟,再增加到半小时),对象由1人增加到5人。训练成功后,改变训练内容,鼓励其转向积极参加集体活动,投入现实生活。

三、大学生常见人格偏差及其矫正

心理健康与人格偏差的关系是复杂的:神经症如焦虑症、抑郁症、强迫症、恐怖症等对心理健康的影响是非常明显而直接的,其直接原因是神经症,是自知的,当事人具有强烈的求医求治的要求。但人格偏差大多是不自知的,即使别人指出问题,往往自己也不愿承认,且人格偏差改进的难度也很大。所以,人格偏差对心理健康的影响对于大学生来说就是一个非常严重和重要的问题,值得每一个大学生认真对待。

典型的人格问题在医学上叫作人格障碍,诊断的年龄界限为18岁以上。由于大学生属于正在受教育的特殊群体且处在人格再造期,因此把它视为人格偏差较为妥当。人格偏差的含义是个体的人格适应有问题,但还未定型,只要加强认识,还是很有可能成为正常人格的,这样对大学生的人格培育是有益的。当然,那些典型的人格障碍除外。因此,需要重点了解人格障碍的类型及其特点。大学生对下述典型的人格障碍诊断标准不要简单地对号入座,其只可作为诊断人格偏差的参考指标。

人格障碍表现为成年期固定的适应不良行为模式,可导致当事人工作和生活上的困难或给他人造成困难。判定的依据包括心理品质的改变和人际关系中反复发生纠葛。

人格障碍有多种表现,而且与正常人格重叠交叉,因而较难确定类别。按世界卫生组织ICD-10及美国精神病学会DSM-Ⅳ的标准(中国的分类标准与国际标准基本一致),下面几种人格障碍值得大学生特别注意。

(1)偏执型人格障碍。主要特点是敏感多疑,心胸狭窄,对谁都不信任,无同情心,傲慢,嫉妒心强,看问题主观片面,自我估计过高,对于工作上的不顺利、事业上的挫折和失败,从不反省自己有任何缺点与过失,总是归咎于别人有意与他作对。他们习惯于将功劳归于自己,将错误推给别人,听不进任何批评意见,总感到受人欺负,别人对他不忠实。

（2）分裂型人格障碍。主要特点是行为怪僻而偏执,为人孤独,不合群。对人缺乏最起码的温和与爱心,没有知心朋友,没有社会往来,对别人给自己的评价毫无感触。对任何事情均兴味索然,但一般尚能认知现实。有繁多的白日梦或幻想,但一般未脱离现实。他们在表达攻击或仇恨上显得无力,在面对紧张情况或灾难时,显得漠不关心,无动于衷。

（3）冲动型人格障碍。主要特点是情绪极不稳定,易激惹,好争吵,甚至对人使用暴力攻击。具有不可预测和不顾后果的暴怒及攻击行为,常为某些小事而暴跳如雷,不能自制,有不可预测和不考虑后果的行为倾向。做事缺乏预见性和坚持性。

（4）强迫型人格障碍。主要特点是过分注意自己的行为是否正常,举止是否恰当,因此表现得特别死板。疑虑过分,自信心不足,总有一种不完善之感,过分谨慎小心,遇事循规蹈矩,墨守成规,很少标新立异或独创。不论做什么事都要反复检查核对,怕出差错。他们还常要求别人根据自己的思维方式和习惯行事,有时妨碍他人的自由。

（5）被动攻击型人格障碍。主要特点是内心虽然具有强烈的攻击倾向和仇视情感,但却尽力加以掩盖,不敢显露。表面上唯唯诺诺,背地里则不予合作,对社会的约束和要求进行消极抵抗,对常规制度持抗拒心理。顽固执拗,行动拖拉,暗中阻挠工作的进程。他们的仇视情感与攻击倾向十分强烈,但又不敢直接表露于外,他们虽然牢骚满腹,但内心却极想依赖权威。

（6）依赖型人格障碍。主要特点是嫉妒依赖他人。虽然有较好的工作能力,但由于缺乏自信,缺乏独立能力,遇事没有主见,事事依赖别人。自以为愚笨,对别人的意见从不反驳,在长辈和上级前如绵羊。生活中的大事,比如选择职业、找对象等,总是依靠别人来替他做出决策或指出方向。

（7）心境恶劣型人格。长期心境恶劣并不可缓解。主要特点是情绪极不稳定,心境忽好忽坏。时而感到万事如意、一切顺心,时而又觉得生活中充满痛苦,毫无乐趣,感觉前途暗淡无光,因而整天愁眉苦脸、无精打采、唉声叹气,情绪反复无常且易激惹。有的表现为持续性的心情低落,经常感到抑郁、沮丧、孤独、悲观失望。此类人格障碍未列入 ICD-10 及美国精神病学会 DSM-Ⅳ 的标准,但在大学生中是常见的一种人格偏差。

其他人格障碍还有反社会型人格障碍、癔症型人格、自恋性人格障碍等。

第三节　如何形成健全的人格

一、健康人格的标准

究竟什么样的人格特征才是健康的人格？不同的心理学家的研究角度不同,标准也各不相同。我们在此介绍最具代表性的两种标准。

(一)马斯洛关于自我实现者的人格特征的阐述

马斯洛,美国心理学家,人本主义心理学的主要创始人之一。他指出人的需要分为五个层次,即生理需要、安全需要、归属和爱的需要、尊重需要和自我实现的需要。人的五种基本需求是人的内在本质,其终极目的是自我实现。自我实现需要位于需要层次的最高峰,能够达到这个高度的人即为自我实现的人。马斯洛对他认为人格健康的 49 个人进行大量的深入细致的研究,提出人格健康的 15 个特征,这 15 个特征目前已成为人们经常引用的人格健康的标准,具体如下。

(1) 正视现实。
(2) 接纳自我。
(3) 言行坦率。
(4) 热爱事业,乐于工作。
(5) 永不衰退的欣赏能力。
(6) 同情关心他人。
(7) 独立独处。
(8) 高峰体验。
(9) 自主独立于环境的倾向。
(10) 所有的人的平等相处,打成一片。
(11) 人际关系深刻。
(12) 毫无恶意的幽默感。
(13) 信守道德标准。
(14) 富有创造力。
(15) 不随波逐流。

(二)《周易》中的理想人格

《周易》,亦称《易经》,是儒家重要经典之一。内容包括《经》和《传》两个部分。一般认为它是战国或秦汉时期的儒家作品,并非出自一时一人之手。每一种文化都在塑造着它所崇尚的人格特征。《周易》为人们设计了一种儒家的理想人格模式。

(1) 天人合一的主客观念。
(2) 奋发有为的积极态度。
(3) 自强不息的进取精神。
(4) 仁义礼智的完整道德。
(5) 谦虚逊让的美好德行。
(6) 诚信不欺的正直精神。
(7) 不怕困难的坚强意志。
(8) 自我节制的调控能力。
(9) 持之以恒的坚持精神。

(10) 与人为乐的积极情感。
(11) 光明磊落的宽广胸怀。
(12) 与人同乐的待人态度。
(13) 认真负责的工作态度。
(14) 刚柔相济的处事方法。
(15) 对待成败的正确态度。
(16) 趋时守中的处世原则。
(17) 革新创造的变革精神。
(18) 特立独行的完美人格。

《周易》中所指出的理想人格特征代表了先秦儒家的思想。因此可以看出中国人的传统观念、人生境界与西方认为的自我实现的人格特征有相当大的差异。

二、大学生常见的人格缺陷及其调适

(一)悲观

悲观心态是一种不健康心理,对人尤其是朝气蓬勃的青年大学生伤害极大,应引起大学生自身的重视。

如何调适、改变悲观,培养乐观的人生态度呢？德国心理学家皮特·劳斯特提出了改变悲观、培养乐观的10种调适方法。

(1) 越担惊受怕,就越易遭灾祸。
(2) 即使处境危难,也要寻找积极因素。
(3) 以幽默的态度来接受现实中的失败。
(4) 既不要被逆境困扰,也不要幻想出现奇迹,要脚踏实地,坚持不懈,全力以赴去争取胜利。
(5) 不管处于多么严峻的形势,也要努力去发现有利的条件。
(6) 不要把悲观作为保护失望情绪的缓冲器。
(7) 你失败了,但你要想到,你曾经多次获得过成功。这才是值得庆幸的。
(8) 在你的闲暇时间,努力接近乐观的人,观察他们的行为。
(9) 要知道,悲观不是天生的。
(10) 如果乐观态度使你成功了,那么你就应该相信这样的结论:乐观是成功之源。

(二)激惹

青年大学生血气方刚,遇事容易激动,有的大学生更容易冲动。为了克服激惹的缺点,心理学家提出以下几种调适的方法：

(1) 应学会遇事"延迟反应",在行动前多思考,而不是行动才后悔。
(2) 多注意自我修养,养成抑制冲动的习惯。

(3) 在日常生活中培养谨慎、自制、耐心和有条理的品质。

（三）多疑

多疑这种心理失调在生活中往往不易引起人的注意。有多疑人格心理失调的大学生往往人际关系紧张，对他人言行过分敏感，自己也会经常陷入苦闷的消极心理中。这种学生往往性格软弱，女生多于男生。

当大学生出现了多疑心理时，应注意运用以下方法调适：

(1) 首先做人要心胸开阔、坦荡。

(2) 要学会沟通。

(3) 在多疑产生时不要马上表露在你的行为上，应多留心观察你所怀疑的人和事。

（四）害羞

害羞这一心理缺陷在涉世未深的大学生尤其是女大学生身上很常见。一般说来，自我保护心理过强的大学生容易出现害羞心理，他们往往有以下的人格特点：

(1) 与人交往过于谨小慎微。

(2) 过于关注自我，自尊心过强。

(3) 自信心不足。

害羞心理的产生和一个人的气质类型有关系，黏液质与抑郁质气质类型的人容易出现此心态。但更多的是受后天因素的影响，如家庭要求过严、受过贬低等。

何改变害羞的心理缺陷？大学生可以通过以下的方法来进行自我调适：

(1) 要放下沉重的思想包袱。

(2) 不要过分在意别人的议论和评价。

(3) 要增强自信心。

(4) 要有意识地锻炼自己，弥补其他方面的不足。

（五）嫉妒

大学生生活在同龄青年群体中，而这种环境充满天然的竞争意识。大学生之间的相互追逐、攀比的气氛较浓。

克服嫉妒心理，注意运用以下方法进行调适：

(1) 学会宽容，有容乃大，宽容是一种美德。

(2) 改变思维方式。

（六）自卑

造成自卑心理的原因很复杂，既有个人与心理方面的原因，也有家庭、学校和社会因素的影响。

大学生如何帮助自己走出自卑的阴影呢？心理学家建议采用以下调适方法：

(1) 正确认识自己。

（2）悦纳自我。

（3）积极与他人交往。

（4）体验成功、建立自信。

三、健康人格塑造的方法与途径

大学生正处于"人格再造期"，要抓住这个有利时期，在正确的理论指导下，深入全面地理解自我，了解社会，把握自我与社会适应要求的差距，不断改进自己的人格，使自己的人格适应社会要求。改进思维方式是塑造健全人格的必要途径，升华价值观是塑造健全人格的基础和核心，而积极行动才能真正收到实效。

大学生的思维方式与其人格偏差是有关联的，如偏执型、被动攻击型、依赖型和心境恶劣型等人格偏差，就与当事人的思维方式有紧密联系。改进思维方式和心理策略，有利于大学生健全人格的形成。

人格障碍或人格偏差的矫正，迄今为止仍然是国际难题。其根本问题就是神经症是自知的，有躯体症状，当事人有求治要求；而人格障碍或人格偏差没有躯体症状，是不自知的，对此如果没有深入的认识就谈不上主动进行矫正。一般来说，通过学习心理卫生知识并进行认真分析，人格障碍或人格偏差是完全可以达到自知程度的。大学生通过对自己人格的全面分析，可以知晓个体人格心理哪些方面是好的，应该继续发扬；哪些方面是不好的，应该设法加以改进。对大学生长期心理健康教育的实践经验表明，通过改进思维方式和心理策略来矫治人格障碍或人格偏差，收效快，预后好。那么，大学生应该如何改进自己的思维方式和心理策略呢？

（1）正确认识自己：欲正确认识自己，首先应改变思路，思路决定出路。大学生要勇于剖析自己。大多数人有一个非常坏的习惯就是自我感觉良好（或相反），不考虑如何改变自己。大学生要认识到自己并不是"天之骄子"，当然更不是社会的弃儿，每一个人都是平常而平凡的人。自负与自卑形成了人格偏差两极的不同表现特征。每个人都有自己的长处，也有自己的短处，要善于发挥所长而补其所短。不因所长而自负，不因所短而自卑，人格也就会较为正常。

（2）客观面对现实：现实社会异常复杂，诸多不合理的现象同在。如果纯粹用理想的观点来看待社会现实，就会充满烦恼、沮丧和愤懑，就会怨天尤人，就会在日常生活中表现出许多变态反应。对社会认识过度理想化或持敌对态度的人易产生人格障碍或人格偏差，因为这些人的思维方式与社会大多数人是不一样的。大学生仍处于理想化时期，面对社会百态，既要坚持正义，又要实事求是，持比较客观的态度，才会心理平衡，自然会人格正常。

（3）加强事业心责任感：有抱负、有事业心的人往往人格比较正常。因为这些人整天忙于学习和工作，没有时间去关注别人对自己的评价与态度，因而也就没有时间去"自寻烦恼"。而那些抱负水平低的人由于心理能量过剩，自然而然会关注很多无关信息，对别人关于自己的评价和态度异常敏感，久而久之就会对外部刺激做出过度反应，最终形成人格障碍或人格偏差。

人生、事业与成就都必须经历一个较长的过程。正常人会把大部分精力投入到这个过程之中；但有些人完全不是这样，他们不注重过程，只关注结果，还自以为"看破红尘"，既懒于奋进而又愤愤不平。那些"看透社会"或"看破红尘"的人常与社会格格不入。大学生应把主要精力放在学习和对未来事业追求的过程之中,对每一小步前进都会感到由衷的喜悦,就会不断有成就感。努力奋进,顺其自然,人格自然会趋于健全。

(4) 避免过度分析计较:过度计较利害得失的人易导致人格障碍或偏差。因此大学生要有拿得起放得下的宽阔胸襟和气魄,自然就会心态平和,人格正常。过多地进行自我心理分析的人也易导致心理不正常。普通人的专业心理知识非常有限,如过多地进行自我心理分析,只会钻牛角尖,往往空耗时间而于事无补。正确的方法是一旦认定方向、确定策略之后,就是要付诸行动。总之,有抱负、有追求、热爱生活、热爱社会并且积极行动的人其人格都比较正常。

测试

菲尔人格测试

这个测试是美国的菲尔博士在著名主持人奥普拉的节目里做的,国际上称为菲尔人格测试,时下被很多大公司人事部门用来测查员工的性格。请根据你的第一感觉进行选择。

1. 你何时感觉最好?(　　)
   A. 早晨　　　　　　　　B. 下午及傍晚　　　　　　C. 夜里
2. 你走路是(　　)。
   A. 大步地快走　　　　　　B. 小步地快走
   C. 不快,仰着头面对着世界　　D. 不快,低着头
   E. 很慢
3. 和人说话时你(　　)。
   A. 手臂交叠站着　　　　　　B. 双手紧握着
   C. 一只手或两手放在臀部　　D. 碰着或推着与你说话的人
   E. 玩着你的耳朵、摸着你的下巴或用手整理头发
4. 坐着休息时,你(　　)。
   A. 两膝盖并拢　　　　　　　B. 两腿交叉
   C. 两腿伸直　　　　　　　　D. 一腿蜷在身下
5. 碰到令你发笑的事情时,你的反应是(　　)。
   A. 欣赏地大笑　　　　　　　B. 笑着,但不大声
   C. 轻声地笑　　　　　　　　D. 羞怯地微笑
6. 当去一个聚会或社交场合时你会(　　)。
   A. 很大声地入场以引起注意
   B. 安静地入场,找你认识的人
   C. 非常安静地入场,尽量保持不被人注意
7. 当你非常专心工作时,有人打断你你会(　　)。
   A. 欢迎他　　B. 感到非常恼怒　　C. 在上述两极端之间
8. 下列颜色中,你最喜欢哪一种颜色?(　　)

A. 红或橘黄色 B. 黑色 C. 黄色或浅蓝色
D. 绿色 E. 深蓝色或紫色 F. 白色
G. 棕色或灰色

9. 临入睡的前几分钟,你在床上的姿势是(　　)。

A. 仰躺,伸直 B. 俯卧,伸直 C. 侧躺,微蜷
D. 头睡在一条手臂上 E. 被子盖过头

10. 你经常梦到自己(　　)。

A. 落下 B. 打架或挣扎
C. 找东西或人 D. 飞或漂浮
E. 你平常不做梦 F. 你的梦都是愉快的

评分标准:

1. A(2分) B(4分) C(6分)
2. A(6分) B(4分) C(7分) D(2分) E(1分)
3. A(4分) B(2分) C(5分) D(7分) E(6分)
4. A(4分) B(6分) C(2分) D(1分)
5. A(6分) B(4分) C(3分) D(2分)
6. A(6分) B(4分) C(2分)
7. A(6分) B(2分) C(4分)
8. A(6分) B(7分) C(5分) D(4分) E(3分) F(2分) G(1分)
9. A(7分) B(6分) C(4分) D(2分) E(1分)
10. A(4分) B(2分) C(3分) D(5分) E(6分) F(1分)

测试结果:

总分低于21分:内向的悲观者。大多数公司不喜欢这类性格。

21分到30分:缺乏信心的挑剔者。适合编辑、会计等数字和稽核工作。

31分到40分:以牙还牙的自我保护者。有最广泛的适应性。

41分到50分:平衡的中道者。适合人力资源工作。

51分到60分:吸引人的冒险家。适合市场开发与销售工作,适合独当一面。

60分以上:傲慢的孤独者。通常很有才华,但与人沟通能力欠佳,可做研发指导工作。

2. 升华价值观

对于价值观与心理健康的关系,在心理咨询领域,国内目前有两种不同的观点,一派主张在心理咨询过程中要"保持价值观中立",另一派则主张"价值观介入"。但无论如何,在大学生的心理健康教育过程中是需要价值观介入的,通过价值观的升华来塑造大学生的健全人格应是工作的中心。道理很简单,大学生的心理健康教育是人的全面发展教育的一部分,它与医学心理咨询的工作是有一定区别的。

(1) 升华价值观是塑造健全人格的基础和核心：判断一个大学生人格是否正常，主要是看他是否已经成长为一个具有成熟社会意识、社会观点、社会态度和道德立场的社会的人，他的性格是否符合大多数人的行为模式。

价值观的确立与稳定是人格健全的基本标志。就人格的本质和社会意义来看，它的形成意味着个体的社会定向和道德定向的基本确立。判断一个人的人格是否健全是看他是不是已经有了明显而稳定的社会定向和道德定向，并依此行动。而个体有没有明确的社会定向和道德定向以及有什么样的社会和道德定向，完全是由他的价值观决定的。没有明确、稳定的价值观，也就不会有确定的社会和道德定向；没有正确的、高尚的价值观，也就不会有正确的、高尚的精神生活和道德风貌。

那些茫然、无所事事的人，那些犹豫彷徨、不知所措的人，那些没有明确的生活方向和追求目标的人，很显然是价值观不够明确和坚定的人，这种人是很难适应社会要求的。因此，只有当一个人形成和确立了稳定的价值观，并在此基础上确定了明确的社会和道德定向时，我们才能说他的人格是较为健全的。

人表现出来的稳定的行为模式是性格的最明显标志。价值观的确立与稳定的行为模式是人格健全的外部表现。个体的行为模式或生活方式最能体现他的人格特质。个体的行为模式或生活方式是依据其价值观而建立起来的。个体已确立和稳定了的价值观决定做什么或不做什么、追求什么或不追求什么，因而直接支配和调节着个体的行为模式。可以这样说，一个人有什么样的价值观，就会有什么样的行为模式。正是由于个体价值观的形成与确立，才能更好地调整自己的行为模式，使之更加完善和稳固。

从心理学的角度看，个体价值观的确立与稳定，是人格成熟的重要标志。人格的发展在一个人整个生命历程中都在进行，它是一个不断完善的过程。价值观不仅在人格的形成过程中有重要意义，而且在人格的继续发展和完善中也有重要作用。

(2) 价值观在人格继续发展和人格健全中的作用：个体价值观的确立与稳定，对其人格的继续发展和完善也有重要的内部调节作用。价值观成为人格继续发展和完善的内部调节器，是由它以下功能特征决定的。

①定向功能。人们总是追求符合自己价值观的东西，摒弃违背自己价值观的东西，也总是做自己认为有价值的事，不做自己认为无价值的事。价值观规定了一个人的行为取向和追求目标，确定了其基本的社会和道德定向，从而也决定了他的发展方向。

②解释功能。价值观是对外部世界的一种内在解释系统。价值观对外部世界的这种阐释机制，使人们对于外界事物和关系的认识带有主观的或主动的性质。个体在认识、评价事物和关系时，不仅要从外界事物本身的属性出发，往往还要从自己的价值观出发，受其指导和调节。一个人的认识和思想也许不符合外界事物的规律，但却往往符合他的价值观。有时候，人还会仅仅从自己的价值观出发，有意无意地歪曲客观事实和外部规律。所以，一个人对事物的认识和理解是否正确，与他的价值观是否正确有很大关系。

③过滤（选择）功能。个体在现实生活中无时无刻不在面临着选择，以确定接受什么样的影响。在人的选择活动中，价值观起着重要的过滤作用。符合个体价值观的外部影响容易被接受，而违背其价值观的外部影响则较难以接受，甚至会遭到抵制和反抗。价值观就好像人的

心理体系中的一个过滤器,周围现实生活的各种影响,都要经过它的筛选和过滤,才能对人发生作用,它保证了人的选择性。

④调节功能。无论什么人都会不自觉地以他的价值观来规范和约束自己的社会行为和活动方式。价值观作为人的本质的、较为稳定的态度体系,并不一定都能为个人所意识到,有的人能够以一整套理论和明确无误的观念体系表明他的价值观,并自觉地依此行动,但不少人并不能够向人们表明自己价值观,或者根本就不知道自己有什么样的价值观,但是他们却不自觉地按自己的价值观去行动,他们的行为实际上就说明了他们的价值观。因此不管是有意识的,还是无意识的,人的行为和活动总是受其价值观调节的。

(3) 升华价值观对塑造健全人格的意义:价值观的上述功能特征使它不仅对人认识世界、改造世界的活动具有重要的调节作用,而且对大学生认识自己、改造自己的过程也起着十分明显的作用。它是大学生借以进行自我教育、自我塑造的重要的内部依据。价值观对大学生人格继续发展和完善的调节作用,主要表现在以下几个方面。

①大学生借助于自己正确的价值观,可以抵制和克服外界的各种不良影响,保证人格发展的正确方向。在大学生的周围环境中,有各种各样的影响力量,其中有积极的,也有消极的;有令人振奋的,也有令人消沉的。因此大学生的人格有各种变化的可能性,既会朝着正确的、高尚的方向发展,也会向着消极的、低劣的方向变化。大学生要运用已确立的正确价值观抵制外来的不良影响,保持已形成的优良的人格品质,并发展新的人格品质。因此大学生的价值观是否正确、高尚和坚定,直接关系到他的人格能否得到顺利的发展和完善。大学生如果没有正确、高尚而又明确、稳定的价值观,就会受外界不良因素的影响,发展出不良的人格品质。

②大学生根据自己高尚的价值观,可以积极地吸收和学习外界的各种优秀品质与高尚行为,不断发展好的人格品质。大学生的人格发展和完善的过程,也是不断吸收和学习的过程,而这种吸收和学习的积极性和主动性与他的价值观的明确性和坚定性是一致的。具有明确、坚定的价值观,就会经常主动地去吸收和学习别人的优秀品质和高尚行为并内化为自己的人格品质,从而促使自己的人格不断完善。因此大学生价值观的性质也决定了他从外部吸收和学习的内容。

③在明确的价值观指导下,大学生能够自觉主动地培养和塑造自己的人格。价值观不仅在人与外部世界的关系中有着积极能动的作用,而且在认识自己、教育自己的过程中也有着重要作用。大学生可以在正确的价值观指导下,严格要求自己,自觉地规范自己的行为和思想,主动积极地培养自己的人格,陶冶自己的情操,塑造自己的高尚品质。价值观是人进行自我教育、自我塑造的内部依据。即便外界没有对一个人造成影响,这个人也能够根据自己的价值观,有意识地发展自己的人格。

人有什么样的价值观,就会倾向于把自己塑造成什么样的人。这就要求大学生树立正确的价值观,特别是要正确认识社会的主流价值观,不能从个人主义出发,一味地强调个人的自由和利益。如果单纯从个人的利益、自由出发从事价值选择,进行自我塑造,就会发展出不健康的、软弱无力的、低劣的人格品质,甚至误入歧途。历史上和现实生活中,这样的例子并不少见。大学生人格的发展虽然要受各种外界条件的制约,不能超越现实环境而自由发展。但是,自我教育、自我塑造、自我调节无疑也起着很重要的作用。

3. 培养良好的行为习惯

培养良好的行为习惯要注重以下几个方面。

(1) 有剖析自己的勇气：许多大学生心理咨询案例表明，欲健全自己的人格，首先是要有一个端正的态度，敢于分析自我，善于分析自我(在专家指导下)；敢于直面自我人格的真实面目，由于人格问题往往是"不自知"的，那就需要多观察多比较，多方面听取别人对自己的评价，逐渐加深对自我的认识，才能了解自己人格的"真面目"，为培育健全的人格创造前提。

(2) 有社会适应的观念：大学生在校期间要通过各种途径了解社会。社会是复杂多变的，适应方式也应当复杂多变。适应方式的贫乏与反应的单一性、"以不变应万变"、自作主张、行为完全自控而不接受他控、自我调节能力差等表现正是人格偏差的特征。社会本身有其健康、健全与合理的一面，也有其病态与不合理的现象。社会本身是五颜六色的，社会不制造人格障碍，只为人格障碍患者提供可选择的行为方式与生活方式。因此可以说，一个人是人格健全还是要人格障碍或人格偏差，实际上是人的发展的一种选择。社会适应的观念会使大学生较快地具有良好的社会人格特质。

(3) 有坚持不懈的精神：正确认识自己的人格问题之后就要有坚强的意志力来克服和矫正自己的人格偏差。健全人格的养成需要一个较长期的过程。坚持不懈，必有喜人的收获；浅尝辄止，可能收效甚微，甚至落入周而复始的"人格怪圈"。

大学生的人格改进，重在在实践中探索，在社会互动中发现自己的人格偏差或人格缺陷，在社会互动中检验人格改进的成效，在社会互动中使自己的人格逐步走向健全。

活动

完善人格团体训练

(一) 训练目的

培养大学生良好的性格，完善他们的人格，促进大学生成为健康、和谐而有个性的人。

(二) 训练目标

了解自己的人格特征。

完善人格。

做一个健康而有个性的人。

(三) 训练准备

根据人数准备适当的动物面具，请每一个学生选择一个自己喜欢的动物面具，并戴在脸上。

(四) 训练过程

按报数规律6个人分为一组，每个组进行讨论，分享自己为什么要选择这个动物面具，你喜欢这个动物的什么特征，你欣赏它的哪些特点。

讨论后，所有被训练者都站起来与其他组的同学相互握手，直到指导教师喊"停"时，确定相应人数的团队(人数可以根据实际确定)，在相应的团队里每一个人都要通过语言、动作表演出自己所戴面具上的动物特征。

指导教师提问:①在小组分享过程中,你觉得戴上面具的同学和平时有什么区别呢?②你了解面具下的自己和他人吗?③你有哪些自己和他人都很欣赏的个性呢?④你的个性中是否有需要完善的地方呢?是什么?

针对指导教师的提问和表演进行讨论。

【习题或思考】

1. 谈谈个体人格与社会人格的区别和联系。
2. 何谓健全人格?健全人格具有哪些特点?
3. 思考和讨论价值观与培养健全人格的关系。
4. 如何矫正人格偏差,培养健全人格?

第十章 网络管理与心理健康

【本章要点】 通过本章的学习,使学生了解网络对大学生的影响,网络成瘾的原因和危害,帮助大学生构建良好的网络心理。

网络在改变我们工作方式的同时,也改变了我们的生活。

——比尔·盖茨

21世纪是信息社会,信息革命和信息社会在当今最突出的表现就是社会网络化,网络已成为人们日常生活和工作中越来越重要的交流手段和通信媒介。网络的迅速发展和普及已使人类进入网络时代,网络与人们的生活息息相关,并深刻地改变着人类社会的生产、生活和交往方式,同时更加深刻地改变着人们的思想、观念和精神世界。对于当代大学生来说,网络成了生活的必需品,由于大学生的认识能力有待提高和发展,世界观和价值观也正在形成中,分辨是非的能力较差,易陷入网络的虚拟世界中,诱发种种心理问题。因此,正确认识网络对大学生的心理冲击和影响,迎接网络时代的挑战,是当代大学生心理健康教育的重要任务和内容。

第一节 大学生和网络

一、互联网的形成和特点

1. 互联网的形成和发展

1960年,利克里德尔发表了一篇题为《人机共生》的文章。在文章中,这位罗切斯特大学的行为心理学博士、麻省理工学院从事听说研究的学者写道:用不了多少年,人脑和电脑将会非常紧密地联系在一起。文章还预测,在不远的将来,人通过机器的交流将比人与人面对面的交流更有效。这样大胆和超前的预测,如果不是在互联网已经风行全球的今天,确实让人难以相信。实际上,就在利克里德尔发表这篇大胆的文章的同时,互联网的研究已经在美国悄悄地拉开了帷幕。

1969年,为了能在爆发核战争时保障通信联络,美国国防部高级研究计划署(ARPA)资助建立了世界上第一个分组交换试验网 ARPANET,连接美国四个大学。ARPANET 的建成和不断发展标志着计算机网络发展的新纪元。1971年,ARPANET 上的网点数达到了17个。两年之后,ARPANET 上的网点数又翻了一番,达到40个,各网点间可以发送文件。1972年,第一届国际计算机通信会议在美国华盛顿举行,会议决定成立 Internet 工作组,负责建立一种能保证计算机之间进行通信的标准规范即"通信协议"。1974年,IP协议和TCP协议问世,合称TCP/IP协议。该协议的问世,最终促进了Internet的大发展。

1986年,美国国家科学基金会资助建成了基于TCP/IP技术的主干网NSFNET,连接美国的若干超级计算中心、主要大学和研究机构,世界上第一个互联网产生,并迅速连接世界各地。20世纪90年代,互联网的发展和应用出现了新的飞跃。

1995年以来,互联网用户数量呈指数增长趋势,平均每半年翻一番。截止到2002年5月,全球已经有5.8亿多用户。其中,北美1.82亿,亚太1.68亿。据统计,2015年12月中国网民规模达到了6.88亿。

2. 互联网的基本特征

互联网具有开放性、虚拟性、全球性、交互性、身份不确定性、非中心化、平等性和个性化特征。

(1) 开放性。互联网的本质是计算机之间的互联互通,以便能够做到信息共享。而且,计算机之间互联互通的程度越高,共享信息越多,开放性越高,互联网所起的作用就越大。互联网的这种开放性,主要体现在以下几个方面。

①对用户开放。互联网是一个对用户充分开放的系统。在这里,不分国家、种族、贫富、性别、职位高低、年龄大小,只要你具备上网的硬件条件,就可以上网,去体会网上冲浪的乐趣。

②对服务者开放。从系统论的角度来说,互联网是一个无限的信息系统。互联网上的信息来自不同的提供者,没有哪一个国家或组织能够独揽互联网的信息服务。互联网正是通过对用户开放,为用户提供一个开放的接入环境,从而使互联网上的每一个节点,都可以自愿地、轻而易举地为互联网提供信息服务。互联网的开放性,是互联网强大的生命力和活力之源。

③对未来的改进开放。互联网的这一特点,使得互联网上的子网在遵循TCP/IP接入协议的前提下,可以有不同的风格和体系,可以根据不同的需要随时对任何一个子网进行更改而不影响整个互联网的运行。互联网的缔造者们明确地强调,互联网的关键概念在于,它不是为某一种需求设计的,而是一种可以接受任何新的需求的总的基础结构。

(2) 虚拟性。网络世界是人类通过数字化方式,连接各种计算机的节点,综合计算机三维图形技术、模拟技术、传感技术、人机界面技术等一系列技术生成的一个逼真的感觉世界,进入网络世界的人,其基本的生存环境是一种不同于现实空间的电子网络空间。网络关系的虚拟性是与现实性相对的,交往主体隔着"面纱"以某种虚拟的形象和身份沟通,交往活动也不像一般社会活动那样依据特定的物理实体和时空位置。

(3) 全球性。网络拓展了人类的认识和实践空间。巨大的地球由于网络的原因不知不觉成了"地球村""电子社区",不同观念和行为的冲突、碰撞、融合就变得直接和现实。总之,当互联网以其传播方式的超地域性将地球连接成地球村时,每个网民成为地球村平等的公民,互联网无论在广度上还是深度上都在蔓延、伸展着,它突破了种族、国家、地区等各种各样的有形无形的疆界,真正体现了全球范围内的人类交往,体现了人与人之间的无线互联及无线关联。

(4) 交互性。网络每一个用户既是信息的发布者,又是信息的接收者。

(5) 身份不确定性。在现实世界中,网民的社会关系有亲戚、朋友、同事、邻里、师生等,在很大程度上是一种"熟人型"的关系,其交往活动依附于特定的物理实体和时空位置,并由较为稳定的社会价值观念文化支撑和制约。而在网络世界里,尽管计算机专家可以将一切信息还原为数字"0"或"1",但是信息的庞杂性、虚拟性和超时空特征使得作为行为目的、意义和情感的传播通道并不是清晰可辨的。同时,网络世界是一个开放多元的世界,它跨越了时空的地理界限,但却无法聚合历史文化的差异。这些都使得发生在人与人之间的网络交往易变、混沌,网络世界中的人际关系也因此充满了不确定性。不仅如此,在网络社会这个崭新的信息世界,主体的行为往往是在"虚拟现实"(virtual reality)的情形上进行的,在网络技术的帮助下,每个人的身份、行为方式、行为目标等都能够得到充分隐匿或篡改。

(6)非中心化。互联网以令人惊异的发展速度,把社会各部门、各行业乃至各国、各地区联成一个整体,形成了一个相对自由的"网络时空"。互联网是由世界上许多国家的局域网所构成的,在科学家设计互联网的前身 ARPANET 时,军方就要求这个网络没有中心,让信息在网络中能够自由地传播,因此它采用离散结构,不设置拥有最高权力的中央控制设备或机构,这样互联网就成了一个绝对没有中心的网络世界;此外,从地理角度讲,互联网覆盖在整个地球表面上,既没有明确的国界和地区界限,也没有开始和结束。

网际交往突破了现实社会行为所具有的以自我为中心的互动特征。当你随着网络进入他人的行动空间,或进行在线交谈、网络讨论,或进行超文本的创作和阅读时,他人也同时进入了你的行动空间中。在网络的虚拟世界里,没有了专家、平民之分,没有了作者、读者之别,每一个网络参与者都处于一种交互主体的界面环境之中。互联网技术消灭了"客体"这个概念,消灭了权威式中心化的主体意志,而代之以平等、自由的主体间交往,所形成的网际关系是非中心化的。

(7)平等性。作为一个自发的信息网络,它没有所有者,不从属于任何人、任何机构。因而也就没有任何人、任何机构可以左右它、操纵它、控制它。在这里,没有监督和管理,所有的用户都是自己的领导和主人,因为所有的人都拥有网络的一部分;在这里谁都没有绝对发言权,但同时,谁又都有发言权。这样,网民可以充分感觉到自由性与主体之间的平等性。总之,网上的信息不为某一个人独有,而是平等地属于每一个网民。互联网的这种特点,使网民的意识和思维进一步走向平等和多向沟通,思维方式更加多样化,从而也更加具有个性和创造性。

(8)个性化。互联网是世界上最大的计算机网络的集合,它将世界上的计算机互联在一起,既互通信息、共享资源,又相互独立、各自分散管理,每个网民都有可能成为中心,人与人之间趋于平等,不再受等级制度的控制,个体的个性意识逐渐增强。网络呈现出的分散性、自主性和隐蔽性等特点正是网民生活的个性化的表现,这种表现体现在上网时间和地点有很大的随意性和不确定性,上网目的、浏览内容的多样性等。在网上,每个网民的目的不同,需要各异。可以说,网络为人的个性发展提供了广阔的空间,使个体的创造性能够获得极大的发挥。

二、网络与大学生的生活

在中国互联网发展状况调查中数据显示,大学生在网上行为主要如下:获取信息53.1%;学习4.8%;学术研究1.0%;休闲娱乐24.6%;情感需求1.1%;获得各种免费资源1.9%;对外通信、联络3.8%;炒股1.1%;网上购物0.1%;商务活动1.0%;追求时尚、好奇0.3%;其他

7.2%。从以上调查数据显示,大学生上网目的主要体现在以下三个方面。

1. 获取信息

网络传播信息的高效性、及时性符合大学生追求时效和喜欢猎奇的心理。与传统媒体相比,网络能使我们在第一时间获得自己所需和所感兴趣的信息,这一特征符合我们对信息的敏感及追求时效的个性特征。当今,大学生关注国内外的政治、经济、文化发展,关注人类各种问题,但紧张的学习、工作和生活迫使我们必须提高效率,传统媒介不能在第一时间满足大学生的这种需要,而网络则满足了大学生的这种需求,使大学生实现了"手指轻轻点击,世界尽在眼前"的梦想,真正做到了"足不出户知天下"。网络信息的丰富性和开放性符合大学生对知识信息的渴求心理。网络是一个巨大的信息宝库,学术信息、经济信息、政治信息、娱乐信息及各种各样的新闻无所不包,几乎涉及人类活动的各个领域,上至天文地理,下至衣食住行,都可以在网上找到相应的内容,而且集文字、图片等于一体。大学生可以在网上直接与相关领域的资深人士或专家交流,可以进行包括专业知识、生活知识等方面的学习,可以围绕关心的问题在网上与一群人展开讨论,使强烈的求知心理得到了满足。

2. 社会交往

网络世界以丰富的内容、方便快捷的信息传播途径和新时代的流行元素深深地吸引着大学生。网络交往就是在网络上进行非面对面的交往,主要方式有QQ聊天、电子邮件等。迷恋网上聊天的学生更多的是为了满足一种心理需求。网络没有国界,没有等级,人人自由且平等,为我们提供了一个展示自己个性和才华的新舞台,在这个舞台上可以尽情地发挥、尽情地表现,使个性得到淋漓尽致地发挥,通过网络可以跨越地域的限制建立新的人际关系。网络交往的隐蔽性和广泛性使大家既可以毫无顾忌地交流,又可以保护自己的隐私;既实现了交流沟通的需要,又克服了现实交流的重重障碍。实现了在现实生活中无法表达或难以表达的真实情感或想法,满足了个人交往的心理。大学生选择网络交往,一部分原因是进入大学后少了家人的精心呵护,有了更多的个人空间;另一部分原因是有些大学生在现实生活中社交面太窄,或者比较腼腆,缺乏社交能力,他们在网上与人进行沟通和交流来获得安慰和支持释放日常生活中的压抑、紧张和焦虑。

3. 网络游戏

网络游戏通过引人入胜的动画和音响效果、生动的故事情节使不同地域、年龄和身份的人随时找到共同的爱好者,在游戏中交流、团结协作,让人感到友好、轻松和快乐。置身游戏中的紧张、激动与惊险,攻克一个个游戏难关时的成就感,能使人得到精神上的满足和愉悦。在许多大学生的眼中,网络游戏不仅仅是一种游戏,它更是一个兴趣和情感相互交融的世界,是一种生活方式。

三、网络与大学生心理

大学生始终是新生事物的促进派,站在时代的前列。在汹涌而来的网络时代,始终扮演着互联网忠实追随者的角色。据中国互联网络信息中心(CNNIC)发布的调查数据,截至2015年12月,中国网民规模达6.88亿,互联网普及率为50.3%;手机网民规模6.20亿,占比提升至

90.1%。其中学生网民占比最高,为23.8%,现在的学生上网通常是看新闻、使用网络信箱、网上聊天、玩网上游戏、网上购物、查阅资料、使用免费个人主页等。大学生会因不同原因上网,据调查:11%的学生在高兴时上网,8%的学生在心烦时上网,27%的学生在无聊时上网,54%的学生不定时上网。在聊天话题方面:15%聊个人情感,20%聊兴趣爱好,18%聊生活经历,5%进行学术探讨,42%聊天毫无重点。从上网原因和聊天话题两个方面都体现出大学生上网存在较大的随意性和盲目性,还有很大的不成熟性。由于个人上网设备进一步向手机端集中,从调查得出:64%的学生曾因上网而耽误过上课。学生们更注重互联网的娱乐、资讯、拓展生活空间的功能而非学习的功能。

大学生具有创造性强、接受新鲜事物快等特点,但由于涉世不深、追求刺激、喜欢娱乐,自我控制力较弱,这些特点不但使他们成为互联网的极大受益者,也容易使他们沉迷于网络,在心理健康方面受到很大的负面影响。

第二节 网络对大学生行为和心理的影响

网络是一把"双刃剑",在改变大学生的生活、交往、学习和发展方式的同时,也带来了某些问题。它既可以很方便、很自由地满足大学生的求知、娱乐、消遣等多方面的需求,同时也会使人沉迷于这一虚拟世界不能自拔,如沉溺于游戏、色情、网恋等,对身心、学业等造成不利影响。

一、网络对大学生行为的影响

1. 积极影响

(1) 网络对学习行为的影响。网络的普及和网上资源的无比丰富,极大地改变了大学生的学习方式,拓展了学习内容,有效地促进了大学生的学习。大学生通过网络自由地进行大容量、超时空的信息交流,不断获取自己想要学习的各种知识,增强了学习的自主性,满足了日益增长的学习需要。

①网络引导大学生变革思维方式。在网络学习中,借助新的学习行为技能,能从网上即时获取十分丰富的信息,营造了超文本学习环境,为学习者提供了灵活的、非线性存取的、随机通达各节点间的信息,使学习者对概念进行联系,大量交叉应用实例,非线性、多维度浏览复杂专题,对新知识进行建构。这就要求网络使用者动用新的思维方式去学习,同时在网络学习中实现思维方式的变革,培养创造型人才。

②开阔大学生知识视野,涌现出了一大批创新人才。网络是知识和信息的载体,正是基于网络本身的广谱应用和软硬件技术的不断改进和更新,给广大学生带来了极大的创造空间。网页制作、电脑设计、三维动画、工业造型、电脑预决算、网络科研项目、网络课件教辅、远程教育技术服务、大学生网络创业大赛等,无不在内容和形式上提高了大学生的创新欲望,于是,一大批以在校大学生为核心的企业应运而生,它激发了当今高校学生的无限创造热情,也给国家现在和未来的经济发展带来了生机和活力。据调查,我国知名品牌"海尔"就从全国各高校猎

取了大批在高校学习中创造性极强的学生充当其技术核心力量,"北大方正""清华同方"更有大批优秀学生的创造身影。

③弥补教育缺陷,拓展教育空间。当前,我国仍以传统的灌输式教育为主,因材施教的方式只存在于极少的高校,而登录各种各样的教育和科研网站,可以弥补这一教育真空。如英语四六级、考研、考托福、考GRE网站,各种层次计算机学习指导网站,数理化、历史、地理、医学、生物等各科目类别,均可登录相应站点,进行自学辅导、作业测验、大考冲刺、升学模拟等。每个大学生可以根据自身发展需要,浏览不同网页,来给自己加压充电。另外,还可以从网站上浏览和学习本高校不具备而其他高校具备的相关教学资料和实验,达到居一校而学各高校、知己知彼、扬长避短的效果。

(2)网络对沟通行为的影响。随着网络科技的发展,网络对于人类的生活方式和沟通行为的影响越来越大,有很多的学者都做过这方面的研究。霍华德·莱因戈德是较早把网络沟通作为独立的对象进行系统观察和研究的人之一。他提出,网络沟通将从三个相互联系的方面对现实生活产生影响。首先,在媒介众多的年代,网络沟通将重新塑造人们的个性和情感。其次,传统的人际关系是建立在一对一的交流基础上,而网络沟通提供的是多对多模式,因而也将对群体观念和人际关系构成挑战;最后,则是对民主社会的影响,网络沟通挑战了权力集团对传播媒介的垄断。网络对大学生交往的积极影响表现在友情互动、共同提高。网络最突出的优点是它的交互性,它既是信息的载体,又是媒体中介,使人与人之间的交流更加通畅。花样繁多的论坛、虚拟社区、情感驿站等使广大学生网民可以直抒胸臆,发表自己的见解和看法,并充分表达和表现自我,结交各种朋友,相互介绍经验,共同进步。

目前,在校大学生很多为独生子女,他们渴望与同龄人交流和得到认可,但独生子女在家庭中的中心地位在他们走出家门的人际交往中受到了强烈的冲击和挑战,许多心理和情感苦恼常会不期而遇。高校大学生问卷调查中发现,大学生心理障碍严重影响了学习和生活,很多案例显示,有的大学生因此形成畸形心理并导致多种不良后果。同时,大学管理机制与中学不同,学业和未来择业的压力大,同时有限的校园文化不能引发人际情感交流的增加,这样,网上交友就解决了专心学习和择时交友的矛盾。因为网上交友是"点之即来,击之即去"的速成交友方式,可以自行调度,在网上既可以推心置腹、抒发情感、交流思想和心得,又可以大发牢骚、排遣抑郁,达到缓解学习和精神压力的双重功效。

2. 消极影响

(1)网络文化垃圾对大学生世界观、人生观及价值观的消极影响。网络资源虽然极其丰富,但是网上虚假信息、文化垃圾却屡见不鲜,大学生的身心还处于不完全成熟阶段,这种不良的网络环境,对一些大学生容易产生不良的后果。在网上虚拟的环境中,容易出现责任心不强、冒名顶替、肆意破坏、粗言恶语等为道德伦理问题,以及感情问题、心理健康、人际关系及个人安全等问题,一些组织或个人怀着特定的目的,制造不实言论、传播非法信息、诽谤中伤他人或误导青年学生。青年学生的世界观、人生观、价值观尚未完全形成,辨别能力有一定的局限性,很容易受到这些信息的侵扰。

(2)沉迷网络游戏及网络对大学生人际关系的影响。在我们现实生活中,有些大学生对自己所处的现状及处境不甚满意,而网络游戏则以独特的魅力吸引着很多大学生。大学生沉迷网络游戏的一个很重要的原因是追求心理满足。他们认为在虚拟世界中获取成功的机会远远大于现实生活。很多沉迷于网络游戏的大学生是因为在现实生活中受挫或达不到自己的理想。因此,选择网络游戏来满足自己的心理需求。他们一旦从中寻出快乐,就难以从中走出来。在这种虚幻的环境中,大学生对网络的依赖性越来越强,上网成瘾。

学习人际交往和处理人际关系需要时间的投入。由于对网络的沉迷,在人机相对封闭的环境里,他们在很大程度上失去了与别人交往的机会,减弱了与他人交往的愿望。人际交往的减少很容易加剧自我封闭心理,造成人际关系淡化,导致一部分大学生脱离现实,只满足精神需求。一些学生在真实的交往中感到紧张、不适应,产生孤僻的情感反应,对现实人际交往逃避和恐惧,甚至还会出现"网络孤独症"等症状,造成人际关系障碍。

(3) 导致大学生自我约束力降低。大学生自由支配的时间较多,一些大学生平时下午和晚上经常上网聊天或玩游戏,到周末更是如此。有的学生甚至通宵上网,个别学生旷课去上网聊天、玩游戏。不但花费了大量的金钱,还因上网,导致成绩变差,经常逃课,浪费大量宝贵的学习时间,严重影响学业,有的甚至留级、退学。

(4) 失去广泛的兴趣爱好。丰富多彩的文体活动是大学生生活的重要组成部分。大学生的学习任务繁重,没有良好的情绪情感和健康的体质是不能完成学习任务的。沉溺于网上游戏或聊天以后,一些大学生将会利用一切可以利用甚至不可利用的时间上网。他们对现实的各种活动,如打球、下棋、看电影以及班级里的各种活动都不感兴趣,认为这些活动没有什么意义,网络成为能够代替一切活动的新嗜好。长期下去,势必导致脱离现实生活与活动,从而淡化或失去对现实生活中广泛的兴趣和爱好。

二、网络对大学生心理及人际交往的影响

1. 正面影响

(1) 网络满足了大学生实现自我价值的愿望,促进了大学生自我意识的发展。由中学到大学的改变和适应过程中,只有少数人能够保持原来中学时的中心地位和重要角色,大多数学生成绩平平,缺少特长,在学校的各种活动中难以获得成就感。一些学生不能够很好地适应这种角色的转变,就会导致自信心缺乏,其价值感和成就感无从谈起。在网络虚拟社区里、在游戏中,每升一级或者是打过一关,都会产生一种愉悦感和"高峰体验",可以找回"辉煌的自我"。在现实中人们的许多需要是很难轻易满足的,需要付出艰苦的努力,然而在网络这个虚幻的世界里,随着上网次数的增加,这种成功的心理体验也会不断得到满足。

(2) 网络提供了丰富的信息环境,可以在培养大学生的广泛兴趣的同时激发大学生的创造性思维。在网络中,由于大量使用的超文本阅读方式是以网状形式来构筑和处理信息的,它是一种跳跃式的、非线性的思维方式。这种思维方式有利于培养大学生的发散性思维,拓展大学生的思路,帮助大学生正确地看待周围的人和事,树立科学的人生观和世界观。

(3) 网络扩大了人际交往圈子,提供了大学生情感交流的空间,有助于帮助大学生建立良好的人际关系,弥补现实生活的情感需求。网络交往通过全方位、多层次的信息传递为大学生提供了更方便、更多的社会交往机会,使大学生的社会性得到空前的延伸和发展,从一定意义

上讲,也会给大学生心理健康带来积极的影响。在传统交往方式下,个体的人际交往常常囿于实际生活的狭小生活圈子,但在网络社会中,网络的开放性、大众性、虚拟性、直接性等多种特点使网上交往打破身份、地位、财产等社会等级的限制,为人际交往提供便利。通过网络,人们可以直接地交往。同时,网络交往所具有的间接性和虚拟性特点,使得网络人际交往比较容易突破年龄、性别、地位、身份、外貌等传统人际交往影响因素的限制,为大学生提供了虚拟的更为广阔的网络交往空间;网络提供了角色实践的场所环境,有助于大学生胜任显示的社会角色。人际交往中交往者要扮演不同的社会角色,交往环境和交往关系不同,交往角色也会发生变化,交往者所扮演的往往是复合角色。网络为大学生提供了角色实践的"练兵场"。网络创造的"虚拟环境"使大学生能够在其中不断进行角色学习,理解角色的行为规范,体会角色的需求和情感,了解角色间的冲突,并借助网络群体成员间的互动,把握自己在现实社会中各种角色的尺度。

(4) 调节身心健康。网络的便捷性为心理宣泄和寻求专业心理援助提供了途径。个体心理健康水平存在程度差异,低层次的心理健康指的是没有心理疾病症状,高层次的心理健康是指人的潜能得到充分发挥或"自我实现"。因此,即便是正常的人也要不断提高自己的心理健康水平。目前互联网上普及心理健康知识、提供专业心理援助的心理健康站点比较多。尽管这些知识的侧重点有所不同,但他们都自觉担负起了普及心理健康知识、提供专业心理援助的责任,在一定程度上对大学生的心理健康辅导起到了积极的作用。

2. 负面影响

(1) 长时间接触网络,会降低大学生的感知能力,导致大学生自我意识膨胀和认识错乱,容易导致大学生的性格异常。在现实生活中每个人都扮演着不同的社会角色,而在网络人际交往中,人的真实姓名、性别、年龄、身份等多种社会角色被掩盖。由于网络中的角色往往缺乏责任感,大学生渐渐会失去对周围现实的感受力和积极的参与意识,从而导致了孤僻、冷漠、欺诈人格的心理。一些大学生混淆了网上角色与现实生活中的角色,忘记了自己的社会责任和社会地位,在网络和现实生活情景中交替出现不同的性格特征,人格缺乏相应的完整性、和谐性,从而导致部分大学生有偏执型人格、多重人格冲突等问题。这种大学生具有脱离现实、退缩孤僻、沉溺于幻想的行为特点。他们不愿与人进行面对面的交流和互动,只在网上发泄自己的不良情绪,这使他们在现实世界中的孤独感日益严重。

(2) 容易助长大学生的游戏心态,同时受网络英雄主义的影响,易引起一些大学生价值观念的扭曲。一些大学生长期沉浸在游戏中,容易满足于虚拟世界,长此以往,形成对周围事物认知的自我阻断,不再主动去探求现实社会,同时他们把游戏世界中的角色身份与现实社会中的角色身份混同,导致性格变得狂躁,严重的甚至发展到仇视社会和身边的人。

(3) 沉迷网络也容易导致大学生人际交往的简单化和片面化,形成人际交往障碍。交往障碍是指因使用网络而引发的现实生活中的社交障碍。社会学常识告诉我们,人际交往的互动是青年时期完成个体社会化的基本环节。人的行为在社会交往中要受社会道德规范的制约,而在网上他们不必严格遵守现实社会中人际关系和角色扮演的规则,没有必须履行的角色义务,这种匿名效应使他们在网上与陌生人交往变得幽默、浪漫,而在现实生活中却不善言辞、沉默寡言。因此,他们会逐渐失去自我,改变个性。

(4) 情感问题。大学生正处于情感体验的高峰时期,向往异性、渴望情感是正常的。但在实际生活中,他们的情感表露或多或少受到限制。从网上看,大学生的情感需求主要有两个方面:一是寻求异性朋友或对象;二是为了情感满足和心理愉悦。网上最热门的话题是网恋,就正常发展的网恋而言,由于网恋是借助于网络媒体、依靠文字或声音进行的,缺乏重要的现实基础,因此,网恋的成功率极低,从而造成较大的感情或心理伤害,对大学生的心理健康产生负面影响。

第三节 大学生网络心理障碍

一、大学生网络心理障碍的概念

网络心理障碍是指无节制地上网导致行为异常、人格障碍、交感神经功能失调。其表现为开始是精神上的依赖,渴望上网;随后发展为身体上的依赖,不上网就情绪低落、疲乏无力,面容憔悴,茫然失措,只有上网后精神才能恢复正常。大学生网络心理障碍大多数表现为情感迷失、角色混乱、道德失范、心理脆弱、交往失落。研究表明,网络心理障碍者每周使用网络平均时间为38.5小时,而非网络心理障碍者仅为4.9小时。

二、大学生网络心理障碍的主要表现

网络心理障碍主要表现如下。

1. 认识过程障碍

(1) 感知觉障碍:主要是指幻觉。实际上是由大脑皮层感受区异常兴奋所引起的,与感觉器官无关。

(2) 注意障碍:主要是注意品质的异常,它体现在注意的强度、广度、稳定性和持久性等方面。

(3) 记忆障碍:记忆力减退。

(4) 思维障碍:思维僵化、自学能力和语言表达能力差。

2. 情感过程障碍

情感过程障碍主要包括病理性优势心境和情感反应障碍。病理性优势心境是指某种病态心境(病理性愉悦心境和病理性情绪低落)笼罩着整个人的精神状态。

3. 意志行为障碍

(1) 意志增强:表现为长时间沉迷网络游戏中,不顾疲劳,持续用各种方式攻战,企图取胜过关的病态意识。

(2) 意志减退:终日沉醉于虚拟世界的大学生,经常在上课和做作业时情绪低落,对听课、做作业不感兴趣,以致意志消沉,对学习产生厌恶感,并逐步失去信心。

(3) 意志缺乏:对除上网以外的任何活动都缺乏动机、要求,对学习工作无自觉性,个人生活极端懒散,行为孤僻、退缩。

4. 人格障碍

在没有认识过程或智力障碍的情况下,人格显著偏离正常。网络人格障碍主要有反社会型人格障碍和依赖型人格障碍。

案例分析

某高校一名大学四年级学生,生活中不善言谈,也不与周围同学交往,总是独来独往。他穿着邋遢,头发经常不洗,大冬天上课甚至还穿着拖鞋,目光呆滞,同学们都叫他怪人。但他特别喜欢上网,而且特别喜欢泡在网吧里聊天会友,在网上他口若悬河,成了人见人爱的"大众情人"。这位同学就属于典型的网络心理障碍者。其典型表现就是日常生活中情绪低落,对什么都提不起兴趣,还出现睡眠障碍、生物钟紊乱、食欲下降、体重减轻、容易激动、自我评价降低,严重者社会活动减少,有自杀意念。但并非所有上网者都会患上这种病症。因上网聊天而出现或加重社交障碍、行为异常、人格障碍、心境障碍、交感神经系统失调者,大多原来在心理上就存在某种问题,最突出的就是自卑和人际交往问题。越是自卑感强的人,其归属感和受人尊重的潜在意识越强。而网络正好成为他们逃避现实的"世外桃源"。虚拟的网络世界虽然会让他们体验到无比快乐的轻松、自在,满足个体的控制感,但是,这种来自网上的满足感、控制感毕竟不同于现实世界。心理健康的人能认识到这一点,因而他们不会沉溺于网络,而对一个原先就有一定心理问题的人来说,网上的活动可以补充满足感,往往导致其难以自拔。难以适应现实生活,同时存在情绪低落、能力下降等心理问题时,很可能是患上了网络心理障碍。

三、大学生网络心理障碍的类型

(1) 网络游戏成瘾:根据心理学测试统计结果,服食毒品的人都存在不同程度的心理障碍,如焦虑、忧郁等。而迷恋网络游戏的人经过测试后,其结果也显示有心理障碍问题。含有血腥、恐怖、枪战、杀戮、色情等内容的网络游戏,很容易使沉迷其中的人产生性格孤僻、不合群的心理缺陷,轻者网络成瘾,重者走上犯罪道路。根据科学分析,缺乏睡眠会导致食欲下降、身体免疫力下降、情感冷漠、心理活动异常,感知、记忆、思维、语言等各种反应能力显著下降等。

(2) 网络色情成瘾:沉湎于网络上的色情内容,包括色情文字、图片、视频,以及色情聊天等。

(3) 网络交际成瘾:经过调查显示,50%的人不相信网恋,相信和不确定的各占25%。对于网恋是否能成为现实恋爱,35%的人认为可能,33%的人认为不确定,32%的人认为那是不可能的。大学生网恋存在两种情况,一种是把恋爱视为一种网络游戏,在网上进行情感交流的一种方式,恋爱的目的不是为了结婚。但也不能排除另一种情况,在大学生中有一些通过交流,谈人生,聊理想,日久生情,情投意合而成为情侣的。网恋很容易上瘾,网恋者把网上恋情视为现实生活中的爱情,从而影响学习。网恋者表现为因网恋减少现实生活中与周围人的交流,不参加集体活动,性格变得孤僻,甚至人格分裂,网恋失意者有的还会出现精神崩溃。网恋的欺骗性给涉世未深的大学生造成的不仅是被骗的感觉,而且是精神打击,从而影响人生的发展。

(4)强迫信息收集成瘾:信息超载成瘾,是指强迫性地、无法自制地从网上收集无用的、无关的或者不迫切需要的信息,并伴随有强迫性冲动倾向和下降的工作效率。这种行为没有计划和目的,耗费时间,是纯粹的盲目行为,是一种怪癖。

四、大学生网络心理障碍的判断

大学生网络心理障碍包括三个方面的内容:①上网者的心理或行为偏离了社会公认的规范或适宜的行为方式(失常或反常、失调或无序)。②上网者的社会价值观与现实社会价值观错位(如有网络盗名、盗号,制造计算机病毒等行为表现)。③上网者适应环境能力缺失,社会适应能力低下(冷漠、不与人交往)。那么如何判断是否患有心理障碍呢?

知识阅读

患有心理障碍的判断依据

自己是不是有心理障碍,可以简单从以下8个方面加以判断。

(1)是否有人际交往的障碍?比如,是否对于人际交往感到恐惧?人前是否感到自卑?社交场合是否手足无措、脸红心跳?

(2)情绪是否恶劣?比如是否经常悲观、抑郁、焦虑、烦躁,或者易怒、喜欢攻击?

(3)是否有查不清楚原因的躯体痛苦?比如是否有长期慢性疼痛、植物神经紊乱、体力下降、长期失眠等?

(4)工作、学习和注意力是否明显下降等?

(5)是否有反常的、自己控制不了的行为?比如,反复洗手、关门、做鬼脸等。

(6)是否极度讨厌自己和厌恶别人等?

(7)是否有性障碍、性生活不和谐及家庭功能障碍?

(8)是否有其他原因导致生理、心理、社会功能障碍的问题。

上述8个方面的表现,每一个社会人都会或多或少地遇到,只有达到一定强度、超过一定时间的,才算得上是心理障碍。所谓一定强度,是指这些症状比较严重地影响了一个人的心理状态和社会功能;所谓一定时间,是指这些症状持续的时间在3~6个月。判断心理障碍的轻重,有以下3个方面的重要标准。

第一条标准,也是最重要的标准,就是现实检验能力,它涉及一个人对事物的主观判断与客观现实的吻合度,主观判断与客观吻合度越差,现实检验能力越弱,他的心理障碍也就越重。重症精神病患者对事物的判断被幻觉和妄想所控制,严重脱离现实,是现实检验能力最差的人,所以,他们属于最重的心理障碍患者。

第二条标准,就是对人际关系和压力的适应能力。适应能力越差,心理障碍就越重。重症精神病患者的适应性明显退化,他的生活只能和自己及自己的幻觉和妄想进行;边缘障碍的患者只能适应非常有限的人际交往,处于半自恋、半公开的"边缘生活"状态;神经症患者通常都可以适应一般的人际交往和压力,只不过适应能力打了折扣。

第三条标准,就是心理发育受损的阶段,受损越早,障碍越重。在出生后6个月内心理发育受损,精神障碍在重症的范畴,可以出现精神分裂;在6个月至18个月期间受损,属于重症心理障碍,可以出现边缘型心理障碍、癔症;在2岁至3岁期间受损,容易产生强迫或自恋障碍;在3岁至5岁受损,容易出现社交恐怖等神经官能症和性心理障碍。

把3条标准综合起来,就能对心理障碍的轻重做出比较准确的判断。

第四节 大学生网络成瘾

一、网络成瘾的现状

网络成瘾综合征(internet addiction disorder)又称网络成瘾,在医学上称为"病态性使用互联网"。它是指在无成瘾物质作用下的上网行为冲动性失控,沉迷于网络世界难以自拔,从而导致个体明显的身心功能损害。这种新型的心理疾病主要是过度使用互联网,使自身的社会功能、工作、学习和生活方面受到严重的影响和损害。从心理上来讲,主要表现在对网络有依赖性和耐受性,患者只有通过长时间的上网才能激起兴奋来满足某种欲望。网络成瘾者对上网有一种心理上的依赖感,主要表现为网络游戏成瘾、网络交际成瘾、强迫信息收集成瘾等多种形式。过度沉湎和依赖网络对大学生的心理健康造成了极大的影响。沉湎网络使大学生的性格变得更为孤僻,形成社会隔离感、悲观、沮丧等心理障碍,对正常的学习和娱乐活动无兴趣,消极地逃避现实,造成角色错位,把对现实的感觉和喜怒哀乐寄托在虚拟的网络世界中,在现实中感情淡薄,情绪低落,注意力分散,无精打采,只有在网上才会精神焕发。有的大学生也明知沉湎网络会影响学业,多次告诫自己不能再泡网吧,可还是身不由己。凡是网络成瘾的大学生,大多会陷入虚幻的网恋中,人格出现异化,道德感弱化。因长时间上网,减少了在现实生活中的人际交往和正常的文娱活动,日常的生活规律被打破,饮食不正常、体能下降、睡眠不足,生物钟失调、身体虚弱,思维会出现混乱,更严重者甚至导致猝死和自杀。大学生网络成瘾导致的一个最直接的后果是成绩下降、学业荒废。

二、网络成瘾的原因

我国大学生在网络使用中所出现的问题,主要是由使用网络的方法、大学生在成长过程中所表现出来的个性心理、我国的教育和管理方式、社会管理的缺失及网络本身的吸引力所致。

1. 使用网络不当是网络成瘾的重要原因

我们可以通过网络发送电子邮件、传输数据、进行视频通信、开展远程学习、下载软件、查询资料,这已成为人们不可离开的生产和学习工具。同时,网络也可供人们"休闲消遣"。可是在现实中,究竟有多少人把网络当工具,充分地利用网络资源来提高工作与学习效率?又有多少人把网络当作了娱乐工具,利用它来进行消遣、玩游戏和聊天?据有关资料调查,在一个正常工作日上午的某一个时间点上,查得用QQ聊天的人数最多,玩游戏的人数也较多。在被调查的大一、大二、大三的三个年级的1200名大学生中(学计算机专业的占30%),上网热衷聊天的达75.8%,选择网络游戏的占41%。在时间比例上,只有19.2%的时间上网是为了下载软件、收集资料、了解时事新闻。而且年级越低,用于学习的时间比例越低,用于玩游戏、聊天的时间越多。其中,女大学生多热衷于网上聊天、交友、购物;男大学生主要是迷恋游戏。大学生把网络当成了玩具,把上网当作休闲消遣,而不是把网络作为学习知识的工具来使用,在网络的认识和使用方法上存在误区。

2. 来自网络的吸引力

随着社会的发展,网络以集文字、影像、声音于一体的独特魅力吸引着众多的大学生,成为他们网络成瘾的重要致敏原。具体来说,网络对大学生的吸引力主要表现在以下几个方面。

(1)信息的丰富性:网络空间是一个丰富的百科全书式的信息世界,在这里,大学生几乎可以搜索到自己所需要的任何资料。这对他们而言,无疑是一个不可抵挡的诱惑。同时,这些信息在内容上的新颖、包装上的新奇、查询上的便捷、更新上的及时等,对具有较强猎奇心理的大学生又是一个强的吸引。因此,目前大学生普遍受到网络空间各种信息的冲击、挤压,甚至是淹没。当他们长时间浸泡在杂乱无章的信息中时,极易形成对信息的依赖和认知麻痹,出现"信息超载"现象。随着时间的推移,后继信息对他们的感受程度将不再有更多的意义,浏览的时间越长,感受性越低,浪费的时间也就越多,从而出现成瘾行为。

(2)身份的匿名性:只要打开网页,我们就能看到"www",这是"world wide web"(国际互联网)的缩写。顾晓鸣先生则另辟蹊径,将"w"理解为汉语拼音"wu"(无)的简写,认为"www"的含义就是汉语中的三个"无",即无身份、无性别、无年龄。顾晓鸣的理解形象地揭示了网络使用者在网络空间身份匿名的特点。在网络社会里,每个参与者都可以隐匿自己的真实身份,以面具化的形式扮演各种角色、从事各种行为。网络空间这种身份的匿名性满足了大学生对自由度、安全感和成就感的追求和需要,他们极易在心理上形成对网络的深度依赖。

(3)地位的平等性:在现实社会里,由于多种社会因素的制约,大学生一般处于社会弱势阶层。网络社会的一种去中心、权力扁平化的特点,使大家的地位都是平等的。在网上,大学生作为平等的一员既可以就某个问题发表自己的见解,又可以对某个事件发布自己的评价,还可以尽情发泄自己在现实生活中产生的不满情绪。这里几乎完全没有现实社会中的各种约束和限制,大家都是平等的参与个体。可见,网络社会中成员社会地位的平等性、社会关系的民主性和社会行动的自由性对大学生确实产生了极大的诱惑。

(4) 行为的去抑制性：去抑制性是心理学的一个重要概念，是与抑制性相对应的一个术语，它被认为是网络导致用户成瘾的根本特性。去抑制性是指个体更少地受自我意识的约束，不在乎他者的存在，我行我素，随心所欲。网络环境中的去抑制性则是指个体在网络社会中因受某种外加因素的影响所出现的抑制作用的减弱，因而其行为比现实生活中更不受约束。如前所述，由于受网络匿名性、平等性、自由性等特点的影响，加之现实社会中的一些规范，如道德、法律、条例、制度等对大学生网络言行的约束力明显减弱，甚至消失，他们在网络中的言行基本处于脱序状态。这样，他们在网络空间感觉到了梦寐以求的"自由"和"平等"，于是就有可能乐此不疲，乐不思蜀，最终造成网络成瘾。

(5) 功能的多样性：网络功能的多样性可以使大学生通过电脑达到多种目的，获得多种享受。一旦被这些功能吸引，为获得更多的乐趣，他们就会不惜耗用大量的时间和精力上网，结果往往是身陷其中，欲罢不能。由此可见，网络以其自身特点带给大学生无尽的电子愉悦，使得他们在心理上依赖网络，不能自拔。所以，可以认定来自网络的吸引力是导致大学生网络成瘾的重要原因。然而，现实表明，并非每一位使用网络的大学生都会出现成瘾现象，网络仅仅提供了成瘾的可能性，他们自身因素也是网络成瘾的一种推动力。

3. 大学生自身的推动力

如果我们把来自网络的吸引理解为导致大学生网络成瘾的外部原因，那么他们自身生理、心理和人格特质的推动则是促成其网络成瘾的内部原因。

(1) 大学生的生理因素：网络成瘾是由于长时间使用网络而引起的一系列以植物神经功能紊乱为主要症状的症候群，现代医学上称之为电脑病。生理理论认为人脑中有"快乐中枢"，每当网络成瘾者上网时，大脑相关高级神经中枢持续处于高度兴奋状态，它会对大脑进行化学反应式样的刺激，并释放一种名为多巴胺的物质。多巴胺的化学物质水平升高，引起肾上腺素水平在短时间内异常增高，交感神经过度兴奋，并使血压升高，然后令人更加颓废、消沉。这些劣性改变可伴随一系列复杂的生理和生物化学变化，尤其是植物神经功能紊乱、体内激素水平失衡、免疫功能降低。如果这种刺激是经常性的，大脑会强化自身的这种化学反应，进而产生成瘾行为。

(2) 大学生的心理因素：近期调查结果显示，年龄在 20 至 30 岁之间、受过良好教育的学生群体是网络成瘾的易感群体。大学生比其他群体更容易产生诸如网络成瘾等问题行为，除了与网络的吸引力有关外，还与他们的心理特点有关联。大学生具有强烈的好奇心，关注新事物并且容易接受，这种求新求异的特点促使他们积极投身于由网络架构的新奇、丰富、动感的社会空间；网络与大学生之间存在很多契合点，如大学生具有追求流行的特征，上网的时尚性符合他们追逐流行的心理，这样网络就为大学生提供了很好的心灵释放场所；大学生在认知能力上的局限性及较弱的自我控制能力也容易使自己走上网络成瘾的道路。

三、网络成瘾的主要危害

网络成瘾危害多多。它会使个体角色混乱，人格扭曲，道德感弱化，学习、工作受到极大影响。极端情况下，成瘾者不清楚虚拟空间和现实世界的区别，人际关系和社会生活变得混乱不堪，身心也受到极大伤害。

1. 角色上自我混乱

在网络世界里,上网者可尽情扮演自己希望又不同于现实生活中的各种角色,随时随地通过网络到达"世界的每个角落",很快地获得各种信息和娱乐。在网络中找到了自信,找到了展示自我、发挥自我潜质的大舞台,找到了内心理想化的状态,找到了发泄不满的空间,找到了精神的寄托。虚幻的网络空间成为逃避现实、寻求解脱的"避风港"。这种虚拟性的生活可能使"虚拟自我"与"现实自我"发生交汇与矛盾,出现"理想自我"与"现实自我"的冲突,迷失了真实自我,将网络上的规则带到现实生活中,找不到现实生活中自己的位置和坐标,表现出感情上自我迷失、角色上自我混淆,因此也就不可能不断调整自己的行为,塑造自己。在角色扮演过程中就会产生矛盾、障碍,甚至遭遇失败,出现角色冲突、角色不清、角色中断及角色失败,个体偏离了角色期待,招致他人对个体承担某一角色的异议或反对。这样会产生焦虑不安,导致自我认同感的混乱。

2. 交往上自我失落

网络社会中的人际关系,大大突破了现实生活中人的社会阶层、地位、职业、性别等差异,在这个虚拟社会中,人们因共同的兴趣而联系在一起,恪守同样的规则发展人际关系,这种"集体感情"与现代生活中人与人之间的疏离、冷漠和猜忌形成鲜明对比,填补了成瘾者心理上的空虚和失落。在网络中,合则说几句话,不合就形同陌路,不会有任何的现实羁绊,而现实生活中真正的朋友关系并不是这样的,朋友不仅需要大家有相似的性格、爱好,更需要投入时间、精力去相互关心,而这种关系在网络中是不存在的。网络中的"虚拟自我"与"现实自我"的巨大反差,使得他们在现实生活中对自己家长、同事、同学越来越冷漠,接触次数减少,沟通交往圈子缩小;与周围人际关系紧张,情感疏离冷淡,性格孤僻失落;对各种活动漠不关心,自我封闭、独来独往,进取意识减弱;现实生活中的人际关系一团糟,深感不适应现实生活,陷入焦虑痛苦中,变得更加孤僻。

3. 道德上自我失范

在虚拟网络空间里,成瘾者不必与其他人面对面地打交道,缺少了现实社会中家人、同事、教师为核心的人际关系对他们的行为监督,加上匿名、隐匿性别和身份的形式,使得主体的道德认知、道德意识失去了稳定根基,许多现实社会中的规范、规则、道德在虚拟世界中被冻结,上网者在表现自我的同时,把社会自我抛得越来越远,放纵自己的欲望,导致严重的网络道德失范行为。他们抱着猎奇心理,追求感官刺激,以自己所设想的身份与别人进行聊天,发泄自己不良情绪等。总之,平时不好意思说的话或受社会道德规范和行为准则约束的事情、动作,这里可以尽情说、做。互动游戏、虚拟赌场等易使游戏者模糊道德认知,淡化游戏虚拟与现实生活的差异,误认为这种通过伤害他人而达成目的的方式是合理的。

4. 学业上受损荒废

随着上网时间不断延长,学生记忆力下降,对学习也逐渐产生厌烦感,常不交作业、缺课、成绩下降,甚至辍学。随着网络性心理障碍加重,这些学生对网络依赖更加严重,其表现为逃课上网,导致学业荒废。一些学生把大量的时间、精力、钱财花在网络上,对于以掌握知识为安身立命之本的学生来讲,不仅学业受损,长此以往会使智力受到很大影响。

5. 身体上诱发疾病

长时间上网,会因为辐射和电磁波诱发青光眼、视网膜剥离等眼病;长期使用鼠标对手指、手腕和上肢不利,可造成腕关节局部肿痛、活动受限;久坐使体位难得有变化,容易导致肌肉骨骼相关的疾病,主要受累部位有腰、颈、肩、肘、腕部等。对于女性还易造成生殖功能和胚胎发展异常;电脑散发的气体还能危害呼吸系统,会导致肺部发生病变;网瘾重症者整天沉迷于电脑屏幕前,边吃边玩,白天睡觉,夜里上网,有人甚至不洗漱、不更衣,食不规律,睡眠颠倒,易诱发癫痫、脑卒中而致猝死。

6. 人格上异化扭曲

在错综复杂的网络交往中,对于交往的主体来说,在现实中的正义感、是非感、尊严感、责任感等较弱或虚无,网瘾者忽视自身的角色要求和社会规范限制,淡化了自己的理想和价值观,淡化了自己的社会责任感。在网络中"陷"得越深的,其人格障碍越严重。一般讲,网络成瘾者性格内向,不善交往,希望得到重视,但又十分孤独。同时,对朋友和家庭冷淡,亲社会行为少,抑郁,缺乏现实的成就动机,欲寻求外界(网络)的认可,害怕被拒绝,自我封闭。他们自主需要很高,成就需要和表现欲望较高,而内省需要很低。在现实生活中常以退避、自责、幻想等方式应对困难和挫折,表现出抑郁、反叛、见人紧张、空虚无聊、冲动草率、缺乏明确人生目标的心理特征。

四、如何防止网络成瘾

大学生网络成瘾不能简单归结于网络的出现和广泛使用。网络只是传播信息的重要工具,它与报纸、广播、电视等传统媒体一样,有着相同的功能和缺点,关键在于我们如何去化解它的负面影响。我们不能因为大学生上网会成瘾就因噎废食而禁止使用,也不能放任自流而不管。要充分吸收和借鉴一些经验,建立从硬件到软件,从社会、学校到家庭的全方位防范机制。

第一,培养大学生的网络道德素质,提高他们对网络的认识和自律能力。网络代表高科技的发展水平,又是一个充斥着各种思想和观念的虚拟空间。网络独特的虚拟环境,使任何网民都可以隐身在网上进行自由活动,容易放纵自己的行为,黑客、网络犯罪、信息欺诈等易于在网上出现。对于涉世未深的毫无社会经验的大学生来说,很容易上当受骗,甚至参与其中,对大学生的人格和心理造成影响。因此,学校应把现有的思想品德课教材内容加以充实和改革,把网络文明、网络道德规范教育当作一项重要的思想教育内容,利用学校思想教育的主渠道对学生进行正确的引导。让大学生真正懂得网络不但有看得见的数字技术要求,也有看不见的伦理道德规范的要求。在开展计算机网络技术教育的同时,就应引导他们对网络成瘾、网络的负面影响进行深层次的了解,提高对网络的科学认识,自觉树立正确的网络道德观和自律意识。

第二,提高大学生正确使用网络的方法和水平,为防范网络成瘾提供技术保障。我们应充分借鉴一些防范网络成瘾的成功经验,把大学生对计算机信息网络的浓厚兴趣和求知欲望进行正确引导,趋利避害,有效地发挥互联网的作用,把大学生的主要精力集中到有利的方向上来。要让他们充分了解网络的功能与特点,掌握其具体的操作技能,自觉地把网络当作学习、工作的工具而不是游戏和聊天的空间。如通过教学、培训、组织兴趣小组、网上知识竞赛、网络信息咨询、网络科技知识解答、网上新闻调查等活动,激发大学生学习网络知识的兴趣,提高使用网络的水平和技巧。要经常告知学生,在上网之前必须设定目标,有选择地进入各类网站,查找相关的资料,不能无目的地在网上漫游。

第三,加强网络的法制化管理,建立网上监察机制,净化网络环境。据现实调查,网络成瘾者一般是因缺乏监管、无节制、长期上网等原因所致。而为此提供条件的是大量营业性网吧。因此,政府职能部门要对各种网吧制定严密的法律监管制度,限制各类网吧的营业时间,对不法经营者要坚决予以打击和取缔。对网络犯罪,利用网络作聊天工具,实施网络诱骗和攻击,非法建立色情网站,传播不良信息的人予以坚决打击,建立信息管理的常设机构和专业人才队伍,对计算机信息网络资源进行控制和法制化管理。对于在学校上网的学生来说,更应加强管理和开展经常性的检查,对上网玩游戏与光顾色情网站者给予严厉的批评教育。而且,国家要加大硬件和软件技术的投入,严格网络文化的入境渠道、传输过滤技术的控制和卫星接收控制。采取各种电子传输过滤软件技术,加强对学校、家庭、网吧网络的入室防范,限制不良信息的传播。

第四,重视对网络成瘾者的心理健康教育,为大学生营造一个良好、宽松的成才环境。从大学生产生网瘾的原因及成功戒除网瘾的实例可见,网瘾是过度使用网络而产生的一种心理依赖和行为习惯,必须通过心理治疗和教育等多种措施来解除。为了戒除和防范网络成瘾,一是要对大学生加强心理健康教育。现在许多大学和一些网站已开设了心理知识、心理咨询、心理测试等项目,各大中城市相继建立了戒除网络成瘾的帮助组织,并已收到了好的效果。学校作为思想教育的主渠道,应从多方面入手,加强对网络成瘾者的心理健康教育,引导他们正确处理现实的人际交往与网络虚拟生活之间的关系。二是进行教育观念和方法上的转变,多组织一些大学生的社会实践活动,学校、社会要多创造条件,多开展学术交流活动,组织各种以学生为主、有教师指导的社团活动,开展一些丰富多彩的集体活动以减少上网的时间,并让大学生在活动中来提高自信心和人际交往能力,在活动中感受到同学间的友谊、团结协作给人带来的愉悦。总之,我们必须正确面对信息网络给当代大学生的教育和管理所带来的负面效应,构建适应网络化时代教育的新模式和管理体制,认真做好上网学生的教育和管理工作,对网络进行法制化管理,为青年大学生提供一个良好健康和有序的网络环境,尽可能避免网络给大学生带来的负面影响。

第五节　构建良好的网络心理

大学生网络性心理障碍的调适需要求助于专业的心理咨询。除了一对一辅导外,还应根据来访者性格特征提供团体辅导活动,使来访者获得同伴和社会支持。养成良好的用网习惯,网为我用,而非我为网奴。文明上网,上文明网。没有人能阻止自己的上网行为,请自己控制上网的时间和掌握上网的目的。没有人能阻止自己在网上交友,请自己慎重判断对方的真实意图。保持使用网络获得资讯的方式,但不要把网络作为获取资讯的唯一方式。网络使用能力的加强意味着另一方面能力的削弱,请注意,人际交往的其他方式和能力也要不断加强。

1. 树立正确的自我意识

自我意识是心理健康的重要指标,是人类自身内在的一种成功机制,没有健康的自我意识,就不会有健康的人格和心理,完善自我意识主要从以下方面进行。

(1) 准确认识自我。对自我的认识主要来源于他人的评价与自身实践两方面。①在他人的评价中确立肯定的自我认识。如果自己做某方面的事情总是得到别人的肯定,这方面就比较优秀,当然,他人的评价也不一定公正、客观,因此我们要用自己的慧眼,识别出对我们成长有益的评价。②在他人评价的基础上学会自我观察。检查自己做过的一些事情是否公正合理,从而客观公正地看待自己。③在实践活动中进行自我认识。大学生投身到社会实践活动中,把自己当作活动的客体,就会不断地发现自我意识的不成熟,发现它的矛盾之处。从而正视这个现实,根据实践活动的需要,有目地实行自我调控、自我教育,不断地调整和充实自我意识的内容,解决自我意识的矛盾,确立正确的自我评价,不断地引导自我意识向健康方向发展。

(2) 正确对待自我。即看到自己的优点和长处,又承认自己的缺点和不足,对自我给予基本肯定。

(3) 认真修正自我。自我完善,追求有意义的人生,使人生达到相当完满的境界。

2. 想象厌恶法

当你非常想上网或正在上网的时候,想象某些厌恶的情境以达到减少上网行为的目的。例如想象眼前站着某位使你感到害怕的人(如你严肃的爸爸或严厉的老师等),也可以想象你最害怕的东西向你靠近(如蟑螂爬满了你的键盘等),从而迫使你自己放弃上网这种行为。

3. 自我管理法

(1) 在想上网时强迫自己转移注意力,主动放弃进入有电脑的房间,用看书、打球、跑步、听音乐等其他活动取代原来上网的行为,或主动建议父母取消家庭上网装备,或给电脑设置密码,将自己与网络绝缘。

(2) 上网时间递减法,设立合理的"小步骤"目标,逐渐减少上网时间。如果每天上网7个小时,那么就将它减为6个小时,这个目标实现并维持了一段时间后,再把目标定位为5个小时,如此类推,直到每天只上网1~2个小时为止。在这个过程中,每次上网时设闹钟提醒自己下网时间,同时邀请父母、兄弟姐妹或同学朋友督促监督。

(3) 自我指令,给自己制订学习时间安排表,规定每天的作息时间,什么时候必须学习、锻炼身体、睡觉等,每当想上网时就暗示自己:"不行,现在是学习时间,等到上网时间再说。"如果度过了充实的一天后,自己给自己积极的鼓励"今天学习很有收获,很投入,坚持就是胜利"。

(4) 自觉提高上网效率:每次上网之前想想自己上网的目的,将任务列一个表,然后估算需要上网的时间,如果估计需要2个小时,就把时间定在1个小时,并且上好闹钟,提醒自己不要做与任务无关的事情。

(5) 自我奖励和惩罚:运用以上4个方法,根据自己完成的效果给自己打分实行奖励和处罚。如果完成得好就可以奖励自己去吃美食或买自己心仪的衣服等,如果做得不好可以罚做家务或减少零花钱等。

有首诗这样描写网络:网络是生活的提升,带给你新奇的陌生,网络是情感的陷阱,带给你虚拟的憧憬,追寻着的是那份激情,期盼着的是那份幻影;放肆在愉悦的情绪中,把握生命中的每一次感动。随着网络的普及,大学生上网人数越来越多,网络影响着大学生的生活方式、学习方式、交往方式,网络心理素质已经成为当代大学生心理素质的重要方面,同学们,让我们一起学会在网络环境下如何趋利避弊、兴利除害,培养健康的网络心理,拥有一个精彩的网络世界。

【课外实践】

1. 分组讨论互联网对大学生的影响。

2. 在本校开展网络使用调查,同时在校进行宣传、倡导,引领文明、诚信使用互联网的风气。

第十一章　择业求职与心理健康

【本章要点】 择业求职是大学生在完成大学阶段的学习之后必须面对的一个选择。通过本章学习,使学生了解择业的心理知识及求职的技巧,帮助大学生建立科学的择业意识,正确处理择业求职过程中的心理冲突,保障大学生以良好的心理状态迈出人生当中的关键一步。

我们常听人说,人们因工作过度而垮下来,但是实际上十有八九是因为饱受担忧或焦虑的折磨。

——卢伯克.J

第一节　认 识 自 己

在十几年的学生生涯中,你可能不止一次地问过自己:我从小到大读书是为了什么?我将来能够做什么?我能找到一份理想的工作吗?如果不能我该怎么办?尽管答案会因人而异,但是这种追问不是多余的,它是你开始思考如何度过人生的必要的一步。大学生必须考虑怎样确定一个职业角色,寻求一种生活方式,担当一份社会责任。只有这样,你才能走出家庭,找到自己;也只有这样,你才能自食其力,作为完整的成人,立足社会,这就是人生生涯的课题。

一、生涯彩虹图

生涯发展大师舒伯认为:生涯是生活中各种事件的演进方向和历程,是一个人自青春期到退休之前,一生中各种职业和生活角色的综合及结果。这些角色包括儿女、学生、休闲者、社会公民、工作者、配偶、家长及退休者等。在家庭、社区、学校及工作场所,这些角色同时扮演及互相转换,使得人生生涯就像天上的彩虹一般,色彩斑斓而辉煌。在舒伯的生涯彩虹图中,最外圈为生命主要发展阶段,内圈阴暗部分表示各年龄阶段各种角色的投入程度。个人在同一年龄阶段可能同时扮演几种角色,因而各种年龄段的角色会有所重叠,但其所占比例分量则会因为角色的需要以及个人的投入不同而有所不同。阴影的部分越多,表示个人对该角色投入的程度越深,反之亦然(图11-1)。

舒伯根据其生涯发展型态研究将人的生涯发展划分为五个阶段,每个阶段都有其应该完成的发展任务。个人可以依据职业生活历程中所达到社会期望的程度,以及在各个阶段完成发展任务的情况,评估自己生涯发展的成熟程度。舒伯的生涯理论,有三个层次:其一,是个人生命周期的时间阶段,为成长、探索、建立、维持、衰退五个阶段,每个阶段都有其发展任务,而自我概念即自我认识在生涯发展中具有相当的重要性。其二,是个人一生中大致会扮演的不同角色广度,有儿女、学生、社会公民、休闲者、工作者和家长等。其三,是个人根据自己的理解

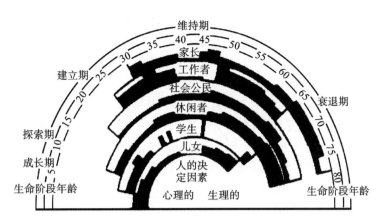

图 11-1　舒伯的生涯彩虹图

和需求,对扮演每个角色的投入深度。

就生涯彩虹的内容来看,0～6 岁的角色是儿童;6 岁入小学之后是学生、休闲者;25 岁左右,投入职业领域成为工作者;30 岁左右结婚成家,要扮演配偶、家长的角色;45 岁左右,工作角色中断,学生角色凸显,表现为进修充电,再度加强专业能力,提升技能;48 岁左右,再度在工作中冲刺,专业发展达到巅峰,同时休闲者与公民的角色逐渐重要;65～75 岁,在家庭中投入的时间较多;70 岁以后,休闲者与家长的角色最为突出,自此,有数十年的时间享受工作成就。相信人人对未来都有过许多的憧憬,如果回头想想,可以发现梦想会随着年龄的增长而不尽相同。

家庭、学校、社区、职场是人生的四个重要舞台,人生就是因扮演各种角色而多姿多彩,我们也因在这样的舞台上而充实快乐。家庭中,父母在,儿女的角色便存在。一个人总是先做儿女,因而需要考虑怎样扮演儿女,扮演何种儿女的角色?如何与父母建立良好的沟通关系?到了成年期,就要学习配偶的角色,这就需要了解自己,了解异性,学习与异性相处,选择一位最适合自己的人。结婚之后,要知道如何与配偶共同努力经营婚姻。有了孩子,为人父母的角色如期而至,面临的问题是:怎样教养孩子?给孩子物质关怀还是精神扶助?如何建立良好的亲子关系?在学校里,学生的角色理所当然,但是毕业后,在无形的社会大学里,就不再读书,不再是学生了吗?从终身学习的观念来看,学生角色所培养的学习能力和思考阅读习惯,将伴随人们的生涯一同发展。在职场上,作为工作者,要明白自己想在工作中获得什么?能否与人和谐相处,分工协作?对工作的满意度如何?作为领导者,则需要考虑如何营造组织气氛,科学管理,追求成就。在社区中,休闲者要培养自己可以从事的休闲活动,以疏解学习、工作、生活中的紧张与焦虑。休闲是为了调整身心,以便走好将来的人生道路。因此,如何度过休闲时光,也是学生时代的重要任务之一。作为公民,就要关心国家的大政方针以及社会环境,建立自己的人生信仰,切实履行公民职责。退休者要考虑怎样做个既健康又快乐的老人,过既有尊严又有自主的老年生活。

人的生命是有限的,稍纵即逝,每个人从出生到死亡,一般仅几十年的时间。在有限的生命之中,怎样走好每一步,让自己的生涯彩虹多彩迷人,这需要做出一系列的思考和抉择,这就是通常所说的生涯规划。据一项大学生职业生涯规划现状调查显示[①]：大学生中只有5%的人接受过系统的职业生涯规划服务,有近四成的人对自己目前的职业规划现状表示满意,但是他们之中,仅有12%的人了解自己的个性、兴趣和能力;18%的人清楚自己职业发展面临的优势与劣势;16%的人知道自己喜欢和不喜欢什么职业。这种对自我认识的判断与职业生涯规划的评价不相符合的现象,表明大学生并没有真正认识职业生涯规划。生涯规划是对生涯认真计划,妥善安排,并能依据主要方向,在短期内充分发挥自我潜能,运用环境资源促使各阶段生涯成熟。通过规划,所拥有的人生就会充实,生涯彩虹也一定会绚丽多彩。

那么,请想一想,你该如何描绘自己的生涯彩虹图?

(1) 角色的名称可以因人而异。

(2) 可以选择一种或多种颜色。

(3) 某一角色的颜色着色面积愈大,表示你对这个角色投入愈多。

(4) 每个角色的年龄,可依你的状况决定,如果你喜欢学习新事物,学生的角色或许是7岁到75岁;如果你从17岁开始边工作边学习,工作者的角色就从17岁开始。

(5) 每个角色在不同年龄的意义与重要性不同,例如:白领丽人工作者角色最重要的年龄是25～35岁,之后因为要照顾孩子而使得重心转为家长角色。此时,家长角色的着色在弧形中面积较大。

二、如何自我认识

正确的自我认识是进行职业生涯规划的必要条件。自我认识,就是知己,是职业生涯规划的三大要素之一,我国人事科学研究者罗双平用一个精辟的公式总结了其间关系与具体内容：职业生涯规划＝知己＋知彼＋抉择。职业生涯规划要素关系图见图11-2。

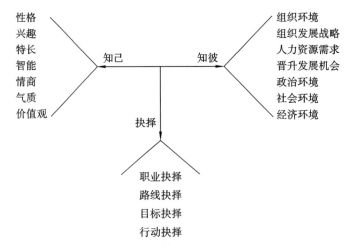

图11-2　职业生涯规划要素关系图

[①] 2004年6月28日至7月7日,由北森测评网、新浪网与《中国大学生就业》杂志共同实施的网上调查,收集了有效问卷2627份,调查对象为应届生及毕业一年以上的大学生、硕士生、博士生。载《中国青年报》,2004-7-23。

通过分析问题,可以认识个人所处的压力情境;通过分析自我,可以了解压力情境中的自我需要和应变能力;通过分析环境,可以决定如何应对压力情境,以及为达到目标所需要做出的努力。而这一切的关键则在于,人们在多大程度上能够自我认识。自我认识不是与生俱来的,只能从大量的生活经验中形成。人们的经验和应对问题的方式是完全不同的,只有具备了自我认识的能力,才能判断并学习别人的经验。

人类被称之为主宰世界的万物之灵。应该说人类是最有能力去选择并做出对自己有利的事情。然而,有人在处理与自己相关的事务时,常常采取的是自毁性的方式而不是建设性的方式,这是为什么呢?可以肯定的一点是,他们绝不是明知故犯,而是缺乏正确的认识。因此,人们要在世上活得有意义和价值,必得先从自我的迷惘中挣脱出来,在与外在世界的不断接触和学习之中,去认识自己,在复杂多变社会里,正确的选择人生方向。

怎样才能自我认识呢?人们的生活情境复杂多变,但无论怎样复杂,在生活情境与自我之间都存在着三种关系:我与人的关系,我与事的关系和我与己的关系。只有从这三种关系中获得的自我认识,才能形成个人对自己的看法,也就是心理学中的"自我概念"。

(1) 我与人的关系,孕育了个人从幼稚到成熟的人格发展过程。人们总是先学习、模仿别人的经验以达到认同,再按自己的需要吸收、重组、同化这些经验,以达到统合。从认同到统合,使得思想、言行、观念相互协调一致,逐渐形成自己成熟的人格特征。否则,人们的需要与行为就会发生冲突,不是行为的结果无法满足自己的需要,就是需要不能适当地支配自己的行为,最终导致自我迷失。在学业及职业上想获得成就,人们也必须先向别人学习,使自己符合一般人共同的标准,以达到认同,再追求自己理想中的标准,实现个人超越以达到统合。而不是在未达到起码的标准之前就好高骛远,吹毛求疵,其结果只能是欲速不达,难得成功。

(2) 在我与人的关系中与别人进行比较,是自我认识的一种手段。当人们形成了自我意识,能区分自己与他人时,就会不由自主地与别人进行比较。比如,当看到容貌身材姣好的同伴时产生的嫉妒,当看到别人才艺出众时萌生的羡慕,当自己的期望没有兑现时感到的沮丧,都是与别人比较的结果。怎样与别人进行比较才有利于自我认识呢?其一,与别人比较时,不能只注重别人得到的结果,而忽视别人为此结果付出的过程。如学业的好坏、特长的多少,都需要一个较长时期的学习过程,才能有所收获。注重结果轻视过程的比较,不仅不利于客观的自我认识,还会产生无助、愤怒、自卑、怨恨等不良情绪。其二,与人比较时,也不能光顾自己的兴趣,而不顾比较的是可变的还是不可变的因素。如身高长相是不可变的,学业能力是可以改变的,比较不可变的,没有什么意义,要比较可变化的,才能看到彼此的差距,获得完善自我的动力。其三,与人比较时,因为追求完美,而将自己的短处与别人的长处进行比较,也不可取。结果只能是自卑、自惭,越比越没有自信。总之,在与别人进行比较时,要注重别人取得成就的努力过程,而不只是结果;看到别人的长处,也肯定自我的特点;羡慕别人的同时,还要告诉自己如何踏踏实实地去追求,才能真正地促进自我认识,以达到取人之长,补己之短的目的。

(3) 在我与事的关系中去认识自我,也就是人们常说的不经一事、不长一智。做事本身就是一种学习活动,通过学习获得的经验可以使人们在相同的情境中,减少错误行为,提高效率;而在不同的情境中,迁移学习经验,举一反三,提升能力。经验能帮助人们自知,那么成功与失败经验都能够帮助人们自知吗?不可一概而论。就成功而言,那些了解自己、善用智慧和全力以赴、克服困难而成功的经验,能够帮助人们自我了解、自我激励。就失败来说,从失败中认识不足,总结教训,改变策略追求成功,才能助人自知,避免重蹈覆辙。因此,光谈成功与失败,而不谈成功的原因和失败的经验,是不能从中获益、帮人自知的。

(4) 从我与己的关系去认识自我,是否会容易一些?事实并非如此,因为自我是一个多面一体的人格结构,心理学家对"我"的看法众说纷纭,如自己眼中的我(自己看自己)、别人眼中的我(别人看自己)和自己心中的我(自我期望),还如现实我(实实在在的我)、理想我(自己想要成为的我)、社会我(别人对我的评价)。"我"的层次多样,侧面多种。要将这些方方面面的我结合在一起才能够形成自我概念,这是何等的不容易。例如,自己眼中的我与别人眼中的我一般都会有差距,这种差距越小,说明自我认识越充分,依据充分的自我认识,才能建立一个适合自己理想我的合理期许,反之,自己眼中的我和别人眼中的我差距较大,将会导致或是自我评价过高,要达到理想我比较困难;或是自我评价过低,不仅会降低自信和自尊,还会影响理想我的标准和个人的潜能开发。

总之,要形成一个健康完整的自我概念,达到自我认识,就需要自己眼中的我、别人眼中的我和自己心中的我这三个"我"之间相互协调、整合。在这其中,接纳自我是保持三者和谐的关键,只有自己心中的我接纳自己眼中的我和别人眼中的我,才能设立并追求不脱离现实的理想我。

三、个性品质

个性是人们具有的倾向性的心理特征,体现了一个人的心理面貌。正是人与人之间存在的个性差异才使得整个人类的生涯彩虹更加丰富多彩。需要、兴趣、意志、价值观,反映了个性倾向性的特点,提供了人们从事活动的基本动力;气质、性格、能力,则有着经常而稳定的心理特点,体现了人们的个性心理特征。正是它们让人们叩响生涯之门的旅途更加充实而快乐。

(一) 需要

需要是人脑对生理需求和社会需求的反映,是人们的内部状态或倾向。需要推动人们参与积极的活动。为了求得生存,人们需要食物、衣服、睡眠、劳动、交往;为了求得发展,人们则需要学习、求职、立业、升迁。需要得到满足后,又会产生新的需要,新的需要再一次推动人们去从事新的活动,如此周而复始,使人们参与活动的广度和深度不断发展,这就是需要的动力性在起作用。人们对于能够满足需要的事物和活动,总会产生肯定的情绪,这种情绪又推动意志在所从事的活动中去克服困难,赢得成功。因此,需要又是人们认识过程的内动力。

为了维持生命和延续后代而产生的需要是生理性需要,也是一种最原始、最基本的需要。如进食、饮水、睡眠、运动、排泄和性,都是人类的生理性需要。通过社会实践和教育引导而产生的需要是社会性需要,也是社会存在和发展的必要条件。如求知、审美、道德、劳动和交往的需要,都是人类的社会性需要。当正常的生理性需要得不到满足时,就会影响人们的生存和繁衍后代。当正当的社会性需要得不到满足时,则会产生不愉快的情绪和不舒服的感觉。

需要是个性倾向性的基础,通常也以动机、兴趣和信念等形式表现出来。在职业生涯规划中,知道什么职业是自己所需要的,什么选择是需要的,也是十分重要的。

(二) 兴趣

兴趣是人们认识事物或从事活动的心理倾向,反映了一个人对某种事物或某项活动的选择性态度和积极的情绪。宋代思想家、教育家朱熹在《四时读书乐》中写道：春季"读书之乐乐何如，绿满窗前草不除"；夏季"读书之乐乐无穷，瑶琴一曲来熏风"；秋季"读书之乐乐陶陶，起弄明月霜天高"；冬季"读书之乐何处寻？数点梅花天地心"，抒发了他对读书的浓厚兴趣以及喜爱的情感。需要是兴趣产生的基础，人们因为需要交往，才对探究不同的人产生了兴趣；因为需要成功，才对如何才能成功产生兴趣；因为需要成就一番事业，才对怎样成就一番事业产生兴趣。为了满足生理性需要所产生的兴趣是暂时的，会随着需要的满足而使兴趣减退。例如，人们对食物、水、衣物的获取所产生的兴趣，会因为需要得到了满足而使兴趣减退。为了满足社会性需要而产生的兴趣是稳定的，随着需要的满足不仅不会使兴趣减退，而且会引发更加浓厚的兴趣。例如，因获取知识的满足，引发的大学毕业生攻读硕士、博士和学无止境的学习兴趣；因职位升迁的激励，引发的追求更上一层楼的兴趣；因经商获利的鼓舞，引发的扩大经营和增加投资的兴趣，都是因为满足了社会性需要而使得兴趣有增无减。美国科学家齐治·盖莫夫说过：好奇心能造就一名科学家。兴趣也正是人们认识和从事活动的强大动力，是兴趣对人们正在进行的活动产生推动作用，对未来的活动进行准备作用，对所从事的活动形成创造性的态度，从而在活动中能够保持高度注意，身心投入，从容应对，克服困难。如果人们追随的是自己没有兴趣的领域，无论是求学还是就业，都将是苦多于乐。

舒伯强调，如果人的个性特征和兴趣符合职业要求，则有助于职业效率的提高。兴趣是职业生涯规划的重要依据之一，它使人全身心地关注与职业相关的知识和学科发展前沿，充分发挥其积极性和主动性，情绪饱满，想象丰富，创造激情澎湃、情绪愉悦、兴致勃勃，即使遇到困难，也不会轻易放弃。对于个人而言，兴趣还是保证其职业稳定性和工作满意度的重要因素。你如果能够从事自己感兴趣的职业，你就能尽快适应职业生涯的需求，自己心情舒畅，你所在的组织感到满意，因而保证了你从事此职业的长期性和稳定性。

霍兰德的职业兴趣理论（Holland，1959）认为，职业兴趣体现了人格，选择一种职业，就是一种人格的表现，只有那些人格特点与工作环境相适配和对应的人，才能在职业领域中占有优势。他将工作特性及工作者的人格特质划分为六种类型及其相应的六种工作环境（表11-1）。

表11-1 霍兰德人格类型职业环境匹配表

兴趣类型	人格类型	工作环境
现实型（realistic）	具有机械能力或体力； 顺从、重视物质、温和、坦白、自然、害羞、诚实、有恒、稳定、谦虚、实际、节俭	偏好技能、力量、协调性的户外工作
研究型（investigative）	具有观察、学习、调查、分析、判断或解决问题的能力； 分析、独立、温和、谨慎、智力精细、批判、内向、理性、好奇、重视方法、保守	偏好运用智能，需要思考、组织和理解的工作
艺术型（artistic）	具有艺术的、革新的直觉能力； 复杂、崇尚理想、独立、无条理、富有幻想、直觉、情绪化、善表达、不实际、不从众、冲动、独创	喜欢自由的工作环境，偏好需要创造性表达的、模糊且无规则可循的活动
社会型（social）	具有与人相处、交往的良好技巧； 令人信服、助人、有责任、合作、温暖、社会化、友善、同理、善解人意、宽宏、仁慈、敏锐	偏好教导、帮助、启发、训练别人的工作与活动

续表

兴趣类型	人格类型	工作环境
企事业型 (enterprising)	具有影响力、说服力、领导力、管理能力、执行能力和赢利能力； 冒险、精力充沛、善表达、有野心、冲动、自信、引人注意、乐观、社交、武断、外向、热情	偏好能够影响他人和获得权力的工作与活动
常规型 (conventional)	具有注意细节及事务的技能； 顺从、抑制、实际、缺乏灵活性、节俭、谨慎、有条理、缺乏想象力、保守、有恒心、守本分	偏好规范、有序、清楚、明确的工作

这些类型常常结伴集群,解释着人们如何看待这个世界以及与别人之间的关系。大多数人会同时具有数种人格特质,通过人格类型的探讨,找到自己所欣赏的人格特质和想剔除的人格特质,利用所长,改善所短,会给大学生涯增加内涵和意义。

(三) 意志

意志是指一个人自觉地确定目的,并根据目的来支配、调节自己的行动,克服各种困难,从而实现目的一种心理过程。人对客观世界过程中,不但接受内外刺激的作用,产生认识和情绪情感,而且还要采取行动,反作用于客观世界。意志行动是人类所特有的。它是在人类认识世界和改造世界的需要中产生的,也是在人类不断深入地认识世界和更有效地改造世界的过程中得到发展的。人类的历史正是改造自然和改造社会的历史,而历史的每一步都留下了人的意志的痕迹。只有人类才会通过意志,通过内部的意识事实现向外部运用的转化,达到认识世界、改造世界的目的。人的意志是在劳动的过程中产生的,它随着社会实践的发展而发展,在不断地追求目标和达到目标的过程中逐渐提高其意志力水平。在社会实践的各个领域,人的意志到处都在起作用。例如,学生为了争取优异成绩而刻苦学习;工人为了提高生产效率而忘我劳动;农民为争取好收成而与自然灾害做斗争;运动员为了祖国荣誉而顽强拼搏;人民解放军为了保卫祖国疆土而时刻警惕着等。可见,人们所从事的各种社会实践活动都需要一定的意志的努力,越是困难的任务,越需要更多的意志努力,意志活动总是与克服困难相联系的。

意志行动在不同人的身上表现不同。有人能独立地采取决定,而有人则易受暗示;有人处事果断,有人则优柔寡断等。因此,构成一个行为特点的稳定因素的总和是意志品质。意志品质主要包括自觉性、果断性、坚韧性和自制力,它们在人的意志行动中贯彻始终,并构成人的意志的性格特征。所以,只有培养良好的意志品质,才会使人成为具有坚强意志的人。正如孟子曾说过的那样,"故天将降大任于斯人也,必先苦其心志,劳其筋骨,饿其体肤,空乏其身,行拂乱其所为,所以动心忍性,曾益其所不能"。这些意志品质与一个人的理想、信念、价值观、兴趣、爱好和世界观等个性倾向有着密切联系。一个真正树立无产阶级世界观的人,必然有坚强的意志,有为人民的利益而奋斗的价值观,能抵御物质利益的诱惑,克服艰难险阻而无所畏惧。对某种活动或事业充满着浓厚兴趣和爱好,就会集中精力,全力以赴克服前进道路上的困难和障碍,最终达到预定的目的。相反,一个对某种活动或事业不爱好,缺乏行动的愿意,即使由于外部原因而勉强去做,也会视其为负担。当遇到困难或挫折时,就会退缩和动摇。但是,如果一个人意志坚强,即使对某项活动没有兴趣和爱好,也会用坚强和毅力去克服各种困难和障碍,并达到预定目的。同时在完成目的任务的过程中,也可能会逐渐培养起对该活动的兴趣和爱好。

从大学生的角度来讲,大学生要根据对自己对学习的认识,先在头脑中确定学习的目的,然后根据这个目的来支配自己的行动,并力求实现此目的,这种心理活动就是意志,它是大学生成才过程中保持持久动力与坚持预定目标的重要非智力因素之一。"有志者事竟成。"这里的"志",与其说是志气,不如说是意志更为恰当。大学学习过程实际上是继高考之后更高层次的竞争过程,它的结果,直到离校之后才会显现出来。大学生们从进校时起,就应该认识到这一点。要成才,就得先要有自信,胜不骄、败不馁;要有一步一个脚印,不达目的决不罢休的奋斗、拼搏精神。

大学生培养自己的意志,就要在培养意志的四个品质上下功夫。一是培养意志的自觉性。要学会在活动中清楚地认识到自己行动的目的和社会意义,自觉克服困难,排除干扰,勇往直前。二是培养意志的果断性。要学会在活动中适时地下定决心,采取行动,提高思维的判断和敏捷性,善于当机立断,增强行动的果断性,避免在关键的时候优柔寡断、彷徨摇摆、丧失机遇。三是培养意志的自制力。要学会在意志行动中,正确支配、调节和控制自己的行为或情绪。顺利时,不忘乎所以、停滞不前;困难时,不灰心丧气、半途而废。面对多种动机时,能够分清轻重缓急、主要矛盾。四是培养意志的坚韧性。坚韧性就是要在行动中不怕任何困难,不达目的誓不罢休的品质。自制力是克服内心障碍的动力,坚韧性是克服外部困难与障碍的动力。培养坚韧性就是要有持之以恒、孜孜不倦、锲而不舍、敢于战胜困难、长期作战的精神,自觉克服见异思迁、遇到困难就泄气的不成熟心理。

(四)价值观

价值观是一个人对周围世界中的人、事、物的看法。价值观是一个庞大而又整合的系统,用于判断人、事、物的好坏、对错,可取与不可取。价值观中也包括对自己的看法,这就是自我概念。一个人先有自己的看法,然后才能决定自己的做法。这也是知与行的问题。价值观是人们所认可的最重要的信念,因此,只有依自己所需而量身定做的价值观,才可以得到内化,个人愿意为此负责,并以此形成自己的生活方式。如果将某些价值观强加于自身,就如同被套上了一身不合体的衣服,得不到认同、内化,个人不愿意对此负责,就不能为人们提供行动的指南。

当今时代是一个多元价值的时代,学校里有多种专业,社会上有各种职业,个人的发展前途也应该异彩纷呈、各有价值。由于功利取向的价值影响,追功逐利现象处处可见。如什么专业热门学什么专业,什么职业热门,就寻求什么职业,却忽视了自己的价值判断,结果是学后才知不爱学,干后方知不愿干,产生价值冲突,陷入内心苦恼。因此,价值观的学习是必要的,这种学习只能在生活历练之中去选择和调适;在与人与事的接触之中去独立思考;在勇于尝试之中去学习体验。价值观是以客观为基础的主观产物,是在一系列的喜好与嫌弃、追求与逃避、能做与应做等心理冲突和调适的过程中逐渐形成的。人们必须先了解有关人、事、物的客观事实,才能形成自己的主观看法。因此,人人都有自己的价值观,但也要学会容忍和尊重别人与你不同的价值观。

对待同一件事,人们总是仁者见仁,智者见智,因为价值观只是相对的,正如世界上没有最好的职业,也没有最好的专业,只有最适合你的专业和职业。寻求自我了解和自我成长是价值观学习与形成的重要前提。价值观也是多重的,一个成熟的人应该同时具有学业、金钱、道德、爱情方面的价值观。职业价值观往往决定了人们的职业期望和职业方向,反映了人们想从职业生涯中获得哪些东西,影响人们对职业的知觉和判断,形成一个人的行为风格以及工作动机和态度,体现世界观和理想。只有了解自己,了解自己的兴趣、需要、能力等特点,才能判断并形成自己的职业价值观。

舒伯提出了15种工作价值观,依据它对自己的重要程度从1排到5(1代表最不重要,5代表最重要),就可以知道自己在工作中最重视的是什么,最不重视的是什么,这就是职业价值观。再将自己的职业价值观与工作所能提供的价值内容做个比较,就能够判断这个工作是否适合自己的价值需求。舒伯的15种工作价值观具体如下。

(1) 利他主义:工作的价值或目的,在于它能使你为他人或社会大众服务和尽力。
(2) 美的追求:工作的目的,在于它能使这个世界更美好,增加艺术气氛。
(3) 创造力:工作的价值是发展新产品、设计新事物或创造新的观念。
(4) 智性的刺激:工作能提供独立思考、学习与分析事理的机会。
(5) 成就感:因完成工作和做好工作而得到的成就感。
(6) 独立性:工作能允许以自己的方式及步调去进行,不受控制或阻碍。
(7) 声望:工作使你受到别人的重视与尊敬,并广为人知(不仅指地位或权力)。
(8) 管理的权力:工作能影响或控制别人,工作职权是策划及分配工作给其他人。
(9) 经济的报酬:工作能获得优厚的报酬,使自己有足够的财力获得想要的东西。
(10) 安全感:工作使你有保障,有安全感,免于意外或不愉快。
(11) 工作环境:工作环境宜人,不是太热、太冷、太吵,或太脏。
(12) 与上司的关系:在工作中能与上司平等且融洽地相处。
(13) 与同事的关系:在工作中能接触到令人愉快的同事,并且相处融洽。
(14) 生活方式的选择:工作不会使自己想过的生活受到干扰。
(15) 变异性:工作不是一成不变的,而是可以尝试不同的差事。

(五) 气质

气质是人们不以活动的目的、内容为转移的典型的、稳定的个性心理特征之一,表现人们心理活动的速度、强度、灵活性特性,以及兴奋、忧苦等心态特点。气质特性与遗传有关,比较稳定,当然,气质也会因为受到环境、个人所持有的态度、理想、信念等心理因素和年龄因素的影响而发生变化,只是不太容易改变。

构成气质类型的心理成分有感受性、耐受性、反应的敏捷性、行为的可塑性、情绪的兴奋性、外向性与内向性。感受性,即人对外界刺激的感觉能力。人们的感觉能力是有区别的,面对同一件事,不同的人会产生不同的感受性。如同样是面临大考,有的人紧张过度,寝食不安,有的人虽然紧张,但仍显从容。耐受性,是指人在经受外界刺激作用时,在时间和强度上表现的耐受程度。如面对重大挫折,有的人一蹶不振,自卑自闭;有的人经过自我调整会重新站起来,开始新的生活。反应的敏捷性,是指说话、记忆、思维的敏捷程度,注意转移和一般动作的迅速灵活程度等。行为的可塑性,是指人依据外界变化情形而改变自己适应性行为的可塑程度。如人们对环境变化适应的难或易,情绪是否愉快,行动是否果断。情绪的兴奋性,是指情绪兴奋性强弱和情绪外露的强烈程度。外向性与内向性,是指人们的动作反应,言语反应和情绪反应倾向于外或内的不同。这些不同特性的结合,就构成了四种不同的气质类型(表11-2)。

胆汁质的人,精力旺盛、表里如一、刚强、易感情用事,心理活动表现为迅速和突发。

多血质的人,反应迅速、活泼、有朝气,动作敏捷,情绪不稳定,较粗心。

黏液质的人,稳定,但不够灵活;踏实,却有点死板;冷静,而稍欠生气。

抑郁质的人,敏感、稳定、体验深刻,较温柔,怯懦,孤独,行动缓慢。

心理学家达维多娃,曾用一个故事形象地描述了不同气质类型的人,在同一情景中的不同行为表现:四个不同气质类型的人上剧院看戏,但是都迟到了。胆汁质的人和检票员争吵,他辩解说,剧院里的钟快了,他进去看戏不会影响别人,并且想推开检票员企图闯入剧院;多血质的人立刻明白,通过检票员进入剧场较难,通过楼厅进场容易,就跑到楼上去了;黏液质的人看到检票员不让进入剧场,就想"第一场不大精彩,我在小卖部等一会,幕间休息时再进去";抑郁质的人则会想:"我运气真不好,偶尔看一次戏,就这么倒霉!"接着就回家去了。

表11-2 心理特征与气质类型对照表

气质类型\心理特征	感受性	耐受性	反应的敏捷性	行为的可塑性	外向性与内向性	情绪的兴奋性
多血质	低	较高	快	灵活	有可塑性	外向	高
胆汁质	低	较高	快	不灵活	可塑性小	外向	高
黏液质	低	高	慢	不灵活	稳定	内向	低
抑郁质	高	低	慢	不灵活	刻板性	内向	体验深

气质特征是职业选择的依据之一。在人口分布中,具有一种典型气质类型的人较少,绝大多数人具有两种或两种以上气质类型或类似某种气质类型。多血质和胆汁质的人,对要求迅速、反应灵活的工作较为适应,如与外界打交道,工作内容与环境充满变化性的工作。而黏液质和抑郁质的人,则适合要求持久、仔细的工作,如一些较为稳定、安静、细微的工作。由于各种气质特征之间可以互相补偿,因此不同气质类型对工作效率的影响并不十分显著。气质特征可以影响智力活动的方式,但不能预测或决定人的成就与智力高低。也就是说,任何一种气质类型的人,都有可能成为本专业的专家,也有可能一事无成。

(六)性格

性格是人们对待现实的稳定的态度和习惯化的行为方式所表现出来的个性心理特征。人与人之间在个性特征方面的个别差异就是通过性格反映出来的。我们平时所讲的个性,指的就是性格,性格也是一个人生活感情和人生态度的独特体现。人的性格一旦形成,也具有稳定性。但是由于性格是受社会环境和社会实践等后天影响而形成的,与气质较多受先天生物因素制约不同,人的性格是可以塑造和改变的,因此,性格比气质易于改变。心理学家认为,性格和气质之间既有区别又有联系。一方面,气质影响性格的动态和发展速度,使性格特质涂上了个人独特的色彩。如在性格的情绪性方面:具有勤劳性格品质的人中,多血质的人表现得精神饱满、精力充沛;黏液质的人则表现得踏实肯干,操作精细。在性格的发展速度方面:胆汁质和多血质的人神经过程易于兴奋,难以抑制,因此,表现出比黏液质的人更果断与勇敢的特性。另一方面,性格在一定程度上又能够掩盖或改造气质,使之符合社会实践的要求。如外科医生以精细操作为特点,最好具有冷静沉着的性格特征,这种要求在职业训练过程中有可能掩盖或改造容易冲动和难以遏制的具有胆汁质气质特征的人。气质与性格之间的相互制约和影响,可以使具有不同气质类型的人形成同样的性格特征,也可以使具有同一气质类型的人形成不同的性格特征。各种气质和性格,都有其积极的一面,也有其消极的一面。在职业生涯规划中,了解自己的气质和性格特点,注意寻求与之相适合的职业,或是在职业生涯之中主动去改造自己不利于职业的气质和性格,则有助于提高人们的生活质量和工作效率。

(七)能力

能力是指人们顺利完成某种活动所必须具备的个性心理特征。气质和性格不直接影响活动效率和活动的完成,而能力是直接影响活动顺利进行的个性心理特征,如骄傲、谦虚、活泼、冷静是气质、性格特征,不属于能力范畴;而观察的精确性、记忆的准确性、思维的敏捷性是完成许多活动必不可少的个性心理特征。"没有金刚钻,不揽瓷器活"说的是从事某项活动必须以一定的能力为前提,而想完成任何一种活动单凭一种能力是不够的,需要多种能力的结合。一个人如果具有完成某种活动所必需的各种能力,并且能够将这些能力很好地结合在一起成功地、出色地完成某种活动,就说明此人具有从事这种活动的才能。才能就是各种能力的完备的、独特的、质的方面的结合。

能力有一般能力与特殊能力之分。大多数活动所共同需要的、适用范围广泛的能力,为一般能力。正是一般能力确保了人们比较容易和有效地认识世界、掌握知识。如观察力、记忆力、思维力、想象力、注意力都是一般能力。只为完成某项专门活动所必须具备的,在特殊领域内起作用的能力是特殊能力。如数字能力、音乐能力、绘画能力、体育能力、写作能力等都是特殊能力。一般能力是从事任何职业都必须具有的能力,而特殊能力对于特类职业选择非常重要。人的能力都是有差异的,因此,在职业生涯规划时,注意使自己的能力类型与职业所要求的能力相吻合,才能够发挥个人的优势能力,最大限度地扬长避短。然而,人们对某种工作有兴趣,则未必一定有能力胜任,能力与兴趣不同,是人们进入某种行业的资格证。

四、认识职业锚

职业是生涯之门的叩门砖,是个人展示实力的试金石。发现个人的职业锚,对于个人的职业生涯规划有重要的意义。职业锚(career anchor)是由 E. H. 施恩教授提出来的,是一种清晰的职业自我观,是指当一个人不得不做出选择时,无论怎样也不会放弃的那种职业中至关重要的价值观,是人们选择和发展职业时所围绕的中心。个人的天赋、能力、动机、需要、人生态度和价值观等心理特征都会影响职业锚。同时,职业锚能够清楚地反映个人的才干、能力、动机、需要及工作态度和价值观。个人抛锚于某一职业工作的过程,就是个人真正自我认知的过程,知道自己有什么样的能力、才干,需要什么,从而找到自己长期稳定的职业贡献区,决定未来的职业选择和生活,明确个人的职业追求与抱负。

比工作动机和价值观,职业锚的内容更宽泛,因为它更加强调由实际工作经验给自己带来的能力、动机和价值观之间的相互作用整合,以及职业选择的演变、发展和发现。也就是说,一个人的职业锚只有在早期职业的若干年后才能被发现,离开了实际工作经验,是无法预测职业锚的。虽然许多青年朋友在学校里已经显露出了多方面的才干和潜在的能力,但是,在个人接受实际职业生涯的测试之前,职业锚的真正面貌并不清楚,但是它们可能隐含在你的身上,对职业决策和选择发挥着驱动和制约的功能。当一个人进入了一个有可能失败或者不能满足需要、不符合职业价值观的工作环境,那么这个人会"掉头"进入某种更加适合自己的和谐的环境,这就是"锚"的比喻和作用。既是如此,职业锚对在校大学生有指导作用吗?答案是肯定的。当年,施恩教授以美国麻省理工学院斯隆研究院的44名硕士研究生为研究对象,对他们的职业选择进行了12年的跟踪研究,了解到这些毕业生在就业初的5~10年,他们按自己的标准设计并形成了自我观念、自己的理想和价值观。虽然他们各自的实际工作经历较少具有一致性,但是在他们做出决策的原因里却包含了大量的一致性,这种一致性使施恩得出了"锚"的概念,并由此分析总结出了五种职业锚。1992年以后,麻省理工学院将其拓展为八种职业锚,并有人认为,这八种职业锚可以概括所有的锚位。职业锚理论,可以帮助人们整理经验,识别自己将要进入的长期职业贡献区,识别抱负模式和衡量自己的成功标准,在恰当的时候,指导、制约、稳定和整合人们的职业。

(1) 技术/职能型职业锚:技术/职能型的人注重个人在专业技能领域的发展,希望有机会实践自己的技术才能。他们的成功标准是成为某领域的专家所带来的挑战性工作和满足感,而不是得到提升或金钱奖励。他们不愿意从事一般的管理工作,喜欢能够使技能提高和专业成功的工作。

(2) 管理型职业锚:管理型的人注重管理责任的大小,以及挑战性的程度,致力于工作晋升,倾心于全面管理和独立负责一个部分。他们以得到提升、职位等级升高和收入增加来衡量自己的成功,他们认同并依赖所在的工作组织。

(3) 安全/稳定型职业锚:安全/稳定型的人倾向于按照雇主的要求行事,以维持工作安全、稳定,体面的收入和退休计划所保障的稳定前途,个人职业生涯的发展也会因此受到一些限制。他们以有效的稳定、安全和家庭与工作环境的良好整合为成功标准。

(4) 创造型职业锚:创造型的人以发明、创造或自行建立公司为强有力的需要,他们看重自身的创造成果,愿意为此冒险并克服障碍。个人命运和自我扩充是他们衡量其成功的主要标准。

(5) 自主/独立型职业锚:自主/独立型的人追求最大限度地摆脱组织的约束,和能够施展职业能力或技术的工作环境,宁愿放弃提升或工作发展机会,而获得自由、独立的工作和生活方式。

(6) 服务型职业锚:服务型的人致力于追求的核心价值是帮助他人,改善人们的生活条件等,若不能实现价值追求,宁可变动工作或放弃提升。

(7) 挑战型职业锚:挑战型的人喜欢战胜强硬的对手,解决无法解决的问题和克服无法克服的困难。他们需要新奇、变化和困难的工作,否则,会对工作产生厌烦情绪。

(8) 生活型职业锚:生活型的人喜欢拥有足够弹性的工作环境,来平衡和整合个人、家庭与职业的需要,为此他们宁愿放弃某些职业利益。自己如何生活、居住在哪里、如何处理家事及怎样自我提升等,都是他们所关注的成功标准。

第二节 认识专业和职业

在学生生涯中拼搏勇进的大学生,能否清晰正确地认识所学专业是其能否顺利进行生涯发展的基石。现今,一些大学生或多或少都会问这样的问题:我所在的专业实力如何?我所学的专业知识对我的发展有用吗?我如何才能发挥专业的长处呢?我所学的专业其就业前景怎样?特别是高等教育大众化的今天,在一部分大学生还未从精英教育的传统观念中摆脱出来的时候,对专业和职业的认识,会左右其对未来生涯的选择,处理不当,会使之在职业选择问题上产生巨大的心理压力。

毋庸置疑,职业是人生生涯的重要组成部分,职业是在职业生涯中不可或缺。就读于一个优秀的专业,选择一个理想的职业是每个人的愿望。就大学生而言,正确树立专业意识,合理定位,处理好专业和职业的关系与衔接,把握好就业和发展的机会,是人生是否成功的重要环节。在社会发展一日千里的时代,要想学到扎实有用的专业知识,成功地选择好职业,既要立足自身的条件,又必须高瞻远瞩,深刻把握时代发展的脉搏,充分预见未来社会的发展趋势,用超前的、发展的眼光去学习先进的文化知识,掌握卓越的科技本领,才能选择那些合适自己发展的、有前途的职业,才能展开更美丽的人生画卷,才能让生涯的彩虹更加的光彩夺目。

一、专业认识

在瞬息万变的社会中,专业和专业学习对每个大学生的要求将会更高更广,他们更加需要系统化的专业认识,指引学习的方向,掌握专业本领,为职业生涯准备第一步。专业认识,是指大学生对专业和专业学习的总的观点和态度。就是要回答这样一些问题:什么是专业和专业学习?学习什么?学习的本质是什么?如何应对学习的竞争?是否应选择考研?然而这些问题总会让一部分大学生迷茫。正确地解决这些"迷茫",就是要求大学生在认识自我的前提下,逐步确立专业认识。

(一)专业的选择

1. 认识"最好"的专业

大学生会选择自己认为"最好"的专业,如热门的专业、喜欢的专业、有职业前景的专业等,或者是父母肯定或社会舆论导向的专业。无论何种情况,大学生都是依据对专业的认识选择专业。然而,从表面上看,有些学生进入了"最好"的专业,但对这一专业是否真正喜欢和了解,是否适合个人的气质性格,是否与预期职业匹配等问题,却难以给出肯定的答案。于是在具体的学习过程中,不能调动足够的兴趣,不能充分挖掘潜能,不能产生良好学习效能。

2. 适合的专业,最好的选择

每位学生的智力因素和非智力因素差异较大,对自我的认识程度差异也较大,适合每个学生的专业当然也不同。因此,那些通过分析自己和专业,适应专业学习的学生就应该珍惜学习的机会,充分发挥能力,展示才华。而那些自认为选择专业时失误,或者出于入学的考虑,在专业选择上不尽如人意的学生,也没有必要一味后悔、懊恼。莎士比亚曾说:聪明的人永远不会坐在那里为他们的过错而悲伤,却会很高兴地找出办法来弥补过错。学生不应该总是想"要是当初学的是什么专业就好了"之类的事。应该抹掉"要是",改用"这一次和下一次",向自己说:这一次应该如何应对,下一次如有机会,应该怎么做。

3. 淡化专业的界限

通识教育是现今大学教育的主旋律。其课程基本上涵盖了大学中主要的公共课程和基础课。从知识传授的角度,通常人们把"基础"理解为基础知识、基本理论与基本技能。从素质教育的角度,"基础"包括大学生的学习能力和独立获取知识的能力,这些能力的获取与一个人的动机、兴趣、情感、意志和性格等个性心理品质是分不开的,学生在学习"基础"的时候,一定要结合自身的非智力因素,有选择地学习。只有这样,学生才能具备对今后快速变化社会的适应能力。此外,从终身教育的观点看,大学教育在人一生中的"基础性"更为明显,学生更应重视通识教育,加强基础学习。

(二)学习的观点

1. 主动地学习

人会学习,正如花草会生长一样,是与生俱来的。大学生的学习意识随着成长日益成熟,表现出更强的独立性、自主性和可控性。人生观和价值观促动其学习动机不断向以学习的社会意义、人生意义为内容的深层动力的核心层发展。学生们尝试做一些真正想做的事,并开始有意识地、主动地学习。通过这种学习,可以全面地认识自我,明确目标,从而全身心地投入,势如破竹,而且因为通过不断挑战和提高自己的能力,达到一种神驰的境地。这就是人们所谓的真的想去学,即主动学习。能够主动学习的人,才是善于学习的人,这类人不仅能够从学习中获得信息,更重要的是能够透过表层深入内核,即由表及里地掌握事物本质,这也是学习活动的最高境界,理所当然也应该是每一位大学生的努力方向。

2. 学海无涯,学无止境

在许多大学生的心中,上大学只是其理想的一个近期目标,或只是其万里长征的中一座桥,要达成其最终的理想和愿望,还需树雄心、立壮志,完成好学业任务,向下一个目标前进。进入高等学府的大学生,就犹如站在同一起跑线上去实践自己人生的竞争者,逆水行舟,不进则退,且学习时间稍纵即逝,没有理由不一如既往地奋勇前进。

3. 学习知识,学习学习

大学生的学习应该成为一种把逻辑与直觉、理智与情感、概念与经验、观念与意义等结合起来的有意义的学习、完整的学习,而不是或不仅是对前人知识和经验的汲取和复制。从某种意义上讲,学习就是提升创新的能力,纯粹为了知识而学习的人,记忆和理解便成了学习的一切,学习的方法是死记硬背、照搬照套、影印复制。这哪还有什么乐趣可言?大学生应该为了自己的能力和修养而学习。这种学习并不只是为了获得知识,还为了获得可以变成工作成绩的科学知识和提高人生修养的文化知识。从人类学的视角看,在充分认识自己的智能和气质后,向既定的目标,不断地、快乐地学习是人的本质的展现。爱因斯坦说过:爱好是最好的老师。真正的学习就是到有意义的知识和精神里漫游,这正是人的深层精神需要,它使人生丰富多彩、妙趣横生,它使人生健康快乐、圆满幸福。学习需要刻苦,需要人有坚忍的意志,但更是一种快乐,是刻苦酿成的快乐,是意志赋予的快乐。学习总会有功利性的结果,但仅仅从功利出发去学习却是违背人的本质的苦役。在正确的价值观和人生观的引导下,从兴趣和爱好出发去学习,既是一种享受,又可以转化为功利之果,实现由理想向现实的质的重大飞跃。虽然学习的这种理想的纯净的状态,在现实学习中不可能完全实现,但学生在学习知识以致学习学习的过程中,就可以争取在最大限度上解放自己的学习,把学习变成一种愉快的富有创造力的酿造活动。

(三)竞争的心态

1. 竞争让人们的生活充满了斗志和激情

在高手如云的大学里,竞争是大学生们挥散激情、体验成就感的重要途径,使大学生活更紧凑、更有活力。在学习的竞争中会出现了让人担忧的两种情况,一是有的学生一看"高手如云",就自动缴械,放弃竞争;二是有的学生心气很高,斗志很盛,却不能认同竞争,努力后却不能达成愿望时,则意志消沉。其实任何群体,如果一定要按某方面的指标排序的话,一定会有最后一名。但这个指标并不一定就代表全部素质的客观体现。因此大学生需要树立一种对自我的认同,要看到自己的特色和优点所在,开阔思路,转变观念,迎难而上,相信"尽吾心志而不至,可以无悔矣!"

2. 人才竞争,是素质与能力的竞争,是学习竞争的延续

用人单位也会让专业知识和技能在人才竞争中发挥决定作用。专业的学习,在很多用人单位看来,更多是一种对能力与思维的训练。客观上说,因为知识日新月异,在大学里学的专业知识,很少有直接能应用于工作的。由于理论知识不可能处处派上用场,思考能力、学习能力显得更为重要。对思维方法、学习方法的训练,在不同专业的学习中应该是基本一致的。如果大学生在专业学习过程中注重培养自己的思考方法、学习方法,那么就会更好地适应社会的需要。

(四)考研的收获

1. 三个必须考研的理由

其一是社会形势的需要。国家的政策是放宽硕士生招生,紧缩博士生招生,这样研究生在就业市场上比例相对而言将越来越大,这对本科意味着什么?先来看一个例子,武汉某些大学2004年本科生与研究生以1:1的比例向全国招生,两年学制也正在逐步推广,那么,四年后的大学生将面临同等数量的研究生的竞争,这种竞争的结果不言而喻。现实是十分残酷。因此,大学生十分有必要利用学校的一切资源,为自己找到一个竞争的突破口。其二是专业知识的要求。现今我国本科教育采取的是通识教育体系,本科课程的设置无法做到专而精,这使得本科学习较大程度上达不到"专"学习的真正目的,仅涉及浅显的专业理论知识和基础理论知识,不能进行较深入的专业研究。其三是科学探索的呼唤。我们的学习应建立在一种向纵深探索的愿望上,这样我们才能更真切地学到科学知识,掌握科学方法,探索未知的科学领域。如果说本科学习是为这种探索打基础的话,那么研究生的学习便是背上行囊向深层次的未知世界出发,逐步有所发现和收获,并为更多的发明和创造提供可贵的线索。

2. 考研是一种选择

为了父母或自己的夙愿而考研,为了今后的职业而考研,为了学科的研究与探索而考研,

甚至为了跟风而选择考研……无论你属于哪一种考研队列,考研都会让你受益匪浅,同时也会让你多一种选择的机会。在此,必须注意的是:第一,切莫错过合适的就业时机。对一部分学生,当客观和主观上还没有准备好的时候,就要调整一下,不能将就业搁置,错过较合适的就业时机。第二,切莫影响本专业的学习。一部分学生报考研究生,是脱离原专业瞄准现今较热门专业,在大学二、三年级就全心开始准备,占用正常的学习时间,忽视不属于考研科目的必修课(专业),这样会影响其本科的专业知识结构体系,不但不利于以后的研究生学习,也不利于用人单位对其做出客观的判断。

二、职业意识

说到职业意识,其实是指人们对社会职业的认识和评价,它是人们在社会实践活动中产生和形成的,并且随着社会的变化和人的发展而发生改变。良好的职业意识,对指导人们的求职有重要作用。

(一) 社会的需要

当我们认识和评价某一事物是否具有意义和价值时,往往是以能否满足人们需要为标准。个体通过需要和满足需要的活动,使体内环境与外界环境保持平衡,以维持自身的生存和发展。需要是个体活动积极性源泉。人们正是通过不同的职业活动,既满足着个体的需要,也满足着社会的需要。个体需要是指个体通过职业活动实现个体对物质和精神的需求。社会需要是指任何职业都具有社会性,任何职业都脱离不了社会,都是为社会服务的。因此,社会对每个从事不同职业的人都提出了相应的要求。社会需要本质上就是人类的需要。在现实生活中,个人需要总是受社会需要的制约。因此,人们在选择职业时必须遵循个体需要符合社会需要的原则,即一个人在选择职业岗位时,要把社会需要作为出发点和归宿,以社会对自己的要求为准绳,去观察问题、认识问题,进而决定自己的职业岗位,正确认识自我和认识社会,协调个体需要和社会需要的关系。

(二) 心灵的声音

毕业生处在择业洪流中,期望水平会受到其他人的期望水平的影响。很多毕业生在选择职业时,并不是从自己的实际条件出发,而是为满足父母、老师的期望,或是在与周围的同学盲目攀比,好像不到一个比别人更好的单位就不能实现自身价值。工作要靠自己去干,而不是摆设,为了取悦于他人,过分追求单位的"牌子硬不硬,名气大不大",特别是"牌子"要叫得响,听起来好听,到头来,只求得一时的心理平衡,却不利于自身价值的实现与长远发展。对于一个想干一番事业的人来说,不能老用别人的眼光衡量自己要找什么样的工作。其实,真正的好工作,是最适合你的工作。对别人适合的岗位对你未必是适合的。对于一个珍惜自己的生命、不愿按部就班"排队"的人来说,真实面对心灵的声音是有价值的。所以择业定位的关键就在于看它是否真的适合自己,以及自己成功的概率到底有多大。

(三) 终身的学习

对职业有正确认识,是求职的动力。要克服"一次到位""从一而终"的就业思路,树立"先就业、后择业、再创业""先求生存,后求发展""立足一线,艰苦奋斗"的新的就业观念,把第一个工作当成自己学习的继续。在过去计划经济下,一个人一个工作可能干一辈子。可在市场经济下,这种情况已经发生了很大的变化,不断地寻找合适的工作已经很常见。所以,我们的第一个工作,并不是一辈子的工作,而是继续学习的一个过程,是不断补充知识、充实自己的一个过程,这也正要求我们树立终身学习的观念。因此,要从人生的长远来考虑,从小事做起,从基层做起,从中、小企事业做起,一步一个脚印地设计自己的职业生涯,用一生的时间去学习构建一座知识的大厦。

(四)正确的评价

良好的职业意识,要求大学生既要对自己有一个客观而全面的评价(自我意识),又要对社会就业环境有一个冷静而认真的了解和分析(社会意识),正所谓知己知彼、百战不殆。有的大学生在求职过程中,只强调个人需要,求职往往只局限于个人所学的专业、兴趣、能力,只强调自己愿意干什么、想干什么,却忽视了社会需要什么,自己适合干什么,一个人不会适合所有职业,同样,一种职业也不会适合所有人。每个人都有自己独特的个性特征,而不同的社会职业,对从业者的气质、性格也有不同的要求。比如,自主型的人喜欢计划自己的活动或指导别人的活动,他们在独立的或负有职责的工作环境中会如鱼得水,比较适合充当社会管理人员、律师、医生。严谨型的人注重细节的精确,能按照一套规划和步骤将工作做得尽可能完善,他们适合做会计、出纳、档案管理员等。性格比较外向、热情、善于与人交往的人,则适合做公关工作。因为自己的个性特征与所从事的职业相匹配,不仅可以提高工作效率,而且会觉得工作是一种享受,有使不完的力量;而自己的个性特征与所从事的职业不相匹配时,心理就会受到压抑,久而久之,就会出现心理障碍,甚至心理疾病。所以正确地认识自己和认识社会是良好求职心态的基础。

(五)冷静的思考

人生职业定位,是多种因素的函数。毕业生在选择职业时,对于某些因素有特殊的偏好,如地域的选择、单位名气的大小等。这本无可厚非,但是一旦渗入强烈的情感成分,就会演变为心理情结,使人在选择过程中只计一点、不计其余,变得异常固执而专断。比如说,为了留在大城市,不断地降低自己的择业目标,学哲学的不惜去看园林。因为情结是一种非常情绪化的心态,它能使人失去在各种因素、各种方案之间进行理性权衡的能力,使人永远也找不到接近自己法则的东西。因此,在选择职业的时候,每一位毕业生都要确立正确的职业意识,多一点理智,少一些情绪化的渲染,才能在择业时有一颗平常心,应对自如,泰然处之。

总之,大学生们要以正确的人生观、价值观,确立端正的专业态度和正确的职业意识,指导自己学习和择业,提高自身素质,抓住发展机遇,使自己适应社会和时代发展的要求,成为一个有胆量、有魄力、有能力的新时代的弄潮儿。

三、如何应对择业求职

现在某些大学生太缺乏真正的知识和能力,只追求一些虚无缥缈、不切实际的事物,他们期望的工作机会是不需要或只需少的努力就可得到最大的回报。这种观念应及早摒弃。能做大事的人,不应该一开始就浮在上面,而应先沉下去。对个人发展而言,一部分大学生只看到机遇的表层而忽视了抓住成功的机会的背后所必须付出的巨大代价。"机会都是给有准备的人",这个道理大家都懂,可一旦遇到实际问题则不能付诸正确的行动。

当代大学生应注重扎实的基础知识的学习,涉猎宽厚的学科领域,全面强化自己的综合素质,包括智力与非智力、思维与实践、一专多能、逻辑与直觉、原始创造等,这才是最根本的。这样的大学生才可能成为适应性强、选择面宽的复合型人才,才可能抓得住任何一晃即过的机会,迎接接踵而至的挑战,叩响生命中的每一道生涯之门。

(一)打造看家本领

三百六十行,行行出状元,这是人所共知的。无论何种专业,如果自身素质的过硬,就业者不仅会在本专业的竞争中处于优势,突显专业能力,而且也可以加入其他专业竞争的行列,显示复合才能。因此,注重专业知识体系的学习,注重能力结构的构建,提升自身素质,打造看家本领,对即将进入职业生涯的大学生们尤为重要。

虽然现在的本科教育是通才教育,以学习基本通用课程为主,但大学生在校期间经过系统的学习,在各自的专业领域还是会或多或少地受到熏陶,具有相对较高的专业修养。这样在根据自己的专业择业时,便可以较快地适应新工作,易于工作的开展,避免出现工作以后再补课的负担。同时,在大学期间积累的专业知识也可以使工作深度增加,有利于将来在工作领域的发展。其实,职业无所谓好坏,只要你认真投入,努力成为这一领域的专家,具有别人不可匹敌的"看家本领",哪一行都可以使你获得发展,使你出类拔萃。没有过硬的"看家本领",纵有所谓"热门专业"和"热门职业",也难以获得事业的成功。

(二)拓展知识结构

所谓知识结构,是指一个知识体系的构成状况与组合方式。每个大学生都正在构建一个知识结构,这是根据不同的专业和教学计划所安排的。然而,现有的某些教学计划,出现不适合大学生的人生需要。学文科的不懂自然科学,学理工科的不懂社会科学,学生个体的知识覆盖面小、适应力差。这就要求大学生按照社会需求适当、合理地调节自己的知识结构。有三点值得我们注意:一是贯彻比例性原则,注重实际,按所学专业和选定的职业目标确定知识系统中各种成分比例,专业知识应占很大比例,与专业相关的知识也要占有一定比例。二是从实际出发、从社会需要出发,坚持缺什么补什么的方针。三是注重专业间的合作与互补。一种是同一专业、同一学科的合作,你有所长,我有所短,这种结合的效果绝不是简单的$1+1=2$,而是$1+1>2$。另一种是不同专业、不同学科的合作,就是发挥群体知识结构的长处,发挥群体结构的互补效用。

大学是一个开放的学习空间,只要愿意,都可以充分利用高校优质的教育资源,获得更多的学习机会,学到更多的知识技能,提高就业竞争力。这些学习机会包括:越来越多的选修课程;除本专业之外,可以攻读本校甚至其他学校的另一专业,获取更多专业知识;还可以通过各种途径取得技能证书、职业资格证书等。当然,如果仅仅为了多一个证书,或者为成绩表增加一门功课,那是没有多大意义的。学习的真正目的,在于提升自身的能力与素质,在于丰富自己的知识。要通过学习让自己明白应该成为怎样的人,应该具备哪些优良素质和能力,通过怎样的途径可以培养这些素质和能力,最后采取相应的行动。充实自己的同时,大学生在大学学习期间一定还要树立一个创业的理念,种下创业的种子,要多涉猎一些相关知识,为今后的创业打好基础。

(三)锻炼实践能力

歌德曾尖锐地指出:单学知识的人仍然是蠢人。知识不等于能力,一个知识渊博的人,未必很有能力。因此,虽然大学生掌握了许多理论知识,但并不等于自身价值就得到了增值,成了人才。知识只有融入实践中发挥作用才有价值,大学生也只有运用知识造福人类,在社会建设中做出实实在在的贡献,才能真正成为人才。我们知道,任何理论知识都来源于人类改变自然、改变社会的实践,它们只有同社会的经济、政治、科学、文化发展的实践相结合,才能造福人类。大学生要健康成长,不仅要学习书本知识,而且要向社会实践学习,自觉地投身于火热的改革开放和现代化建设实践。从根本上讲,实践是理论的动力和源泉,理论的目的全部在于实践。"实践出真知"。离开了社会实践,我们不能深刻地理解知识,也不能有效地运用知识。知识经济时代是高等学校由社会边缘步入社会的中心、影响社会经济发展的时代,大学生们要走出"象牙塔",服从社会需要,走向经济建设主战场。这就要求21世纪的中国大学生要把学习书本知识与投身社会实践结合起来,把学得的知识用于实践,在实践中继续学习提高。我们只有自觉地、主动地投身社会实践的大课堂,学好社会实践这门必修课,才能充分体现知识的应有价值,也才能加速自己的成才过程。

学习书本知识与投身社会实践并不矛盾,现代教育迅速冲出了校园,走向整个社会,教育的社会化是现代社会的一道独特风景线。现代社会是学习社会,是教育社会,未来社会更是学习社会、教育社会。从这个意义上讲,学习已不仅仅是学习书本知识,投身社会实践也不仅仅是动手能力的培养,而是把坚持学习书本知识和投身社会实践结合起来,提高文化素养、创新能力和解决实际问题的能力。

大学生参加社会实践活动,以知识为桥梁,沟通学校与社会的联系,使大学生既能通过消化课堂上学的知识为社会服务,又能通过社会实践补充、丰富和巩固书本知识。在目前的就业政策中还存在着许多弊端,是前进中存在的问题,不是我们能解决的。我们的任务是在给定的条件下,发挥最大的能力,做好准备,面对现实,充实自我,增加自己的竞争实力。大学生可以通过职业实习、社会实践,巩固专业知识,提高专业素质,了解社会,增长见识,锻炼能力。大学生可以在实习、实践中,加深与企事业单位的沟通和了解,为自己创造就业机会。同时,还可以在实习、实践中,了解社会需求和自己所学专业的差距,返校后选修适合的课程,拓宽知识面,主动适应社会。如果有了这样的准备,一旦机会来了,我们就能迅速抓住,很快胜任。另外,大学生不但可以进入企事业单位工作,时机成熟还可以自主创业,这样不仅解决了自身就业、发展问题,还可帮助更多的人就业。经过在大学的文化、专业学习,以及到社会上的实习实践,紧紧贴近社会和市场经济,大学生就会更快地步入职业生涯之门。

四、走出几种误区

从以上论述可以看出,一些大学生没有端正学习和就业的态度,没有认清形势,没有从自身找原因,没有认清就业市场的行情,不能很好地完善自己,从而不可避免地面临专业和职业问题,在职业生涯上遭遇困难。"求职今日意如何?择业艰难百战多。围城座座旌旗展,问君欲乘哪趟车。"这首打油诗是 NCR 金融系统(中国)有限公司人力资源经理汪大正先生在北京大学对毕业生进行就业指导时的即兴之作,也正道出了众多大学生心中的困惑与无奈。对此,有几种错误的想法,值得我们思考。

(一)专业与职业必须对口吗

一些大学生择业往往以自己所学专业为圆心选择单位或职业,把自己固定在一个较死的圈子里。例如,朱同学是学食品加工专业的,可是在人才交流会上用人单位对这个专业需求很小,只有一两家公司需要这个专业的学生,而且公司不大,应聘人员却很多,朱同学感到非常的失望,只有两手空空回家。实际上,专业与职业之间并不是画"恒等号",专业是职业的依托,并不完全决定职业。要毕业生立刻发挥本专业才干的岗位并不多,专业与职业不对口的就业现象在今天的人才市场上较多见。

据统计在目前激烈的人才争夺大战中,不少用人单位提出了不限专业的招数。不论学文学理,不论什么专业都可以毛遂自荐、一试身手。许多用人单位已感到,只要具备较好的学习创新能力,即便以前没有学习过对口专业,也能很快熟悉工作;而即使是专业对口的学生,如果适应能力和学习能力较差,也可能不能胜任工作,无法干出成绩。而且,现在许多大公司,学生到公司后都要首先经过培训,然后才根据每个人的具体特长分配适当工作。以上不难看出,专业和职业对不对口,不是决定职业成功的关键,发挥关键作用的是大学生自身的素质和知识能力。因此,具备扎实过硬本领的大学生又何必在意专业与职业是不是很对口呢?跨专业的职业也许正可以磨炼你的意志,锻炼你的能力呢!

(二)区分冷门与热门,很重要吗

穿着追时髦,择业也有追时髦的。哪个行业热,就向哪个行业钻。社会上什么专业热门,学校或社会上的相关单位就开设什么专业,学生也会蜂拥而上。这表面看来是适应了市场的需求,实际上只是一种小商小贩的短视行为。事物都是发展变化的,影响专业冷热的社会因素是复杂多样的,冷热是因时而变,因人而变。其实,这本身就体现了人才市场的变化规律。任何行业都要经历一个从产生、发展、成熟到衰退的生命周期。

放弃自己的专业改行等于砍掉了自身优势。当个人的专业所限不能马上进入热门行业时,最好量身择业。这样不仅能最大限度地发挥自身的优势,又能避免造成一些所谓好单位和好地区虽人满为患却仍趋之若鹜,一些条件相对较差的单位和地区虽求才若渴却少有人问津的状况。NRC 公司有这样几位机电专业的工程师,机电行业不受宠的形势下,他们没有放弃所学、盲目跟风,而是立足本专业,脚踏实地地学习。目前,这些人不仅积累了丰富的专业经验,而且计算机应用水平和英语水平也有很大提高,成为该公司不可多得的技术骨干,已被送往国外接受管理培训。

因此,大学生应该把求职看成自己走向事业成功的第一步,就像一场马拉松比赛,不能靠一时的幸运。开始跑在前面的未必是最后的优胜者。因为比赛需要耐力和韧性,应具有长远的战略眼光,理性地确定自己的专业方向,客观地对待自己的所学专业,克服赶时髦、追潮流的错误倾向。

（三）学历与证书一样重要吗

我们进入经济信息年代，各行各业的科技含量不断提高，科技更新周期不断缩短以及科学知识日趋综合化，科技信息瞬息万变，大学生的专业态度若跟不上形势变化，那么，专业学习就拖了生涯发展的后腿，更谈不上有良好的职业前景了。所以大学生们十分有必要正确处理学历教育与证书教育（考证）的关系。

学历教育是按教育规律、市场需要、科学技术的发展来制订人才培养目标和教学计划，教学计划和教学大纲均是学校教学过程和教育工作的指导性文件。而职业资格、技能的考试则重点是技能，主要解决动手能力差的问题。学历教育现在仍然是我国高等教育的主干，职业资格证书制度是枝叶。一棵大树，没有主干就没有枝叶，但又不能只有主干。因此，在学习过程中，首先要保证教学计划和大纲的要求，即学历学习的要求，兼顾职业资格和技能考试的内容，不能主次颠倒，不能把职业资格和技能考试未涉及的内容在学习中就不学、不练或少学少练。比如说制图员的中级理论考试中就不涉及装配图，而这部分内容却是机械专业图样中的一个重要部分，所以在正常学习中不能放弃，也不能降低要求。

（四）求职技巧＝成功就职吗

目前许多同学往往只是了解一些用人单位的具体情况，缺乏正确的思想或观念的指导与点拨，使得一些毕业生过于关注应聘技巧，认为掌握了良好的求职技巧就一定会成功地找到一份工作，这一认识有百害而无一利。假如某公司有个职位空缺，一位求职者依照所了解的求职技巧如法炮制，故意表现得很外向，却适得其反。因为这个职位隶属财务部，需要精通专业知识、做事踏实，而此人的表现只能证明自己不适合在这样的团队里工作。就算一些毕业生凭借面试时的优异表现进入了企业，但如果工作态度有问题或能力不够，也还是面临被淘汰出局的危机。更何况面试确实带有一定的偶然性，因此求职者不能将职业成功的宝都押在求职技巧上。

同时，同学们应知道现代企业更多关注的是求职者对专业的理解程度和工作态度。因此，最好是更多注重自己的全面素质，将本色的自我展现出来。所以择业时，除了了解用人单位的具体情况外，应该多关注当今社会对应聘者专业素养、工作态度和个人素质有哪些客观要求，万万不要凭借"求职就这几招"敲开职业成功的大门。

（五）专业能离开职业需求吗

专业知识的学习从某种意义上讲是为对应的职业而服务的，仅仅学会了专业知识，不理会职业市场的变化是不够的，也决不能脱离职业的需求，空谈专业。选择一个理想的职业是每个人的愿望；把握好就业和发展的机会，是人生是否成功的重要环节。在社会发展一日千里的当今时代，要想成功地选择好职业，既要立足自身的素质和专业条件，又必须高瞻远瞩，深刻把握时代发展的脉搏，充分预见未来社会的发展趋势，用超前的、发展的眼光选择那些有前途的职业。正所谓"知己知彼，百战不殆"，大学生就必须了解和探讨职业需求对专业学习的要求，即用人单位在使用人才方面侧重于什么，什么才是我们最需要的，它能及时地调整我们的心态，把握学习的方向，发现自己的不足，更好地完善自己，让自己找到一席之地，发展人生生涯。职业需求对专业有以下几个方面的要求。

1. 看重一专多能，强调全面发展

企事业在很多时候比较注重吸收那些基础扎实、知识面广、文理皆通、可塑性强的毕业生。因为企事业很看重它所引进的毕业生能否通过自己的学习，去解决实际问题，解决实际工作中存在的实际困难，因而动手能力强的学生往往很容易成为企事业关注的对象。我们现在有些人经常过分强调自己原来是学什么的，文理好像不能兼容，认为学理的文笔不好，学文的思路不灵活等，这在某种程度上限制了自己的全面发展，使得自己不能全面适应社会。

2. 较好的外语、计算机技能

随着我国加入WTO，企事业的国际化进程在加快，需要引进外资，需要参与国际化竞争，不仅要开辟国内市场，而且还要开拓国际市场；而企事业单位产品的设计基本上是通过计算机来完成，产品设计完成后，需要进入公司自行开发设计的管理信息系统供其他人使用时，就必须需要较强的外语水平和较强的计算机运行能力，因而有专业、精通外语和计算机的毕业生比其他人容易受企事业单位的青睐。所以，有些企事业单位把英语通过四级、计算机通过国家二级作为企事业招聘的必要条件。

3. 较强的社会工作经验和交际能力

企事业或公司在录用应届毕业生时，对毕业生中的党员、三好学生、优秀学生干部、参加过社会实践活动和科技活动、发表过文章等都特别关注和看重。他们认为这一部分学生在学校一般来说具有较强的社会责任感和上进心，在工作中应该有较强的悟性，也很能体现出一个人的组织领导能力和一种良好的精神状态，有较强的奉献精神，能很快成为企事业单位或公司各方面的骨干。

第三节　规划自己的职业生涯

人生在世，谁都想成就一番事业，而为什么有些人不能成功呢？是这些人没有努力、没有拼搏？还是这些人智商不高？答案是否定的。他们缺少的只是职业规划，人生和事业的发展需要科学的规划，成功需要有效的方法。古今中外，每一个成功人士都是目标明确的自我管理和规划专家。规划，对于每一个渴望成功的人来说都是至关重要的。

对于即将步入社会的大学生，如果你想获得事业的成功，使自己成为某个行业中的佼佼者，就应该善于计划自己的生活，设计好自己的职业生涯。大学生毕业时面临多种选择，是继续求学，攻读硕士、博士学位，或出国深造，还是先找工作，到政府机关、事业单位或到企业等，这些都是大学生所面临的一系列选择，也会或多或少地影响其职业生涯历程。在职业选择中，往往很小的偏差就需要很大的代价来弥补。因此，对于21世纪的青年来说，在策划职业生涯的时候，必须避免盲目，用理性的思考来应对日益变化的社会。

大学生如何择业，在职人员跳槽往哪里去，都是职业规划的关键环节。因为职业选择正确与否，直接影响到人生的发展。据有关研究人员统计，在选错职业的人当中，有80%的人是失败者。显然，职业的选择对人生发展至关重要。那么，对于个人而言，如何正确选择自己的职业，如何科学规划自己的人生，采用何种有效的方法，使自己的事业获得成功呢？

一、职业生涯明目标

确定目标可以成为追求成功的驱动力,职业生涯设计有利于明确人生未来的奋斗目标。美国的戴维·坎贝尔认为:目标之所以有用,仅仅是因为它能帮助我们从现在走向未来。卢梭认为:选择职业是人生大事,因为职业决定了一个人未来。只有有了明确的目标,才会激励人们努力奋斗,并积极去创造条件实现目标,这样就可以避免无目标地四处飘浮、随波逐流、浪费青春。事实也证明,有不少人由于对自己的职业生涯毫无计划、目标不明,从而造成事业失败,并不是他们没有足够的知识和才能,失败主要在于他们没有设计和获得最适合于他们成长与发展的职业生涯。王翔是学国际贸易的,最初很喜欢快节奏、紧张刺激的证券交易工作。后来他发现自己不喜欢机构庞大、组织完善的公司环境,便开始梦想经营自己的公司。当他的同学们在享有盛誉的投资银行做暑期实习的时候,他却在交易所大厅做着跑腿的差事。毕业时,他艰难地通过了顶级经纪人公司的一道道关卡,最后却选择了一家小公司,决定从交易助理开始做起。六年后,他和几个老同事建立了他们的合作公司,终于踏上了一条自己向往的创业之路。

生涯规划的意义就在于认识自己,追寻生命的意义;了解社会,追寻良师益友,选择职业,实现终身理想;建立家庭,追求幸福美满。要想做好生涯规划,就需要探索自己和社会有关的兴趣、人格、性向和价值观念等,如果通过思考和探索发掘出自己的独特之处,并能整理分析出一个完整的自我,继而明晰自己想要往什么方向发展,能够往什么方向发展,应该往什么方向发展,那么在决定生涯方向时,就犹如拥有一张清楚的蓝图,可以充满自信地向前迈进。由此,所拥有的人生就会更充实,生涯彩虹也会更绚丽多彩。

在制订就业目标时,应根据社会经济发展的趋势,在考虑国有企事业单位的同时,也应该考虑非国有企业、欠发达地区和艰苦行业,用发展的眼光、长远的观点来指导自己择业。服从社会需要是职业选择的前提条件,劳动者要从事生产劳动,先决条件是社会对劳动力的需求。只有社会上客观存在着劳动就业的可能性,才谈得上对职业的选择。作为大学生应以社会利益为重,从社会需要出发选择职业。

二、职业生涯早规划

生涯规划是个人订立的前程目标,并找到实现目标的手段。生涯规划有学业生涯规划和职业生涯规划。在校学生对自己的学业、社会实践、社团活动、兼职、娱乐健身等活动所确定的目标和任务计划都是学业生涯规划;通过了解自我的特质与要求,了解职场世界的需求,弄清楚我想干什么,我能干什么,我适合干什么,则是职业生涯规划。学业生涯规划是为职业生涯规划打基础的,最终都归结为人生生涯规划。因此,由学生生涯设计到职业生涯设计是一个逐渐提升的过程,也是探讨个人生命意义、实现自我价值的过程。

职业生涯是指从职业能力的获得、职业兴趣的培养、选择职业、就职,直至最后完全退出职业劳动这样一个完整的职业发展过程。舒伯把人的职业发展过程分为五个阶段:①成长阶段(14岁之前),是一个以幻想、兴趣为中心,对自己所理解的职业进行选择与评价;②探索阶段(15~24岁),逐步从自身的兴趣、能力以及对职业的社会价值、就业机会进行考虑,开始进入劳动力市场或开始从事某种职业;③确立阶段(25~44岁),对选定的职业进行尝试,变换工作,直到逐步稳定,这是事业和家庭确立至稳定的阶段;④维持阶段(45~64岁),劳动者在工作中已经取得了一定的成绩,维持现状,提升自己的社会地位,专业发展达到巅峰;⑤衰退阶段(60岁以后),职业生涯接近尾声或退出工作领域,在家庭中投入的时间较多,有数十年的时间享受工作成就。各个时期的建立和发展都在职业生涯中扮演着不同的角色。

1. 探索期

探索期指的是人们从出生到20多岁从学习步入工作岗位的一段时间。人们正是在这一阶段形成了对其职业生涯的一种预期。

2. 建立期

建立期始于寻找工作和找到第一份工作,包括被同事所接受,学会如何做工作,以及取得在现实中成功和失败的第一次真实历程。这一阶段的特征是,逐渐改进工作表现,不断发生错误,也不断从错误中吸取教训。

3. 职业中期

许多人面临第一次严重的职业危机是在进入职业中期以后。在这一时期,一个人的绩效水平可能持续改进,也可能保持稳定,或者开始下降。这一阶段的重要特征是,职业中期的人已不再是一个"学习者",错误容易使人付出巨大的代价。成功地经受住这一转换阶段考验的人,可能获得更大的责任和奖赏。而其他人可能要面临自身能力再评价,变换工作,或者寻找另一种生活方式(如重返学校念书,迁居到外埠等)。

4. 职业后期

对于那些通过了职业中期阶段继续发展的人们来说,职业后期阶段通常是个令人愉快的时期。这时,他们可以有所放松,并且扮演一种元老的角色。对于那些在前一阶段绩效水平比较停滞或有所下降的人,在职业后期阶段将会认识到这样一个事实,即他们对于现实世界将不再拥有曾经想象的那样一种持久的影响和改变能力。正是在这一时期,人们会意识到需要减少工作的流动,从而可以安心于现有的工作。

5. 衰退期

职业历程的最后阶段对每个人都是艰难的,对于那些在早期阶段持续获得成功的人来说,它可能更为艰难。而对于早年表现一般的人来说,这或许是一个令人舒心的时期,他们将把工作中的烦恼远远地抛在身后。

职业生涯是个体的行为经历,而非群体或组织的行为经历;职业生涯是个时间概念,意指职业生涯期。职业生涯期起始于工作之前的专门的职业学习和训练,终止于完全结束或退出职业工作,就广义而言,由出生之始到完全结束职业工作为止。职业生涯不仅表示职业工作时间的长短,而且内含职业发展、变更的经历和过程,包括从事何种职业工作,职业发展的阶段,由一种职业向另一种职业的转换等具体内容。舒伯说,"生涯"是生活里各种事件的方向;它统合了个人一生中各种职业和生涯的角色,由此表现个人独特的自我发展形态;它也是人生自青春期至退休所有有薪或无薪职位的综合,除了职位之外,还包括与工作有关的各种角色。因此,一个人从职业学习开始到职业劳动最后结束的这一人生旅程就是职业生涯。

三、职业生涯细设计

在人生的各个阶段，每个人都应正确估计自己的能力，并分析自己所追求的目标及价值，这一行为被人们称为职业生涯设计。所有人都应当审时度势，为自己安排好未来。有目标，生活才不盲目；有追求，生活才有动力。设计自己的职业生涯，将理想的人生化为现实的人生。一个人的事业究竟应向哪个方向发展，可以通过职业生涯设计明确规划出来，也就是说，个人对今后从事的职业、要去的工作组织、要担负的工作职务和工作职位等一系列发展道路做出设想和计划。

职业生涯设计就是指个人和组织相结合，在对一个人职业生涯的主客观条件进行测定、分析、总结研究的基础上，确定其最佳的职业奋斗目标，并为实现这一目标做出行之有效的安排。职业生涯设计的目的绝不只是协助个人按照自己的资历条件找一份工作，达到和实现个人目标，更重要的是帮助个人真正了解自己，为自己定下事业大计，筹划未来，拟订一生的方向，进一步详细估量内、外环境的优势和限制，在此基础上设计出各自合理且可行的职业生涯发展方向。

（一）自我的评估

《水浒传》中描述，在陆地斗，张顺是李逵的手下败将，可在水中打，张顺却把黑旋风李逵淹得直翻白眼。职业生涯的设计与开发也是如此，对个人来说，不仅要知己所长，还要知己所短。要在工作上取胜，必须制订出一个知己之长、知环境之利、扬长避短的职业生涯计划，只有这样才能选择合适的职业和职务。

每位设计者，都应该对自我和外在环境有所了解，自我评估的目的正是认识自己、了解自己。只有认识了自己，才能对自己的职业做出正确的选择，才能选定适合自己发展的职业生涯路线，才能对自己的职业生涯目标做出最佳选择。自我评估包括自己的性格、兴趣、特长、学识、技能、思维、道德水准以及社会中的自我等。个人所制订的事业发展的目标和职业生涯开发的计划能否实现，除了个人的努力外，还需要考虑环境提供的条件，特别是在我国的目前条件下，许多人的工作还是由组织上安排的。有许多懂专业的技术人员被组织安排到管理岗位上，也许对他们而言，他们从专业之塔一下子抛到管理之塔的底部，本是一颗专业技术上的明星，却陨落成为一名初出茅庐的管理人员。由于缺乏管理的知识和技能，尤其不善于处理人际关系，工作中往往焦头烂额，不得不请求离开该岗位，重操旧业。当然，也有许多科技人员被组织和群众推上管理岗位，做出了卓越的成就。环境评估主要是评估各种环境因素对自己职业生涯发展的影响，每一个人都处在一定的环境之中，离开这一环境便无法生存与成长。所以，在制订个人的职业生涯规划时，要分析环境条件的特点，如环境的发展变化情况、自己在这个环境中地位、环境对自己提出的要求以及环境中对自己有利的条件和不利因素等。只有对这些环境因素进行了充分了解，才能做到在复杂的环境中趋利避害，使自己的职业生涯设计具有实际意义。

（二）明智的选择

把职业看成"饭碗"是中国人习以为常的一种比喻，由此可见职业对于人生的重要性。如果人生是一场戏,那么,职业就是一个重要的舞台。你选择了一种职业,也就确定了你的社会角色乃至人生角色。能否演好人生这场戏,职业选择至关重要。职业活动占据一个人一生中最宝贵的时光,职业岗位可以为众人提供施展才华、实现抱负的舞台。在职业工作中的创造是人一生中最主要的创造,从职业生活中体验到的幸福是生命力最长久的、最有价值的。

选择职业,就是对过去自我的深思、回顾和对未来自我的设计展望。我们大多数人都希望能在毕业后立刻找到适合自己的工作(这里包括职业适合个人的兴趣、性格等个人特征,职业有较好的发展前景,能提供丰厚的回报)。这好比一见钟情,是个美好的理想,没有谁愿在爱情的道路上一波三折,几经周折才能找到归宿。但一见钟情总是少数,一般总要经历一番波折,经过几番努力,才能找到自己称心如意的另一半。还有的人,终其一生,也许都没找到,或者凑合着过日子,或者孤寂到老,职业选择也是如此。职业选择是就业的微观决策行为,它决定着人的职业生涯,对人的一生各个方面有着重要影响。对于初次就业者来说,职业选择是他们的人生转折与调适过程;对于已经走上工作岗位的人,在不能适应职业要求,或者自己的职业意向提高而不愿在原岗位上工作时,也会再次进行职业选择。因此,职业选择不是一次性的单独的行动,而是由多次抉择构成的。

个体差异和社会职业的多样性是职业选择的前提。心理学的研究表明,人与人之间的差异最主要表现在身体素质、智力和个人特征上。个体差异的存在决定了一个人对于某种职业的适应性不同。而社会职业也是种类繁多、千差万别的,每种职业因其自身性质和内容等职业个体差异,使得它对任职者的要求是不一样的。个体如果能找到符合自身个性特征、兴趣,又有适当能力去完成的职业,就能充分发挥其潜力,最大限度地提高工作效率,取得较好业绩,也能产生工作满意感、自我实现感,从而心情舒畅。如果职员能够有上述现象,对于组织而言,目标自然就容易实现了。因此,人和职业能否相匹配,对于个体和组织来说都是至关重要的。个体差异的表现是多方面的,一般说来,对职业选择影响较大的有以下几点:兴趣、能力、气质、性格、价值观。而大学生在学校学习的专业对职业也有较大的影响。

适合自身特点出发、从实际情况出发是大学生职业选择的着眼点。社会上的职业有很多种,不同的职业、不同的岗位对从业人员的知识、技能、素质等要求不同,而大学生的自身条件也不一样,不同的个体所具有的素质也是有差异的,所以,大学生对职业的选择,一方面要从社会需要出发,同时也要考虑自身的实际情况,扬长避短,只有这样才能做到人尽其才、才尽其用。爱因斯坦是世界著名的科学家,以色列国会曾邀请他回国当总统,被他婉言谢绝。爱因斯坦认为:自己的性格适合当科学家,搞研究,不适合当总统,搞政治,如果一定要让他当总统,那就可能总统当不好,科学研究也搞不出,因为谁也做不到又当总统又搞科研,两边都能干出成绩来。

(三)具体的策略

职业生涯策略是指为实现职业生涯目标的行动计划,一般都是具体的、可行性较强的。在确定具体的职业选择目标后,行动成了关键环节。没有达成目标的行动,目标就难以实现,也就谈不上事业的成功。这里所指的行动主要是指落实目标的具体措施,主要包括教育、培训、实践等方面的措施。例如,在职业素质方面,你计划学习哪些知识,掌握哪些技能,开发哪些潜能等。歌德说过:仅有知识是不够的,我们必须应用;仅有愿望也是不够的,我们必须行动。职业生涯规划能否实现,很大程度上取决于能否立即行动。因为只有行动,才有成功的可能;只有从现在做起,把你的职业生涯设计付诸行动,一切才会真实而明确地展现在你的面前。

(1) 从现在做起。按照你的职业生涯设计,现在应该做什么,就马上动手。需要什么条件,就设法创造什么条件,不要顾虑太多,尽快干起来。

(2) 当日的事情当日完成。因为职业生涯目标有长期目标、中期目标、短期目标。短期目标又分为年目标、月目标、周目标、日目标。日目标的完成情况如何,直接影响周目标;周目标影响月目标,月目标影响年目标,年目标影响短期目标,以此类推,最后影响到长期目标。所以,当日的事情能否完成,并非小事。一个人要想实现自己的生涯目标,就必须从当日做起,当日的事情当日完成。

(3) 不怕困难,持之以恒。前进的道路并非平坦,可能出现各种各样的困难。要实现职业生涯目标,干成一番事业,就得经得起挫折,不能半途而废。美国著名学者安东尼·卡索从他亲自策划和主持过的上百次民意测验中,整理和归纳了美国500家大型企业单位创业者成功的要点和原则,得出的"创业十要"中就有这么一条:做一件事坚持到底最重要,相反,半途而废,就会在商场竞争中一事无成。

(4) 瞄准目标,勤奋努力。当职业目标确定后,就应瞄准目标,集中自己的脑力、时间、精力、物力、财力等一切可调动的"能量",勤奋刻苦地为实现目标而努力。在这一过程中,要排除无益于目标的活动和干扰,沿着既定的目标轨道,努力前行。

(5) 灵活机动,迂回前进。职业生涯目标的实现,一方面靠苦干、实干,另一方面也需要灵活机动的干。职业生涯设计不会是十全十美的,并且在实现过程中还会出现各种各样的变化。因此,我们应根据出现的新情况,及时调整计划,找到实现目标的不同途径,而不能死守一条路走下去。

(四) 及时的反馈

俗话说,计划赶不上变化。尤其在现代职业领域,只有变化是永恒的主题。影响职业生涯设计的因素诸多。有的变化因素是可以预测的,而有些则难以预料。人是善变的,环境也是多变的。成功的职业生涯设计需要时时审视内外环境的变化,不断对自己的设计进行评估和修订,并调整自己的前进步伐。

四、职业生涯多借鉴

(一) 五个问题帮你规划职业生涯

在许多机构和专家那里,职业生涯规划似乎非得借助他们。不可否认,这方面的研究必须有心理学等方面的知识和训练;而一个有基本人文素养的人,做职业生涯的规划,则可使用一些简便易行的方法,这就是五步法。用五个问题帮助我们进行职业生涯规划。

五步法已被许多人士成功应用的方法,依托的是归零思考的模式:从问自己是谁开始。然后一路问下去,共有以下五个问题。

(1) 我是谁?

(2) 我想做什么?

(3) 我会做什么?

(4) 环境支持或允许我做什么?

(5) 我的职业与生活规划是什么?

回答了这五个问题,找到它们的最高共同点,就有了自己的职业生涯规划。如果有兴趣,现在就可以试试。先取出五张白纸、一支铅笔、一块橡皮。在每张纸的最上边分别写上以上五个问题。然后,静下心来,排除干扰,按照顺序,独立地仔细思考每一个问题。

对于第一个问题"我是谁?",回答的要点是:面对自己,真实地写出每一个想到的答案;写完了再想想有无遗漏,认为确实没有了,按重要性进行排序。

对于第二个问题"我想做什么?",可将思绪回溯到孩童时代,从人生初次萌生第一个想干什么的念头开始,然后随年龄的增长,回忆自己真心向往过、想干的事,并一一地记录下来,写完后再想想有无遗漏,确实没有了,就进行认真的排序。

对于第三个问题"我会做什么?",则把确实证明有的能力和自认为还可以开发出来的潜能都一一列出来,认为没有遗漏了,就进行认真的排序。

第四个问题"环境支持或允许我做什么?"的回答则要稍做分析:环境,有本单位、本市、本省、本国和其他国家,自小向大,只要认为自己有可能借助的环境,都应在考虑范畴之内;在这些环境中,认真想自己可能获得什么支持和允许,想明白后一一写下,再按重要性排列下来。

如果能够成功回答第五个问题"我的职业与生活规划是什么?"就有了最后答案了。做法:把前四张纸和第五张纸一字排开,然后认真比较第一至第四张纸上的答案,将内容相同或相近的答案用一条横线连起来,看会得到几条连线,而不与其他连线相交的又处于最上面的线,就是最应该去做的事情,职业生涯就应该以此为方向。并在此方向上以三年为单位,提出近期、中期与远期的目标;再在近期的目标中提出今年的目标;将今年的目标分解为每季度目标、每月目标、每周目标、每日目标。这样,每天睡前就可以对照自己的目标进行反省,总结当日成就与失误、经验与教训,修正明天的目标与方法,第二天醒过来后稍加温习就可以投入行动了!这样日积月累,没有不能实现的规划。

(二) 人才测评辅助职业生涯规划

客户经理小陈,性格文静,每次见客户,总紧张得说不出话来,不仅生意没谈成,更失去了客户的信任。而做机关工作的小李,个性却十分鲜明,单调的工作环境,让小李压抑,他那直率的性格,得罪了不少同事。就像小陈和小李,很多人兜了一圈才顿悟:"这样的工作,不适合我。"这时才不得不重视起个性对职业发展的影响,重新寻找职业生涯的发展方向。

没有最好的工作,只有最合适的工作。人的个性是多样的。不同的个性,对工作就有不同的要求。错位的工作只会让自己感觉格格不入或者无法发挥才能,只有首先认识自我,才能为自己准确定位。找到职业生涯发展的有效起点,将有利于职业生涯发展的个性充分发挥出来。同时回避阻碍职业生涯发展的个性特征。扬长避短,在职业道路上事半功倍,走得更远。所以健康的职业生涯,要从找到最合适的职业开始,而关注职业定位请首先考虑你的个性。

试着问自己:

(1) 你喜欢什么样的工作?

(2) 什么样的工作适合你?

(3) 你是否真正喜欢现在的工作?

(4) 你为什么不喜欢现在的工作?

也许你从来没有考虑过这些问题,或者你的确无法判断你的感受,"不识庐山真面目,只缘身在此山中",这可能使你自己的职业定位不准确,多走一些弯路。这时,人才测评可帮助你解决这个问题。

人才测评即是以现代心理学和行为科学为基础,运用现代测评技术,通过人机对话、心理测验、面试、情景模拟等技术手段,对测试者的素质状况、发展潜力、个性特点等心理特征进行客观测量、科学评价。它是一门融现代心理学、测量学、社会学、统计学、行为科学及计算机技术于一体的综合性科学。

阅 读

相关职业网络资源

1. 政府人事部门创办的网站:

中国国家人才网:http://www.newjobs.com.cn

中国南方人才网:http://www.job168.com

中国人力资源网:http://www.hr.net.cn

武汉人才:http://www.job98.com

中国西安人才市场网:http://www.zxrs.com

中国高校毕业生就业服务信息网:http://www.myjob.edu.cn

中国大学生网:http://www.chinadaxuesheng.com

北京高校毕业生就业信息网:http://www.bjbys.net.cn

湖北毕业生就业信息网:http://job.e21.edu.cn

安徽省大中专毕业生就业信息网:http://www.ahbys.com

2. 人力资源企业创办的网站:

前程无忧网:http://www.51job.com

中华英才网:http://www.chinahr.com

智联招聘网:http://www.zhaopin.com.cn

上海申才:http://www.sc.sh.cn

伯乐人才网:http://www.86hr.com

卓博人才网:http://www.jobcn.com

【习题或思考】

1. 适应现代社会发展的科学的择业观是什么?
2. 择业求职要做好哪些心理准备?
3. 在择业求职时,大学生容易出现哪些不良的心理状态?应怎样预防与调适这些不良心理?

主要参考文献

[1] 卜欣欣,陆爱平.个人职业生涯规划[M].北京:中国时代经济出版社,2004.
[2] 黄训美.大学生心理保健[M].北京:人民出版社,2003.
[3] 全国高等学校学生信息咨询与就业指导中心.大学生就业指导[M].2版.北京:高等教育出版社,2013.
[4] 叶奕乾,何存道,梁宁建.普通心理学[M].3版.上海:华东师范大学出版社,2004.
[5] 胡凯.大学生心理健康新论[M].长沙:中南大学出版社,2003.
[6] 周家华,王金凤.大学生心理健康教育[M].3版.北京:清华大学出版社,2010.
[7] Raymond G. Miltenberger.行为矫正原理与方法[M].石林译.3版.北京:中国轻工业出版社,2004.
[8] 郑晓边.心灵互动——学习、生活、择业、家庭辅导手记[M].武汉:华中师范大学出版社,2004.
[9] 汪道之.心理咨询[M].北京:中国商业出版社,2003.
[10] 江光荣.选择与成长——大学生心理学.武汉:华中师范大学出版社,2004.
[11] Jerry M. Burger.人格心理学[M].陈会昌译.8版.北京:中国轻工业出版社,2014.